导 读

转眼到了桂花飘香的时节,《中国美术研究》系列又与大家如约见面。我们衷心期望在这个美丽的季节,阅读带给读者新的收获。

"汉画像研究"是本辑的首栏。张同标细致分析了南阳西关汉画像石"嫦娥奔月"的内容,认为其不是嫦娥奔月,而是女娲捧月。庞政注意到早期祠堂画像中西王母与羿(后羿)的组合,深化了对汉画像中风伯图像的研究。张扬阐释了汉画像故事中的两大类传统的"孝"。魏镇对龚诗文《象生与饰哀——汉墓石刻画像研究》一书进行了评价,对汉代石刻画像中常见的"射鸟图"进行了深层解读。

"美术考古研究"同样是本辑的重点。毕洋从构成良渚文化玉器主题纹饰——鸟、兽、人的要素出发,揭示了组合纹饰的内涵。郭静云、王鸿洋认为翼兽形象在战国、两汉之际,中国古文化衰落、转折时,借用外来文化重构自身的生动一例。

"佛教美术研究"栏目中,刘慧针对阿旃陀石窟的形制,对其开凿时期、源流与敦煌毗诃罗石窟进行了比较研究。李雯雯通过对印度康纳冈娜哈里遗址出土的初说法图进行分类,探讨了早期佛教造像艺术中佛传故事的象征性表现。仲丛惠对山西南禅寺彩塑"外化逸风"问题进行了辨析。

"古代绘画史研究"中,赵振宇通过对宋初入京移民画家创作活动的考察,复原了北宋初年若干画史现象。史正浩通过对胡廷晖《春山泛艇图》的考察,澄清了画史中混淆不清的问题。张毅捷等对朱玉《揭(劫)钵图》顾潜跋语有了新的思考。

"书论画论研究"栏目中,几位作者分别就"传神"与"摹形"在六朝人物画中的作用问题、张彦远画论"自然"范畴的三维透视问题、傅山的艺术精神及其当代价值,以及张舜徽先生的艺术观及其书法实践的特殊之处展开了论述。

"近现代美术研究"一栏中,冯锦和傅慧敏对革命画家李铁夫的艺术生涯进行了探讨。殷晓蕾对20世纪上半叶中国画学文献的辑佚、整理及研究提出了新的启示意义。

"美术教育研究"栏目中,陈兵、沚阜对刘海粟中国画的教育思想有了新的思考。郑文、王颖洁对我国中小学美术教学评价研究的热点和发展趋势进行前瞻性探索。

"艺术设计与批评"一栏中,潘天波对《髹饰录》的中华工匠精神进行了时代性解读。王宇发掘出笺纸所承载的方薰绘画艺术对后世发挥的社会影响力。陈光龙则从园林的筑山理水的形态结构分析,阐释了园林形态结构的意象化审美特征。郑适、刘世军对永州纸马的文化内涵进行了审美人类学视野的挖掘。曾小凤重建了关键词"批评"的译介与接受的历史叙事。

（第 31 辑）

主　编　阮荣春
总监理　杨　纯
副主编　顾　平　胡光华　汪小洋　张同标

编委会
主　任　阮荣春

编　委
刘伟冬　阮荣春　汪小洋　张晓凌　陈传席
陈池瑜　胡光华　贺西林　顾　平　顾　森
凌继尧　黄宗贤　黄厚明　曹意强　樊　波
薛永年　林　木　刘　赦　江　梅

编辑部主任　徐　华

副主任　朱　浒

栏目编辑
程明震　何志国　张　晶　张　索　曹院生
顾　琴　李万康　马　跃　孙家祥

《中国美术研究》征稿启事

1. 《中国美术研究》由教育部主管下的华东师范大学艺术研究所创办。作为美术学研究的专业科研单位所主编的专业学术研究系列，我们将本着学术至上的原则，精心策划艺术专题，邀请国内外知名专家和学术新秀撰写稿件，立足于对中国美术学科开展全面研究，介绍最新学术理论研究成果，展示优秀艺术作品。
2. 本研究系列为每季一辑，自 2006 年 9 月创立以来，已经发行四十余辑，在学术界取得了一定的社会影响力。2017 年入选 CSSCI（艺术类）2017—2018 版收录集刊。目前由上海书画出版社出版发行。
3. 本研究系列设定主要栏目有：美术理论与批评研究、美术考古研究、宗教美术研究、古代绘画史研究、民国美术研究、美术教育研究、艺术市场研究等。
4. 本研究系列采用外审专家匿名审稿制度，自投稿之日起三个月为审稿期。如经录用，我方有专门邮件通知，作者亦可发邮件询问。三月后如未收到回复，作者可自行另投他处。
5. 谢绝一稿多投，如经发现，取消稿件外审资格。

投稿邮箱：zgmsyj@yeah.net
编辑部地址：上海市普陀区中山北路 3663 号华东师范大学干训楼 605 室
联系电话：021-52137074　联系人：徐老师
邮编：200062
欢迎阁下赐稿！

封面：提毗*女神像，10 世纪，占婆王朝，胡志明市越南历史博物馆藏

* 提毗（Devī），占婆第六王朝首位君主因陀罗跋摩二世的妻子，因其具有的美德而被阇耶僧伽跋摩一世（893—904）作为神一样崇拜。这尊提毗像被认为是 10 世纪占婆王朝最美的女神像。提毗的梵语即为"女神"。

目录

汉画像研究

重论南阳西关汉画像石：不是嫦娥奔月，而是女娲捧月
　　　　　　　　　　　　　　　　　　张同标　4

试论早期祠堂画像中西王母与羿（后羿）的组合
　　　　　　　　　　　　　　　　　　庞政　13

论汉画像石孝行图的"通行"与"泛化"　张扬　17

汉代石刻画像内涵再思
　　——读《象生与饰哀——汉墓石刻画像研究》
　　　　　　　　　　　　　　　　　　魏镇　28

美术考古研究

试析良渚文化玉器组合纹饰的内涵　毕洋　31

探讨中国翼兽问题之要点　郭静云　王鸿洋　40

佛教美术研究

阿旃陀石窟形制及其与敦煌毗诃罗的比较研究
　　　　　　　　　　　　　　　　　　刘慧　47

印度康纳冈娜哈里遗址的初说法图像研究　李雯雯　54

传统文化视域下中国唐代彩塑的"外化逸风"
　　——南禅寺彩塑造像考证
　　　　　　　　　　　　　　　　　　仲丛惠　63

古代绘画史研究

宋初移民与开封绘事　赵振宇　70

元代画家胡廷晖与故宫博物院藏《春山泛艇图》
　　　　　　　　　　　　　　　　　　史正浩　79

朱玉《揭（劫）钵图》顾潜题跋研究
　　　　　　　　　　张毅捷　何洋　朱玉珉　87

书论画论研究

从"颊上三毛"到"瘦形神远"——论六朝人物画"形神"

关系的表现策略与美学影响　　　杨冬晓　98
张彦远画论"自然"范畴的三维透视　　孟凡萧　104
骨气与天机：傅山的艺术精神及其当代价值
　　　　　　　　　　　　　　　　杨万里　110
张舜徽先生的艺术观及其书法实践　　黄彦伟　117

近现代美术研究
遗忘与强调：美术史上对李铁夫的书写
　　　　　　　　　　　　冯锦　傅慧敏　124
20世纪上半叶中国画学文献的辑佚、整理及研究
　　　　　　　　　　　　　　　　殷晓蕾　132

美术教育研究
刘海粟的中国画教育思想探微　　陈兵　泚阜　139
学校美术教学评价研究热点和发展趋势研究
　　　　　　　　　　　　郑文　王颖洁　142

艺术设计与批评
《髹饰录》与中华工匠精神核心理论体系　潘天波　148
方薰与"山静居图皆金阁造"笺纸　　　　王宇　154
中国古典园林形态结构的意象化审美　　陈光龙　160
审美人类学视野下永州纸马的文化内涵解读
　　　　　　　　　　　　郑适　刘世军　163
危机之下重建"批评"——以关键词"批评"
　　（criticism）译介与接受为视角的历史叙事
　　　　　　　　　　　　　　　　曾小凤　170

鸟卵与神眼：辨识良渚神徽之眼
　　——庆祝良渚古城列入世界文化遗产
　　　　　　　　　　　　叶舒宪　封二、封三

图书在版编目（CIP）数据

汉画像研究/华东师范大学艺术研究所编.--上海：上海书画出版社，2019.9
（中国美术研究）
ISBN 978-7-5479-2196-8

Ⅰ.①汉… Ⅱ.①华… Ⅲ.①画像石—研究—中国—汉代 Ⅳ.①K879.424

中国版本图书馆CIP数据核字（2019）第205075号

中国美术研究 汉画像研究（第31辑）

责任编辑	王聪荟　陈元棪　邱宁斌
责任校对	倪凡
封面设计	王峥
技术编辑	顾杰

出版发行	上海世纪出版集团 上海书画出版社
地址	上海市延安西路593号 200050
网址	www.ewen.co www.shshuhua.com
E-mail	shcpph@163.com
制版	上海文高文化发展有限公司
印刷	上海盛隆印务有限公司
经销	各地新华书店
开本	889×1194　1/16
印张	11
版次	2019年9月第1版　2019年9月第1次印刷
书号	ISBN 978-7-5479-2196-8
定价	78.00元

若有印刷、装订质量问题，请与承印厂联系

重论南阳西关汉画像石：不是嫦娥奔月，而是女娲捧月

张同标

（华东师范大学美术学院，上海，200241）

【摘　要】 河南南阳西关出土的所谓"嫦娥奔月"画像石，图像极精美，又被印入邮票，影响很大。但是，所谓嫦娥奔月，只是一个美丽的误会，画像题材应该是女娲捧月。根据原石观察，结合拓本，可知画像三边毛面石坯，另一边没有留边，这种情况表明这幅画像应该大幅面的一部分，而不是独立的完整画幅。这类多石拼合的大画面都是墓顶室的天象图，多表现伏羲女娲和星辰云气。所谓嫦娥奔月画像石就是这类天象图的女娲部分，与之相对的伏羲部分已经佚失不存。以前的研究，往往从文献入手，通过文献解读画像。而美术考古学应该从图像着手，尽可能地仔细考察图像的所有细节，特别是画像在墓室中的区位分布、画像与其他画像或石材的关系、没有雕刻的石坯毛面与画面的组合比例等非图像部分，把这些物态信息作为图像研究的前提。把文献视为图像的辅助，而不是相反，不能由文献主导图像，而且，文献和图像并不总是能够逐一对应起来的。

【关键词】 南阳画像石　嫦娥奔月　女娲捧月

1999年，中国邮政曾经发行了一张嫦娥奔月的专题邮票（1999年2月6日），主体画面是南阳西关出土的画像石（图1），明确标注为"汉画像石·嫦娥奔月"。说者认为"飞向月亮的是嫦娥，她的下半身已变这鳄鱼的尾巴和后肢"[1]。画像精美，拓工又考究，自公开发表以来很受关注，我也曾经把这幅画像作为河南画像石的代表，写入《中国美术史》。当时根据考古资料写道："南阳西关墓出土的《嫦娥奔月画像石》，画面左上方刻一圆月，月轮内画一只蟾蜍。右刻一女像，人身蛇躯，头梳高髻，身穿长襦，后拖屈曲长尾，面向圆月拱手合拜。其间散布九星，云气萦回，表示嫦娥飞升天宇，奔赴月宫。这个题材反映了当时人对不死之药的向往，是祈愿长生求生仙界的反映。"[2]

现在看来，画像石题材应该进行重新考订，所谓嫦娥应该是女娲，所谓嫦娥奔月应该是女娲捧月。由此，也使我们思考王国维二重证据法成立的前提，美术考古学的研究基础首先不是文献，而是图像，应当尽可能还原或追溯与图像相关的物态情境和原境信息。从这一点来说，关于嫦娥奔月的题材证非辨伪，以及对应的女娲捧月的进一步确认，只是我们关于美术考古学研究方法论的微观实验之一。

一、研究回顾

（一）主流意见：缺乏论证的先入为主

这件嫦娥奔月画像石，出土于河南南阳西关。根据考古简报[3]，1964年3月4日南阳市新华公社西关居民高金有（引案，学术论著中提到普通居民名字的极为少见）在院墙外发现了一座古墓。当时的"南阳市文管会"据此进行了调查。嫦娥奔月等总计三件画像石都是这座古墓的盖顶石，盖顶石还有一方汉代石案。由于"用画像石及石案作石材来盖墓面，可见是把它们作为废物来利用

图1　南阳汉画馆藏南阳西关汉画像石，拓本，旧题"嫦娥奔月"

的"⁴。所谓嫦娥奔月画像石,是"甬道上覆盖的一幅,长1.37米、宽0.68米。画面左为一圆月,月内伏一蟾蜍;右边有一神人侧身向月,其上体为人身,下为龙尾龙爪"⁵。这座再葬古墓的年代,被判断为"东汉末至西晋初年"。由于是再葬墓,现在只能推测,嫦娥奔月画像石是在这座古墓建造年代之前雕刻的,应该在东汉末年之前。按照汉画像石断代的惯例,很可能是东汉中后期的遗物,当时,河南南阳一带盛行画像石墓。或者,笼统地说确定为"东汉"⁶。考古简报通篇并没有说是"嫦娥奔月",也没有关于嫦娥的任何说明。考古简报在考古调查之后仅仅五个月发表的,当时,并没有认为这方画像石是嫦娥奔月。

时隔十八年之后的1982年,周到和吕品两位合作发表论文《河南汉画中的远古神话考略》,第一次把画像石题材确定为"嫦娥奔月"。在这篇论文的第四节《羿射十日嫦娥奔月》如是描述说:"嫦娥奔月画像,刻一个女子人首蛇身,在空中翱翔,周围云气缭绕,向一轮圆月奔去。据说,嫦娥又名姮娥,是著名射手羿的妻子。《淮南子·览冥篇》云:'羿请不死之药于西王母,姮娥窃以奔月。'原来是她偷吃她丈夫从西王母那里弄来的长生不死之药,于是乎飘飘然,腾身而起,奔入月宫。张衡说:'嫦娥遂托身于月,是为蟾蜍'(《灵宪》)。如此说来,月中之蟾蜍原来是嫦娥的化身。"该文的图8,是刘建洲绘制的线描图,题为"南阳画像石上的嫦娥奔月"⁷。

后来,吴曾德与周到合作撰写的《南阳汉画像石中的神话与天文》第二节《月亮的神话与天文》,该文图5发表了重新描绘的摹本"羿请不死之药于西王母,姮娥窃以奔月",与前引线描图相比较,这个新摹本漏掉了右下角的表示星星的一个圆点。文章论述说:"嫦娥奔月,嫦娥被刻画成人首龙身,后拖着一条长长的尾巴,左上方一轮明月,也极生动,嫦娥又叫姮娥,《淮南子·览冥篇》云:'羿请不死之药于西王母,姮娥窃以奔月。'高诱注:'姮娥,羿妻。羿请不死之药于西王母,未及服之,姮娥盗食之,得仙,奔入月中为月精也。'可见姮娥即为嫦娥,而且变成了后羿的妻子。嫦娥因偷吃了她丈夫从西王母那儿要来的长生不死不药,成仙得道,飞奔月宫。这个变易的神话显然是受了道家思想的影响,秦汉时代道家思想泛滥,方士很多,用炼丹长生不老之药,得道登天等谎言惑人欺世,嫦娥奔月的神话便应运而生。"⁸

上述论文在感性的视觉印象之外并没有列举出画像判为嫦娥奔月的具体理由,而且,文献与图像之间的对应关系并不能得到充分的保证。在这种前提下基于文献的图像考订在逻辑关系上是不完善的,尽管如此,后来学界还是普遍接受了他们的看法。

这块画像石,后来就近入藏南阳汉画馆。该馆1998年编写出版的《南阳汉代画像石墓》相当完整地收录了这座古墓,影印了墓中所出的三方画像石拓片。⁹在简报的基础上丰富了一些细节,比如,把古墓确认为"可能是魏晋时代的遗产",更重要的是把这方画像石确认为嫦娥奔月,并把嫦娥奔月列为神话传说的题材之一进行了两次说明:

嫦娥奔月,68厘米×137厘米。石刻嫦娥奔月图,画左一圆月,月内一蟾蜍;右边一神人侧身向月,其上体为人身,下为龙尾龙爪,当为神话传说中的嫦娥。¹⁰

嫦娥奔月。南阳市西关汉墓出土了一块嫦娥奔月画像石。画面左上方刻一月轮,内有蟾蜍,其右刻一女子为嫦娥,人首蛇躯,头梳高髻,身着宽袖长襦,双手前拱,面向月轮,作飞腾状。画面空间分布九星,并饰以云气《淮南子·览冥训》:"羿请不死之药于西王母,未及服之,姮娥窃以奔月。"¹¹

相比较而言,后者的前言意见更加翔实。这个意见,得到了更加权威的《中国画像石全集》第六册《河南汉画像石》的认同:"左一圆,内刻蟾蜍象征月。右一女子高髻广袖,人首蛇身,呈升腾状。周围云气缭绕,散布九星。《淮南子·览冥训》载:'羿请不死之药于西王母,未及服之,姮娥窃以奔月。'月中蟾蜍又名'月精',是姮娥即嫦娥的化身。"¹²

《中国画像石全集》出版于2000年,此后就没有什么质疑或反对的声音了。也就是说,自2000年以来,关于嫦娥奔月,就大体上就成为定论了。

考虑到嫦娥奔月的题材判读始见于1982年,邮票发行于1999年,直到今天,对于"嫦娥奔月"的判读意见,已经流行了将近四十年(1982—2019)。然而,各家判断这是嫦娥奔月的证据是什么呢?他们都没有明言,以意推测:他们首先认为画中人是女性,又有月亮,正好对应于《淮南子》所说的嫦娥奔月。然而,《淮南子》可以证明西汉已有嫦娥奔月的传说,但是,类似这样的文献记载,是否可以证明汉画像石刻画的就是嫦娥奔月呢?两者之间恐怕缺乏严密的逻辑关联。

(二)反对意见:艰难的反向证据寻找

细细推考上述各家的意见,往往先确定画像是嫦娥奔月,然后征引古书说明汉代确有嫦娥奔月的神话传播。至于画像与文献之间如何建立起对应关系,尚未见有充分的说明。或许正因为如此,学界对于嫦娥奔月的题材判断也有不同的意见。

这些反方意见，按时间为序，首先是杜全山的看法，他的核心意见，是他文章的标题《不是嫦娥是女娲》。文章很短，略云：

迄今尚无嫦娥为人首蛇身的记载。汉画像石中的人首蛇身女子，头戴冠，与南阳画像石中不乏其例的女娲形象一致。古今学者一致认为"女娲的样子是人首蛇身"。王延寿《鲁灵光殿赋》记载："伏羲鳞身，女娲蛇躯。"了解汉代的丧葬意识和风俗习惯，把汉画像石放回到墓中去考察，汉墓中多刻画日月，反映当时追求阴阳和谐。《礼记·礼器》云："大明生于东，月生于西，此阴阳之分、夫妇之位也。"日月是阴阳五行体系中的一个有机组成。墓中刻日月，既有"阴阳和谐"，又有"夫妇和睦"的寓意。江苏东海县昌梨水库东汉夫妇合葬墓中，伏羲捧日刻于男墓东主室，女娲捧月刻于女墓西主室。鲁川陕等地的此类画像石更是不胜枚举。伏羲、女娲是中国古代传说中的人类始祖神，或手执规矩，或手捧日月。这对人首蛇身的形象，无论分列或交尾状都反映了他们作为对偶神的关系。山东嘉祥武氏祠汉画像石中的二神手持规矩，人首蛇身，作交尾状，榜题"伏羲苍精"。南阳汉画像石中也有不少此类图案。南阳县英庄出土的一块"伏羲捧日、女娲捧月"画像石中，二神也是人首蛇身，两尾相交，分别擎举日月。这块画像石置于夫妇合葬墓中，在两主室之间的中轴线上。1988 年发掘的南阳县熊营汉代夫妻合葬墓中，两主室的中门柱正面画像有"伏羲女娲交尾"图，右侧怀抱日轮者为伏羲，左侧怀抱月轮者为女娲。[13]

上引王全山的意见大致分为两点：第一，嫦娥的形象不明，至少没有明确记载，画像符合女娲的形像。第二，伏羲和女娲是对偶神，表示"阴阳之分，夫妇之位"，多与夫妇合葬墓有关。王全山把观念中形而上的对偶神与现实生活中形而下的夫妇合葬联系起来，颇具慧眼。

其后，史国强发表《南阳汉画中的嫦娥奔月图像商榷》[14]，认为图像不是嫦娥奔月，而应该是常羲浴月。他的文章分为两部分进行论证：首先，图像内容并非嫦娥奔月。"关于嫦娥为人首蛇身的记载，目前尚未发现""既然同时期的石刻中把嫦娥的丈夫后羿刻画成人首人身，而把嫦娥描绘成人首蛇身，岂不怪哉。"[15] 又说："月宫中的蟾蜍系嫦娥所化。照此说来，在嫦娥奔月之前，月中是不曾有蟾蜍的。如果把这幅汉画图像中的女子释为嫦娥，那月亮中的蟾蜍又该如何解释呢？岂不自相矛盾。"[16]

其次，画像内容当是"常羲浴月"。"在远古神话传说中，常羲又名常常仪，是帝俊（即帝喾）的妻子，月亮的母亲……常羲生了十二个月亮，常把月亮带到水中去洗澡。南阳汉画中的这幅图像即是刻画的这一神话故事。图像中，常羲正在滚滚的波涛中嬉戏，亲切地用手捧着月亮，给他洗浴。分布在其周围的九个圆形图案应是九轮圆月，也就是她的九个孩子，连同常羲手捧的一个，共有十个……这幅图像中的女子也是人首蛇身，与其他汉画石刻中的常羲形象相似。所以，我认为这幅图像中的女子应是常羲，不是嫦娥，其表现的内容不是嫦娥奔月，而应是常羲浴月。"[17]

这篇论文主要基于人首蛇身的造型特征进行研究，认为嫦娥没有这样的形象，又因为画中人"显示了喜悦和兴奋"的神情，与"怅然有丧"的文献记载不同，所以她不应是嫦娥，当然也就谈不上嫦娥奔月了。史国强把图像确定为常羲浴月的依据，除了《山海经》等文献记载之外，主要是因为图像中的"女子周围翻卷的图案并不像是云气，应属波浪图案。……看那女子的体姿，也不像是飘然升腾的样子，如同于波涛浪花之间，双手棒月在嬉戏玩耍，并无欲奔入月之势"[18]。这样的论证，文学意味浓重，显得主观性太强，还需要其他更加明确的证据。照我们的意见来看，史国强关于常羲浴月的判断，隐含了这样的前提：手持规矩的是伏羲女娲，手捧日月或者为日月洗浴的是常羲。当然，这个前提，同样缺少坚实的依据，也逐步被学界放弃。

后来，贺福顺等人发表《〈嫦娥奔月图像商榷〉的商榷》[19]，针对史国强逐一反驳，努力维护嫦娥奔月的旧说。贺福顺等人认为，"考释《考略》一文图八画面的内容到底是不是嫦娥奔月，全面了解和分析嫦娥奔月这个神话故事的全部内容是基本的前提，也是唯一可行的正确途径"[20]，除了再次叙述后羿英武、嫦娥盗药的情节之外，还说后羿"与宓妃偶然相遇之，彼此之间产生了爱情"，嫦娥"愤恨和妒嫉，怼而偷吃了羿所请之不死药"，因此奔月。认为画中人嫦娥"显示了喜悦和兴奋"的神情，并非与文献牴牾，反而应该理解为嫦娥"解脱了由后羿与宓妃二人的关系引起的感情上的痛苦，产生喜悦和兴奋心情是自然的"。因为嫦娥盗仙药，所以嫦娥变成人首蛇身的形象是可以理解的。贺文第二节《画面内容不是嫦羲浴月》很简短，认为史文所说画中的十个月亮，与文献记载"生月十二"不符，由此认为史文的结论不能成立。

我们注意到把图像判定为嫦娥奔月是主流意见。上引的反方意见，是少数人面对多数人的孤独之战。主流意见虽然没有提供判读证据，却符合多数人即目所见的初始印象，更加符合有诗和远方的美好遐想，因而广泛流行，反方却不得不举出足够多的令人信服的证据，其难度可想而知。急切之间，有些证据不完善、不充分当然是可以体谅的。正反双方都没有脱离首从文献出发进行图像考证的窠臼，这是不能忽略的，我们也同样重视文献。但是，除了文献，还必须关心画像自身的物态信息以及画像在墓中的区位布置，这些非艺术因素对于图像考释的价值远在视觉印象之上。应当基于图像再寻找文献作为佐证，图像自身才是第一位的。

二、基于图像的重新审察

（一）嫦娥奔月画像只是大幅画面的一部分

重新考察已经发表的图像，包括模本和拓本两类。前引的两种模本，只能作为研究参考。由于拓工的精粗不同、研究者的着眼点差异，《考古简报》和《南阳汉画像石墓》影印的两种拓本都没有明显地突出画芯外围的痕迹。《中国画像石全集》则明确显示了画芯外围没有雕刻过的毛石边框。边框只出现在主体画面的三个方向，另一方向没有边框。这说明，我们正在讨论的所谓"嫦娥奔月"画像石，并不是一个独立的存在，而是更大画幅的一部分。

河南南阳汉画像常有使用多块石材拼合为一个画面的例子。南阳汉画馆陈列了多石拼合复原的长方形大画面。"苍龙毕宿日月合璧图"（图2），由五石构成，就原石观察，左侧一石可见三方边框，右边没有对应的三边框画面，而且右端一石的阳鸟缺少羽尾，所以这五石应该不完整。所谓毕宿，是围绕兔子的八星，我以为应理解为月亮，整体画面应该是日月星辰。"四神天象图"（图3），由九石构成，中间有两根条石都断成了两截，所以也可以说成是由十一块石材构成的大画面。左右两侧可见细窄的毛石，可见画面是完整的。正中是四灵，左右两端分别是伏羲女娲。把这些石材架设到墓顶上，由下向上仰视，见到的恰好是长方形的大画面。就原石观察，每块条石两端的毛石部分压在墙顶上，受力承重，尺寸比较宽大。也正因为压在墙上，不在视野之内，所以这些毛石部分的尺寸不一，或大或小，并不考究。相比较而言，左右两端条石的边侧受力较小或者干脆不承重，所以后一例左右两石的边侧毛石很窄，既节省石材又很经济。以上两幅天象图，仅从拓本很难看出画面外围毛石的部分，更难推测当时建筑拼装的原始信息。

再以《南阳汉画像石墓》所列墓葬为例，南阳麒麟岗汉画像石墓顶天象图有三幅，第一幅四神天象图是前室墓顶画像，另两幅是主室墓顶画像。前室顶部的四神天象图，也就是上述汉画馆陈列的后一例，由"九块条石组成"[21]；第二幅是神兽仙人画像，由"六块盖顶石组成"[22]；第三幅是异兽神人画像，由"六块盖顶石组成"[23]。第一幅描绘伏羲女娲和四灵，后两幅仅有神兽和羽人，这些差距取决于他们在墓室中所处的位置。南阳宛城区东关汉画像石墓墓顶盖由七块石材构成（143厘米×59厘米、142厘米×39厘米、142厘米×49厘米、138厘米×59厘米、100厘米×64厘米-76厘米、140厘米×38厘米、174厘米×33厘米），石材宽窄不一，其中的五方构成完整的日月合璧画像（108厘米×266厘米）[24]。以上两例又都收入《中国画像石全集（河南卷）》[25]。附带要说明的是，有些墓顶画像，由于石材不全，难以拼合为一个整体。就《南阳汉画像石墓》和《中国画像石全集》两书，结合南阳汉画馆陈列的原石分析，多石拼合为一的例子，并不十分罕见。

我们再度审视所谓嫦娥奔月画像石，结合原石分析，画中人头顶上方的毛石较窄，左右两边的毛石较宽。基于今日的观察习惯，画中人应该是头部朝

图2　南阳汉画馆藏南阳东关汉墓前室天象图，拓本

图3　南阳汉画馆藏南阳麒麟岗汉墓前室天象图，拓本

上方的直立形象，因而，这幅画像，更准确地说，是更大画幅的方形墓顶画像短边侧的一部分。参照南阳麒麟岗汉画像石墓，画中人物的头像靠近墓门，遵循墓主由内向外的观看方向。考虑到古代墓葬尽量面南建造，那么，伏羲捧日居东，女娲捧月居西，可是，按我们粗略的理解复原，这幅西关画像很可能放置在墓顶东部，与常理不合。可是，这样的方位错乱对于汉墓而言，也并不罕见，比如偃师辛村新莽墓壁画、洛阳北郊加油站东汉墓壁画，都是坐北面南，也都是伏羲托月位于西方，女娲托日位于东方。[26]尽管在解释上还可能有不同意见，但是伏羲女娲在墓中所处的方位并不完全统一应该是实情。由于西关嫦娥画像相邻的其他石材尚未被发现，或者是没有被报道，或者是早已毁失不存，客观上失去了复原画像的基本条件。不过，既然我们可以推断这是一幅大画面的残件，那么，对画像题材的判断不能完全依赖于对残件的视觉判断，要尽可能据此复原出完整的大画面，把这幅大画面作为重要的解读依据。

（二）墓顶天象图的题材框架

我们推测，现存的这方残石是墓顶天象图的一端，而且，根据同类同像推测，所谓的嫦娥，应该是女娲。

类似的天象图在西汉壁画墓和东汉画像石墓中都有许多例子，就像前举南阳麒麟岗、南阳宛城区东关汉画像石墓那样，所见天象图诸例都用于墓顶。西汉壁画墓，在主室顶脊描绘天象图的例子很多。这些壁画多呈现长条形，两端为伏羲女娲，中间为各类灵异星象。长沙马王堆一号汉墓帛画，现藏湖南省博物馆，全画高205厘米，上宽92厘米，下宽47厘米，帛画上端表现的也是天界，左上角是蟾蜍月轮，右上角是三足乌日轮，同样是日月经天、群龙翔空的神异景象。虽然形制不同，布置有别，就其立意而言，与墓室画像石的图像结构却是同出一辙的。

洛阳卜千秋墓建于西汉昭宣时期（前86—前49），坐西朝东，主室脊顶壁画天象图，由二十块砖拼合，各砖有编号。两端为伏羲、女娲，伏羲在墓室深处的西方，女娲位于靠近墓门的东部[27]。伏羲与太阳组合，女娲与月亮组合，分别表示阴阳。由于伏羲与太阳代表东方，主阳，却位于壁画的西端，相应地，女娲和月亮位于东部也不甚合理，被认为是"结构错误""是当时画工或建墓工匠缺乏相应知识而造成的"。[28]伏羲与女娲都为人身蛇躯，这是造型的惯例，唐代的新疆阿斯塔那绢画仍旧如此。

建于西汉元帝至成帝时期的洛阳烧沟61号墓（或云早于卜千秋墓），坐西朝东，前堂脊顶壁画为星象云气，由十二块砖拼合。中间为云气，两壁为红日、绿月，红日居东位于墓门部位，绿月居西，位于主墓室深处的隔梁部位[29]。东方的太阳中间有模印的飞鸟，西方的月亮中画蟾蜍和玉兔。天象图表达了对天体的认识，这种认识与与墓室券顶这个特定部位呈功能上的吻合。后来的墓顶天象图保留了日月，但增加了更为形象化的伏羲和女娲。

西汉后期的浅井头墓，略晚于卜千秋墓。墓室坐北朝南。脊顶天象图，由二十一块砖拼合，女娲位于墓室深处的北端，伏羲位于墓门处的南端。[30]"女娲人首蛇躯，长尾匀绕于月轮左侧，为主阳之神。月轮内绘蟾蜍、玉兔，蟾蜍、玉兔均为月精，阴之象征。"南端的伏羲也是人首蛇躯。[31]

以上三墓的脊顶天象图，都是以日月阴阳为骨干的天象图，应该是当时的共识。据司马迁所说，秦始皇陵"上具天文，下具地理"，表示地理的做法是"以水银为百川江河大海，机相灌输"，如何表示天文却没有明言。从西汉墓室壁画的情况，所谓"上具天文"，大概也是以伏羲女娲为主体的天象灵异图。如果卜千秋墓壁画确实有所错乱的话，那么，天象灵异图的方位应该是伏羲居于外端靠近墓门，女娲居于里端，靠近墓室深处的。天文与地理相对成文，伏羲女娲代表的是天文，而不是仙界，更谈不上导引墓主人飞天成仙。

东汉画像石墓兴起，墓室的建造结构与西汉有所不同，长条形的天象图壁画不再流行，偶尔有退于隔梁的情况，更加普遍的出现在前室顶面大画面，如前举诸例，由多块条石拼合构成。

例如前举的南阳麒麟岗汉墓天象图，第一幅的正中是形体较大的神祇，或曰天帝，或曰天神炎帝，周围有青龙、白虎、朱雀、玄武等四灵环绕，左右两端分别是伏羲女娲。依南阳汉画馆的馆方解说，左端是女娲怀抱月轮及南斗六星，右端是伏羲怀抱日轮和北斗七星。这样的画面构成，与其说是自然的天界，倒不是说是想象中虚拟的宇宙秩序。这样的天象是阴阳观念的图像化反映，是不是表达升仙观念尚需要更加确切的依据。诚如前引杜全山的意见，墓顶画像表达的是"阴阳之分"，简言之，是与地理相对的所谓"天文"。

（三）其他类似嫦娥奔月画像的再审察

南阳英庄汉画像石墓（M4），时代为东汉早期。[32]墓为砖石混作结构，由两墓室和一前室构成。前室宽245厘米，进深126厘米。主室盖顶石四块，分别刻有图像：嫦娥奔月图（42厘米×164厘米），虎车雷公图（79厘米×167厘米），应龙图（70厘米×160

厘米），阳乌图（82厘米×167厘米）。以上四石自北而南排列，最北端的"画像左边刻绘满月，月下有云团，其右刻嫦娥，人首蛇神，仰面，将奔入月中。嫦娥奔月见于长沙马王堆一号汉墓出土的帛画。南阳英庄M4出土之前，南阳汉画像石中有两幅与这块画面相似的嫦娥奔月图"[33]。从四石拼合的画面看，北侧为月轮，南侧为日轮，是由日月为主体的天象神异图像。日月居于两边，仍应该是伏羲女娲。所谓"嫦娥奔月"云云，不能从天象图的整体割裂出来进行孤立的解释。

南侧蒲山一号汉画像墓的时代为东汉初期[34]，由于全部使用石材，其年代应该稍晚于英庄汉墓。该墓由东西两墓室和前方的前室构成。前室长264厘米、宽94厘米。前室顶部画像在"发掘前已被搬离原处"，至少有四方画像（图4）：嫦娥奔月图（47厘米×138厘米），升仙白虎星座（55厘米×130厘米），苍龙星座（48厘米×120厘米），升仙图（46厘米×139厘米）。

其中第一石嫦娥奔月图"画面左方刻一月轮，其右刻一女子为嫦娥，人首蛇神，后托曲尾，有双爪，头梳高髻，一手抱于腋下，另一手揽下月轮，作腾飞状。画中散布八星，有三连星，亦有二连星。《淮南子·览冥训》……张衡《灵宪》……此画像和以前发现的有所不同，为研究嫦娥奔月这个远古神话提供了新的资料"[35]。

我们尝试拼合复原。发现现存四石总宽度是196厘米。细审该墓前室宽264厘米，推测前室顶部应该不止四石。又，第一石有三边毛面石坯，其他三块仅两端有石坯，表现至少应该还有一石，这块已经佚失的画像应该留有三边毛面石坯。由五块石材拼合构成墓顶画像的全体。倘果如是，第五石所刻画应当是伏羲。只是，第一石的所谓"月轮"，由于圆圈中未见明显的蟾蜍等标识物，故尔也有可能为日轮。无论如何，由五石构成的墓天象整体上是将伏羲女娲安排在两侧的。

三、基于文献的重新审察

（一）伏羲鳞身女娲蛇躯

汉代画像石上的伏羲和女娲，都是人首蛇身的形象，手持规矩，表示他们的经天纬地，双尾相交，或许有阴阳交通、化生万物的意味。又有两者分开，或者兼持日月等图例。以前的学者，都是依据文献进行研究，依据《鲁灵光殿赋》"伏羲鳞身，女娲蛇躯"云云，学者据此把汉画中的类似形象识别为伏羲女娲。伏羲女娲画像极多，而有铭文标识画中人物为伏羲女娲的例子极少，常常被举出的有以下三例：

1. 山东武梁祠，自宋代就开始被著录研究。其中，武梁祠第一石（西山墙）第二层的伏羲女娲像，手持规矩，蛇尾相交。画面左上方有榜题"伏戏"，并有题记"伏戏仓精，初造王业，画卦结绳，以理海内"四句十六字。伏戏就是伏羲的异写，仓精仍然是伏羲，伏戏仓精是复指。伏羲仓精，与"祝诵（融）""神农"，合称"三皇"。铭文撥录《周易》系辞："古者包牺氏之王天下也，仰则观象于天，俯则观法于地，观鸟兽之纹与地之宜，近取诸身，远取诸物，于是始作八卦，以通神明之德，以类万物之情，做结绳而为网罟，以佃以渔，盖取诸离。"所述为伏羲事迹，与女娲无关，画中手执规矩的两位神祇也不易看出男女之别，所以，这幅画像上即使是伏羲女娲并列，女娲也远远不及伏羲那么显赫。另外，武梁祠左后两座石室各有一幅类似的图像，参照前石铭文，这也只能被判读为"伏戏仓精"，也许可以含糊其辞地称为伏羲女娲吧。

2. 更加明确的刻有铭文的伏羲女娲形象，见于1986年四川简阳鬼头山出土的3号石棺画像。石棺后挡右上部，刻一人首龙身的人物，其旁刻写"伏希"（伏羲）。左边亦刻人首龙身像，其旁刻写"女蛙"（女娲）。两者之间有龟，有铭文"兹武"（玄武）二字。用铭文明确标识出两位神祇的身份，是判断伏羲女娲图像的仅有的惟一直接证据。

3. 山东梁山后银山壁画墓，在西壁画面的上层天界图里出现人身蛇尾的伏羲，此墓的特点是出现了珍贵的"伏戏"榜题文字，但女娲图像没有出现。[36]

以上三例是在古籍文献之外，基于

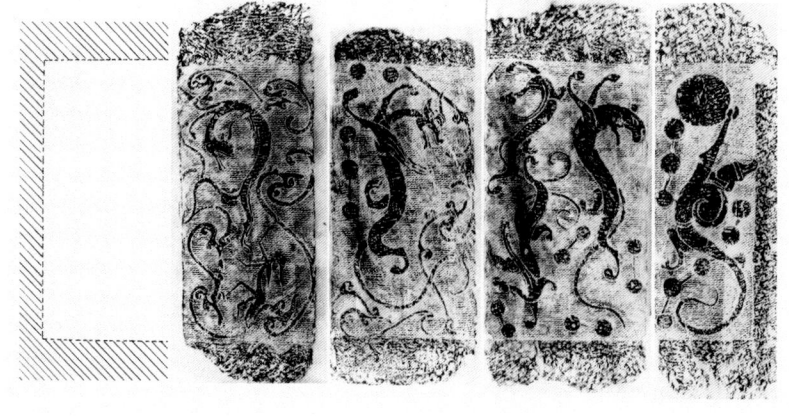

图4　南阳汉画馆藏南阳蒲山一号汉画像墓天象图复原示意图，应由五块石材拼合，左右应该是日月，现缺左边一石。

铭文证实了人首蛇身图像就是伏羲女娲。"在汉代，伏羲女娲传说的影响力很大，两神的地位和威望很高，《汉书·古今人表》开卷首列伏羲、女娲二神。还有学者认为《淮南子》中多处提到的二神、二皇即为伏羲、女娲。"[37]需要说明的是，如果此说可信，那么，《淮南子》就是把伏羲和女娲并列起来共同称尊的最初文献。在此之前，伏羲、女娲这两位大神各行其事，他们是互不关涉的。

伏羲女娲可能有多重喻义，传世图像主要有两种。西汉墓室壁画顶脊画卷两端的伏羲、女娲，分别与日月组合，两者相隔很远，这种形象一直沿续到东汉末年，甚至更晚；另一类是山东武氏祠那样手执规矩两尾相交的形象，主要出现在东汉中后期，这两类图像的喻义应该有所不同。手持规矩的伏羲女娲，如武氏祠铭文所言，表示了规天矩地的创世勋业，侧重点在于"初造王业，画卦结绳"（世传交尾云云的生育意义，这没有得到铭文或其他文献文物的证实）。擎举日月的形象，很可能反映了汉人的阴阳分判（阴阳各归其类，言其异也）[38]观念，更加强调日月经天的宇宙秩序。虽然同为伏羲女娲，却由持物的变化暗示了寓言的转移。汉末时期，有时也出现既擎举日月又同时手执规矩的二合一图像。

曾经有论文征引《山海经》，认为汉画中手举日轮的是羲和，手举月轮的是常羲。不过，这些观点现在已经被逐步放弃。主要理由是：按文献记载，羲和和常羲都是帝俊的妻子，羲和生十日，常羲生十二月，她们是日月的母亲。那么，河南唐河湖阳辛店汉画像石上那一对举日月且交尾的人首蛇身像，以及其他类似的图像，就很难认为是两位女性，而且《山海经》并没有说羲和和常羲是人首蛇身的形象，所以，我们认为擎举日月的对偶神，仍然应该判读为伏羲女娲。

（二）汉代嫦娥的仪容不详

我们把图像解读为女娲，女娲是人首蛇身，用蟾蜍象征月亮，这也同样是文通字顺的。从排他性的角度看，我们还必须研究嫦娥形象的生成演进。根据已有研究的探索，嫦娥的形象，成书于两汉和汉以前的文献记载相当稀少，约略有以下数条：

1.《归藏》，约战国中期，原书已佚。[39]

（1）按《归藏》之经，"大明"迕怪，乃称"羿毙十日""常娥奔月"。（刘勰：《文心雕龙·诸子》）

（2）昔常娥以不死之药奔月。（《文选》卷十三谢希《月赋》李善注、《太平御览》卷九八四）

（3）昔常娥以西王母不死之药服之，遂奔月，为月精。（严可均辑：《全上古三代文》卷十五）

（4）羿请不死之药于西王母，姮娥窃之以奔月。将往，枚筮之于有黄。有黄占之，曰："吉。翩翩归妹，独将西行，逢天晦芒，毋惊毋恐，后且大昌。"（严可均辑《全上古三代文》卷十五。原注：《续汉书·天文志》上注引张衡《灵宪》，当是《归藏》之文）

2.《归藏》，王家台秦简本。

（1）归妹曰：昔者恒我窃毋死之（药）[于西王母]（307），……□□奔月，而枚占□□□[有黄，有黄占之曰：吉。翩翩归妹，独将西行……]（201）。（简本第二二条）[40]

（2）归妹曰：昔者恒我窃毋死之（药）/（307）/□□奔月而支占□□□/（201）。[41]

3.《淮南子》，西汉，刘安（前179－前122）。

羿请不死之药于西王母，姮娥窃以奔月。〔羿〕怅然有丧，无以续之（《淮南鸿烈集解》览冥训篇末）。[42]

[高诱注]姮娥，羿妻。羿请不死之药于西王母，未及服之，嫦娥盗食之，得仙，奔入月中，为月精也。奔月或用坌肉。药坌肉，以为死畜之肉复可生也。

[高诱注]言羿怅然失志，若有所丧亡，不能复得不死药以续之也。

4.《灵宪》，东汉，张衡（78—139），严可均辑本。[43]

羿请不死之药于西王母，姮娥窃之以奔月。将往，枚筮之有黄。有黄占之，曰："吉。翩翩归妹，独将西行，逢天晦芒，毋惊毋恐，后且大昌。"姮娥遂托身于月，是为蟾蜍。[44]

基于以上引征，我们可以得出的结论略有四：第一，嫦娥奔月的神话传说在《归藏》时期（约战国中期）已经广为人知，当时被用来解释卦象。嫦娥与月亮有联系，却不能反过来由月亮推论嫦娥。第二，嫦娥所服食的不死之药来自后羿，但未明言两者是夫妇关系，明言其为夫妇是东汉的高诱。第三，通过简本《归藏》与张衡《灵宪》的比较，可知"姮娥化为蟾蜍"是后起的观念。由于蟾蜍与女娲的关联相当紧密，已见于西汉壁画，东汉时又常常出现在西王母身边，我们认为嫦娥化为蟾蜍的观念可能初起于张衡时期。不过，当时是否成为上下通行的普遍认知尚难以确知。第四，其他诸如嫦娥形貌的种种推论，都是假设，难以证实，至少难以证实这是汉人的观念。

我们推测，在汉人看来，这也是由世俗凡人转化为天界神仙的一种故事。汉人观念中的成仙途径不止一种，但是，得道成仙并不会必然导致形貌上的变化，汉代碑刻中提到的仙人唐公房（清嘉庆十年初刻本《金石萃编》卷十九仙人唐公房碑)、仙人王子乔（四部备要本《蔡中郎集》卷一王子乔碑），悠然与天地相往来，凌虚往来，神通莫测，却并没有羽翼或蛇身之类。我们也许可以据以推测，汉人心目中的嫦娥应该不是女娲那样的人首蛇身。扬雄《方言》卷十三说："秦晋之间美貌为之娥。"料想人首蛇身难以当得起美貌之誉。

四、结论和美术考古学方法论的再认识

具体到邮票上印制的"嫦娥奔月画像石"，我们认为应该解读为女娲擎月。这幅女娲擎月画像，应该是大幅墓顶天象图的一部分。女娲本应该与伏羲同时出现，尽管刻画伏羲的那部分石材已经佚失不存。

与结论相比较，我们更关心支持这个考订的方法论。

传统的研究思路是从书本文献出发。首先查考古书记载的嫦娥形象，如果画像形象与书本描述基本对应，那么就可以进行确切的判断了，关于嫦娥奔月判读意见就是这样形成的。可是，我们无法建立起文献与图像之间逐一对应的逻辑关系。比如，在文献中，月亮既与女娲相关，又与嫦娥相关，那么，我们面对具体的画面，面对月亮边上的女性形象，我们该如何在女娲和嫦娥之间进行选择呢？事实上，我们有些做法已经在文献之外添加了解读者的个人想像。文献何尝说过嫦娥是人首蛇躯呢？"怅然有丧，无以续之"的，分明是后羿失去了神药无法重新再获得的黯然伤神，却往往自觉不自觉被解读成嫦娥的心境。基于文献解读图像，存在着天然先验的缺陷，这种从文献出发的图像研究必须被限定在一定的程度之内。

美术考古学是一门新兴学科，固然应该承续已有的学术经验，但也应该建立自身的方法论。我们主张：美术考古学的图像研究应该从图像出发，而不是从文献出发。

具体到这件具体的画像，数量相当有限的关于嫦娥奔月的文献记载与图像之间到底是什么关系呢？也就是说，文献不是必然能够阐述画像，画像不是必然以文献为先验前提。文献自是文献，画像自是画像，我们没有发现文献和画像之间的交集关联。王国维的二重证据法，原本讨论的是传世典籍与地下文字材料而不是图像材料之间的联系。时至今日，在怎样的逻辑前提下将二重证据法放在图像与文献的框架之内重新发挥效力，是值得我们认真思考的。

我们还应该特别关注包括画面在内的的物态信息和历史情境。

我们发现，本文讨论的南阳西关嫦娥奔月和类似形象，通过对原石的观察，比较不同的拓本，就能发现画像外围有三边是没有雕刻的毛边，这三边是架设地墙顶上的承重部分，当时是眼睛看不见的部分，原石处理仅仅是稍作平整，保留了原始的欹侧，并没有修整成规整的方形。之所以还有一边没有毛边，是因为要与其他石材拼合。这些因素都是画面之外的物态因素，在画像之外，与画面无关，与艺术无关，却是美术考古的必然前提。这样说来，嫦娥奔月就不是独立的完整作品，而是更大幅画面的一部分，更进一步说，这是墓顶天象图的一部分。

如果我们把隶属于天象图中的一方画像单独抽取出来，这幅画像脱离了原先的生态环境，那么，我们研究解读的外部参照也就同时消失了。原先作为大画幅一部分的女娲捧月，与伏羲捧日对偶出现，再加上伏羲、女娲之间的云气星辰，那么，我们的解读自然而然地考虑到女娲的各种伴生因素，我们在伏羲女娲或羲和常羲两者之间进行选择，很难设想其他的解读框架。但是，女娲或嫦娥一旦被独立出来，从画像局部转成独立作品，失去了所有的伴生因素，又失去了艺术之外的物态属性，那么，被解读的参考系荡然无存，自然众说纷呈百衷一是了。

东汉时期的墓葬前室，相当于客厅，面积较大，盖顶石多由几块石材拼合。把这几块石材视为一张画布，描绘在这张画布上的天象图，犹如客厅的藻井画。从其他相对完整的作品来看，天象图多表现伏羲女娲和星辰云气，以及带有翅膀的神禽异兽，东汉中后期又增加了四神图像，这是自然天象与想像天界的二合一，想像多于真实。从天象图的大格局、大观念、大趋势考虑，所谓"南阳西关嫦娥奔月"只是女娲和月亮的图像组合，与她相对的另一端应该是伏羲和太阳的图像组合。伏羲女娲和其他墓顶图像，都是成对成组出现的。

如果我们首先从图像及其所属的具体情境出发，而不是首先从书本文献出发，那么，所谓"南阳西关嫦娥奔月"只能被解读为女娲和月亮的图像组合。再从墓顶天象图的结构模式分析，所谓嫦娥奔月，应该是整幅大画面边侧的一部分。今人判读为嫦娥奔月，更多的是出于诗赋文学的审美感悟，我们解读为女娲，这是史学实证的考据观念。两者各有优长，诗赋审美强调个体的主体感受，后者的考据实证完全是基于逻辑的推导演算，基本不考虑个体情感的私心好尚。

天象图的意义，大体上是司马迁所说的"上具天文"，与"下具地理"相对，为死者营造一个微缩版的宇宙景观，犹如他生前举目所见。天文是上天之文，自然有日月盈昃，辰宿列张，既有云气

飘渺，也有凭虚往来的神仙，但这并不意味死者有成仙的渴望，也不表示死者的孝子孝孙的想法。马王堆帛画的天界和人界截然有别，死者軚侯夫人只是在人界享受尊荣，并没有进入天界。秦皇汉武和汉代碑刻中的唐公房、王子乔等，追求都是生前登仙，都没有死后如之何的念想。嫦娥奔月也好，伏羲女娲也好，都应该从属于这样的丧葬观念。汉画像石从属于墓葬这样的具体环境，图像题材要服从于汉人流行的丧葬礼俗。

汉画像石或其他汉画是否确实存在嫦娥的形象，尚待查考，至少南阳西关这一块不是嫦娥奔月。汉人心目中的嫦娥究竟如何，汉人对她偷吃仙药飞天抱有怎样的褒贬态度，似乎并不很明确。进一步地说，如果汉人确实把嫦娥奔月镌刻在墓室中，这样的图像意义如何与整体的丧葬观念统合起来？凡此等等，还有一部分具体细节难以获得确切不移的解释，现在的问题是：如果有铭文或题字，嫦娥的身份当然是可以极为肯定的；如果没有，我们只能推测。推测的起点应该是汉人画像石所体现的惯例。虽然惯例并不能保证一定没有特殊的个别意外情况出现，而我们在没有更好解读途径的情况下，只能依据传统惯例着手考虑。简言之，这幅所谓嫦娥奔月画像的解读，应该把画像还原到墓葬的具体情境中进行思考。对题材的判断应该嵌入在葬仪观念的大格局里，一旦某个局部被独立出来，脱离了原有的上下文，失去了各种参照修正，就难免会发生各种分歧。

作者简介

张同标（1970—），江苏盐城人，华东师范大学美术学院教授、博士生导师，美术学博士。研究方向：美术考古学。

注释

[1] 杨洁、杨学旺编著：《邮票上的神话与传说》，时代出版传媒股份有限公司2016年版，第50-52页。
[2] 张同标：《中国美术史》，河南美术出版社2011年版，第28页。
[3] 王儒林：《河南南阳西关一座古墓中的汉画像石》，《考古》1964年第8期，第424-426页。
[4] 同上，第426页。
[5] 同上，第424页。
[6] 中国画像石全集编辑委员会：《中国画像石全集·6 河南画像石》，河南美术出版社2000年版，图版205，第168-169页，图版说明第71页。
[7] 周到、吕品：《河南汉画中的远古神话考略》，《史学月刊》1982年第2期，第23-29页。
[8] 吴曾德、周到：《南阳汉画像石中的神话与天文》，《郑州大学学报》（哲学社会科学版）1978年第4期，第79-88页。
[9] 南阳汉画馆主编：《南阳汉代画像石墓》，河南美术出版社1998年版，第194-195页。
[10] 同上，第194页。
[11] 同上，第28页。
[12] 同上，图版说明第71页。
[13] 杜金山：《不是嫦娥是女娲》，《上海集邮》2000年第8期，第18-19页。
[14] 史国强：《南阳汉画中的嫦娥奔月图像商榷》，《考古与文物》1983年第3期，第87-88页。
[15] 同上，第78页。
[16] 同上，第79页。
[17] 同上。
[18] 同上，第78页。
[19] 贺福顺、江继邓、张深阁、魏萍：《〈嫦娥奔月图像商榷〉的商榷》，《中原文物》1997年第1期，第85-97页。
[20] 同上，第85页。
[21] 南阳汉画馆主编：《南阳汉代画像石墓》，第143页第25图、第136页。
[22] 同上，第144页第26图、第136页。
[23] 同上，第145页第27图、第136页。
[24] 同上，第192-193页。
[25] 中国画像石全集编辑委员会：《中国画像石全集 6 河南画像石》，图128、图160。
[26] 杨效雷、徐婵菲、张金平：《周易阴阳观与洛阳汉代画像》，《天津师范大学学报》（社会科学版）2015年第2期，第45页。
[27] 贺西林：《古墓丹青：汉代墓室壁画的发现与研究》，陕西人民美术出版社2001年版，第28-36页。
[28] 同上，第36页。
[29] 同上，第23页。
[30] 同上，第38页。
[31] 同上，第41页。
[32] 南阳汉画馆主编：《南阳汉代画像石墓》，第90-92页。陈长山、魏仁华、南阳博物馆：《河南南阳英庄汉画像石墓》，《中原文物》1983年第3期。
[33] 王儒林：《河南南阳西关一座古墓中的汉画像石》，第424-426页。
[34] 南阳汉画馆主编：《南阳汉代画像石墓》，第128-132页。梁玉坡：《河南南阳县蒲山汉墓的发掘》，《华夏考古》1991年第4期，第20-30页。
[35] 梁玉坡：《河南南阳县蒲山汉墓的发掘》，第24-25页。
[36] 汪小洋：《汉墓壁画中的宗教信仰与图像表现》，上海古籍出版社，2012年，第144、146页。
[37] 贺西林：《古墓丹青：汉代墓室壁画的发现与研究》，2001年，第62页。
[38] 杨效雷、徐婵菲、张金平：《周易阴阳观与洛阳汉代画像》，《天津师范大学学报（社会科学版）》2015年第2期，第41-47页。
[39] 朱兴国著：《三易通义》，齐鲁书社2006年版，第275-338页。
[40] 王辉：《王家台秦简归藏校释》，《江汉考古》2003年第1期，第82页。
[41] 朱兴国著：《三易通义》，第298页。
[42] 刘文典撰：《淮南鸿烈集解》，中华书局，1989年，第217页。
[43] [清]严可均辑：《全上古秦汉三国六朝文》，中华书局2009年版，全后汉文卷五十五，第776-777页。
[44] 同上，第777页上。

（栏目编辑　朱浒）

试论早期祠堂画像中西王母与羿（后羿）的组合

庞政

（四川大学历史文化学院，成都，610064）

【摘　要】学界以往认为东汉早期在以孝堂山石祠为代表的山东部分地区的早期画像中，西王母与祠堂东壁上层图像中的风伯形成组合。通过梳理图像细节和文献记载，在前人基础上提出新的看法，认为西王母与画面中央的羿（后羿）形成组合。

【关键词】风伯　羿（后羿）　西王母　东王公

最早的西王母图像都是单独出现，处于独尊状态，可见于西汉中晚期和东汉早期的壁画和画像之上，如洛阳卜千秋墓¹中最早的西王母形象便是如此。东王公图像出现以来，其与西王母图像形成对应组合关系，大量出现在画像石、壁画和铜镜之上，成为汉魏时期并举的两位天界大神。有关早期西王母图像的对应组合情况，学界以往有学者提出过风伯之说，认为在以孝堂山石祠为代表的山东部分地区的早期画像中曾出现过风伯与西王母对应组合的图像。信立祥先生认为东汉早期的祠堂画像中，与西王母对应的东壁画像还没有固定下来，到了公元一世纪后期，风伯作为与西王母形象相对应的男性大神被刻画在东壁上层，他提出风伯即是箕星，可用于表示东方，且风伯为男性，从而与表示阴性、西方的西王母相对。²巫鸿先生也持与此相同的说法。³此后，李凇先生从"星相理论、阴阳理论、形式法则的角度"对信说提出质疑，并认为风伯与西王母的关系是"基于石祠艺术的目的，主要基于对人的生命的理解"，提出"风伯吹开屋顶，是为了让墓主的魂能顺利升天，不至于被幽闭于墓室"的说法。⁴笔者十分赞同这里提出的质疑，且风伯之说将风伯从风雨雷电的组合中剥离出来使之与西王母对应也忽略了图像的整体性，更重要的是风伯的地位无法与西王母匹配而形成组合，风伯之说还有进一步讨论的余地。⁵李凇先生还敏锐地观察到图像在墓葬中的意义和作用，这种观察角度是研究墓葬美术所必需的。近年来，王煜先生从整体的眼光考察孝堂山祠堂，提出东壁山墙画像表现了东夷不死之国和大人国，推测画像中的风雨雷电等神与长生不死之境和升天成仙相关。⁶这些研究都有一定的价值，但也存在进一步探索的空间。

早期西王母图像的对应关系到底如何，这种对应关系的性质和意义又是怎样，要搞清楚这些问题，需要重新审视图像细节和文献材料。这里笔者不揣浅薄，提出一点新的认识，望学界仁人指正批评。

一、相关图像材料梳理

建于东汉早期的山东孝堂山祠堂⁷是有关早期西王母对应组合图像的代表性材料，这里有必要先将此祠堂的情况介绍一下。祠堂东西两壁的图像是本文研究的重点，这里将着重描述。祠堂西壁山墙中央端坐的大神为西王母，两旁有侍者、玉兔捣药和三足乌等，山墙顶端有持规的女娲；东壁山墙中央为一房

图1　孝堂山石祠山墙画像
1.东壁山墙　2.西壁山墙

屋，一体型较为高大的男子怀抱一弓端坐屋中，前立一人。屋外有一体型肥胖的男子，一腿前伸，另一腿作屈膝状，双手高抬似持一物向屋顶作吹气状，屋顶已被掀起。信立祥先生和巫鸿先生已正确地指出此吹气之人为风伯。[8]风伯之后，有四人拉一车，上有四面鼓，一人手持二槌坐于车中，

此人应为雷公；之后还有戴盆降雨的雨师。东壁山墙顶端为手持矩的伏羲（图1）[9]。细观东壁画像，处于山墙中央的不是风伯而是房屋，更准确地说是屋中抱弓端坐的高大男子，将此人认定为与西壁山墙中央的西王母形成对应组合关系较风伯更为恰当。正如西王母身边的侍者、玉兔和三足乌等元素标志西王母身份和地位一样，屋中男子周围的人物事物元素也扮演着相同的角色。与此类似的画像还有四处，如山东嘉祥五老洼出土画像石第十二石[10]中，此类图案位于最顶层，画面左部一房屋内有两人，一高大男子抱弓端坐，前立一人，屋外右侧的风伯屈膝，双手前伸，向房屋吹气，屋顶已被掀开，风伯身后有两个羽人跟从（图2）。其他三处类似的画像为山东汶上县先农坛出土画像石[11]、山东嘉祥五老洼出土画像石第八石[12]和山东出土的一方画像石[13]（图3），此类图像均出现在画像顶部，信立祥先生已指出它们也是祠堂东壁，且年代要早

于孝堂山祠堂。[14]观察以上五幅图像，它们共同存在两个特点，首先，屋内有一高大男子抱弓端坐；第二，风伯多呈屈膝状将屋顶吹开。这些共同的图像细节正是解释此类图像的关键。

二、图像的性质与意义

结合图像细节和文献记载，笔者认为屋中抱弓端坐的男子应是羿（后羿），关于此人的历史记载比比皆是，有必要梳理下相关文献。

有关后羿的描述最早见于《左传》襄公四年的记载，后羿为夏代善射之人，乘夏德方衰以代夏政。后因不修民事，任用奸人寒浞，被人戏弄不知悔改，终遭灭亡，寒浞霸占了其家室。[15]《论语·宪问》云："南宫适问孔子曰：'（后）羿善射，奡荡舟，俱不得其死然。禹稷躬稼而有天下。'夫子不答。南宫适出，子曰：'君子哉若人！尚德哉若人！'"[16]可见后羿的故事在孔子和

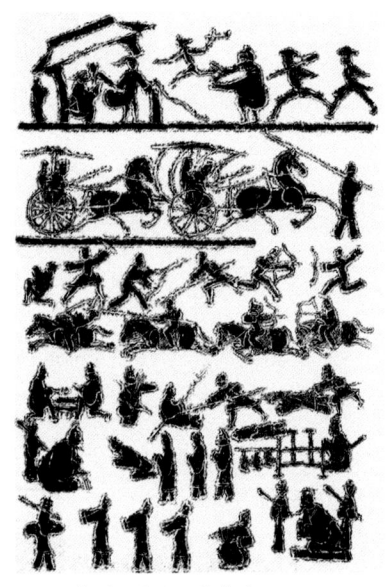

图2 嘉祥五老洼画像第十二石

a　　　　　　　　　　　　　b　　　　　　　　　　　　c

图3 山东出土的几方画像石
a.汶上县先农坛画像　b.山东画像石　c.嘉祥五老洼画像第八石

弟子那里已成为常识。此处之"羿"和"奡"即指《左传》中所记之"后羿"和"浇"（"奡""浇"古通用）。"羿善射"即《左传》所记"恃其射也，不修民事，而淫于原兽"；"奡荡舟"即《左传》所记"使浇用师，灭斟灌及斟寻氏"之事。先秦文献多言后羿之事，足见战国时期后羿事迹流传深远。

文献记载中还有一名"羿"者，此人多带有神话色彩，主要有以下几种描述：有关"羿"的神话最早出现于《山海经》中，《海内经》云："帝俊赐羿彤弓素矰以扶下国，羿是始去恤下地之百艰。"[17]《海外南经》载："羿与凿齿战于寿华之野，羿射杀之。在昆仑虚东。羿持弓矢，凿齿持盾。"[18]《大荒南经》曰："大荒之中，有山名融天，海水南入焉。有人曰凿齿，羿杀之。"[19]

又见于《楚辞·天问》，云："羿焉彃日？乌焉解羽？"。[20] 其后见于《淮南子·本经训》："逮至尧之时，十日并出，焦禾稼，杀草木，而民无所食。猰貐、凿齿、九婴、大风、封豨、修蛇，皆为民害。尧乃使羿诛凿齿于畴华之野，杀九婴于凶水之上，缴大风于青丘之泽，上射十日而下杀猰貐，断修蛇于洞庭，禽封豨于桑林。万民皆喜，置尧以为天子，于是天下广狭险易远近始有道里。"[21] 羿成为射十日、为民除害的英雄，先秦古籍中的类似记载很多，多认为羿是善射的英雄，流传相当广泛。

此外关于羿的神话传说，还有广为人知并流传至今的"嫦娥奔月"故事，较为完整的记载见于《淮南子·览冥训》云："譬若羿请不死之药于西王母，姮娥窃以奔月，怅然有丧，无以续之。何则？不知不死之药所由生也。"高诱注曰："姮娥，羿妻。羿请不死之药于西王母，未及服之，姮娥盗食之，得仙，奔入月中为月精。"[22] 这里将羿与西王母、嫦娥和升仙联系在了一起。

值得注意的是，屈原的《天问》中将羿与后羿混为一谈，《楚辞·天问》云："羿焉彃日？乌焉解羽？"这是羿射十日之事，但在《离骚》中又说："羿淫游以佚畋兮，又好射夫封狐，固乱流其鲜终兮，浞又贪夫厥家。"[23] 这又是前述后羿之事。这种现象也见于《史记·夏本纪》张守节《正义》引《帝王纪》云："帝羿有穷氏未闻其先何姓。帝喾以上，世掌射正。至喾，赐以彤弓素矢，封之于鉏，为帝司射，历虞、夏。羿学射于吉甫，其臂长，故以善射闻。"[24] 郭璞为《山海经》作注时已做过辨析，将羿与后羿分开[25]，袁珂先生也认为羿为"东夷民族之主神，故称夷羿，与传说中之夏代有穷后羿，确是两人……然羿与后羿故事，先秦典籍即已混淆不清"[26]。

无论羿与后羿是同为一人，还是存在共同点的两人，在先秦两汉时期常常被混淆应是事实。

前述《淮南子·本经训》中曾记载道："尧之时，十日并出""大风"等"皆为民害"，尧命羿去为民除害，其中羿"缴大风于青丘之泽"，高诱注："大风，风伯也，能坏人屋舍。"[27] 画像中的风伯正在向房屋吹气，屋顶已被掀起，与文献记载吻合。值得注意的是，风伯往往呈屈膝状，这种现象不仅出现在本文所论五处画像中，其他表现风伯的画像也几乎全部采取这种表现形式，较为典型的如安丘墓中的风伯形象（图4）[28]，风伯为何要屈膝呢？这段故事在《淮南子·氾论训》中也有提及："羿除天下之害而死为宗布。"高诱注："风伯坏人屋室，羿射中其膝。"[29] 羿射中了风伯的膝盖，膝盖中箭的风伯无法直立，只能屈膝吹气。那么，屋中抱弓端坐的高大男子很可能就是羿，孝堂山画像中羿的上方还挂有一把弓，更加表明其人物身份。

经过此番讨论，此类画像的内容基本明了，那就是屋中端坐的高大男子为画面中心，展现了"羿射风伯"的故事，以此来表现中心人物的身份，即羿（后羿）。那么此人为何能与西王母组合在一起出现呢？通过前文对羿和后羿的阐述，可知羿为东夷之神，而后羿则是夏代帝王，两者均可作为东方的代表，且地位高贵。《说文》云："夷，东方之人也。从大从弓。"段注："东夷从大，大人也。夷俗仁，仁者寿，有君子、不死之国。"[30] 此外，"羿射风伯"之事发生在"青丘之泽"，高诱注："青丘，东方之泽也。"[31] 也可作为其代表东方的辅证。这符合当时的阴阳理论和方位对称的观念。然而更重要的原因在于，前述《淮南子》所记"羿请不死之药于西王母"的故事，说明此时的羿已与西王母、仙药和升仙结合在了一起，且东方有"不死之国"，将之布置在祠堂东壁与西王母相对十分合理，也是时人渴望求取仙药，升天成仙的表现，符合当时的生死观念、升仙信仰及将其绘制在墓葬内的意义。

三、结语

综上所述，笔者认为，东汉早期，在以孝堂山石祠为代表的山东的部分地区的早期画像中，西王母与羿（后羿）

图4 安丘墓前室封顶石中段的风伯画像

形成组合，而不是学界以往认为的风伯。

值得注意的是，与其他四处画像不同的是，孝堂山石祠东壁画像中，风伯之后还有雷公和雨师，当时风雨雷电四神常常组合出现，且与不死和升仙密切相关。屈原在《楚辞·远游》中幻想自己来到"不死之旧乡"，"风伯为余先驱兮，氛埃辟而清凉……左雨师使径侍兮，右雷公以为卫"[32]。《淮南子·原道训》也有类似的记载："昔者冯夷、大丙之御也，乘云车，入云蜺，游微雾，骛怳忽，历远弥高以极往。经霜雪而无迹，照日光而无景，扶摇抮抱羊角而上，经纪山川，蹈腾昆仑；排阊阖，沦天门……令雨师洒道，使风伯扫尘；电以为鞭策，雷以为车轮；上游于霄霓之野，下出于无垠之门。"[33]《淮南子》的记载中还出现了"昆仑"、"阊阖"和"天门"，时人认为西王母是身处昆仑掌管仙药之神，求仙之人须穿过阊阖和天门，登上昆仑，求取仙药才能升仙。[34] 总之，这些图像元素均与仙境、西王母和升仙相关。虽然除孝堂山外其他四方画像石中只有风伯而没有出现雷神、雨师等人物，但应该也蕴含了这些思想和信仰。

此外，本文所论图像中的羿（后羿）并不是表现为正面形象与西王母对应，巫鸿先生曾指出古代艺术中存在两种构图类型：偶像型和情节型[35]，此处的羿（后羿）并不是典型的偶像型，东壁画像中的风伯、羿（后羿）、雷神、雨师和一些随从表现的确实是一些故事"情节"，与西王母相对的可能并不是羿（后羿）这个个体，而是这些与东方、阴阳、升仙和西王母等密切相关的"情节"也未可知。

东汉早期与羿（后羿）或是相关情节的组合，没有很好地解决与西王母对应的问题，此时的西王母多为正面端坐的形象，身旁排列着侍者，已有较为固定的模式，羿（后羿）图像虽有一定的模式，但也不能与西王母很好地对应组合，到了东汉时，在作为时人思想骨干的阴阳观念的推动下[36]，东王公与西王母固定组合在一起[37]。

作者简介
庞政（1993— ），男，四川大学历史文化学院博士研究生。研究方向：汉唐考古、美术考古、宗教考古。

基金项目
本文为2014年国家社科基金一般项目"秦汉神仙信仰与近年考古图像的图文关系研究(14BZW041)"的阶段性成果。

注释
[1] 洛阳博物馆：《洛阳西汉卜千秋壁画墓发掘简报》，《文物》1977年第6期。
[2] 信立祥：《汉代画像石综合研究》，文物出版社2000年版，第154页。
[3]（美）巫鸿：《武梁祠：中国古代画像艺术的思想性》，生活·读书·新知三联书店2006年版，第130页、第132页。
[4] 李淞：《论汉代艺术中的西王母图像》，湖南教育出版社2000年版，第87-96页。
[5] 笔者虽然同意李淞先生对风伯之说的质疑，但风伯之说也有值得我们注意之处，那就是风伯可能有表示东方的属性，而且风伯也是天神之一，这使得风伯有可能与西王母组合在一起。在近年公布的一批微山县出土的画像石中，一方西汉晚期画像石上，西王母头戴胜端坐于平台上面向右侧，其右有玉兔捣药、九尾狐、羽人、三足鸟等，画面下方有鸡首人和马首人；画面右侧为风伯正在面向左侧的西王母吹风（详见微山县文物管理所：《山东微山县近年出土的汉画像石》，《考古》2006年第2期）。西王母与风伯虽然好像是作为画面中对置的两位较突出的人物，但是与后期西王母组合模式差异较大，且目前只有这一处孤证，若看作二者形成对应组合关系也是较为勉强的。
[6] 王煜：《山东长清孝堂山祠堂山墙画像整体考释》，载丁宁、李淞主编：《2012年北京大学美术学博士生国际学术论坛论文集》，陕西师范大学出版社有限公司2013年版，第34-37页。
[7] 蒋英炬等：《孝堂山石祠》，文物出版社2017年版，第80页。
[8] 信立祥：《汉代画像石综合研究》，第154页；（美）巫鸿：《武梁祠：中国古代画像艺术的思想性》，第130、132页。
[9] 蒋英炬等：《孝堂山石祠》，第31页图19、第41页图23。
[10] 中国画像石全集编辑委员会：《中国画像石全集2·山东汉画像石》，河南美术出版社、山东美术出版社2000年版，第131页图一四〇。
[11] 中国画像石全集编辑委员会：《中国画像石全集2·山东汉画像石》，第10页图一六。
[12] 中国画像石全集编辑委员会：《中国画像石全集2·山东汉画像石》，第129页图一三八。
[13] 中国画像石全集编辑委员会：《中国画像石全集2·山东汉画像石》，第114页图一二二。
[14] 信立祥：《汉代画像石综合研究》，第131页。
[15] [晋]杜预注，[唐]孔颖达正义：《春秋左传正义》卷二十九，载《十三经注疏》，中华书局1980年版，第1933页。
[16] [魏]何晏集解，[宋]邢昺疏《论语注疏》卷十四《宪问》，载《十三经注疏》，第2510页。
[17] 袁珂校注：《山海经校注》，北京联合出版公司2013年版，第391页。
[18] 袁珂校注：《山海经校注》，第184页。
[19] 袁珂校注：《山海经校注》，第316-317页。
[20] [宋]洪兴祖撰，白化文等点校：《楚辞补注》卷三《天问》，中华书局1983年版，第96页。
[21] 何宁撰：《淮南子集释》卷八《本经训》，中华书局1998年版，第574-578页。
[22] 何宁撰：《淮南子集释》卷六《览冥训》，第501-502页。
[23] [宋]洪兴祖撰，白化文等点校：《楚辞补注》卷一《离骚》，第21-22页。
[24]《史记》卷二《夏本纪》，中华书局1982年版，第86页。
[25] 袁珂校注：《山海经校注》，第392页。
[26] 同上。
[27] 何宁撰：《淮南子集释》卷八《本经训》，第574页。
[28] 中国画像石全集编辑委员会：《中国画像石全集1·山东汉画像石》，第100页图一三七。
[29] 何宁撰：《淮南子集释》卷八《本经训》，第986页。
[30] [汉]许慎撰，[清]段玉裁注：《说

（下转第39页）

论汉画像石孝行图的"通行"与"泛化"

张扬

（南京艺术学院人文学院，南京，210013）

【摘 要】 汉画像中的孝行故事可以分为两大类，一类是"通行母题"，一类是"泛化母题"。前者依照故事情节的不同，主要可以分为侍亲、祭亲、谏亲、葬亲、护亲等五大类。侍亲故事有董永、老莱子、伯榆、邢渠、赵徇等；祭亲故事有丁兰刻木事亲和金日䃅拜母等；谏亲故事有闵子骞、孝孙原谷等；葬亲故事主要有孝乌等；护亲故事主要有魏汤等。后者则突破了传统的对父母的小孝，转而成为对家庭成员、对社会、对社稷的大孝。曾母投杼和李善故事体现了对君主和主人的"孝忠"，朱明孝行故事表现了兄弟之间的"孝悌"，三州孝人、羊公故事表现了陌生人之间的"孝义"。汉代统治者利用"孝"的"泛化"，不仅维护了家庭和宗族的稳定性，还把"孝"成功移为了忠君思想的工具。

【关键词】 汉画像石 孝行图 孝子传 母题

孝是中华民族的传统美德，是最基本的道德规范，广泛渗透到社会生活的各个层面。孝子故事是汉画像石中的一个重要题材。对汉画像中孝行图的研究，国内研究者大多是对孝子故事个案的图像解释[1]，也有一些硕博士论文[2]，但总体研究较浅。国外研究者的研究相对较为深入，如巫鸿在《武梁祠：中国古代画像艺术的思想性》中对武梁祠中的孝行故事进行了详细研究[3]。另一位较为重要的研究者是日本学者黑田彰，他发现了在中国散佚已久，但在日本尚有存留善本的《孝子传》，并以此为基础对汉代画像石、壁画墓中的孝子故事图像，尤其和林格尔壁画墓为核心展开了讨论，对这一问题的研究较为全面和细致。[4]但客观上说，学者对于孝行图的故事文本考证较多，而基于"孝"文化本身的研究较少。对汉画中的孝行故事在汉代社会中的作用论述不多。

每一种艺术图像都有最基本的母题意义。汉代艺术家们在运用画像石中的母题时往往带有自己的价值判断或价值认知，带有一定的伦理道德含义、价值判断和价值认知。画像石孝行图的叙事体现了"孝"之行为，如供养、顺从、愉悦、劝谏血亲等行为，这些母题阐发了"孝养""孝敬""孝悦""孝顺""孝谏"等"孝行"主题。孝行母题的变异也影响到了主题的变化，使得孝行范围的扩大化，出现了"孝忠""孝悌""孝义"等亚主题，成为"孝"行为主题的延伸或变迁。本文将主要从考古材料出发，对汉画像石孝行图的"通行母题"和"泛化母题"分类展开讨论，不足之处，恳请专家学者批评指正。

一、汉画像孝行图的"通行母题"

汉画像中的孝行图"通行母题"主要指孝子对父母亲的直接孝行，依照故事情节的不同，主要可以分为侍亲、祭亲、谏亲、葬亲、护亲等五大类。详见以下分析。

（一）董永、老莱子、伯榆、邢渠、赵徇孝行故事与侍亲

侍亲，即侍奉老人。侍亲题材在汉画像的孝行图中最为常见，根据笔者的不完全统计，主要有董永、老莱子、伯榆、邢渠、赵徇等，在各类孝行故事中比例最高。

1. 董永侍父图

"董永侍父"在汉代画像石上出现的较多，据笔者不完全统计，主要出现在山东武梁祠、大汶口画像石墓、四川乐山柿子湾一号崖墓、渠县沈府君阙、渠县蒲家湾无名阙和乐山麻浩一号墓中。不同地方的图像母题虽然有细微区别，但是绝大多数具有相似性，几乎都是由董永、董永父亲、一棵树、耕作的工具、推车组成。区别仅为有的图像中有几棵像麦穗的植物，想必是为了更细致地表现董永在田里劳作的场景；有的图像中树枝上挂着罐。具体来看，山东嘉祥武梁祠中的画像石"董永孝行"图的榜题明确地交代了图像中人物的身

份：董永、董永父亲，并且点明孝行图主题——董永在侍候父亲。

武梁祠中"董永侍父"孝行图画面右侧人物通过榜题"永父"可以得知是董永父亲，他坐在一棵树下的推车前，左手握着一支顶端装饰一只鸟的手杖（极似鸠杖），重心向前，伸出右手，像是在与儿子说话，车上有一器皿，像是水罐，也可能是装食物的盛具，应是为父亲准备的解渴用水或是充饥的食物。（图1）画面的左侧从榜题"董永千乘人也"上看即董永，董永手握着一根形似锄头的农具，回头望向父亲，与其父形成交谈的态势，像是在询问父亲有没有什么需要。这幅图像简单地通过刻画树木这一母题表现出户外环境，用推车、鸠杖体现董永父亲年事已高的事实，锄头说明董永是通过从事农业生产来赡养老父，并用器皿来突出董永在物质上的细心准备，又用回头交谈的动作突出其对父亲进行精神上的关怀。在这幅面积不大、构图简单、画面简略的孝行图中，把"董永侍父"文本中的母题——"肆力田亩，鹿车载自随"，即董永努力地耕作，用车将父亲载到身边，随时供奉这一情节生动详细地刻画出来。

山东泰安大汶口画像石墓中的"董永孝行画像石"的母题，与武梁祠中"董永孝行图"极其相似，刻绘的也是董永回头与父亲相对说话情节，表现其在干活时也时刻关心自己的父亲。（图2）

图1 武梁祠 "董永侍父"

图2 大汶口墓前室西壁横额画像 "董永侍父图"

泰安大汶口画像石墓中的"董永孝行画像石"的母题均为董永、董永父、推车、树木、农具，不同的是比武梁祠中的"董永侍父"图多出几株庄稼，还有三个共同劳作的人。整幅画面的造型更为粗略，如推车的轮子不似武梁祠"董永侍父"图中刻有轮毂的样式，而是简单地刻成圆饼形；图中也没有像水罐、盛具形的物品；董永和他父亲的位置也与在武梁祠画像上的位置调换了；董永正在使用锄头状的工具，也比在武梁祠画像中的长了许多。

四川地区特别流行"董永孝行图"画像石，不仅数量多，载体也比较丰富，不仅在墓葬中，还在石阙上，且图像母题极其相似，主要有树木、推车、董永父亲、董永、农具、器皿等要素。（图3）由此可知，董永孝行图画像石在四川地区的统一性。渠县蒲家湾无铭阙画面左侧刻绘有一棵树，推车停放在这棵树下，器皿的位置和在武梁祠的董永孝行图的位置一样，都是挂在树上，推车上承载着董永的父亲，董永手持农具站立，与父亲相对，像是在询问父亲的感受。

最早关于董永孝行的文本见太平御览卷四一一引刘向《孝子传》[5]，但该文本只是在前几句中体现了董永在父亲去世后的卖身葬父孝行，没有具体描述董永于父亲在世时的孝行，与汉代画像石"董永孝行图"中描绘的场景对应不上。干宝《搜神记》中，与刘向《孝子传》同样记载了董永遇仙的故事，出现了与汉画像石董永故事的榜题相对应的文本："汉，董永，千乘人，少偏孤，与父居，肆力田亩，鹿车载自随。父亡，无以葬，乃自卖为奴，以供丧事。"[6] 文本中，"汉，董永，千乘人"不仅与武梁祠"董永孝行图"画像石的榜题相一致，也与刘向《孝子传》中的记载相同，怀疑有着共同的出处。"与父居,肆力田亩,鹿车载自随",这句话点明了汉代"董永孝行图"画像石的母题中,董永手握农具进行农业活动和董永父亲坐在董永旁边推车上,与干宝《搜神记》的相关文本一致。

另外一篇文本中也有董永耕作供养老父的记载,这一文本在曹植的《灵芝篇》中:"……董永遭家贫,父老财无遗,举假以供养,佣作致甘肥。债家填门至,不知何用归,天灵感至德,神女为秉机。"[7] 干宝的《搜神记》和曹植的《灵芝篇》中的文本母题之"肆力田亩,鹿车载自随"和"董永遭家贫,父老财无遗,举假以供养,佣作致甘肥"与汉代"董永孝行图"画像石的母题极其对应:董永手握长条形物品,很像耕作用的锄头,大树作为母题元素,点明了董永侍父这一孝行发生在野外,特别是大汶口的《董永侍父》孝行图中,出现庄稼的母题元素,更是明确清晰地表现了董永正在耕作的"肆力田亩"场景。几乎每一幅《董永侍父》孝行图中都刻画出董永父亲坐在带轮的车上。其中武梁祠中的《董永侍父》孝行图中董永父亲手中持有鸠杖,这在汉代是70岁以上的老人才有资格使用的手杖,表现出董永父亲年事已高。

2. 老莱子娱亲图

在武梁祠、武氏祠前石室东壁、乐山柿子湾一号崖墓和浙江海宁汉代石墓中都有老莱子娱亲的画像。在汉画像孝行图中老莱子出现次数较多,其中武梁祠画像石孝行图中的老莱子娱亲情节最为生动,榜题详细,主要母题就是老莱子双亲和老莱子夫妻四人,父母坐在帷幕床榻之上,他们手指跌倒地上的老莱子相视而笑,妻子端着果盘伺候在他们旁边,榜题与师觉授的《孝子传》内容多有重合,也更加说明了图像画面的内容。(图4)

武氏祠里面的老莱子画像与武梁祠极为相似,不过少了妻子这一母题形象,榜题也相对简单了许多,画面略有不同,居画面右边的老莱子准备拿取盘中的饭食,居画面左边的父母边指着儿子边开心地笑谈,画面温馨、和谐。(图5)

四川乐山柿子湾中画像石中的老莱子画像模糊不清,画面内容更为简单抽象。(图6)但是老莱子极力娱亲的情景依然感人至深,就像师觉授《孝子传》记载中的"若老莱子者,可谓不失孺子之心矣"[8] 那样。

老莱子母题中最为特殊的一例是浙江海宁长安镇汉画像石墓前室北壁北八的图像(图7),该"老莱子娱亲"图像中的老人一改其他几例中的坐姿为站姿,而老莱子似在跳舞娱亲。跳舞娱亲在"老莱子娱亲"故事的文本中几乎不见。师觉授的《孝子传》:"老莱子,楚人也。行年七十,父母俱在。至孝蒸蒸,常著斑斓之衣。常著斑湖之衣。为亲取饮,上堂脚跌,恐伤父母之心,僵仆为婴儿啼。孔子曰:'父母老,常言不称老,为其伤老也。'若老莱子者,可谓不失孩子之心矣。"[9]

3. 韩伯瑜孝行图

韩伯瑜悲亲画像石见于武梁祠、武氏祠前室、开封白沙镇汉画像石墓、乐

图3 渠县蒲家湾无铭阙 "董永侍父图"

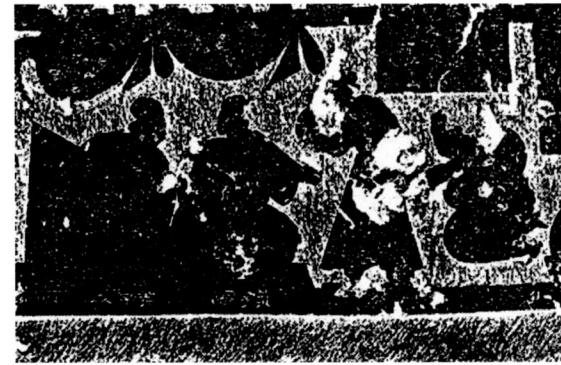

图4 武梁祠 "老莱子娱亲"

图5 武氏祠前石室东壁下石画像 "老莱子娱亲"

图6 四川乐山柿子湾崖墓 "老莱子娱亲"　　图7 "老莱子娱亲"摹本 浙江海宁画像石墓前室北壁北八图像　　图8 武梁祠 "伯瑜悲亲"

图9 武氏祠前石室东壁下石画像 "伯瑜悲亲"　　图10 四川乐山柿子湾崖墓 "伯瑜悲亲"　　图11 伯瑜悲亲画像石拓片 北京大学图书馆藏本

山柿子湾一号崖墓这五处。这几处画像伯瑜有柏榆、伯游、伯臾和伯禽等称呼，虽然流传过程中出现了名字的变化，但是悲亲情节却保持高度一致，武梁祠画像与榜题最为典型与详细。图中的成年伯瑜跪地掩面而泣，左边佝偻着身体的母亲一手持拐杖，一手指着伯瑜。榜题写道："伯榆伤亲年老，气力稍衰，笞之不痛，心怀楚悲。"完全吻合于刘向《说苑》中的记载。（图8）

武氏祠伯瑜悲亲画像与武梁祠的大致相同，人物除了动作稍有异动其他没有变化，不再哭泣的伯瑜依然跪在地上抬头好像在对母亲说话，而伯瑜母亲却在伸手示意伯瑜起来。（图9）

从中不难发现武氏祠和武梁祠中的伯瑜画像虽都是悲亲情节，呈现出来的时间差让画面构图不完全一致，武梁祠中的伯瑜因老母笞之不痛而正哭泣，而武氏祠前中的伯瑜母亲知道儿子心疼自己而示意他起来，从而大大丰富了伯瑜悲亲的内容情节，画工们在创作时为避免画面重复而稍作细微改动。乐山柿子湾伯瑜悲亲画像和武梁祠中的画面几乎相同，只是画面布局相反。（图10）

开封白沙镇汉画像石墓出土的"伯瑜悲亲"孝行图中，伯瑜身体直立挂着拐杖，伯瑜跪在母亲身边，双手举在眉心处，似在掩面哭泣。（图11）

汉代韩伯瑜"悲亲"故事感人至深，榆母因为家教严厉，经常因儿子范错就会鞭笞暴揍一顿，而伯瑜常常挨打时面含微笑。到后来因为榆母年老力衰，鞭打儿子伯瑜时，儿子再也感觉不到一点疼痛了，因之心怀悲痛。伯瑜悲亲的故事其实就是《论语》所记载的孟子问孝时孔子的回答："父母唯其疾之忧"。[10] 伯瑜悲亲故事在《说苑》中作"伯俞泣杖"，教育子女一定要时刻关心父母身体健康状况，伯瑜悲亲的孝子画像也是对子女孝顺父母的一种要求。其中武梁祠孝行图表现得更加详细，其榜题也是对《说苑》中伯瑜悲亲故事的概括。汉代伯瑜悲亲画像多处见到，尽管人物名字叫法不同，但画面内容大都一致。伯瑜悲亲孝行图故事彰显了汉代孝行的典型性，这也是伯瑜悲亲故事之所以得以流传千古之因，更是被刻画于墓室壁画之缘。汉代父母随便打骂子女是一种天经地义之事，子女年龄再大也可以被父母杖责，作为子女不能躲避，否则视为不孝。但孔子认为"小棰则待过，大杖则逃走"的做法，不会因"身死而陷父与不义"，这才是一种大孝行为。在武梁祠画像石中就有一幅画面简单的孝行图。

4. 邢渠孝行图

邢渠画像石孝行图母题主要有邢渠、父亲和妻子三个，有的只有父子二人。在汉代画像石孝行图中邢渠出现次数最多，哺父情节唯一，流行之广，在武梁祠、武氏祠、泰安大汶口和开封白沙镇等汉画像石孝行图中均有。武梁祠中的邢渠哺父图，邢渠和父亲居于亭子内，有两个榜题，画面主要展现了邢渠

图12 武梁祠"邢渠哺父"

图13 武氏祠左右室后壁小龛西壁画像"邢渠哺父"

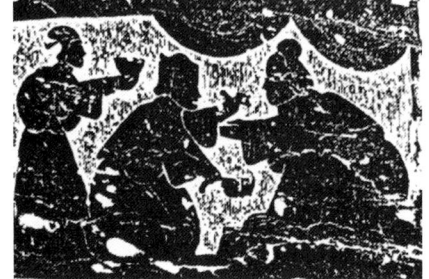
图14 邢渠哺父 武氏祠前石室后壁小龛东壁画像

图15 邢渠哺父图 大汶口墓前室西壁横额画

图16 武梁祠"赵徇哺父"

图17 武梁祠"丁兰侍木人"

跪坐在地上，上身前倾，右手拿着筷子做夹菜状，其父对着邢渠，亦身体前倾，似要吃饭。此画像石将邢渠对父的一片赤诚孝心和无微不至的照顾表现得淋漓尽致。（图12）

武氏祠中的邢渠孝行图像简单到只有父子，无背景和榜题，与武梁祠比较，父子两人之上置换了一下位置，两幅图也存在一个时间差的问题，武梁祠中表现的是邢渠先自己嚼碎食物之后再喂其父，而武氏祠中的邢渠把嚼好的饭给父亲吃。（图13）

在武氏祠还有一幅多了邢渠妻子的孝行图，妻子双手捧碗，邢渠用勺子给父亲喂饭。背景中的帷幔显示出环境应为室内。（图14）在山东泰安大汶口墓室门楣上，也有一幅与武氏祠中的邢渠哺父情节画像极为相似，画面内容简单，只有两人无背景。（图15）

值得一提的是，孝子给老父亲喂食的孝行图还有"赵徇哺父"画像石，与"邢渠哺父"图像极为相似。唯一的区别在于，赵徇是站立的姿态，邢渠几乎都是跪姿。相比较而言，这与赵徇尚且年幼，身高较矮有密切关系。（图16）

这些图像与文献记载的内容非常吻合，晋代萧广济所编《孝子传》现已不传，《太平御览》卷四记载了其故事。[11]在师觉授《孝子传》中，有赵徇哺父的故事："赵狗（徇），幼有孝性。年五六岁时得甘美之物，未尝敢独食，必先以哺父。父出，必待还而后食。过时不还，则倚门啼以候父。至数年，父没。狗（徇）思慕羸悴（瘦弱），不异成人。哭泣哀号，居于冢侧。乡族嗟叹名闻流著。汉安帝时，官至侍中。"[12]

（二）丁兰刻木事亲、金日磾拜母与祭亲

"侍亲"是对在世父母的供养，而汉画像孝行故事中的另一类"祭亲"，则是对亡父亡母的祭祀和回忆，同样属于比较常见和流行的题材。主要有丁兰刻木事亲和金日磾拜母等。

1.丁兰刻木事亲图

丁兰是汉代画像石孝行图常见母题之一，武梁祠、武氏祠和开封白沙镇墓等处均有发现。不同地方画像石孝行图中的丁兰母题有所区别，情节也有所不同。武梁祠中丁兰事木图榜题概括的丁兰故事内容与孙盛《逸人传》中的记载非常吻合。在古代像丁兰这种把死去的双亲当做活人一样去尊敬和有事必请示的真不多见，丁兰把双亲刻成木人每天问候请示有加，实属难得。在武梁祠《丁兰事木人》图像中，丁兰父亲的木人形象，用区别于其他真人形象的圆形堆叠成，只有头部保留了真人的特征。木头人父亲画在左边，右边跪着丁兰在双手作揖，仿佛在向父亲请示什么，这与榜题的"报"字相契合，疑似丁兰妻子的人物毕恭毕敬地跪在丁兰后。（图17）

在武氏祠左右室后壁小龛西壁画像中的丁兰孝行图中少了丁兰妻子和榜题，人物形象与武梁祠中的画像完全一致，只是木人用弯曲的圆弧线表示雕刻的人形，形象也稍微抽象一些。（图18）

武氏祠前石室后壁小龛东壁画像中的丁兰拜木人中的木人形象最为抽象，不再具有形象的头部，而是整体像是堆砌在一起的人形。河南开封白沙镇出土的丁兰拜木人画像石亦如此。（图19）

丁兰刻木事亲的行孝故事也有不同版本，在曹植的《灵芝篇》、无名氏的《孝子传》和孙胜《逸人传》中都有记载。汉代丁兰故事被收录于《太平御览》中："丁兰者，河内人也。少丧考妣，不及供养，乃刻木为人，仿佛亲形，事之若生，朝夕定省。后邻人张叔妻，从兰妻借。看兰妻跪投木人，木人不悦，不以借之。叔醉疾来，甜骂木人，杖击其头。兰还，见木人色不怿，乃问其妻，具以告之，即奋剑杀张叔。吏捕兰，兰辞木人去。木人见之，为之垂泪。郡县嘉其至孝通于神明，图其形象于云台也。"[13]

2. 金日䃅拜母图

汉代金日䃅孝行故事图像出现在武梁祠中，内容以拜像为主，令人遗憾的是武梁祠中金日䃅图像已损毁得面目全非，唯一剩下的一座建筑物和跪拜的金日䃅形象也模糊不清，榜题为"骑都尉"，根据榜题"休屠像"可知金日䃅在跪拜其父而非史籍中记载其母。（图20）

据班固《汉书》记载："日䃅母教诲两子，甚有法度，上闻而嘉之。病死，诏图画于甘泉宫，署曰'休屠王阏氏。'日䃅每见画常拜，乡之涕泣，然后乃去。"[14] 金日䃅系匈奴休屠王的太子，初在黄门养马，后被汉武帝任命为骑都尉。汉武帝为了褒奖贤惠有才干的金日䃅母亲阏氏教子有方，待其去世后汉武帝昭告画师画其像于甘泉宫，以供世人瞻仰和学习，而孝子金日䃅也经常到甘泉宫拜母亲画像，寄托哀思，常常对着画像流着眼泪泣不成声，拜毕而去。作为匈奴这一少数民族的大孝子却得到了汉室的尊重和宣扬，实为难得，金日䃅孝行故事被刻在墓葬建筑上得以流传，可见汉代对于孝道思想的宣传多么重视，其孝道思想影响之广泛和深远。

值得一提的是，华东师范大学美术学院朱浒副教授从胡人图像视角出发，考证出曹操墓中被盗画像石中也有金日䃅拜母的图像，其母亲为一头戴尖顶帽的胡人形象，系近年曹操墓考古的重要发现。[15]（图21）

（三）闵子骞、孝孙原毂与谏亲

除了侍亲和祭亲外，对亲人不良行为的规劝也是汉画像中孝行图的一个重要分类，这里称之为谏亲。主要有闵子骞故事、孝孙原毂故事。

1. 闵子骞孝行图

在武梁祠、武氏祠（前石室东壁）、河南开封白沙镇墓、四川乐山柿子湾一号崖墓等处，都有闵子骞孝行图。武梁祠西壁的闵子骞孝行图紧挨曾子孝行图左边，由一辆马车和三个主要人物构成。从榜题中可推断闵子骞跪在马车后，手似拉着父亲，其父坐在马车上，转过身来对着闵子骞，一手搭在他的肩上，图像的右边，也就是马车前一人身材瘦小，明显是个孩子，即闵子骞同父异母的弟

图18　武氏祠左右室后壁小龛西壁画像"丁兰侍木人"

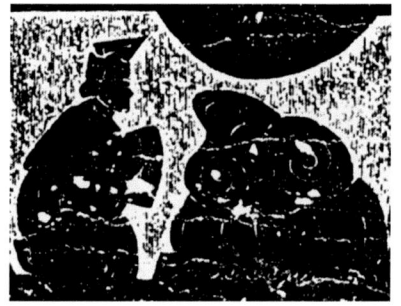

图19　武氏祠前石室后壁小龛东壁画像"丁兰侍木人"

图20　武梁祠"金日䃅拜母"

图21　曹操墓被盗画像石"金日䃅拜母"

图22　武梁祠"闵子骞御车失棰"

图23　四川乐山柿子湾崖墓　闵子骞御车失棰

弟，他似乎一手牵着马缰，回头看着父亲和哥哥。（图22）

四川乐山柿子湾崖墓画像石中的"闵子骞御车失棰"画像与武梁祠的此图相似，只是马车后的一人应是闵子骞的父亲，是站姿，此人身后有一跪着的人物应是闵子骞在磕头相劝。（图23）

河南开封白沙镇出土的该图像，多出"后母"形象，更加详细完整地表达了"闵子骞劝谏父亲勿弃后母"的情节。（图24）

图像需要结合文献记载才能了解其传达的故事内容。根据图像和榜题我们可以推知，这幅画像刻画的是闵子骞父亲知道后母虐待闵子骞，只给他穿不暖衣服的真相后"将欲遣妻"，闵子骞跪在地上恳请父亲不要驱赶后母的情景。孔子曾经也赞闵子骞曰："孝哉，闵子骞，人不间其父母昆弟之言。"[16] 司马迁在《史记·仲尼弟子列传》也引用了这句话，刘向在《说苑》中也提到闵子骞之孝故事。武梁祠闵子骞御车失棰画像及其榜题是最早版本。"弟弟驱赶马车这一情节出现在师觉授的《孝子传》里，详细阐发了闵子骞御车的具体情节，体现了闵子骞疼爱弟弟的高尚德行，但《说苑》版本没有这个情节，这表明师觉授所做的增益，可能是根据东汉时有关闵子骞传说的版本，如武梁祠画像之例。"[17] 也可能师觉授是根据汉代流传下来的故事记载的。[18]

2. 孝孙原榖图

原榖孝行图画像石母题展示的原榖劝谏父母不要遗弃祖父的故事，在武梁祠等地发现了五处，作为为人子的父母居然不如自己的儿子懂得孝道，把养育自己年迈力衰的亲生父亲准备遗弃深山老林，这在当时也是一种大逆不道的丑恶行径，而自己的儿子原榖运用以其人之道反治其人之身的方法说服了父母，让他们明白了一个道理，用自己的孝道榜样才能收获将来的老有所养。在这幅画像石中主要展现了在遗弃老父之后，父母准备返家之时，原榖运用自己的实际行动启悟父母的所作所为将来会遭到报应，从而唤醒他们心灵深处的良知，终于使得他们非但没有遗弃老父，反而更加孝敬赡养老人了。（图25）

孝行图母题故事虽然简单，但是启迪意义却很深刻。劝谏孝行母题在画像石故事中并不多见，这幅原榖孝行图母题意义深远而重大，谆谆告诫那些不肖子孙的所作所为都会自食恶果。四川乐山柿子湾的原榖孝行图与武梁祠大致相仿，只是构图上和人物造型略有不同。（图26）

二者画面图式呈相反状态，低头坐在地上的祖父更加瘦小、可怜、凄惨，也说明了平时他的儿与媳虐他的程度，武梁祠中的祖父好歹还有衣帽。由于四川远离经济发达的中原地带，封闭的社会环境造就了画面形象更加质朴率真。

河南开封白沙镇孝孙原榖画像石的细节更加丰富，构图与武梁祠同，担载原榖爷爷的舆也更加的真实，原榖呈顾

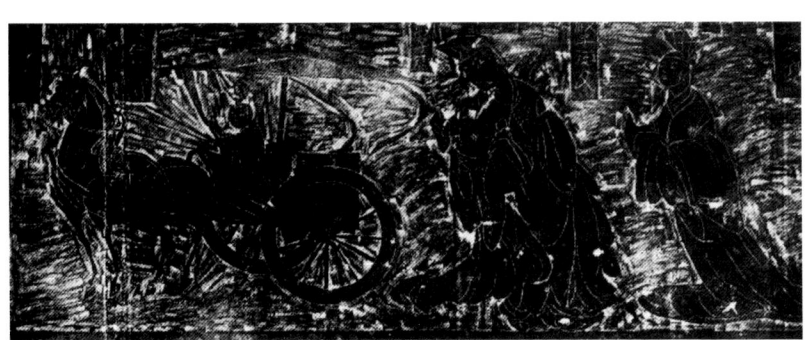

图24　河南开封白沙镇　闵子骞御车失棰画像石拓片　北京大学图书馆藏本

图25　武梁祠"孝孙原榖"

图26　四川乐山柿子湾汉墓　"孝孙原榖"

图27　河南开封白沙镇　孝孙原榖　画像石拓片　北京大学图书馆藏本

图28 武梁祠"孝乌"

图29 武梁祠"魏汤护父"

图30 武梁祠"曾母投杼"

盼的姿态。（图27）孝孙原毂的故事见于《太平御览》卷五一九引无名氏《孝子传》。[19]

（四）孝乌葬亲图与乌鹊神话

葬亲故事在汉画中较少，主要有孝乌"葬亲"图像。孝乌孝行图母题展示的是孝行感天动地"精卫填海"似的神话故事。作为颜乌这种大孝子，他能够利用自己单薄的体力亲自掘土埋葬父亲，在他实在难以完成的筑墓这一艰巨任务之下，依然坚守着自己亲手埋葬的信念，最终感动了成千上万只乌鸟来帮助他实现自己的夙愿，这些乌鹊利用自己的小小的力量帮助颜乌完成了艰巨的埋葬任务，但是因为这些乌鹊多次反复运用嘴衔土造成了乌嘴流血，泥块都被血色染红了。（图28）

于是颜乌所处的该县为宣扬这种孝道精神和答谢乌鹊，把县名改为了乌阳县，王莽篡位该朝之时又把乌阳县改为乌者县。颜乌孝行图母题在武梁祠与和林格尔墓室中都有发现。画面中有一只大乌鹊栖息在一棵大树上，榜题为"孝乌"。日本京都大学所藏《孝子传》中有"颜乌者，东阳人也。父死，葬送躬自，负直筑墓，不加他力。于时其功难成，精信有感，乌鸟数千，衔块加填，墓忽成。尔乃乌口流血，块被染血。以是为县名，曰乌阳县。王莽之时，改为乌者县也"[20]的记载。

（五）魏汤孝行图与护亲

护亲故事在汉画中同样不多，主要有魏汤孝行图。作为魏汤孝行图像母题，主要体现了有仇必报和君子报仇十年不晚的中国俗语。中国人还是比较嫉恶如仇的，作为市南恶少依仗权势可以任意剥夺他人的财物，见到自己喜欢的刀剑就想据为己有，魏汤父子无论如何求情都无济于事，还是被恶少抢走了宝剑。而作为汉代社会重视孝道的少年魏汤自然不会放过惩罚恶少的任何机会，只是那时要求在复仇时不能给家人父母带来灾难，所以魏汤隐忍了十年，终于在其父过世之后手刃了恶少为父报仇雪恨。魏汤为父报仇的行为在当时被世人所认可。在武梁祠画像石中就展现恶少霸占魏父宝剑的情景，画面左侧站立一位身材高大手拿宝剑的恶少年，中间跪着的魏汤双手合十，向恶少作揖请求不要拿走宝剑，魏汤之后的父亲也在跪着恳求放过他们父子，然而恶少不为所动，画面情节非常生动。（图29）

在萧广济《孝子传》中记载了魏汤年少失母和尽孝养父的故事，也记载了画像石中的故事情节。《太平御览》中有关于"魏汤，少失母，独与父居邑，养蒸蒸，尽于孝道。父有所服刀戟，市南少年欲得之……汤乃杀少年，段其头以谢父墓焉"[21]的记载。

综上，我们发现，汉代画像石中的孝行图蕴含着深厚的教化功能，彰显出生者的孝德功能和标榜死者的孝德功能。汉代人物雕刻因具有"恶以诫世，善以示后"的宣传教化功能而诞生，汉代画像石孝行图也具有"成教化，助人伦"的作用。从画像石图像和榜题文字可以看出，当时社会盛行的孝道思想观念，墓主人想利用画像石来宣传孝道的同时，也彰显本族的家风和繁荣，为子孙后代宣扬其家族的荣耀和子孙绵延不绝的繁衍，也更是运用自己的孝道行为给子孙后代树立楷模。由于汉代统治阶级想通过"移孝作忠"服务于自己的政治统治，因此也就将这种主流意识形态的艺术镌刻在永恒的画像石中。

二、汉画像孝行图的"泛化母题"

除了上述直接表现孝子对父母行孝的通用母题外，汉画像孝行图中还有一些特殊母题，将孝行故事泛化，传递了孝忠、孝悌和孝义等儒家主流思想。

（一）曾母投杼故事与对君主之"孝忠"

孔子弟子中，曾子以孝行闻名天下。刻画曾子孝行的画像石仅见于武梁祠。武梁祠建于东汉桓帝元嘉元年（151），位于山东嘉祥县城南三十里的武宅山下。其中的曾子孝行图像是孝行系列图像中的一个，位于武梁祠西壁首位，图像清晰，榜题清楚。根据榜题："馋（言）三至，慈母投杼"，这幅图像主要刻画的是"曾母投杼"的典故。从榜题、画面的描绘和文献对照，可知右面是曾子的慈母坐在织布机前面，转身向后，两个人物的中间疑似有一长方形物品为掉落的织布梭子，这正是曾母因三次被告知儿子杀人而恐惧，吓得把织布梭子都从手中掉落下来，即"母惧，投杼"的画面。左面一人跪在地上面向曾母，应该是向曾母报告曾子杀人的人。（图30）

从画像石的榜题与画面的描绘来看，故事内容与文献记载基本相符。"曾子至孝"见于《战国策》和《史记》记载：内容大致相同，甚至司马迁直接把《战国策》"曾母投杼"的历史典故抄入《史记》之中。"曾母投杼"典故最早记载曾见于《战国策》卷四"秦二"中，讲的是有一位和曾子同名的人因为杀了人，就有人告诉曾母说你儿子曾子杀人了，曾母说我儿子不可能杀人，说完不再理睬报信之人，依然泰然自若地织布。过了一会儿又有人过来报信说曾子杀人了，曾母依然泰然自若地织布，不理会来人。令人想不到的是，过了一会儿又来了一个报告说曾子的确杀人了，这种情境之下的曾母再也坐不住了，吓得扔下织布梭子翻墙而逃。这与《史记》中的记载相同："昔曾参之处费，鲁人有与曾参同姓名者杀人。人告其母曰'曾参杀人'，其母织自若也。顷之，一人又告之曰'曾参杀人'，其母尚织自若也。顷又一人告之曰'曾参杀人'，其母投杼下机，逾墙而走。"[22] 凭借着曾母平时对儿子贤德的了解和信任，按说不会出现第三次就不信任这种情况的，但是三人都同时来通报儿子杀人的事件，不得不令曾母产生疑虑之心而失去信心。根据榜题"馋（言）三至，慈母投杼"，这幅图像主要刻画的是"曾母投杼"的典故。由此可见，谎话说的人多了也会让人信的，这则故事在汉代流传甚广。

值得注意的是，曾子虽然是著名的孝子，但这则故事中，并没有直接反映曾子的孝行。我们认为，故事的讲述者，战国中期秦国名将、秦国左丞相甘茂通过这样一个故事，传递了"以孝寓忠"的思想。据《战国策》记载，甘茂是在征讨韩国的宜阳时，怕有人向秦王进献谗言，而向秦王讲述了"曾母投杼"的故事，寓意三人成虎、人言可畏，向秦王表达自己的忠心，其中蕴含了"以孝寓忠"的大道理。

（二）李善孝行图与对主人之"孝忠"

在武梁祠中有李善孝行图画像石，其榜题为"李氏遗孤""忠孝李善"。这幅孝行图画像石其实不能算是真正的孝了，而是歌颂忠诚这种美好的品质。作为忠实的李家仆人李善因自己的不二忠诚，不仅保护与养大了主人遗留下来的孤儿，更为重要的是还把幼儿培育成人才，自己替冤死的主人还报仇雪恨了，这种忠孝行为和思想的确值得当时统治阶级所宣扬。武梁祠中的李善孝行图形象已经残破不全，图像比较模糊不清，根据复原图可以清晰地看出武梁祠画像石所展示的情景：画面展示了一个恶女仆看到主人家破人亡时想图财害命，她正在把竹篮中的婴儿往外拉，而图像左方的李善在向婴儿跪拜。（图31）

从此可以判断武梁祠画像石中一幅榜题为"李氏遗孤"和"忠孝李善"就是李善效忠主人的故事。李善照顾李氏遗孤的忠诚故事在《后汉书·李善传》中有记载。[23]

（三）朱明孝行图与对兄弟之"孝悌"

《说文》云："悌，善兄弟也。"在武梁祠画像中，着重描绘"悌"主题的画像石有榜题"朱明""朱明弟""朱明儿"和"朱明妻"。画面上朱明弟弟站在右边，妻子和儿子站在左边，其子拉着其妻之手，似乎哀求母亲不要离去，画面展示的是兄弟之间的亲密关系，朱明认为妻子是他姓，可以离去，但是弟弟是自己的亲骨肉不能舍弃。（图32）

《吴地记》中记载朱明的故事[24]，但其故事情节没有完全在武梁祠画像石

图31 武梁祠 "李善故事"

图32 武梁祠 "朱明孝行"

中刻画出来，如画面中只有其妻儿，并没有其弟媳。京都大学藏《孝子传》记载的内容与《吴地记》也有些出入，不过它为武梁祠画像提供了最确切的文献根据："朱明者，东都人也。有兄弟二人。父母没后，不久分财，各得百万。其弟骄慢，早尽已分。就兄吃求，兄恒与之。如之数度，其妇忿怒，打骂小郎。明闻之，曰：汝，他姓。他是吾骨肉也。四海之女皆可为妇。骨肉之复不可得。遂追其妇，永不相见也。"[25] 从第一处记载内容不难看出朱明对一娘同胞的弟弟是如此仁慈宽厚，弟与弟媳故意找借口闹着要平分家产，朱明深知其意，还是将除了空荡荡的宅院之外的所有家产一并送给了弟弟。也许是仁心宅厚感动了上天，居然分过家产之后一阵狂风骤雨又把弟弟所有的家产刮回到哥哥朱明家中，弟弟与弟媳才深感自己的德薄不能载物而羞辱自尽。朱明也最终没有要这些家财，竟把家宅作为寺院而舍弃。从第二处记载内容版本来看更符合武梁祠画像石中刻画的内容。

（四）三州孝人、羊公图与陌生人之"孝义"

在武梁祠画像石中有一幅"三州孝人"孝行图，榜题为："三州（孝）人也"。京都大学藏《孝子传》里记载的故事具有相似的情节。武梁祠画像描绘了站在右边的人面对正在拜见他的两个人，所表现的应该是三位陌生人互相认做父亲和儿子的情节，作为三位素不相识之人能够通过偶遇成为父子也实属难得，尤其难得的是两位义子能够对年长的义父唯命是从更是少有。（图33）

三州孝人母题在萧广济《孝子传》也有记载："三州孝人者，各一州人，皆孤单茕独。三人因会树下息，因相访问。老者曰：'宁可合为断金之业邪？'

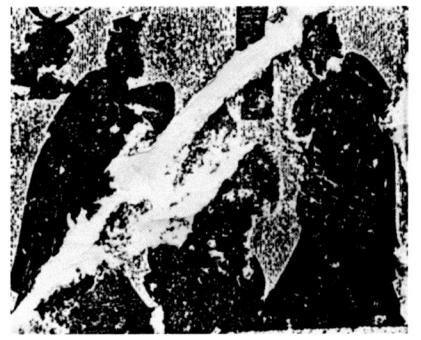 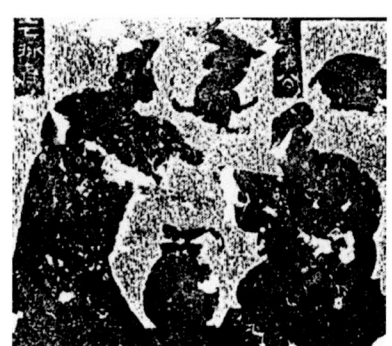

图33 武梁祠"三州孝人"　　　　图34 武梁祠"义浆羊公"

一人曰：'诺。'即相约为父子。因命二人于大泽中作舍，且欲成。父曰：'此不如河边。'二人曰：'诺。'河边舍几成，父曰：'又不如河中。'二人复填河，二旬不立。有一书生过之，为缚两土肭投河中。会父往，呼止之曰：'尝见河可填耶？观汝行尔。'相将而去。明日俱至河边，望见河中土高丈余。"[26]

武梁祠中有一幅有关羊公义举画像石，榜题为"义浆羊公""乞浆者"。图中羊公以传统的姿势坐在右边，正在把或许是一杯水的东西递给站在左边的男人。两个人中间是一只盛放浆水的瓮，上面放了一把勺子。左边是伸手接浆水的男性。（图34）

义浆羊公故事母题始见于晋代干宝《搜神记》。[27] 故事讲的是汉代著名孝子宰相羊公，曾经为方便过路行人渴饮而专门在路旁设义浆，此义举一做就是三年不间断，感动仙人，给羊公石子种下生美玉，因之得到了富贵与娇妻，并生了十个有才干的儿子，其本人也得到了皇帝的重用为宰相。

综上，我们认为孝行图表现的不仅是庶民的孝养行为，还包括统治者所期望的向上级阶层的孝忠、孝悌、孝义等泛化孝行的视觉传达。画像石孝行图虽然主要体现的是庶民阶层一般意义上的孝养主题，但也有孝与其他美德的结合。比如朱明孝悌行为不同于通常概念里的弟对哥的绝对服从，而是强调了兄对弟的"顺"；再如彼此陌生的三个人相遇之后结为父子关系的三州孝人的孝义行为；还有李善竭尽所能保护幼主和为主人伸冤昭雪的孝忠行为，等等。尤其统治者注重下层劳动人民的最为朴素的孝养行为，提倡举孝廉就是为了鼓励人人都能尽孝道，反映了汉代统治阶级之所以大力宣传和提倡孝道的最终目的，就是"由孝到忠"以孝治天下。

三、结论

中国自古以来就是一个讲究孝道传统美德的国度，孝既是中华民族的家庭和社会伦理道德规范，更是儒家用来维护封建统治的核心思想。孝道因为封建统治的"万世之纲纪"而受到历代封建统治者的重视与弘扬，这也是我国孝道文化源远流长的主要原因。尤其两汉统治者利用孝道伦理工具移孝作忠，加强了封建统治的思想根基。其中两汉流行的画像石画像砖上的孝行图，就是汉代利用各种图像进行孝道宣传和教化的最佳证明。

《孝子传》在国内虽已不传，但在日本尚有善本存留，使我们可以将汉画故事同《孝子传》文本对读。我们发现，汉代画像石孝行图的判定主要还是依靠榜题。如果没有榜题，很难判定故事的内容。故事图像的要素主要由人物、环境、道具等构成，不同的人物孝行方式几乎不同,并用树木、庄稼、帷幔等表现室内、室外,还用道具来突出叙事情节。这些孝子故事母题,在汉代画像石中均多次出现,有些母题,如董永侍父,反复出现有十次之多。

通过具体分析,我们发现汉画像中的孝行故事可以分为两大类,一类是"通行母题",一类是"泛化母题"。前者依照故事情节的不同,主要可以分为侍亲、祭亲、谏亲、葬亲、护亲等五大类。侍亲故事主要有董永、老莱子、伯榆、邢渠、赵荀等;祭亲故事有丁兰刻木事亲和金日磾拜母等;谏亲故事有闵子骞、孝孙原縠等;葬亲故事主要有孝乌等;护亲故事主要有魏汤等。后者则突破了传统孝子对父母的小孝,转而成为对家庭成员,对社会,甚至对社稷的大孝。如曾母投杼故事体现了对君主的"孝忠",李善孝行故事表现了对主人的"孝忠",朱明孝行故事表现了兄弟之间的"孝悌",而三州孝人、羊公故事表现了陌生人之间的"孝义"。汉代统治者利用"孝"的"泛化",不仅维护了家庭和宗族的稳定性,还把"孝"成功地移为了忠君思想的工具。这也是汉画像中所体现的儒家思想与政治成功结合的一个个案。

作者简介
张扬(1985—),女,汉,江苏徐州人,艺术学博士,现任南京艺术学院人文学院文物保护与修复系副教授。研究方向:艺术学理论、文物保护与修复、文化遗产保护。

基金项目
本论文系2018年度江苏省文化厅文化科研课题"国际视野下大运河江苏沿线特色文化遗产活态传承利用研究"(18YB23)阶段性成果。

注释
[1] 赵超:《汉代画像石墓中的画像布局及其意义》,《中原文物》1991年第3期;王建伟:《汉画董永故事源流考》,《四川文物》1995年第10期;王建伟:《关于汉代的几种古孝行图画》,载《中国汉画学会第九届年会论文集(上)》2004年第6期;黄宛峰:《艺术教育贵在真情——论汉画像孝行图的特色》,《美育学刊》2011年第4期等。赵超从孝道教育与精神文明建设出发,论述了画像石孝行图对当今社会道德建设起到的启示意义;王建伟从汉代画像石孝行图研究中确定了"董永故事"发生在西汉前期。黄宛峰认为其特色是彰显孝养之义,以平易近人,以真情感人。
[2] 王凤娟:《汉画像石与齐鲁风俗》,山东师范大学博士论文2005年;郭炳利:《武氏祠历史故事画像反映的汉代儒家思想研究》,山东大学博士论文2007年;胡中丽:《汉代孝行图研究》,南京师范大学博士论文2014年;郑雯心:《汉代孝行图研究》,曲阜师范大学2018年等。
[3](美)巫鸿:《武梁祠:中国古代画像艺术的思想性》,生活·读书·新知三联书店2015年版。
[4] 陈永志、(日)黑田彰:《和林格尔汉墓壁画孝子传图辑录》,文物出版社2009年版;(日)黑田彰著,靳淑敏、隽雪艳译:《孝子传图概论》,载《中国典籍与文化》2013年第2期;(日)黑田彰著,宋歌、尼倩倩译:《孝子传、列女传的图像与文献》,载《中国典籍与文化》2015年第1期。
[5][宋]李昉:《太平御览》,中华书局1969年版,第1899页。
[6][晋]干宝:《搜神记》,商务印书馆1957年版,第110页。
[7][梁]萧统:《文选》,(台北)华正书局1982年版,第257页。
[8][宋]李昉:《太平御览》,第1886页。
[9] 同上,第1907页。
[10][宋]朱熹:《四书集注》,岳麓书社出版社1983年版,第79页。
[11][宋]李昉:《太平御览》,第1891页。
[12] 同上,第1910页。
[13] 同上,第1909页。
[14][汉]班固:《汉书》,中华书局2007年版,第684页。
[15] 朱浒:《曹操墓画像石之"金日磾""贞夫韩朋""鲁秋洁妇"故事考》,载《中国美术研究:古代绘画研究》,上海书画出版社2019年版,第55-62页。
[16][宋]朱熹:《四书集注》,第154页。
[17](美)巫鸿:《武梁祠:中国古代画像艺术的思想性》,第292页。
[18][宋]李昉:《太平御览》,第1908页。
[19] 同上,第2360页。
[20](美)巫鸿:《武梁祠:中国古代画像艺术的思想性》,第311页。
[21][宋]李昉:《太平御览》,第1621页。
[22][汉]司马迁:《史记·万石君》,中华书局2014年版,第3346页、第2311页。
[23][南朝宋]范晔:《后汉书·李善传》,中华书局2007年版,第784页。
[24][唐]徐坚:《初学记》,中华书局1962年,第426页。
[25](日)黑田彰著,宋歌、尼倩倩译:《孝子传、列女传的图像与文献》,第77页。
[26][宋]李昉:《太平御览》,第292页。
[27] 同上,第1995页。

(栏目编辑 朱浒)

汉代石刻画像内涵再思——读《象生与饰哀——汉墓石刻画像研究》

魏镇

（中国人民大学历史学院，北京，100872）

【摘　要】龚诗文先生对汉代石刻画像中常见的"射鸟图"进行了新的思考，他认为这是石刻画像对当时墓上吊唁场景的模拟。由此而言，石刻画像中关于丧葬活动记录的图像需要进一步辨别，先前对汉代石刻画像的研究分类值得反思。通过对石刻画像中的丧葬图像进行甄别和研究，可以发现在研究汉代石刻画像的过程中必须充分考虑石刻画像所处的丧葬情境和社会情境以及石刻画像直接服务于丧葬活动的目的和丧葬礼仪遗存的物质属性。

【关键词】石刻画像　丧葬图像　情境

汉代石刻画像一直以来都是学者们关注的重点，近些年来也取得了一系列重要的成果。既有像巫鸿先生《武梁祠》[1]那样针对个别画像祠堂的深入研究，也有如信立祥先生《汉代石刻画像综合研究》[2]这样的综合性探索。在这个研究领域日趋成熟的同时，选择一个能突出重围的题目难度也不断增加。台湾学者龚诗文先生的《象生与饰哀——汉墓石刻画像研究》（图1）[3]一书正是在这种情势下的一种有益的尝试。该书运用多学科交叉的研究方法，在充分考虑石刻画像的社会情境和物质情境的前提下展开研究，带给我们很多有益的启发。特别是书中对于汉画中的持弓驱鸟图的论述引发了笔者关于画像石内涵的更深入的思考。

持弓驱鸟图又被称作射鸟图，学界对于这个图像的释读有很多种，其中最具代表性的莫过于邢义田先生的"射爵射侯"[4]的解释，在学界颇有影响力。当然，也有学者提出质疑，陈长虹先生就认为射鸟图应该分为两类：一类是对难见深义的捕杀鸟类的现实生活场景的直观描绘；一类是具有生发万物，催生生命的仪式性象征意义的，与祥瑞物象相伴出现的射鸟图像。[5]在龚诗文先生的研究中，他着力于西汉晚期到东汉早期持弓驱鸟图最早开始出现的鲁中南地区的社会情境，结合东汉许慎《说文解字》关于"吊"的解释："吊，问终也。古之葬者，厚衣之以薪。从人持弓，会驱禽。"[6]以及东汉赵晔《吴越春秋》的记载："古者人民朴质，饥食鸟兽，渴饮雾露，死则裹以白茅，投于中野。孝子不忍见父母为禽兽所食，故作弹以守之，绝鸟兽之害。"[7]龚诗文先生认为持弓驱鸟图是对当时墓上吊唁场景的模拟，反映时人对于托古改制的丧葬礼俗的想象。又因为持弓驱鸟图像中常见人物伏地跪拜的形象，因而这一解释显然更贴近于图像的最初含义，也符合当时社会重视葬礼、流行墓祭的大社会背景，更重要的是应和了图像所处的特殊的丧葬情境。但他认为持弓驱鸟的图像在东汉早期之后消失，笔者以为东汉画像石中所见的树下射鸟图仍是前者的延续，射爵射侯的寓意应该是随着图像的发展被新增进来的。

在持弓驱鸟图像流行的地域，同时

图1 《象生与饰哀——汉墓石刻画像研究》书影

期画像中仍然可以找到对丧葬活动的摹写。例如在微山沟南画像石[8]（图2）中经过巫鸿、孙机、郑岩等多位学者的考证，可以基本确定图像的内容是对丧葬活动的描绘，包括宾客吊唁、送葬等活动。江苏沛县三里庙出土的画像石中也可以见到类似的送葬景象，已有学者对这类图像进行过初步整理。[9]可见这一时期在这一地域的画像石制作中是有对丧葬活动进行摹写的传统的。除此之外，唐河县电厂画像石墓的发掘者认

图2　山东微山沟南画像石（《中国画像石全集》第二卷，山东美术出版社、河南美术出版社2000年版，第46-47页图55）

为，墓葬门楣的车骑出行图是一幅向墓地行进的出丧行列，右边执锸之人及柏树表示墓地，执锸表示掘土封墓。[10] 唐琪（Lydia duPont Thompson）在其博士论文 The Yi'nan Tomb: Narrative and Ritual in Pictorial Art of the Eastern Han (25–220 C. E.) 一文中认为山东沂南北寨东汉画像石墓前室南壁横梁上的画像，描绘的是葬礼中在祖庙进行的吊唁，地上摆放的酒水可能是宾客赠赙的礼品。[11] 如果对这一类的画像进行仔细甄别，应该还会有类似的发现。

按照学界以往对画像石内容的划分，大体分为历史故事、祥瑞、天文、战争、狩猎等题材，我们似乎很少能关注到画像中对丧葬活动的记录。以上对丧葬图像的解读提醒我们，在以往的认知中我们可能忽略了部分画像中对丧葬活动内容本身的记录。那么除了这种较为直接的丧葬活动场面的描摹外，我们还能从画像石中分辨出其他关于丧葬活动的记录吗？

在米脂官庄画像石墓M2[12]的前室南壁横楣石画像下栏为"诸郡太守待见传"图像，图像中共刻画了八位并州诸郡太守，均有文字题刻。旁边又有八队车马行列。根据题刻文字可知，此墓的墓主是历任并州从事等职的木孟山的夫人。但当时并州共有九郡，缺少的一郡太守应该就是丧主木孟山户籍所在的西河郡太守，他应该不在"待见"之列。根据这些情境，发掘者认为这些太守车马出行图像描绘的是木孟山夫人葬礼上各郡太守前往致祭的宏大场面。比林（A.Bulling）通过对汉代画像中的桥上胡汉交战图以及泗水捞鼎图进行细致研究发现，这些核心图像的周边常有观众，胡汉交战图像中也多发现妇女和儿童，甚至有在旁拍手叫好者。这都说明，这些图像并不是对历史故事的直接描述。通过分析桥梁结构的比例问题，他发现这些桥梁设计带有道具的性质。结合山东地区近代丧葬礼俗中仍有过桥的表演环节，他认为这些图像反映的是丧葬活动过程中的一些表演活动，而非对历史事件本身的记录。[13] 汉代文献中对于这些丧葬活动的记载极为有限，《汉书·周勃传》载周勃贫贱时"常以吹箫给丧事"[14]，可见当时的丧葬活动中应该是有一些表演活动的。在《封氏闻见记》载有唐代葬礼中类似的表演活动，可资参考。"大历中，太原节度辛云京葬日，诸道节度使使人修祭，范阳祭盘最为高大。刻木为尉迟鄂公突厥战将之戏，机关动作，不异于生。祭讫，灵车欲过，使者请曰：数对未尽。又停车设项羽与汉高祖会鸿门之象，良久乃毕。缞绖者皆手擘布幕，收哭观戏。"[15]

除此之外，龚诗文先生通过对汉代画像中纺织图的确立、流传以及演变等问题进行探讨，他认为以纺车为中心的纺织画像在丰富死后世界的生产图像之余，隐含妇功美德的含义。[16] 那么除此之外，汉代画像中如此频繁地选择纺织图像是否还有别的隐喻呢？在现代的民族学材料中，我们可以看到土家族的丧礼中纺车是一种引魂的媒介。[17] 在汉代是否有此功能我们无从得知，但是结合前面的分析，我们应该考虑纺车在画像中的出现可能与丧葬活动有一定的关系。

正如郑岩先生所言："图像重要的功能之一就是'记录'，特别是叙事性的图像，可以保存和重现发生在其他时空的事件。"[18] 而从"记录"功能出发，重新审视汉代的图像材料，我们也许会有新的发现。汉代画像不仅有关于墓主生平经历的记录，例如内蒙古和林格尔汉墓壁画[19]和荥阳苌村汉墓壁画[20]关于墓主升迁的描摹。也有关于丧礼过程的记录，例如上文提到的诸多对丧礼活动记录的图像。与此同时，同样具有记录功能的汉代墓碑中也不仅仅是对墓主生平的记录和赞扬，其中也有很多关于丧葬活动的记录。例如《太尉刘宽碑》载："使右中郎将张良持节临吊，赠车骑将军印绶，位特进。赐珍赠禭，有加典礼。复使五官中郎将何夔持节，谥曰昭烈侯。夏四月庚戌葬，公卿百僚缙绅之徒，其会如云，可谓其存也荣，其亡也哀者焉。"[21]《太尉杨赐碑》载："皇帝遣中谒者陈遂、侍御史马助持节送柩，陈遵、桓典、兰台令史十人将羽林骑、轻车介士，前后鼓吹，以骠骑将军官属及司空法驾，与公卿尚书三台以下，葬我文烈侯。"[22]虽然碑刻的文字描述与画像的形象再现是不同的表现手法，但是它们对于汉代社会丧葬活动生动而直接的记录则是一致的，这源于他们处于相同的丧葬情境之中。以往对汉代石刻画像的研究，多是针对具体图像的讨论，较少关注它的使用情境。石刻画像的直接目的是服务于丧葬活动的，这是它最基本的情境，除此之外才可能赋予宣传教化等功用。

我们面对的经过考古发掘的丧葬物质遗存是一系列礼仪活动之后遗留下的部分残余。从这个角度上来说，由此来研究和恢复汉代的丧葬礼仪几乎是不可能的。幸运的是汉代图像遗存给了我们一些可视化的材料，从这些材料中我们或许可以甄别和发现更多汉代丧葬礼仪的细节。汉代画像中的丧葬图像还需要我们进一步进行甄别，它们是我们研究和复原汉代丧葬礼仪的直接材料，除了送葬图、持弓驱鸟图、泗水捞鼎图以及胡汉交战图外，庖厨图、拜谒图等图像是否也有对丧葬活动的描述需要我们进一步思考。更重要的是这些发现也在提醒我们，汉代画像的研究不能离开它们所在的情境，这些情境一方面包括物质情境，即汉代石刻画像所处的特殊的丧葬大环境；另一方面又包括汉代石刻画像所处的时代情境，即汉代社会背景。对整个社会背景的了解和理解是我们研究汉代画像的前提和支柱。

作者简介
魏镇（1991—），男，山东临朐人，中国人民大学历史学院博士研究生。研究方向：秦汉考古。

注释
[1]（美）巫鸿：《武梁祠：中国古代画像艺术的思想性》，生活·读书·新知三联书店2006年版。
[2] 信立祥：《汉代画像石综合研究》，文物出版社2000年版。
[3] 龚诗文：《象生与饰哀——汉墓石刻画像研究》，（台湾）新文丰出版公司2017年版。
[4] 邢义田：《汉代画像中的"射爵射侯图"》，载邢义田：《画为心声：汉画像石、画像砖与壁画》，中华书局2011年版，第138-196页。
[5] 陈长虹：《写实与虚构——汉画"射鸟"图像意义再探》，《南方民族考古》第九辑，科学出版社2013年版，第113页。
[6][汉] 许慎：《说文解字》，中华书局2015年版，第165页。
[7][汉] 赵晔著、张觉校：《吴越春秋校注》，岳麓书社2006年版，第243页。
[8] 王思礼等：《山东微山县汉代画像石调查报告》，《考古》1989年第8期。
[9] 范志军：《汉代帛画和画像石中所见丧服图与行丧图》，《文博》2006年第3期。
[10]《南阳汉画像石》编委会：《唐河县电厂汉画像石墓》，《中原文物》1982年第1期。
[11] Lydia duPont Thompson, *The Yi'nan Tomb: Narrative and Ritual in Pictorial Art of the Eastern Han (25-220 C. E.)*, Ph. D. dissertation, New York University, 1998, p.186.
[12] 榆林市文物保护研究所、榆林市文物考古勘探工作队：《米脂官庄画像石墓》，文物出版社2009年版，第57页。
[13] A.Bulling , "Three Popular Motives in the Art of the Eastern Han Period, " *Archives of Asian Art*, Vol. 20, 1966/1967, pp. 25-53.
[14][汉] 班固：《汉书》卷四十《周勃传》，中华书局1962年版，第2050页。
[15][唐] 封演撰、赵贞信校注：《封氏闻见记校注》卷六"道祭"条，中华书局2005年版，第61页。
[16] 龚诗文：《象生与饰哀——汉墓石刻画像研究》，第131页。
[17] 罗士松：《永顺县土家族丧葬习俗》，岳麓书社2015年版，第99页。
[18] 郑岩：《丧礼与图像》，《美术研究》2013年第4期。
[19] 内蒙古文物工作队、内蒙古博物馆：《和林格尔发现一座重要的东汉壁画墓》，《文物》1974年第1期。
[20] 郑州市文物考古研究所、荥阳市文物保护管理所：《河南荥阳苌村汉代壁画墓调查》，《文物》1996年第3期。
[21][宋] 洪适：《隶释》卷十一，中华书局1986年版，第124页。
[22][清] 严可均辑：《全后汉文》卷七十八，商务印书馆1999年版，第782页。

（栏目编辑　朱浒）

试析良渚文化玉器组合纹饰的内涵

毕洋

（四川大学历史文化学院，成都，610064）

【摘　要】 构成良渚文化玉器主体纹饰的鸟、兽、人要素分别来自以鸟纹为代表祖先崇拜和以兽面纹为代表的自然崇拜以及人纹为代表的偶像崇拜。三类要素各自有着不同的源流和内涵，同时又有机结合在一起，以各种不同的组合形式间接地反映了良渚文化由神权社会发展为王权社会的复杂过程。

【关键词】 良渚文化　玉器纹饰　宗教信仰

自20世纪80年代以来，以江苏的寺墩、赵陵山、上海的福泉山和浙江的反山贵族大墓、瑶山祭坛为代表的良渚文化重大考古发现，为良渚玉器的研究提供了大量的素材，学界围绕其功能和内涵已进行了广泛而深入的探索。在前辈学者的论述中，关于良渚文化玉器纹饰的研究，主要有对"神徽""神兽"鸟纹和龙首纹具体内涵与功能的探讨，及与其他文化玉器的比较研究等专题性成果。[1] 鉴于以往的研究，大多以对典型纹饰的内涵及溯源为主；或作为文化分期的物化标准厘清纹饰上的规律变化，而对于良渚玉器纹饰间接反映的宗教与社会发展步伐的议题尚未体现出其应有的价值。因此，本文根据已有的考古发现和研究成果，继续以此为题，就良渚文化玉器上的组合纹饰作一些尝试性的探讨。

一

一般而论，墓葬是原始人的意识形态和组织结构最直接的反映[2]，葬玉及其纹饰也在一定程度上反映了当时的社会习俗与等级观念。良渚玉器的纹饰图案都有其具体的性质与内涵，以玉器为载体且不间断地在良渚社会广泛使用，间接地隐射出不同纹饰图案所拥有的不同的原型属性地位。

已有研究表明，良渚文化玉器纹饰反映了新石器时代图案由低级向高级发展的"类相"思维原则。[3] 为此，我们结合目前相关资料，对良渚玉器纹饰的写实性图案（即写实性的人、动物）加以区分[4]，按照其构图形式分为独立纹饰图案与组合纹饰图案两类。

1.独立纹饰图案：

A.人（面）纹，学界多以"神人"称之。独立的人纹发现较多，大都以简体形式出现，常施刻于琮类器上，以反山M20：2琮式柱形器（图1a）[5]为代表。

B.兽（面）纹。独立的兽面纹发现较为普遍，广泛施刻于除玉璧之外的各种玉器上。完整的兽面纹以瑶山M9：4玉琮（图1b）[6]为代表；简体及变体形式分布极广，兹举反山M12：79半圆形饰（图1c）[7]为例。

C.鸟纹。单独的具象鸟纹在发掘资料中较为罕有，鸟纹常作为变体或与其他纹饰以组合形式出现。[8] 如反山M14：135冠饰上的鸟纹（图1d）[9]和瑶山M2：50鸟形器（图1e）[10]。

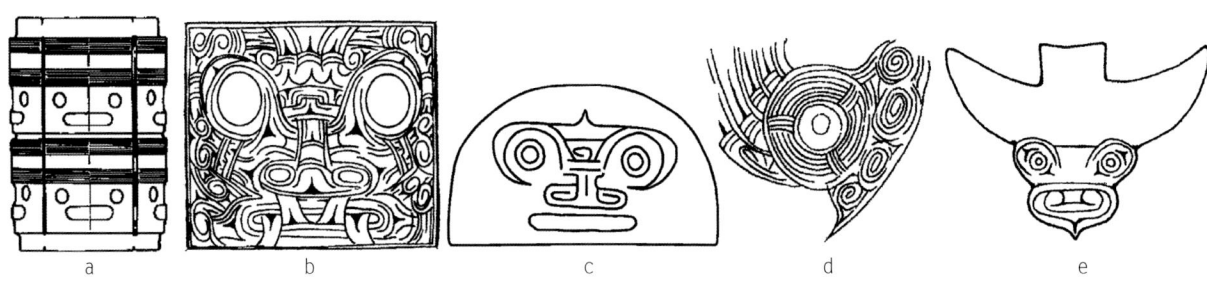

图1　独立纹饰图案

a.琮式柱形器（反山M20：2）　b.玉琮（瑶山M9：4）　c.冠饰（反山M12：79）　d.冠饰上的鸟纹（反山M14：135）　e.鸟（瑶山M2：50）

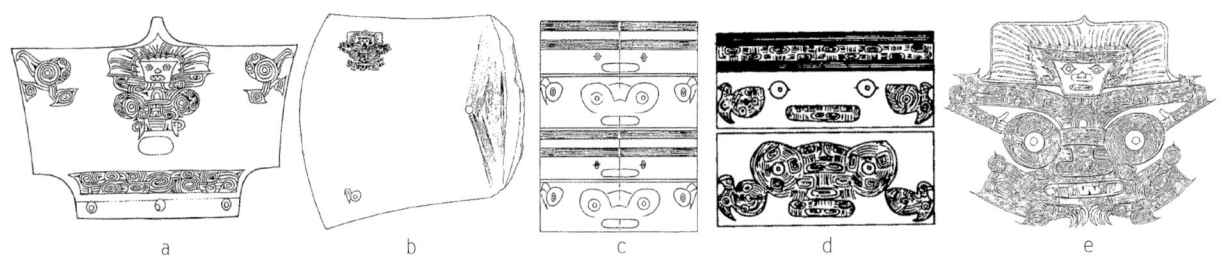

图2 组合纹饰图案
a.冠状饰（瑶山 M2：1） b.钺（反山 M12：100） c.琮（反山 M12：93） d.琮形镯（福泉山 M9：21） e.玉琮（反山 M12：98）

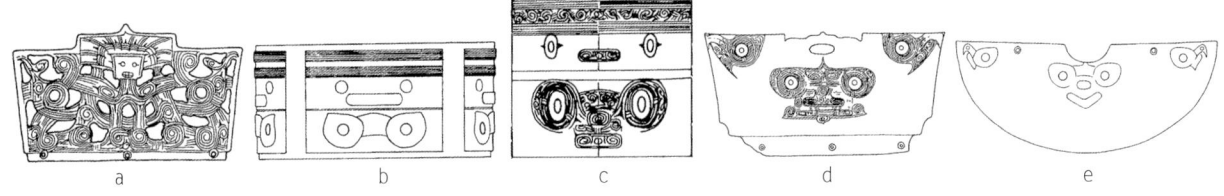

图3 组合纹饰图案
a.冠饰（反山 M15：7） b.琮形镯（福泉山 M9：14） c.琮（瑶山 M2：22） d.冠饰（反山 M22：11） e.璜（反山 M23：67）

2.组合纹饰图案：

A. 人、兽、鸟组合纹。此类组合纹饰较为少见，完整形式以瑶山 M2：1 冠状饰（图2a）[11]、反山 M12：100 玉钺（图2b）为代表，简体形式如反山 M12：93 玉琮（图2c）。[12] 另还有简体人面具象鸟兽形式，如福泉山 M9：21 琮形镯（图2d）[13]。

B. 人、兽组合纹，即"神人兽面纹"。完整形式以反山 M12：98"神徽"（图2e）[14]为代表；变体形式较少，如反山 M15：7 冠饰器（图3a）[15]；简体形式如福泉山 M9：14 琮形镯（图3b）[16]。另外，还有简体人面具象兽面组合纹饰，大多刻绘于玉琮上，如瑶山 M2：22 玉琮（图3c）[17]。

C. 兽、鸟组合纹。此类组合纹饰在考古发现中较为罕见，完整形式如反山 M22：11 冠饰（图3d）[18]，简体形式如反山 M23：67 玉璜（图3e）[19]。另外，瑶山 M2：50 鸟形器上的兽纹[20]可视作兽鸟组合的变体形式（图1e）。

通过以上对玉器纹饰的分类分析，我们认为在良渚文化玉器纹饰中，人、兽、鸟是构成良渚文化玉器纹饰的三大要素，即良渚文化玉器纹饰的主体图案。其他纹饰图案仅是由这三个独立纹饰的简化、变体及有机组合。

二

目前学界大都认为良渚文化分别以早期的赵陵山和张陵山、中期的瑶山和反山、晚期的寺墩和福泉山最为典型。据目前资料，施刻有纹饰的玉器主要还是以良渚中期最为丰富。因此，笔者对以瑶山和反山为代表的中期、以福泉山为代表的晚期墓葬出土的玉器纹饰材料进行相关数据统计（表1、表2），结合其出土背景，分析如下：

表1 良渚文化中、晚期墓葬出土玉器纹饰统计表

墓地	反山					瑶山					福泉山				
玉器纹饰	独立纹饰		组合纹饰			独立纹饰		组合纹饰			独立纹饰		组合纹饰		
出土玉器	人	兽	鸟兽	人兽	人兽鸟	人	兽	鸟兽	人兽	人兽鸟	人	兽	鸟兽	人兽	人兽鸟
琮	11			8	3	7	4	1	8	1	3			1	
琮式管（小琮）	39			1		18			2		1				
琮式柱形器	6	1		1		2									
琮形镯											1			1	1
冠状器		1	1	2			1								
钺					1										
璜		1	1					1							
"权杖"		1镦		1瑁											
锥形器	6			3		15			3		3				
半圆形饰		4													

三叉形器		1			3		1								
带钩			1												
镶插端饰	1														
手柄（柄形器）						1			1						
牌饰						1		1							
刻纹管						32									
玉匙						1									
匕形器						1									
玉长管						1									
坠饰														1	
合计	62	9	3	19	4	25	62	2	15	1	7	1	1	3	1
鸟形器			4					1				1			

注：*1、龙首纹、弦纹及未命名纹饰不在统计范围内； 2、器物上有两组相同纹饰的按1件计，不同则按2件记。

表2 良渚文化中、晚期墓并出土玉器纹饰统计表二

墓地	墓号	琮	琮式管（小琮）	琮式柱形器	冠状器（冠饰）	璜	锥形器	三叉形器	鸟	其他
福泉山	M126 早								1	
	M144 中									1 柄形器♀
	M9 晚						2♀			1 柱形管⊙、1 坠●、琮形镯1●1▲1■
	M40 晚	2♀					1♀			
	M65 晚	1♀1●								
反山	M12	1♀4●2■	11♀	1⊙1●			2♀			1 瑁●、1 镦⊙、4 半圆形饰⊙、1 钺■
	M14	3♀	9♀					1▲	1	1 带钩●、
	M15		1♀		1●		1♀		1	
	M16	1♀	5♀		1●	1⊙	1♀			
	M17	2●	4♀		1⊙		2♀		1	
	M18	1●		3♀						
	M20	2♀1●1■	8♀1●	3♀			3●			1 镶插端饰⊙
	M21 晚	1♀								
	M22		1♀		1▲	2●				
	M23	3♀				1▲				
瑶山	M2 南	1♀1●	2♀		1■		4♀1⊙		1、1▲	1 柄形器⊙、
	M3 南		2♀				1⊙			
	M7 南	1♀1⊙	6♀1●				3♀	1●		1 牌饰⊙
	M9 南	1⊙	4♀	1⊙			1♀2⊙1●	1⊙		
	M12 南	3♀5●	1♀				7♀2●			32 刻纹管⊙、1 匙⊙、1 匕形器⊙、1 长管⊙
	M4 北					1⊙				
	M10 北	2⊙					1⊙			1 牌饰●
	M11 北		1⊙	1⊙						
	西区	2♀2●	3♀1⊙							

注：1.龙首纹、弦纹及未命名纹饰不在统计范围内；2.独立纹饰："♀"独立人纹；"⊙"独立兽纹；组合纹饰："●"神人兽面组合；"▲"兽鸟组合；"■"人兽鸟组合。3.器物上有两组相同纹饰的按1件计，不同则按2件记。

据不完全统计，在瑶山、反山、福泉山三处墓地共出土刻纹玉器总计221件（含鸟形器）。其中，反山101件、瑶山106件、福泉山14件。三处墓地共出土独立纹饰173件，分别为反山75件、瑶山88件、福泉山10件；出土组合纹饰49件，分别为反山26件、瑶山18件、福泉山5件。对比三处墓地出土刻纹玉器的数量、种类以及其所施刻的纹饰类别，我们发现，在以人、兽、鸟为主体图案的良渚文化玉器纹饰中，它们出现的频率和组合形式以及在纹饰系统中表现的地位有所差别。

独立的人纹在玉器纹饰中分别占独立纹饰的54.3％和玉器纹饰总数的42.3％，其出现频率最高，但分布却不如其他纹饰广泛。除琮和小琮及琮式柱形器外，只在锥形器、手柄形器等器形上出现，数量以小琮最多。除简体形式外，完整的独立人纹较为少见，一般与其他纹饰相组合一起出现于高等级的墓葬中，施刻于琮、钺、冠饰器、三叉形器等器形上。从出土情况看，独立人纹在福泉山中期墓葬M144和晚期墓葬M40各出土1件，而在反山出土有玉器的墓葬中均有发现，以M12、M14、M20最多，主要施刻于小琮上。在瑶山，除小琮外则以锥形器最多，主要出自南列墓的M2、M3、M7、M9、M12，以M2、M7、M12最多，北列墓未曾发现，另在西区出土有5件。

独立的兽纹，分别占独立纹饰的41.6％和纹饰总数的32.4％。兽纹在良渚文化玉器纹饰中的特殊地位表现在其分布最广，在琮、琮式管、琮式柱形器、冠状器、璜、"权杖"、半圆形饰、锥形器、三叉形器、镶插端饰、手柄形器、牌饰、刻纹管、玉匙、匕形器、玉长管等器形上均有发现。从出土情况看，独立兽纹仅在福泉山M9出土1件（柱形管）。反山出土也较少，仅在M12、M16、M17、M20有发现，其中M12出土1件琮式柱形器和4件半圆形饰。瑶山出土独立兽纹则较多，分别出自南列墓的M2、M3、M7、M9、M12和北列墓的M4、M10、M11，除锥形器外，以刻纹管最多，西区未曾发现。

独立的鸟纹出现频率和分布远不及前两者。玉器上的具象鸟纹常与人纹、兽纹相结合，以组合形式施刻于高等级墓葬中的重器上。组合纹饰中的鸟纹一般成对列于器物两侧，如反山M22:11冠饰（图3d）。从考古发现看，在三处墓地出土的鸟形器总共也只有6件。其中反山M14、M15、M16、M17各1件，瑶山南列墓M2出土1件，福泉山早期墓M126出土1件[21]。

人兽鸟组合纹饰则较为少见，三个墓地共出土6件，分别占组合纹饰的12.2％和玉器纹饰总数的0.02％，主要施刻于琮、琮形镯、钺等器形上。一般而言，在人兽鸟构图中，人面纹和兽面纹联系十分紧密，是一个密不可分的整体，在施刻于带有神人兽面纹的玉器上也往往居于图案构图的正视角。从出土情况看，在福泉山M9和瑶山南列墓M2各发现一例。反山M12出土4件，其中琮3件，钺1件。

人兽组合纹饰在组合纹饰中数量最多，占玉器组合纹饰的75.5％，多在高等级大墓中发现。人兽组合除其简体形式外，其他三种形式的图案都是以突出具象的神人为重点，主要分布于琮、琮式管、琮式柱形器、琮形镯、冠状器、璜、"权杖"、锥形器、三叉形器、带钩、坠饰等器形。其中福泉山M9、M65各出土1件，分别为琮和琮形镯。反山出土最多，共计19件。分别出自M12、M14、M15、M16、M17、M18、M20、M22，以琮为主要器形。瑶山主要出自南列墓的M2、M7、M9、M12，北列墓仅M10出土1件，另在西区出土3件。除玉琮外，大多为锥形器。

兽鸟组合纹饰较为罕见，三个墓地仅出土5件，主要施刻于琮形镯、冠状器、璜、三叉形器等器形，虽然数量少，但分布却略比人兽鸟组合广泛。其中福泉山M9出土1件，反山M14、M22、M23各出土1件，瑶山南列墓M2出土1件。

根据上述对玉器纹饰的统计分析，组合A（即人兽鸟组合）虽然分布跨度小，在良渚玉器组合纹饰中也较为少见，但主要施刻于最高等级大墓中的琮、钺等"功能性法器"[22]上，表现的涵义最丰富，构图及要素也最完整和齐全，与神权、世俗关系的关系均有表现。组合B（即人兽组合）与组合A和组合C相比等级跨度最大，在"功能性法器""功能与身份标志的装束品""一般装饰与礼仪性用具"均有分布，可能与良渚社会世俗关系更为密切，与神权关系则相对较弱。组合C（即兽鸟组合）在三个组合纹饰中出现的频率最低，构图及要素也最为简洁，分布跨度略高于组合A。

综合分析以上构图，我们发现独立的纹饰图案数量由低到高是：鸟→兽→人，组合的纹饰图案数量由低到高是：鸟兽→人兽鸟→人兽。从纹饰出土的墓葬等级和制玉工艺精细程度来看，独立纹饰除早期墓葬中鸟的等级最高外，在中晚期墓葬中则是鸟→兽→人。总体而言，在出土有鸟形器的墓葬中，人纹、兽纹较少；而在最高等级墓葬中，都有大量的人纹和兽纹。如反山M12，仅人纹就出土12件，瑶山M12仅兽纹就出土34件。组合纹饰反映的等级关系由低到高则是鸟兽→人兽鸟→人兽。

由此可以看出，玉器纹饰图案在不

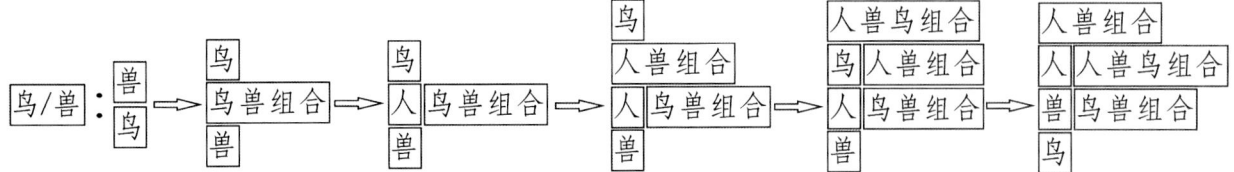

图 4　纹饰演变图

同层次上分类变化的演变过程为：独立纹饰→组合纹饰。但在组合纹饰的演变过程中，同时也伴随着其他独立纹饰（人纹）出现。组合纹饰则更为复杂，其过程是：二位组合→三位组合，但同时各种独立纹饰也与其他组合纹饰并存。（图4）

综合以上，我们认为，良渚文化玉器纹饰呈现出不同形态组合特征和复杂演化过程的原因与三种主体纹饰的源流及其各自的深刻内涵有关。

三

下面，我们就结合前文对玉器纹饰图案的分类分析和已有研究成果，对良渚文化玉器三种主体纹饰的源流和内涵做出详细的阐述。

1. 鸟纹的源流及其主题内涵：

鸟纹来自以鸟为对象的动物崇拜，属于自然崇拜形式。[23] 石兴邦先生认为，在我国古代很大地区范围内普遍存在崇鸟的传说和习俗，其源头可追溯到7000年前的河姆渡文化中。[24] 鸟祖崇拜是由鸟崇拜与氏族始祖诞生的神话相联系的基础上发展而来的。它除为祈求亲族繁殖和禳宅纳福外，还通常借助于仪式，具有加强与维持同一宗族团体对本族来源与团结的作用。[25]

在我国古籍文献与神话传说中，日与鸟有不可分割的联系，对鸟的崇拜，即是对太阳的崇拜。如少昊，是古史确切记载以鸟为图腾的部族。[26] 陆思贤先生认为"少昊以金德王""一号金天氏"均形容金色的太阳；少昊是太阳神，故以太阳鸟图腾柱为氏族标记。[27] 相传少昊"以鸟命官"，把鸟名赐作各氏族首领以作官名。[28] 据任式楠先生分析，良渚文化的鸟纹和玉璧上就含有氏族的名号与官职象征物。[29]

另外，我国史前彩陶也常借物象征以鸟表现太阳[30]。在河姆渡文化遗址和良渚文化双桥遗址中有"双鸟朝阳"[31]和"太阳飞鸟"[32]的图像。有学者认为，刻绘有纹饰（包括鸟纹）的陶器也同样被纳入了礼器的范畴。[33] 杜金鹏先生曾指出，构成良渚文化神祇图像的四大要素是人、兽、日和鸟，日与鸟相通。[34] 如瑶山玉冠饰（图1e）上那重大圈旋窝纹的鸟纹，无疑就是鸟日图像的相互转化，恰好与"日中踆乌"神话传说中的"太阳神鸟"相印证。这可能就是为什么良渚玉器纹饰所表现的象征符号系统中，实际普遍存在的是人纹、兽纹和鸟纹，太阳纹并不习见的缘由。

因此，在良渚社会的信仰系统中，鸟祖崇拜具有相当的地位和影响，始终处于玉器纹饰原始艺术创作的核心位置。良渚文化可能就是以鸟为图腾的氏族或部落。

2. 人（面）纹的源流及其主题内涵：

一般认为，良渚文化玉器中的人纹，系司祭时借动物以沟通天地的"巫师"[35]或是良渚世俗权贵掌握的族徽[36]。冯其庸先生认为，神人是以增强氏族特权人物神性的"首领"[37]形象。我们认为这种观点是非常恰切的，良渚玉器上的人纹很可能体现的是逐渐确立起氏族特权的首领与所崇拜图腾神的结合而形成的新神，是对首领世俗偶像崇拜的反映。

在原始社会末期，首领一般被认为是神的后裔或神的象征，其神圣性和宗教性是一种信仰。[38] 对氏族特权人物的神化实际是对神灵其神秘属性的"互渗"，可扩及社会集体成员，从而实现一种精神力量的"共生"。格罗特曾写道，逼真的画像或雕像乃是其塑造的原型，是生命实体的另一个"我"，这是中国偶像崇拜和灵物崇拜的基础。[39]

如前所述，良渚文化是以鸟为图腾的氏族或部族，良渚社会普遍存在"尊鸟贵羽"的习俗，人面羽冠可能体现的是世俗首领与图腾神的结合，而纹饰上的羽冠，象征着"鸟首"[40]：一方面，拥有不同人纹玉器的首领包含着对不同玉器其功能和属性的独占，预示着首领具有神秘的强大力量；另一方面，首领通过社会成员的偶像崇拜从而实现并巩固其特权的神圣性和合法性。因此我们认为，头戴羽冠的具象人纹，其属性涵义的原型可能与良渚社会的世俗首领密切相关。

3. 兽（面）纹的源流及其主题内涵：

学界对兽纹其本体所指，莫衷一是[41]：诸如有陆思贤的"虎面说"[42]；康复年的"猪面说"[43]；李学勤的"龙身说"[44]；周世荣的"鱼面说"[45]。我们认为，兽纹与鸟纹一样，来自以某种兽为对象的动物崇拜，也是自然崇拜的形式。以兽为图腾的部族可能是良渚氏族的胞族，其地位和影响力不如鸟崇拜，其内涵非同一般。

在良渚文明的发展进程中，不可否认会遭遇到诸如自然灾害、外敌入侵等情况。兽面纹其特点可能更为符合当时社会集团的需求，以便强化"自身"，积极"避祸与力战"，进而发展成为良渚世俗社会的象征，这是良渚社会受制于外力环境而自然选择改造信仰的结果。由此，具有多元复合性的兽纹则从泛泛的自然崇拜发展成为神灵崇拜。[46] 这恰如列维·斯特劳斯所说，进入阶级社会后，崇拜的图腾多表现为凶猛狰狞的大型食肉动物形象[47]。

再以传统眼光视之，兽纹同时也是部落征服在纹饰上的体现。根据酋邦一般自身发展的特点，良渚文化兽面纹饰的多样性反映了良渚是由多个氏族或部落相整合而成的，即"兽"在其作为社会主体的基础上包含了不同于构成社会集体的各个体的集体主体。

兽纹可能是由良渚世俗集团中逐渐占统治地位的部族逐步一统了良渚各地区的其他部族，并将自己部族的图腾神奉为象征整个社会世俗权利的"族徽"。同时，兽纹在其发展过程中也接受了鸟祖崇拜与其他部落的图腾神。而在兽纹的改造过程中，"神力叠加"是其改造的主要动因，即将不同动物的身体各部分予以重复、互配，或夸张或忽略身体之一部分，以象征其同时具有了其他部族图腾神的强大力量。

综上所述，人、首、鸟作为构成良渚文化玉器纹饰的主体图案，各自有着不同的源流与深刻的内涵，同时又有机结合在一起，是良渚先民对当时社会现实的真实反映。因此，对良渚文化玉器组合纹饰内涵深入的探询和阐释，可以为我们进一步重塑良渚文化的原本状貌，以此窥探良渚文明社会与宗教的发展步伐。

四

已有研究表明，良渚文化玉器具有原始宗教礼器的功能，良渚文化是以宗教祭祀集团占统治地位的神权社会。[48] 从考古发现看，在良渚文化早期墓葬中，具有原始宗教象征的玉礼器及其所施刻的三种主体纹饰皆较为少见，唯有少量鸟形器、变体鸟纹及单独的兽纹。至迟在良渚早中期，才开始出现了以鸟、兽为组合的主题纹饰。

由此我们推测，在良渚社会初期，鸟祖崇拜还仅是良渚氏族的原始宗教信仰，由宗教祭祀集团占统治地位的神权社会还尚未成形。而进入良渚早期后，或因人地关系和社会其他方面的需要，良渚氏族将他们的祖先神与胞族的自然神相结合，认为通过两者的"神力叠加"能获得与这种力量"共生"的神力，以此作为处理发展过程中所面临问题的手段，在此基础上形成了具有一定天文、地理、医药等知识[49]，能与神灵对话的祭祀阶层。如此，以鸟祖崇拜为特征的原始氏族宗教信仰在与反映自然崇拜的兽图腾结合后步入了原始宗教阶段。

在良渚文化的自我塑造时期，尽管原始宗教神权系统其体制机能在不断增强与完善，但与此同时，在社会中展开的劳动与社会分工导致了同一氏族内的家族在权利、财富的占有以及身份诸方面产生了分化。[50] 这时，良渚部族的首领（人纹）随即产生。牟永杭先生认为："人形神的出现，是原始宗教长期发展的结果，应是与祖先意识的产生及部族首领地位日趋显耀相关的。"[51] 我们认为，与人纹其原型密切相关的世俗首领，应是来自于兽的部族，这可能也正是良渚玉器组合纹饰中没有人鸟组合的原因，而组合B（人兽）可能是紧随组合C（鸟兽）出现的组合纹饰。

根据前文我们对组合纹饰的分类分析，人兽鸟组合是良渚玉器纹饰最完整的图案。在纹饰上，不同玉器上同一组合纹饰的内涵与所施刻的器形及其功能有关，反映世俗的兽纹与反映神权的鸟纹这两类纹饰在地位、作用、形制及分布上也明显有很大的差异。完整的人兽鸟组合如瑶山M2的冠饰（图5a）：纹饰上半部是头戴羽状冠的神人，下半部是兽面，而在人兽组合上端两角还各

图5 人兽鸟组合
a.瑶山M2：1 玉冠饰　b.反山M12：100 玉钺　c.反山M12：98 玉琮

有一引颈回首的鸟纹。从器物的构图与象征意义而言，此处"引颈回首"的鸟纹不只是在对器物的装饰与点缀，其表现的更可能是峰值期时的良渚神权社会"巫权神授"的象征。我们认为，人兽鸟组合纹饰（即组合A）可能体现的是在良渚中期阶段由宗教祭祀贵族占主导地位所反映的神权社会。

进入阶级社会后，频繁的掠夺战争加强了世俗集团各级军事首长的权利[52]，军权发展的速度超过了神权。同时，同一文化不同社会集团之间对财富的分割与争夺，与已实现了宗教统一的巫师作为自己主要利益的代表人物的矛盾发生激化。[53] 出于对高度集中的强制性政治权利的需要，首领除不断增强对军权的垄断外，另一个重要手段便是对祭祀权的独占。

祭祀与战争是发展王权的两个重要基石。首领对祭祀权的垄断，其本质上也是通过"君权神授"思想和"王"的神话，来巩固其统治地位。掌握军权与祭祀权的首领逐渐被视为新的神灵。[54] 这意味着良渚先民由祖先崇拜完成了向世俗偶像崇拜的转变。神徽，不仅是一种主观创造，而且在客观上又起着某种政治或思想上的凝聚与向心作用，"说明良渚社会的最高统治者在维护其政权时，除武力上的征服外，已学会用一种属于上层建筑意识形态方面的手段来达到其政治上目的"[55]。

因此在良渚中期以后，鸟兽人组合形式被大量的神人兽面纹（组合B）所取代。一方面，完整的神人兽面纹开始增多，如反山墓葬中随葬的玉礼器数量多，种类齐全，所施刻的神人兽面纹也最为写实，形态变化多端，不仅同一玉器上施刻有多组完整的神人兽面纹与兽纹图案，而且还出现了为神化世俗首领的变体神人兽面纹饰。另一方面，鸟纹

"可能由于军权和神权的高度统一，巫的权限和作用逐步削弱……其地位也逐步降低"[56]，数量也逐渐减少。

如反山M12出土的反映世俗王权的玉钺：整器呈"风"字形，上雕"神徽"，下雕"神鸟"（图5b），其质地和工艺为良渚玉钺之冠。尽管它与瑶山M2冠饰的纹饰在构图要素上均含有人、兽、鸟三种因素，但两者对其尊崇地位的主导性表现，即其所象征的具有独占权利的社会集团是显然不同的。由此我们推测，反山M12玉钺上的纹饰是良渚社会已完成新旧转型社会结构的物化表现，是神权与军权、王权统一的象征。

张忠培先生曾对良渚文化具有实权的掌控者进行分析后指出："中国古代社会军（王）、神权的演变历史，是军权演变为王权，军（王）权愈益高于神权而凌驾于神权之上。"[57] 结合前文对玉器纹饰的分类与演变过程分析，这恰好与良渚文化不同社会集团在良渚文明进程中所呈现出的不平衡性和复杂性相印证。

我们认为，在良渚文化早中期，良渚是统一于巫政下的神权社会，军权尚未高于神权，但到良渚中期后，军权已与神权基本处于同等地位并逐渐高于神权。掌握良渚军权的人，可能进行了类似于古史记载中颛顼"绝地天通""宗教改革"的过程，取得了对神权的掌控，在此基础上逐步完成了对良渚军权和神权的统一并渐而发展为王权。

同时，这一时期反映王权的物质形态也已基本被证实。反映在具体考古材料上，如反山、瑶山、寺墩等大墓中，多数随葬有反映神权和王权所独享的琮、璧、钺等玉礼器。从随葬玉器数量上看，如反山M12、M20、瑶山M9、M11、寺墩M3等，随葬玉器都在100

件以上。其中，反山M23仅玉璧就出土54件，寺墩M3仅玉琮就出土33件。特别是反山，作为良渚文化中期等级最高的祭坛和墓地，不论是从墓葬排列位置还是从随葬品的数量、种类和精美程度等分析，M12都处在中心的地位，这无疑证明拥有"执秉玉钺""权杖"之类王权象征物[58]的良渚首领是集神权、军权、世俗权于一身的"神王"[59]。

归纳上述，我们认为，完整的神人兽面纹（图5c）可能是表现良渚社会在"王政"之下宗教与世俗统一关系的最高等级符号。

总之，构成良渚文化玉器主体纹饰的鸟、兽、人要素各自有着不同的源流和内涵，同时又有机结合在一起，以各种不同的组合形式反映了不同社会集团在良渚文化的文明进程中所呈现出的不平衡性与复杂性。良渚玉器的组合纹饰间接地反映了良渚文化由神权社会发展为王权社会的复杂化过程。

作者简介
毕洋（1988—）男，汉族，四川内江人，四川大学历史文化学院2017级考古专业博士研究生。研究方向：美术考古、西南考古。

基金项目
本文系国家社科基金西部项目"夜郎地区青铜时代考古遗存的谱系结构与西南夷文化变迁研究"（14XKG002）阶段性成果。

注释
[1] 唐复年：《良渚文化玉器神人纹饰和有关诸问题》，《故宫博物院院刊》1993年第3期；李学勤：《良渚文化玉器与饕餮纹的演变》，《东南文化》1991年第4期；黄厚明：《良渚文化鸟人纹像的内涵和功能》（上、下），《民族艺术》2005年第1、2期；殷志强：《红山、良渚文化玉器的比较研究》，《北方文物》1988年第1期；方向明：《反山、瑶山墓地年代学研究》，《东南文化》1999年第6期。

[2] 刘斌：《良渚治玉的社会性初探》，《东

南文化》1993年第1期。

[3] 董欣宾、郑旗、陆建方：《赵陵山族徽在民族思维发展史上的重要意义》，载南京博物院：《赵陵山1990-1995年度发掘报告（上）》，文物出版社2012年版，第348-354页。

[4] 学界对于人纹的界定，过去一般认为羽冠也是简化的神人表现，将有羽和兽的图案也称之为"神人兽面纹"，如陈洪波将良渚玉器纹饰按照其形态组合特征分为完整的人、兽、鸟组合，神人兽面组合，神人、兽、鸟等五类纹饰。见陈洪波：《从玉器纹饰看良渚文化宗教信仰的两类因素》，《南方文物》2006年第1期。也有学者认为，"神徽"上的羽冠和似鸟爪的兽足，都系表示鸟的形象；而羽状纹饰最初是用来表现"兽"的，即组合C，在后来组合B的构图关系固定下来后，才作为变体形式以表现神人的羽冠。为便于分类和统计，笔者以纹饰图案所主要表现的写实性对象为主，将报告中的"神脸"纹、无明显神兽图案的"神人兽面"纹、似神人纹更多的"神兽"纹都归为独立的人（面）纹饰。

[5] 浙江省文物考古研究所：《反山》，文物出版社2005年版，第217页。

[6] 浙江省文物考古研究所：《瑶山》，文物出版社2003年版，第122页。

[7] 浙江省文物考古研究所：《反山》，第31页。

[8] 此外还有几件传世品、采集品及考古发掘中的鸟形器，如美国弗利尔美术馆藏1号玉璧图案。

[9] 浙江省文物考古研究所：《反山》，第94页。

[10] 浙江省文物考古研究所：《瑶山》，第46页。

[11] 同上，第33页。

[12] 浙江省文物考古研究所：《反山》，第59页、第43页。

[13] 上海市文物保管委员会：《福泉山》，文物出版社2000年版，第88页。

[14] 浙江省文物考古研究所：《反山》，第43页。

[15] 同上，第14页。

[16] 上海市文物保管委员会：《福泉山》，第88页。

[17] 浙江省文物考古研究所：《瑶山》，第41页。

[18] 浙江省文物考古研究所：《反山》，第277页。

[19] 同上，第305页。

[20] 浙江省文物考古研究所：《瑶山》，第46页。

[21] 另在福泉山M40有一不甚明显的玉鸟首，不纳入统计范围。

[22] 刘斌：《神灵与艺术的结合——良渚文化玉器》，《荣宝斋》2006年第6期。

[23] 鸟祖崇拜的起源有"洪水说"说与"守护稻田说"。前者见赵宪章、朱存明：《美术考古与艺术美学》，上海大学出版社2002年版，第29页；后者见石兴邦：《我国东方南沿海地区和东南地区古代文化中鸟类图像与鸟祖崇拜的有关问题》，载田昌五、石兴邦：《中国原始文化论集——纪念尹达八十诞辰》，文物出版社1989年版，第234-266页。

[24] 陆思贤：《新石器时代的鸟形装饰与太阳崇拜》，《史前研究》1986年第1-2期。

[25] 转引自张光直：《中国考古学论文集》，生活·读书·新知 三联书店2013年版，第131页。

[26] 《左传·僖公二十一年》："任、宿、须句、颛臾，风姓也，实司太昊与有济之祀。"四国风姓，亦为太昊之后。风即凤，凤鸟也。见杨伯峻：《春秋左传注》，中华书局2009年版，第391、392页。

[27] 陆思贤：《神话考古》，文物出版社1995年版，第71页。

[28] 《左传·昭公十七年》："我高祖少皞挚之立也，凤鸟适至，故纪于鸟，为鸟师而鸟名：凤鸟氏，历正也；玄鸟氏，司分者也；伯赵氏，司至者也；青鸟氏，司启者也；丹鸟氏，司闭者也；祝鸠氏，司徒也；雎鸠氏，司马也；鸤鸠氏，司空也；爽鸠氏，司寇也；鹘鸠氏，司事也。五鸠，鸠民者也。五雉，为五工正，利器用，正度量，夷民者也。九扈，为九农正，扈民无淫者也。"见杨伯峻：《春秋左传注》，中华书局2009年版，第1387、1388页。

[29] 任式楠：《良渚文化图像玉璧的探讨》，载任式楠：《任式楠文集》，上海辞书出版社2005年版，第559-571页。

[30] 严文明：《甘肃彩陶的源流》，《文物》1978年第10期。

[31] 浙江省文物管理委员会：《河姆渡遗址第一期发掘报告》，《考古学报》1978年第1期。

[32] 浙江省文物考古研究所：《嘉兴双桥遗址发掘简报》，载浙江省文物考古研究所：《浙江文物考古研究所学刊——建所十周年纪念（1980-1990）》，科学出版社1993年版，第38-54页。

[33] 芮国耀：《良渚文化陶器内涵及其礼器化现象探讨》，载浙江省文物考古研究所：《浙江省文物考古研究所学刊》（八）——纪念良渚遗址发现七十周年学术研讨会文集，科学出版社2006年版，第413-427页。

[34] 杜金鹏：《良渚神祇与祭坛》，《考古》1997年第2期。

[35] 张光直：《商周青铜器上的动物纹样》，《考古与文物》1981年第2期；张光直：《濮阳三蹻与中国古代美术上的人兽母题》，《文物》1988年第11期。

[36] 叶舒宪：《良渚玉琮兽面纹新解》，《中国文物报》1991年8月4日，第1版。

[37] 冯其庸：《一个持续五千年的文化现象——良渚玉器上神人兽面图形的内涵及其演变》，《中国文化》1991年第2期。

[38] 王震中：《中国文明起源的比较研究》，中国社会科学出版社2013年版，第431页。

[39] 转引自（法）列维·布留尔著、丁由译：《原始思维》，商务印书馆2014年版，第44页。

[40] 董楚平：《良渚文化神像释义——兼与牟永杭先生商榷》，《浙江学刊》1997年第6期。

[41] 有学者认为"龙首纹"也是兽纹的一种变体形式，见方向明：《良渚文化玉器纹饰研究》，载浙江省文物考古研究所：《良渚文化研究——纪念良渚文化发现六十周年国际学术讨论会文集》，科学出版社1999年版，第187-201页。

[42] 陆思贤：《在"长江文化"中见到的"渔猎文明"的曙光》，《东南文化》1993年第3期。

[43] 唐复年：《良渚文化玉器神人纹饰和有关诸问题》，《故宫博物院院刊》1993年第3期。

[44] 李学勤：《良渚文化玉器与饕餮纹的演变》，《东南文化》1991年第4期。

[45] 转引自林华东：《良渚文化研究》，浙江教育出版社1998年版，第287页。

[46] 陈洪波：《从玉器纹饰看良渚文化宗教信仰的两类因素》，《南方文物》2006年第1期。

[47] （法）列维·斯特劳斯著、渠东译、梅非校：《图腾制度》，上海人民出版社2002年版，第20页。

[48] 吴汝祚、牟永杭：《玉器时代说》，载徐湖平：《东方文明之光——良渚文化发现60周年纪念文集》，第168-179页。

[49] 吴汝祚：《中华古代文明与巫》，载中国社会科学院考古研究所、中国社会科学院古代文明研究中心：《古代文明研究》第一辑，文物出版社2005年版，第

4-29页。

[50] 张忠培：《中国考古学——走向与推进文明的历程》，紫禁城出版社2004年版，第226页。

[51] 牟永杭：《良渚玉器上神崇拜的探索》，载编辑组：《庆祝苏秉琦考古五十五年论文集》，文物出版社1989年，第184-197页。

[52] 恩格斯：《家庭、私有制和国家的起源》，人民出版社1972年版，第162页。

[53] 张忠培：《关于中国文明起源与形成研究的几个问题》，《中原文物》2002年第5期。

[54] 杜金鹏：《大汶口文化与良渚文化的几个问题》，《考古》1992年第10期。

[55] 丁品：《试论崧泽文化向良渚文化的转变》，载浙江省文物考古研究所：《良渚文化研究——纪念良渚文化发现六十周年国际学术讨论会文集》，第264-272页。

[56] 黄健康：《良渚文化神徽解析》，《东南文化》2006年第3期。

[57] 张忠培：《中国古代文明形成的考古学研究》，《故宫博物院院刊》2000年第2期。

[58] 林沄：《说"王"》，《考古》1965年第6期。

[59] 张忠培：《良渚文化的年代和其所处的社会阶段——五千年前中国进入文明社会的一个例证》，《文物》1995年第5期；张忠培：《良渚文化墓地与其表述的文明社会》，《考古学报》2012年第4期。

（栏目编辑　张晶）

（上接第16页）

文解字注》，上海古籍出版社1981年版，第493页。

[31] 何宁撰：《淮南子集释》卷八《本经训》，第576页。

[32] ［宋］洪兴祖撰，白化文等点校：《楚辞补注》卷五《远游》，第170-171页。

[33] 何宁撰：《淮南子集释》卷一《原道训》，第12-20页。

[34] 王煜：《昆仑、天门、西王母与天神——汉晋升仙信仰体系的考古学综合研究》，四川大学博士学位论文2013年，第244页。

[35] （美）巫鸿：《武梁祠：中国古代画像艺术的思想性》，第149-150页。

[36] 顾颉刚：《秦汉的方士与儒生》，北京出版社2012年版，第1页。

[37] 学界以往认为东王公出现于东汉时期，近年刘贺墓孔子衣镜的出土打破了这一看法，根据镜框盖板的题记可知，衣镜镜框上方边框绘有西王母和东王公，二人形成对应组合关系，但这一时期确认为东王公图像的材料仅此一例，直到东汉才大量出现，中间的缺环可能反映其出现初期的阶级性和地域性，但从目前的材料来看，西王母与东王公固定组合在一起是从东汉中晚期开始应该是没有问题的。有关东王公的出现，及其与西王母的对应组合等问题有待于进一步的探索。参见王意乐等：《海昏侯刘贺墓出土孔子衣镜》，《南方文物》2016年第3期；刘子亮等：《汉代东王公传说与图像新探》，《文物》2018年第11期。此外笔者对此也提出一些认识，参见庞政：《从海昏侯墓衣镜看西王母、东王公图像的出现及相关问题》，《江汉考古》待刊。

（栏目编辑　张同标）

探讨中国翼兽问题之要点

郭静云 王鸿洋

(台湾中正大学,台湾嘉义,62102;中山大学,广州,510275)

【摘　要】翼兽是古代跨文明的形象,是文化交流的一面镜子,不但反射出创造者,更映射出被影响者自身的文化脉络和接受程度。如何被接受才是考察文化交流的重点。接受者自身文化传统的成熟度会导致对外来文化的不同态度:根本不接受、汲取内涵或仅模仿外型。外貌借用和意义传递经常互相分离。接受者在借用外来形像时,只作简单模仿或用作自身创作素材,对形像之理解往往立足于本土文化,重新定义和诠释外来形像的内涵和意义。翼兽形象是在战国两汉中国古文化衰落、转折时,借用外来文化重构自身的生动一例。

【关键词】翼兽　文化交流　先秦艺术　秦汉艺术

一、"翼兽"定义

本文拟讨论一种在汉代墓葬艺术中的独特造型——翼兽的前世今生。翼兽造型在汉代之前很少见,两汉时期大量出现,魏晋南北朝至唐均常见。两汉时期的翼兽造型材料包含大型石雕、中小型陶塑、玉雕、铜塑、画像石、画像砖、壁画、漆器、纺织品,以及各种纹饰造型。其中,大部分翼兽形状为翼虎和翼龙,也少量见其他翼兽。而东汉王陵门阙前和墓里出现了被称为"天禄""辟邪"的大型石雕以及精美玉器"辟邪"。魏晋南北朝和唐代的翼兽多为墓道上的大型石刻,形状以狮子和翼马(天马)为多。唐代以后翼兽造型式微。

以现有材料观察,中国翼兽形象的形成是一种甚为错综复杂的内在演化和外在交流相互交织的过程。并且资料上处处会遇到缺环的情况,所以很难期待彻底地厘清其历史。我们只能从多种微观及宏观的视角来论述相关问题,阐述线索的缠结,以评估各种可能的因素。

因为有一些经常被称为"翼兽"的造型,实际上与此主题无关,所以我们需要先对其作基本定义:"翼兽"造型是原本没有翅膀的动物,在保留其主要特征的同时,另加上一双翅膀。基于这种定义,我们先要排除一切鸟类造型,以及本土所产生的鸟类与其他动物交错、合体的造型。中国传统对凤的崇拜滥觞于先商时期[1],天凤造型有时候会包含其他神兽特征,如老虎、神龙、乌龟等。这种造型是先秦精神文化内在演化的形象,其与本文所讨论的翼虎、翼龙、辟邪或其他"翼兽"造型不宜混为一谈。下面试举几例,以显明龙凤交错、虎凤交错与翼龙、翼虎的差异。

例如,所谓的"翼兽盉"共有三件,时代为战国晚期。一件出土自甘肃泾川,现藏于甘肃省博物馆,另两件出处不明,分别藏于上海博物馆和故宫博物院(图

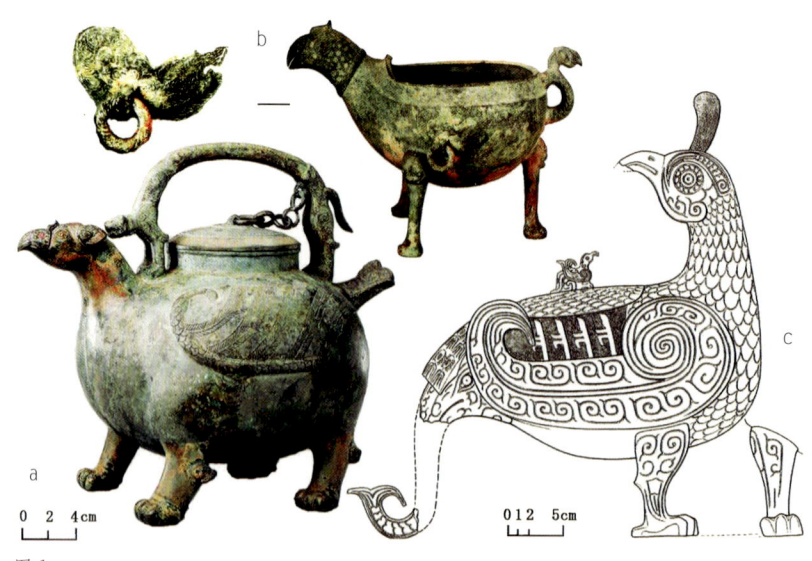

图1
a.北京故宫翼兽盉　b.战国河北唐县北城子出土鸟首高足铜匜　c.晋侯M114号墓出土鸟尊

1a）。这些器物都以鸷鸟为原型，器首的造型为鸷首，器身两侧各雕刻有翅膀，后端有鸟尾；器足似老虎的四足，但同时四足有后距，即鸟足的特征。该器物被命名为"翼兽"，甚至有讨论其与中亚"格里芬"（gryphon，狮鹫）的形象接近；但实际上这种融合禽兽造型的盉明显有自身的发展脉络。类似的器物，春秋晚期战国早期主要出自长江流域，如楚叔之孙途盉、吴王夫差盉、嘉仲盉、卅五年盉、乐孝子盉等；战国晚期在华北、华南都有出土，如秦子盉、铸客盉、长陵盉、樛大盉、春成侯盉、中山王墓十一年盉和十二年盉禽兽头盉等；盉口造型有鸷、龙、野猪等。这些器型都属于此脉络，只是更明确地造型成鸷鸟。

重点是该造型总体表现不是带翅膀的哺乳动物，而是鸟类神兽，但因器物平稳的需求，才造型出四足。河北唐县北城子出土战国时期的铜匜，也以鸷喙为流，两侧刻带龙头翅膀的羽毛，器物靠着带爪的三足（图1b），可见四足、三足造型是为了器物的平稳，而不是为了造型哺乳动物。陈佩芬先生指出，这些鸷鸟盉的风格与西周早期晋侯鸟尊（孔雀尊）的风格大异[2]，没有到达孔雀尊的高超技术，不像后者用鸟尾巴做第三个支撑（图1c）[3]。不过上述造型主题均一致，都是鸟而不是翼兽。

春秋战国楚地常见的鹿角鹤的造型，也不宜归类为翼兽，而是属于另一种神鸟形象。楚文明崇拜鹤的信仰滥觞自本土后石家河文化。（图2a）[4] 曾侯乙墓出土的鹿角立鹤、云梦珍珠坡1号墓的卧鹿立鹤[5]，都在鹤的头上加鹿角（图2b、图2c），这更是楚文化镇墓兽造型的特征之一，鹿角冠在战国时期的丧礼中亦有特殊表达父系祖先的意义。[6] 江陵李家台4号楚墓、雨台山166号墓、天星观2号楚墓[7]、日本美秀美术馆收藏的带鹿角鹤的造型，都用鹿角比喻鹤翼，表达飞天的形象（图2d、图2e）。要之，以上所谓"翼兽"均是在自身有翼的鸟类（鹤或可称为"凤"）造型上加另一种无翼的动物（公鹿）特征，而不是在自身无翼的神兽另加翼的造型。

曾侯乙墓出土的编磬有两个铜鹤用作器座，其造型涵盖鹤（凤）、龙、龟三种神兽特点。鹤颈带龙首，鸟身的尾巴变形为龟头，四足也是龟足，以塑造龙凤龟合为一体的形象，或许可以视为汉代"玄武"形象的源头（图2f），但不宜在"翼兽"主题里讨论，造型中两扇翅膀是属于鹤的翅膀，而不是在龟身上加的翅膀。若将其形象继续与孔雀尊相比较：这一"玄武"的鸟尾变形为龟头，而孔雀尊在较短的孔雀翎之下，鸟臀变形为大象头，而象鼻另似鸟尾下垂。所以，上述造型源自深刻的内在传统，承袭了商周常见的神兽交错、合体变形的形象，而不是新兴的"翼兽"形象。其他自商时期以来常可见到的龙、虎、凤复杂交错甚至合体的形象，亦不宜解释为"翼兽"。

中山王墓出土的错金银青铜器：发掘报告命名为"四龙四凤方案"者和命名为"双翼神兽"者，虽然风格一致，但二者之间却有翼兽和非翼兽形象差异。所谓"四龙四凤方案"的造型，实际上称为"八凤方案"才准确，其中四个凤的头部像龙头而已，长脖上羽毛纹

图2
a. 孙家岗夏王国时期的墓出土玉鹤　b. 曾侯乙墓出土青铜鹿角立鹤　c. 曾侯乙墓出土青铜鹤龙龟合体的怪兽磬座　d. 云梦珍珠坡一号墓出土卧鹿立鹤　e. 江陵天星观二号楚墓出土的漆虎座鹿角鹤　f. 日本美秀美术馆收藏楚国的漆虎座鹿角飞鹤

与其余"四凤"完全相同；八者都有一对禽翼和一对猛禽爪。所以该器物的八个神兽均是神禽凤，均非"翼兽"造型（图3a）。至于命名为"双翼神兽"的四件已经非鸟类，而是翼兽（图3b）。[8] 仔细观察它的造型，头部，包括眼、耳、鼻，都是写实的老虎造型，张开的虎口里可见两对獠牙；身体、长尾巴、伸爪的四足，也都是老虎特征，只是脖子比虎脖子长一些。猫科动物第一脚趾的方向，外观与鸷爪距相似，所以在造型上容易被误解，但将这四件翼兽与同一座墓出土的老虎噬鹿造型比较，伸出大爪的形状一样，都是典型的虎爪。因此，这基本上是有两扇大翅膀的伸长脖子的老虎，其翼虎形象符合本文"翼兽"论题。

换言之，"翼兽"首先应该是非鸟类的造型，亦非神鸟和其他神兽交错混合的造型，而是类似翼虎、翼牛、翼马等形象。在中国文化的脉络中，还需要特别考虑"翼龙"的问题。虽然龙的形象本身涵盖不同动物的特征，如商周的龙常有猛禽爪、猛兽口、牛羊角等；尽管被视为天神，却没有翅膀。代表中国本土精神文化形象的神龙，不需要翅膀就可以飞上天空，故而不属于禽类。是故，在中国文化脉络里，如果出现龙带翅膀的造型，则应与虎等兽类一样视为翼兽。

符合这种定义的翼兽造型，虽然从汉代方开始广为流行，但少数见于先秦，甚至最早可以溯源至殷末周初，但中间未必都有一脉相承的发展关系。

二 相关研究背景

学界关于中国翼兽源流的讨论已近一个世纪，但很多问题至今仍莫衷一是，讨论焦点首先分为：中国翼兽命名问题；本土来源说和外来说；传入时间和路线；象征意义和相关信仰内容等几项问题。

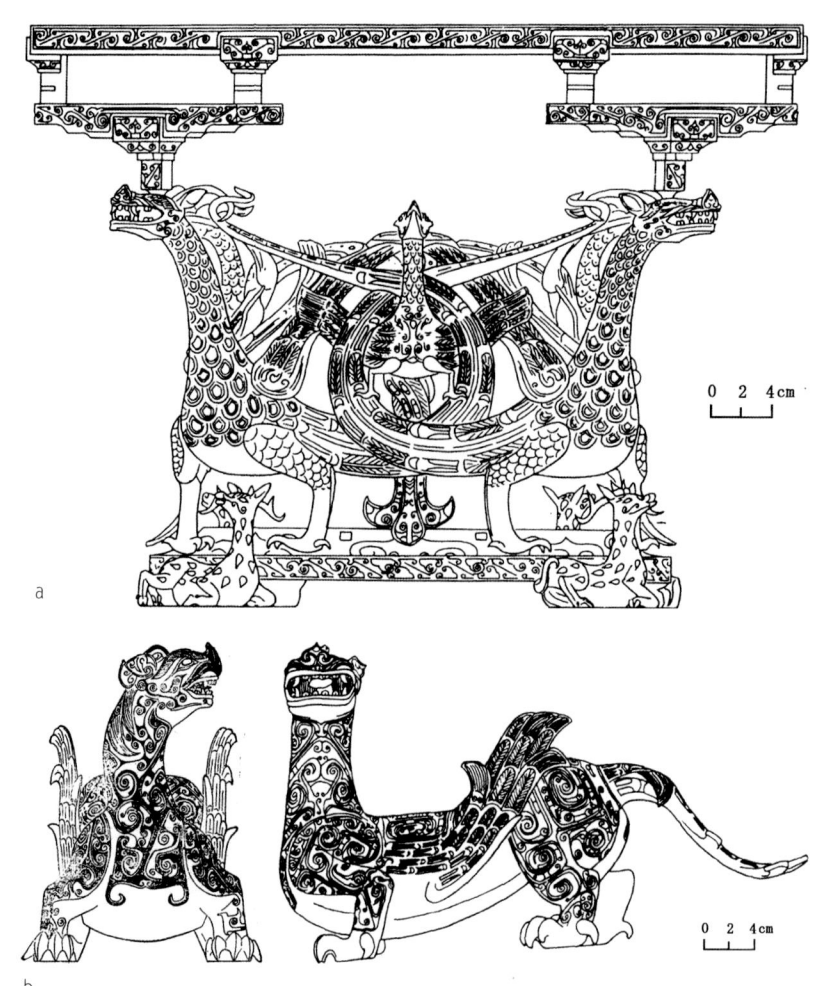

图3
a. 中山国䰜王墓出土的八凤方案（东库 DK:33）
b. 中山国䰜王墓出土的翼虎（西库 XK:58）

（一）命名问题

滕固先生和贝瑞·提尔（Barry Til）先生用"喀迈拉"（chimera，意为"嵌合体"）一词表达中国翼兽，以指出其西来源头。[9] 李零先生全面认同西来说，但选择"格里芬"（gryphon，狮鹫）一词。[10] 前一称谓在西方文化中指出较具体的对象，与中国翼兽的形象有差异；后一称谓是希腊文就外型描述狮鹫怪兽的形貌，并不指出崇拜对象的涵义。由于中国大部分翼兽就是有翅膀的猫科猛兽，所以总体而言，可以用"狮鹫"称一词，但是"狮鹫"毕竟是古希腊人用来描述外形的词语，若从文化内在意思考，不同地区和时代可能对这类怪兽有自身文化的理解。

朱希祖先生讨论汉魏六朝墓葬中出土的翼兽，都用文献所称的"天禄""辟邪""飞廉"等名称，以强调本土来源，并通过文献记载来证明有翼兽的形象在中国由来已久，最后总结出"一角为天禄，二角为辟邪，总名桃拔，其无角者名符拔，与桃拔同类"[11]。笔者认为，西来狮鹫的形象无疑是中国翼兽形成的主要来源。但经过漫长的吸收过程，无明确信仰意义的"狮鹫"却成为中国文化的"天禄""辟邪"。因此这些指称都可使用，其代表了翼兽形成的不同阶段："狮鹫"指涉外来的形貌；"天禄""辟邪"指涉已中国化的内在意义。

（二）本土发源或外地传入

孙作云先生认为，《山海经》中对异兽的记载可以解释考古发现的异兽材料，并将这些翼兽视为中国"原始社会的图腾崇拜"来源。他进一步认为，汉代画像常出现的羽人形象来自华东沿海一带的鸟为"图腾的部落——鸟夷"；有翼动物早期是一种称为"飞廉"的神禽；飞廉应是凤氏族的图腾，后来才由鸟渐渐演化成有翼的兽类；在《离骚》、《淮南子》《汉书》等文献中，这种神禽是与风有关的，所以他们又是风神（风伯）等。[12]

笔者认为，用《山海经》《楚辞》《汉书》等文献来解释汉代翼兽的思路，在方法上就足以存疑，尤其是这些文献的成书时代相当晚，没办法解释来源、时代、路线等具体问题。因此近几十年来学界基本上变换角度，从考古资料本身来探讨翼兽，并彻底抛弃翼兽本土起源说，承认西源为事实。

翼兽外来说最早由滕固先生在20世纪30年代依靠六朝的石兽材料提出。他将其与波斯、希腊、印度、斯基泰（Scythian）、大夏（Bactria）等各地翼兽相联系，认为"有翼兽的输入，不必从一个地方来的，也不必止是一次传入的"；但经过几百年，到了六朝时已经"已十足的中国化了"[13]。

（三）传入时间及路线

目前关于翼兽形像传入中国的时间，学界基本有共识：春秋晚期战国至汉代；公元前6世纪左右在波斯、中亚、草原地区"格里芬"形象颇流行，从此而传入中国。[14] 但是笔者认为，华西地区更早知道外地有翼兽这种形象，且最早的传入迹象可溯源至殷商时期（后文

拟详细讨论）。

关于中国翼兽来源之文化属性及传播路线问题，尚未有明确的研究成果。乌恩先生认为，战国后期以来，在北方地区动物纹中才可以看到斯基泰——西伯利亚"野兽纹"及阿尔泰艺术的影响。[15] 不过其中翼兽这种"虚幻的动物形象"，并不是阿尔泰最先发明的，而是最早源自公元前第一千纪初的古伊朗和古希腊艺术中，通过欧亚草原广为传播。[16] 沈福伟进一步认为，翼兽传入中国的原因，是因为此时在中国北方草原民族匈奴联盟崛起后，通过匈奴把斯基泰——西伯利亚题材在战国晚期传播到华北草原地区；不过同时认为云南出土的翼兽造型反而代表另一种印度的影响。[17]

相反，霍巍先生认为，四川地区现存的翼兽造型早于黄河地带关中地区，并且这类大量出现在四川一些枢纽地区的有翼印证了南方丝绸之路的存在，翼兽造型经过南方丝路传入中国。他又引用任乃强先生的相关研究推测，南方丝绸之路与汉代经营西南地区时开通的道路有关。[18]

林梅村先生将翼兽的来源地具体到一座城市，他根据《后汉书·西域传》的相关记载，认为流行于东汉的有翼兽是"乌弋山离城"的特产，这座城市是西汉时期丝绸之路南道的终点，位于今天的中亚阿富汗境内。这里是希腊文化艺术与大夏等地传统的波斯文化融合之地，形成了大夏希腊化艺术，有翼兽就是这一艺术风格的结晶；而且认为西汉张骞出使西域前，四川地区已与大夏有贸易交往，因此翼兽造型早在西汉之前就已传入中国。[19]

李零先生则认为翼兽形象传入中国共有三条路线：欧亚草原北方丝路、沿海南方丝路和印度山路，这三条路线使

西亚的"格里芬"传入中国。[20]

综上，学者们从文化交流和艺术题材的传入角度讨论中国翼兽问题，提出的说法均有资料上的根据。但笔者拟换角度和探讨要点：因为无论有多少来往的路线，外面的形象未必会被接受，也许至多只会偶尔带来或模仿而已。所以重点还是在于远域的"格里芬"如何成为翼龙、翼虎、天禄、辟邪、麒麟等自己文化的神兽。

三、考虑未来研究角度及方法

（一）研究角度与时代范围

笔者认为，造型艺术不仅仅代表文化的一面，其更反映当时人心目中的"视觉"。艺术形象是一面时代的镜子，保留当时人的兴趣、喜好、理想观点和价值观。翼兽形象当然反映出中外文化形象密切互动，但在这种互动中，既有传播亦有接收或不接受外来形象的问题。

据上述研究回顾可见，西方学界讨论古代翼兽形象很少涉及到中国文化中的翼兽，也基本上没有讨论翼兽何时出现在中国的问题。但此问题实有世界文化史的意义，是历史走向世界化的指标之一。因此，本文拟从这个角度和世界史演化的背景，重新观察翼兽造型传入中国的问题。

因本文着重于溯源研究，拟从中国翼兽渊源到定型问题开启。由于东汉时，中国独特的翼兽形象已成型，故本文讨论年代的下限为汉代。汉代之后虽然翼兽形象持续有演化和参与文化交流，但相关问题需要另文探讨。

（二）艺术造型作为文化交流的镜子

文化交流和吸收外来的影响并不是很简单的事情。相关问题包括以下两个方面：

1. 仅欣赏及模仿外表或者接受意义且内化成自己的文化？比如说中国文化接受佛教是一种内化过程，而欧洲18世纪"中国风"（chinoiserie）是一种单纯从外观欣赏和模仿，以塑造异域风味的新艺术。所以，外来影响是否仅停留在表面，还是由表及里，是该问题的核心。

2. 对外来文化的接受程度。这个问题也涉及两方面。第一方面，接受者内在文化传统的深刻及成熟程度问题。一般而言，本身文化传统不深的年轻族群较容易吸收别人文化。故原本在草原的流动族群，到了定居之处容易吸收本地文化，这包括在中国历史上常见到的北方族群"汉化"现象；但是文化传统长久的文明更加趋向于保留自己的文化，不易因外来因素而变化。可是另一方面，所有古文明经过长期延续，总会衰落或进入转折时期，在这些时候旧传统容易接受新的文化或外来文化，从而在此基础上重构自身。

笔者认为，在中国文化中，战国至两汉时期是这种转折及重新建构时期。首先秦汉帝国统一天下，是经过多次内部互斗及重构，最终形成一个原本没有的庞大帝国。这一长期过程包含以下内在社会文化现象：

首先，从战国以来，人们在区域、跨国间的流动率增加，导致区域内的地方传统越来越碎片化。因此战国及西汉时期还可以看到文化的多样性，但到了东汉时期各地区的文化共同性开始超越各个地方的自身特色。

其次，为了建立新的国家结构，保持自己的共同体系，需要建构新的共同文化。虽然建构文化的目标很难立即实现，但在这种努力的过程中，各地逐渐难以保持自己的独特传统。尤其是在战国晚期至西汉初年一统天下的过程中，经历了几十年的血腥屠杀，这种屠杀甚至导致祖孙关系断绝，下一代人较少有机会在日常生活中得到长辈的言传身教而传承自身的古老传统，极大增加了古老文化和社会记忆失传的风险。

此外，秦汉建构的天下，涵盖很多生活方式不同的族群，包括对传统先秦文化并不熟悉的北方族群。比如战国时期的秦、赵、燕、中山等北方列国中，草原族群的影响非常大。秦汉帝国中新族群的比重和影响力也相当高，尤其是西汉与匈奴长期有不可避免的关系。

最后，在北方军权势力的压力下，长久保持传统的南方地区也逐渐陷入危急状态。

上述众多因素导致汉代人对什么是自身文化有疑虑，同时国家也面临重新建构属于自己的"汉文化"的迫切需求。

简言之，战国晚期到两汉时期自身古老文化的危急状态，使得外来的因素较容易进来并被借用。其中，最大的事情当然是佛教传入并被接受而系统地改变中国文明。但是除了这一关键的转折之外，也有很多异域文化形象在先秦时就已传入，但当时并没有吸引人们大量借用而模仿。[21] 可是到了汉代，古老的形象与新吸收的形象常常混为一团。这种古与新、本土与外来因素的线团集中体现在汉代造型艺术中。

因此所谓文化影响，不仅涉及到交流和传播问题，对外来文化的接受程度亦颇为重要。这些问题包括模仿外表同时是否亦接受其含意；接受的程度以及和自身文化的相符程度；模仿或接受的时代背景等等。为回答上述问题，翼兽就是很具有代表性的例子。

（三）翼兽传入中国：内义或外表？

学者们讨论翼兽传入中国的问题时都有发现，翼兽虽然是外来形象，但进入中国之后，与本土形象互补，甚至再重新影响其原本周围文化。如翼龙造型是本土及外来因素并存；西亚传统的狮鹫引入中国后被"虎化"，所以翼虎形象与中国本土崇拜老虎有关联。[22]

从战国到两汉所见翼龙、翼虎等造型，与没有翅膀的龙、虎的造型意义相同。战国时期还较少出现，西汉以来迅速增加，在同一墓葬的随葬品或石刻上，有翼无翼的龙虎经常会并存。例如，中山王墓玉佩大多数龙、虎造型无翅膀，但其中少数几件却有小的翅膀（图

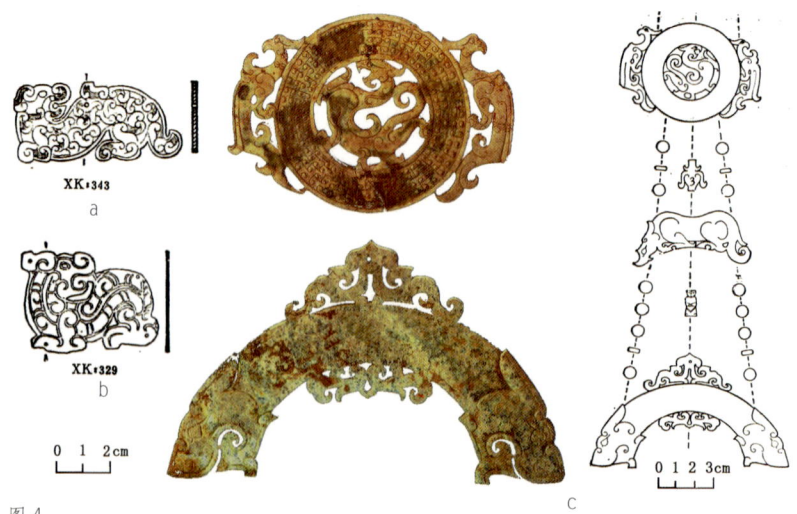

图4
a. 中山国𰀽王墓西库出土有翼虎（XK:343）　b. 中山国𰀽王墓西库出土无翼虎（XK:329）
c. 南越王墓出土的组玉佩（含翼龙璧 D:77 和双嘴龙璜 D:84）

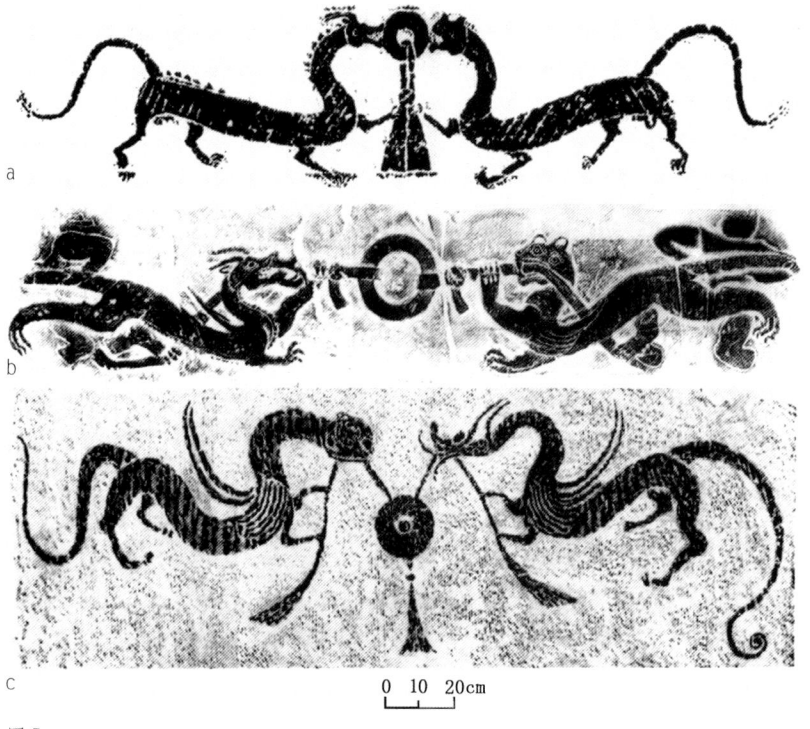

图 5
a. 四川合江张家沟出土崖墓石棺东汉时期石刻　b. 四川合江出土石室墓东汉时期石刻
c. 成都新津出土三号石棺东汉时期石刻

4a、图 4b）[23]；南越王墓出土的同一套组玉佩同时包含有翼和无翼的玉龙（图4c）；汉代画像石在同一墓里和在同一种构图上，龙虎或有翅膀或无翅膀（图5），这不影响造型的意义。[24]

神龙、天凤和老虎是中国古老传统中最高级的神兽，三者崇拜都蕴含着死后世界、死者升天的理想。[25] 因此，在战国汉代墓葬中有它们的造型是符合中国文化内在发展逻辑的。虽然翼虎、翼龙汉代较常见，但没有翅膀的龙虎造型依然多见。龙虎这些传统神兽开始带翅膀，是基于模仿外地形象后的新兴的造型方法。其他动物造型，也没有某一种一定有翅膀的情况。汉代画像石刻在墓门楣上的图，均表达世外的游乐，仙人戏兽或羽猎等。在这些构图上的动物有时候都有翅膀，或部分有翅膀，但更多是没有翅膀。

据上可知，战国至汉代越来越多出现翼兽的造型，但却没有固定意义的翼兽形象，天界诸兽较少带翅膀，翅膀仍然不宜视为某神兽的标志，有翼者的翅膀也经常很小，不足以充当飞天器官。因此，有翼的造型恐怕只是模仿外来形象，却不带有外来文化的内在意义。

不过笔者认为，翼兽造型的传入不带来内在文化新义的原因，并不在于中国文化拒绝吸收外地文化的精神。相反，由于西汉时先秦文化处于危急没落的状态，新生的社会处于精神信仰文化不足的状态，时代需要重新建构"天下"自我认同的体系。但是翼兽形象并不能满足这种需求，不能提供新的精神文化。这是因为无论是草原还是中亚地区的翼兽造型，都不含有明确的内在信仰和精神。翼兽原本就是两河流域的信仰主题，其外形传到中亚、草原地区时，并没有一同带来其信仰意义，只是成为奇异的怪兽形象。战国时期北方列国开始出现这种奇异的神兽造型，与中国传统神兽形象结合，且在意义方面不加区分。

所以，汉代时有翼神兽造型，依然没有获得与无翼神兽造型不同的精神文化含义。

不过就溯源的角度思考，虽然在中国周围的斯基泰和其他族群文化中，翼兽怪物并没有明确的含意，但在创造这种形象的两河流域文化中，翼兽是相当具体的崇拜对象，有着深刻文化意义。从两河流域的具体崇拜对象影响，发展到跨欧亚大地的奇异狮鹫怪兽形象。此过程在时间上涵盖二至三千年，最后才成为中国造型艺术的形象，并慢慢获得中国内在文化的新义，变形为辟邪、天禄、麒麟等形象。

四、总结

本文重新探讨翼兽的基本定义是：原本没有翅膀的动物，在基本保留其主要特征的同时，另加上一双翅膀。这种翼兽最早见于公元前三千年后半叶两河流域闪族人的文化中，都是具体崇拜对象的造型。但当传播到希腊或里海以东的草原地带后，逐渐失去原意，成为信仰内涵不明的"狮鹫"（格里芬）怪物。这种内在信仰模糊的形象，经过华北列国与草原族群的军事交流，重新传入中国，与中国古老传统的形象相结合，以形成新的艺术主题。

翼兽造型是世界古代史的主题，也是关于文化创造和传播的生动案例。从这个例子我们可以看到，形象借用和意义传递未必同步，经常互相分离。接受者在借用外来文化形象时，只是简单地模仿或用来自身创作的素材，对形象之理解往往立足于本土文化，对外来形象的内涵和意义进行重新定义和诠释。战国时期，很多新草原族群活动于华北列国中，同时中国古老文化进入转折时期，古老信仰的内在意义淡化，所以亦有兴趣吸收外来的神奇形象。到了汉代，翼兽确实已成为中国艺术的主题，并经过逐渐内化，重新塑造天禄、辟邪——中国文化的新兴传统的神兽形象。

是故，翼兽这一主题作为文化交流的一面镜子，不但反射出创造者，更映射出被影响者自身的文化脉络和吸收程度。这一漫长交流、吸收、演化等过程，同时表达了上古历史世界化的趋势。

作者简介

郭静云（Olga Gorodetskaya），女，俄裔台湾学者，著名汉学家，俄罗斯国家科学院博士，现任台湾中正大学历史系教授、中山大学历史系教授，博士生导师。研究方向：中国上古及先秦文化研究。

王鸿洋，中山大学博士研究生。研究方向：中国上古及先秦文化研究。

注释

[1] 相关研究参郭静云：《天神与天地之道：巫觋信仰与传统思想渊源》，上海古籍出版社2016年版，第417-468页。

[2] 陈佩芬：《夏商周青铜器研究》，上海古籍出版社2004年版，第450-451页。

[3] 北京大学考古文博院、山西省考古研究所：《天马——曲村遗址北赵晋侯墓地第六次发掘》，《文物》2001年8期，第10页图一四。

[4] 郭静云：《天神与天地之道：巫觋信仰与传统思想渊源》，第428-431页。

[5] 云梦县文化馆：《云梦县珍珠坡一号墓》，《考古》编辑部编：《考古学集刊》第1辑，中国社会科学出版社1981年版，第104-110页。

[6] 来国龙：《马王堆〈太一祝图〉考》，载浙江大学艺术与考古研究中心编：《浙江大学艺术与考古研究》第1辑，浙江大学出版社2014年版，第17-18页。

[7] 荆州博物馆：《江陵李家台楚墓清理简报》，《江汉考古》1985年第3期，第17-25页；湖北省荆州地区博物馆：《江陵雨台山楚墓》，文物出版社1984年版，第112页；湖北省荆州博物馆：《荆州天星观二号楚墓》，文物出版社2003年版，第187-189页。

[8] 河北省文物研究所：《 墓——战国中山国国王之墓》，文物出版社1996年版，第139-143页。

[9] 滕固：《六朝陵墓石迹述略》，载郑振铎：《郑振铎近百年古城古墓发掘史》，吉林人民出版社2014年版，第138页；Barry Till, "Some Observations on Stone Winged Chimeras at Ancient Chinese Tomb Sites," *Artibus Asiae*, vol.42, No.4, 1980, pp.261-281。

[10] 李零：《论中国的有翼神兽》，载李零：《入山与出塞》，文物出版社2004年版，第118页。

[11] 朱希祖：《天禄辟邪考》，载郑振铎：《近百年古城古墓发掘史》，岳麓书社2010年版，第199-218页。

[12] 孙作云：《敦煌画中的神怪画》，《考古》1960年6期，第24-33页。

[13] 滕固：《六朝陵墓石迹述略》，第137页。

[14] 李零：《论中国的有翼神兽》，第118-133页。

[15] 乌恩：《我国北方古代动物纹饰》，《考古学报》1983年1期，第60-61页。

[16] 乌恩：《欧亚大陆草原早期游牧文化的几点思考》，《考古学报》2002年4期，第461页。

[17] 沈福伟：《中西文化交流史》，上海人民出版社1985年版，第26、68-69页。

[18] 霍巍：《四川东汉大型石兽与南方丝绸之路》，《考古》2008年11期，第71-80页。

[19] 林梅村：《汉唐西域与中国文明》，文物出版社1998年版，第96-101页。

[20] 李零：《论中国的有翼神兽》，第119页。

[21] 包括佛教文化在几百年里与中国文化并存，虽然文化之间有来往和认识，但在几百年内并没有吸引中国人模仿其形象。

[22] 李零：《论中国的有翼神兽》，第118-133页。

[23] 河北省文物研究所：《 墓——战国中山国国王之墓》，第209-211页。

[24] 龚廷万、龚玉、戴嘉陵：《巴蜀汉代画像集·北京》，文物出版社1998年版，图287。

[25] 郭静云：《天神与天地之道：巫觋信仰与传统思想渊源》，第246-260页。

（栏目编辑　张晶）

阿旃陀石窟形制及其与敦煌毗诃罗的比较研究

刘慧

（中国艺术研究院，北京，100029）

【摘　要】阿旃陀石窟在今印度德干高原奥兰加巴德西北约106公里，以其岩刻支提（chaitya，塔庙）和毗诃罗（vihara，精舍、僧房）而闻名于世，是印度境内现存最大的石窟遗址，具有极高的艺术价值与历史底蕴，其影响远播中亚与中国。因此，实地考察位于德干高原上的阿旃陀石窟，针对阿旃陀石窟的两种不同形制以及石窟的开凿时期、源流与敦煌毗诃罗石窟的比较等问题展开考证具有重要意义。

【关键词】阿旃陀　石窟　形制　敦煌　毗诃罗

近年笔者先后两次前往位于德干高原上的阿旃陀石窟。通过实地考察，并针对阿旃陀石窟的两种不同形制展开考证研究，考证内容包括石窟的开凿时期，石窟的功能、源流以及影响等问题。

一、阿旃陀石窟形制

"阿旃陀"源于梵语"阿谨提那"，意为"无想"，位于印度德干高原奥兰加巴德西北方向约106公里，以其岩刻支提（chaitya，塔庙）和毗诃罗（vihara，精舍、僧房）而闻名于世，是印度境内现存最大的石窟遗址，具有极高的艺术价值与历史底蕴，其影响远播中亚与中国。

考察从奥兰加巴德驱车，几经换乘，又步行"Z"形山路，终于见到了"阿旃陀"，这些石窟沿着高约76米的玄武岩陡壁从东到西迤逦排列，在这个马蹄形山谷中长达550米。（图1）阿旃陀石窟共有29个窟，根据印度官方公布的考古调查数字，这些洞窟（图2）距离河面大约35到110英尺，分布在河谷南侧陡峭的岩壁上。这些石窟的编号与开凿年代的先后无关，考古学家按照从东向西排列的顺序编定为第1至第29窟。

对于阿旃陀石窟开凿的时期，过去学者们倾向于将洞窟分为三组，最早的一组洞窟形成于公元前2世纪到公元2世纪，第二组石窟开凿的时代为6世纪，而第三组比第二组稍晚1个世纪左右。另也有将石窟的开凿年代划分为四个时期：第一期年代是公元前1世纪，第二期年代是公元1世纪到5世纪，第三期年代是7世纪，第四期年代是4世纪到7世纪。

近年来更多学者将石窟分为两个时期：一是公元前2世纪至公元2世纪的部派佛教时期；二是大乘佛教时期，第二个时期比第一个时期要晚3个世纪左右，相当于笈多时代与后笈多时代，这一时期被称为伐迦陀迦时期，因为当时统治者是伐迦陀迦王朝的瓦萨贾马支系[1]。对于第二个时期具体开始的时间至今尚无定论，目前比较集中的观点大约是在5世纪左右。[2]也有印度学者从"石窟本身的视觉形象和一些特别的图案主题进行分期"，并对印度西部石窟特征以及与早期大乘佛教的关系等角度进行探讨。[3]

此外，根据阿旃陀石窟现场考察，亦可见尚有部分石窟没有完工，玄奘所载著名的佛学家和僧人陈那（Dinnaga）曾在此地修行，并记载在鼎盛时期，阿

图1　阿旃陀石窟外景（作者拍摄）

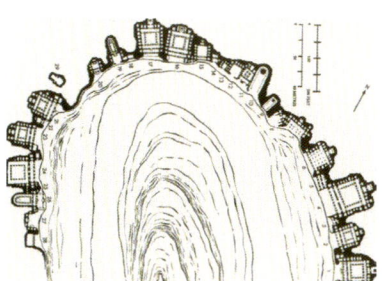

图2　阿旃陀石窟分布图（Benoy K. Behl, *The Ajanta Caves Ancient Paintings of Buddhist India*, London Thames & Hudson Ltd, 1998, P. 15）

表 1 阿旃陀石窟类型分期图表

时期 \ 类型	支提（chaitya，塔庙）	毗诃罗（vihara，精舍、僧房）
第Ⅰ时期（前2世纪—2世纪）	CAVE 9、10	CAVE 12、13、15a
第Ⅱ时期（约5世纪—7世纪）	CAVE 19、26、29	CAVE 1、2、4、6、7、11、14、16、17、18、20、21、22、27

旃陀石窟寺中有几千人居住，"可惜的是伐迦陀迦时期的洞窟都没有最终完工，因为伐迦陀迦王朝于5世纪突然覆灭了，导致阿旃陀的工程也突然停止"[4]。

我们在考察过程中，从阿旃陀石窟现存状况可以看到尚未完成的石窟有：第3、5、8、23、24、25、28、29号石窟，也正是由这些尚未完成的石窟遗迹，我们看到这些雕凿在玄武岩石崖上的石窟是如何得以完成的。

阿旃陀石窟群的石窟形制主要分为两种类型：一是主要用于举行佛教仪式的支提（chaitya，塔庙）；另一是供僧侣修行用的毗诃罗（vihara，精舍、僧房），现将按照石窟开凿时期与类型，列图表如表1。

从上述图表可以清晰地看到，作为僧侣们修行使用的毗诃罗，即僧房的数量远远多于支提即塔庙的数量，尤其集中在公元5世纪左右修建的毗诃罗数量最多，由此可见当时佛教盛行之状。下面即对两种石窟形制展开考证。

（一）毗诃罗窟

毗诃罗窟的典型代表为第1、2、16、17号窟，其中1号窟（图3）开凿于公元5世纪晚期[5]，窟室结构（图4）从前至后依次由门廊（已毁）、外廊、主厅、前殿、圣殿以及排列在主厅左右两边供僧侣们修行的小室组成。主厅近于正方形，厅四周有20个雕刻并彩绘精美的梁柱（图5），均匀排列在主厅四周并形成了外围的四个通道，沿着主厅和前殿的左右两边共有14个小室，外廊左右两侧尽头亦有小室，外廊长19.5米、宽2.82米、高4.10米，主厅后面的圣殿亦呈边长为6米的正方形。

2号窟（图6）开凿于公元6世纪早期[6]，石窟形制与稍早开凿的1号窟几乎一样，只是面积稍小，外廊长14.10米，主厅近似正方形（14.73米×14.50米），厅四周排列十二个雕刻精美的巨大梁柱（图7），沿正厅左右两边对称布列10个小室，圣殿正中为跏趺坐佛（图8），右旋螺发，手持说法印，为秣菟罗造像风格。当然，这里

图3 1号窟外景（作者拍摄）

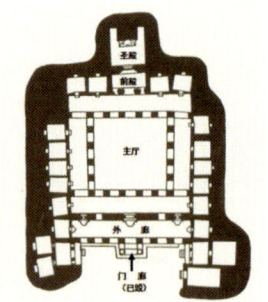
图4 1号窟室平面图

图5 1号窟从主厅向圣殿角度的拍摄图片（作者拍摄）

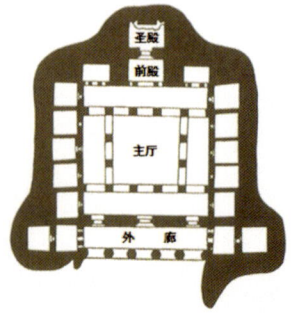
图6 2号窟室平面图

图7 2号窟主厅精美梁柱（作者拍摄）　　图8 2号窟圣殿跏趺坐佛（作者拍摄）

图9 4号窟室主厅周围梁柱（作者拍摄）

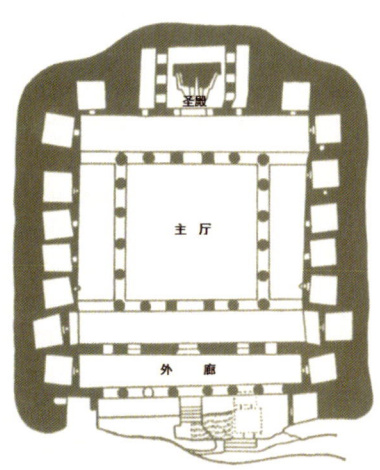

图10 16号窟室平面图　　图11 16号窟圣殿倚坐佛（作者拍摄）

图12 16窟门左侧石像（作者拍摄）

要提及的是，在阿旃陀石窟群中，并非所有毗诃罗主厅梁柱都是如此精美，同样开凿于第二时期的第4号毗诃罗窟（图9），其内部结构简单，尤其是梁柱，只是简单的切面没有任何装饰，表现朴素。

16号窟（图10），当属阿旃陀石窟群中非常重要也是必须要提及的一个窟，该窟是唯一一个保留着当年从瓦格拉河水通向石窟的原始台阶的石窟，并在阿旃陀所有毗诃罗中面积最大的一个窟，该窟室开凿于5世纪（475年前后）。第16号窟外廊左壁存留有铭文记载[7]，此窟由哈里逊纳（Harisena）国王的大臣瓦拉哈戴瓦（Varahadeva）捐献，与1号窟室相比，外廊的长度相同，均为19.5米，但是宽度更宽，为3.25米，主厅近正方形，其中最长一边为22.25米，高4.60米。16号窟室结构与其他窟室的一个最大区别是圣殿前部没有前殿，圣殿内部一倚坐佛（图11），手持说法印，为秣菟罗造像风格，殿左右两侧分别有侧室。从外廊通往主厅分别有一个中心通道和左右两侧入口，主厅内排列有20个圆柱，厅左右两侧分别列有14个小室。

另有唐玄奘的《大唐西域记》亦提及此窟，唐玄奘公元640年左右游离此地，记：

摩诃剌侘国。周六千余至。国大都城西临大河。周三十余里。土地沃壤稼穑殷盛。气序温暑风俗淳质……伽蓝百余所。僧徒五千余人。大小二乘兼功综习……国东境有大山。叠岭连障重峦绝巘。爰有伽蓝基于幽谷。高堂邃宇疏崖枕峰。重阁层台背岩而豁，阿折罗唐言所行阿罗汉所建……伽蓝大精舍。高百余尺。中有石佛像……伽蓝门外，南北左右，各一石象。闻之土俗曰：此象时大声吼，地为震动。[8]

图 13 阿旃陀第 26 窟"阿折罗"题名

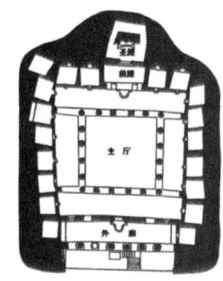 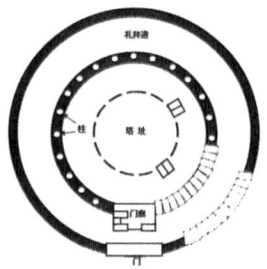 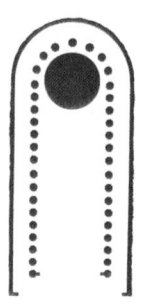

图 14　17 号窟室平面图　　图 15　拜拉德圆形支提堂平面图　　图 16　10 号窟室平面图

如今在阿旃陀石窟第 16 窟门外，左右亦各有一头石雕的大象（图 12），其景与玄奘所描述的地理环境、建筑结构和雕刻题材均相符，且阿旃陀第 26 窟发现的碑铭（图 13）中所记载圣者阿折罗（Sthavir-Achalena）即玄奘所记阿折罗阿罗汉，阿折罗伽蓝即是阿旃陀。由此可知《大唐西域记》关于"摩诃剌佗国"中记述的即是阿旃陀石窟，并可见阿旃陀石窟当时的繁盛之貌。

17 号窟（图 14），开凿年代稍晚于 16 号窟（约晚 25 年，即 500 年左右），且亦留有部分铭文，[9] 注明该窟由哈里逊纳国王的封臣捐赠。该窟室结构从外至内分别为外廊、主厅、前殿到圣殿。外廊长 19.5 米，主厅正方形，20 根圆柱，前殿相对其他窟室面积稍大，长 5.6 米，圣殿近似正方形（5.6 米 × 6 米），十七个小室分别布列于主厅左右两侧。

（二）支提窟

支提窟源自佛教建筑术语中通称的支提堂，实际上就是一座祈祷殿。有学者认为岩刻支提窟最有可能是西印度的岩刻建筑师按照传统的建筑结构来设计的，只是将房顶改为穹窿顶，过道也成了纵券顶。[10]

阿旃陀石窟中的支提窟，应是源自木制圆形支提堂，目前发现最早的支提堂，"是在距拉贾斯坦邦首府斋普尔 52 公里的拜拉德（Bairat）发掘的，时代为阿育王时期。遗址中央为一佛塔，其周围有二十七根八角木柱环绕，最外围则是墙壁。在墙壁与木柱之间，是宽约 7 英尺的环形通道，列柱和外壁皆于东侧开门道，屋顶饰瓦。"[11]（图 15）此种木制圆形支提堂，在随后佛教传播发展过程中，渐渐不能满足信众朝拜需要，需要增加更大的厅堂，在随后德干高原上开凿的阿旃陀石窟，便是发展了此种木制圆形支提堂的空间结构。

作为举行佛教仪式的支提窟在阿旃陀石窟中所占比重相对较小（约为 17% 左右），包括第 9、10、19、26、29 号窟，其中比较有代表性的为第 10、19、26 号窟。在这些支提窟中，第 10 窟（图 16）是阿旃陀最早的支提窟，可以依据其风格与古铭文，将此窟时代推定于公元前 2 世纪后半叶，其基本形制为纵券式，顶为穹窿形顶，正面表现马蹄形支提窗，窟内为模仿木制支提堂的拱顶，窟内两排列柱，从前至后环绕后殿中央的窣堵波（图 17），穹窿顶与列柱早期应均有彩绘壁画，现已剥落涣散。

第 19、26 窟是阿旃陀雕刻最为精美的两窟，是第 II 期支提窟的代表。第 19 窟位于阿旃陀石窟中段，约开凿于 6 世纪（500—550），是阿旃陀后期支提窟的典型，亦是佛教鼎盛时期石窟建筑的最佳代表。

第 19 窟正面雕饰有华美的六根壁柱和两根石柱（图 18），整个门廊浮雕饰带精致，构图完美均衡。廊顶平面呈马蹄形，窟外设庭院，其中窟门外壁面及庭院侧壁雕刻着大量笈多萨尔纳特样式的造像，有蛇王、蛇后以及药叉等。第 19 窟内顶部为仿木结构，呈拱券形，分成数列，并于窟顶拱券梁柱之间彩绘方格佛坐像，窟顶整体雕刻与绘画富丽堂皇，庄严壮观。窟内有两排雕刻精致的列柱，列柱柱身、柱头及窟顶横梁均饰坐佛、立佛及飞天等浮雕造像，现场考察可见这些佛龛造像曾经都是彩绘装饰，现已剥落涣散。其半圆形后殿中窣堵波基座正面雕一尊笈多萨尔纳特样式的佛陀立像。大厅和侧廊间的壁面饰彩绘，例如大厅右壁以方格划分，格内均有跏趺坐佛一身，大多表现面容沉静，头顶肉髻，圆形头光，佛衣通肩，方形靠背，双手或施禅定印，或施说法印。

第 26 窟约开凿于 600 年至 642 年，亦有学者将其时代定于 5 世纪。第 26 窟在阿旃陀所有支提堂中堪称最大者，

图17 10号窟窣堵波（作者拍摄）

图18 19号窟正面（作者拍摄）

图20 26号窟（作者拍摄）

图19 26号窟涅槃像（作者拍摄）

相较其它支提窟，第26窟门廊与内部的雕塑装饰更加考究。正面门廊上部马蹄形的支提窗比第19窟更大，支提窗两侧雕有许多佛像，装饰有旋涡形花纹，内部窣堵波前面供奉着一尊萨尔纳特样式的佛陀坐像，过道上塑有观音救八难像和佛降服三住象王的场面及其它一些浮雕佛像。厅中非常显眼是左侧廊的岩壁旁横卧着一尊长达7.27米的佛涅槃像（图19）和大型贴壁圆雕，此尊涅槃像应是印度境内现存最大的佛像，佛像风格为萨尔纳特样式，头顶螺发，深目厚唇，安详静寂，薄衣帖体。身下贴壁圆雕表现比丘与信众，整体表现肃穆庄严。

在考察中可见第26窟立柱柱头雕刻十分精美（图20），且窟内游廊正壁铭文镌刻着阿折罗（Aohala）的名字，此铭文"阿折罗"与玄奘在《大唐西域记》中记载"阿折罗阿罗汉"石窟建造者相吻合。另有涅槃像的表现亦与《大唐西域记》中关于如来"入寂灭之灵应"的描述相符。侧畔的两个双层毗诃罗原来可能为洞窟的一部分。该窟有封闭式庭院，并院内有侧室，祈愿室和阶梯，下面临河。从该室支提堂的综合结构以

及窟内铭文的记载，可以看出该窟的开凿年代应晚于阿旃陀石窟的第19窟，即应开凿于7世纪。

阿旃陀石窟连绵550米的石窟群形制，可以看做是印度佛教寺院建筑发展的关键点，从最初的"此时住这，彼时居那"无严格的居住场所到第一座寺院的"竹林精舍"，建筑结构从单层木结构、多层砖结构到阿育王时代开创的单体石室，再到阿旃陀石窟群，可以看到印度佛教寺院建筑的发展历程。这种石窟建筑伴随着佛教的传播，远播中亚地区并对中国石窟形制产生重要影响。因此，实地考察位于德干高原上的阿旃陀石窟，开展阿旃陀石窟的两种不同形制的相关考证具有重要意义。

二、与敦煌毗诃罗的比较

通过前文论述阿旃陀石窟形制可以看到，阿旃陀石窟以支提窟和毗诃罗窟组合表现，其中毗诃罗窟几乎全部表现为多室僧房，且多为左右两侧多个禅室对称。由此可见，从早于阿旃陀的纳西克石窟中毗诃罗形制表现到阿旃陀的多

室僧房，从僧房空间大小到左右两侧禅室对称的严谨，这种石窟形制在印度已经发展非常成熟。

上述此种多室僧房的毗诃罗石窟形制，对我国龟兹与河西地区石窟形制产生了重要的影响，例如龟兹的苏巴什遗址、吐鲁番的吐峪沟与敦煌等地均有表现。而敦煌位居古代东西交通要塞，亦是文化交流与融合的重要地区与石窟的重要代表。因此，下面将阿旃陀石窟与敦煌莫高窟石窟中毗诃罗形制进行比较，现统计敦煌莫高窟中多室僧房石窟形制数据列表如表2。

通过表2的数据可以看到，敦煌的毗诃罗石窟形制虽也有多室僧房表现，但与阿旃陀毗诃罗形制存在较多差异，例如禅室数量多少的变化、僧房空间大小的变化，左右禅室对称的变化等。毗诃罗石窟形制在敦煌自十六国至元几百年间都有所表现，而多室僧房主要集中在魏晋南北朝时期，其中多室僧房中禅室数量最多者以第285、487窟为代表，表现为南北两侧各4室，其余皆各开1室至2室，相比较阿旃陀石窟中毗诃罗形制禅室数量要少得多，且也较少左右对称表现，僧房空间大小的变化亦根据功能发生了改变。

由此可见从阿旃陀到莫高窟，同样是毗诃罗形制石窟，禅室数量与空间布局的变化，僧房空间大小及功能的改变，历时几百年应是受到多方面因素的影响：

这其中既有前提——石窟开凿的社会条件，例如佛教思想文化在地区的传播和发展，从"凉州自张轨后，世信佛教，敦煌地接西域，道俗教得其旧式，村坞相属，多有塔寺"[12] "东晋之末，姚秦僭号关中，沮渠称王陇西，均奉佛法"[13]等文献所载，均可看到敦煌地区佛教传播情况，因为统治者崇尚佛教，使得佛教思想更为广泛的接受和传弘，为石窟开凿及形制奠定了思想基础。

也有范式——传统样式与传入样式的融合，从最初对形的模仿到融入本土建筑风格，此外还包括统治者与赞助人对石窟开凿风格的影响，例如以政教合一的豪族士绅阶层为代表的赞助人，当受到某种新风尚的影响而引发某种新的倾向，就会对其赞助石窟形制产生直接影响，此外还有僧人求法所译经本与外来工匠依地域所建

表2 敦煌毗诃罗形制多室僧房图表

窟号	主室	禅室	开凿年代
第268窟	纵长平顶 西壁开一龛	南、北侧各开 2个禅室	十六国（隋、宋重修）
第285窟	覆斗顶形窟 平面为方形	南、北侧各开 4个禅室	西魏大统年间：西魏大统四年（538年）、五年（539年记年）
第487窟	顶毁，平面纵长方形 西壁开三龛	两侧壁各开 4个禅室	北魏时期
B113窟	人字披顶 平面为长方形	南、北侧各开 2个禅室	北朝
B114窟	东部人字披顶 平面为长方形	南、北侧各开 1个禅室	西魏
B100窟	残存，人字披顶 平面应为方形	南北各开 2个禅室	唐
B118窟	东部人字披顶 平面为长方形	南侧1禅室 北侧2禅室	唐
B119窟	东部人字披顶 平面为长方形	南侧1禅室	唐
B162窟	人字披顶 平面为方形	南侧1禅室	唐
第464窟	覆斗形顶 南、西、北壁设佛坛	南北各开 2个禅室	西夏（元重修）
第462窟	前部人字披顶 后部平顶	前、中室南侧各开1个禅室	元
B159窟	平顶 平面为长方形	南、北侧各开 1个禅室	元
B103窟	残存，平顶 平面应为方形	残存中、后室 北侧开1禅室	不明
B7窟	残存，人字披顶 平面应为长方形	残存南北各开 1个禅室	不明
B132窟	人字披顶 平面为长方形	南侧2禅室 北侧3禅室	不明

样式发生的多种可能性。

还有区位，即地域条件、人文习俗、气候环境等因素，包括僧众增长和区域经济发展的差异，传统文化根基与外域文化植入，西域少数民族与中原地区文化的融合，砂砾山体开凿技术和经验的限制，民众的宗教礼俗观念与生活方式等等，诸多因素都会产生对石窟形制的影响。因此，无论就本文着重阐述的毗诃罗石窟形制，还是支提窟的形制表现，从阿旃陀到敦煌石窟形制上的发展变化，绝不是简单的地从印度到中国，还涉及到西亚、中亚和西域等诸多区域石窟形制的发展演变，以及石窟开凿的前提、范式、区位等诸多因素彼此之间的相互影响。

作者简介
刘慧（1978—），女，中国艺术研究院美术学博士后，上海海事大学徐悲鸿艺术学院副教授，研究方向：美术考古与佛教美术。

项目基金
本文系国家社科基金重大项目"中印佛教美术源流研究"（14ZDB058）、中国博士后基金项目"古印度佛教造像的莲花纹样研究"（2015M571232）、上海市曙光人才项目"古代佛教造像装饰纹样研究"（14SG44）阶段性成果。

注释
[1] 伐迦陀迦于3世纪至5世纪间统治马哈拉施特拉邦地区。
[2] 根据华尔特·斯宾克（Walter M. Spink）的研究，大乘佛教时期的洞窟主要修建于462年到480年间。1-8、11、14-29号洞窟均属于这个时期。其中需要提出的是，第8号洞窟以前曾被归为部派佛教时期，但近来的研究则确认其应为大乘佛教时期的作品。Walter M. Spink, *Ajanta: history and development*, Leiden; Boston : Brill, 2005.
[3] [印] 阿龙内：*Buuddhist Caves of Western India: Forms and Patronage*, New Delhi, Kaveri Books, 2016.
[4] Walter M. Spink, *Ajanta : history and development*，这一观点，最初由华尔特·斯宾克提出，后来逐渐被学者们所接受。
[5] Benoy K. Behl, *The Ajanta Caves: Ancient Paintings of Buddhist India*, London: Thames & Hudson Ltd, 1998, P. 234.
[6] 同上，第235页。
[7] Translated by Dr V. V. Mirashi: (May) this mountain, the peak of which contains various caves, which is inhabited by great people… and may the whole world also, getting rid of its manifold sins, enter that tranquil and noble state, free from sorrow and pain from Benoy K. Behl, *The Ajanta Caves: Ancient Paintings of Buddhist India*, P. 27.
[8] 唐玄奘译，辩机撰：《大唐西域记》，《大正藏》第51卷，第941页。
[9] Translated by Dr V. V. Mirashi: While that moon among princes Harisena, whose face resembles a lotus…and who dose what is beneficial for (his) subjects…is protecting the earth…(He excavated) this monolithic excellent Hall, containing within a Chaitya of the King of ascetics (the Buddha) and possessing the qualities of stateliness. From Benoy K.Behl, *The Ajanta Caves:Ancient Paintings of Buddhist India*, P. 27.
[10] （印）M. C. 约什著，杨富学译：《印度岩刻佛教建筑概观》，《敦煌研究》1995年第2期，第52页。
[11] 李崇峰：《中印支提窟比较研究》，《佛学研究》1997年第1期，第15页。
[12] [北齐] 魏收撰：《魏书·释老志》卷一一四，中华书局1992年版，第2016页。
[13] 汤用彤：《汉魏两晋南北朝佛教史》，中华书局1995年版，第486页。

（栏目编辑　朱浒）

印度康纳冈娜哈里遗址的初说法图像研究

李雯雯

（河南大学历史文化学院，河南开封，475001）

【摘　要】位于南印度的康纳冈娜哈里佛塔是近年来发现的重要佛教遗址，作为较新的材料，国内并未关注。本文通过对该遗址出土的初说法图进行分类探讨，并与桑奇、阿玛拉瓦蒂佛塔相关图像作对比分析，从而探讨早期佛教造像艺术中佛传故事的象征性表现。

【关键词】康纳冈娜哈里遗址　阿玛拉瓦蒂佛塔　桑奇佛塔　初说法

康纳冈娜哈里遗址（Kanaganahalli 或 Kanganhalli）在印度南部的卡纳塔克邦北处，位于克里希纳河的一个支流皮马（Bhima）河的左岸，距离著名的 Sannati 遗址近三公里[1]。（图1）该遗址在 1994—1998 和 2001—2002 年被发掘[2]。从遗址出土的碎片可以看出，它曾是一个石灰石建成的半球形佛塔，下方是一个鼓形底座，平台朝四个方向扩展，形制类似阿玛拉瓦蒂大塔[3]。（图2）遗址出土大量浅灰色石雕，表现题材有佛传故事、佛本生故事、阿育王像等[4]。

作为较新的材料，国内对该遗址并未关注。主要研究成果集中在国外：浦那查（K.P.Poonacha）博士曾在 2007 年、2013 年分别出版有关该遗址的研究报告。其中，Excavations at Kanaganahalli 书中分七章对遗址的发掘情况以及相关问题进行探讨，是目前最为全面的研究[5]。

莫妮卡（Zin.Monika）曾探讨康纳冈娜哈里遗址大塔的重要性，随后又重点探讨菩提树的图像，她认为出土的浮雕板在过去 120 年内，有移位和重新组合的现象[6]。SR Quintanilla 主要集中在遗址中佛陀诞生讨论，并通过相关图像与铭文，探讨 2 世纪，安德拉邦当地社会结构可能发生的变化[7]。Thakur、Hema 探讨卡纳塔克邦北部的早期佛教艺术，涉及到该遗址的造像[8]。此外，日本学者中西麻一子近年来发表一系列论文，包括对佛塔遗址出土的初转法轮、祇园精舍的布施场面等进行研究[9]。

初说法图是佛陀第一次说法，也是佛教历史上首次佛法僧三宝具足。佛教发展的早期，并没有佛陀形象出现，常用菩提树、台座、足印、窣堵波、圆轮、伞盖等来代表。本文通过对该遗址的初说法的分析，从而探讨早期佛教造像艺术中佛传故事的象征性表现。

一、康纳冈娜哈里佛教遗址出土的初说法图像

康纳冈娜哈里佛教遗址出土的初说法图像，与其他地区无佛像时代的佛塔一样，雕刻有大量的法轮或法轮柱图像。鹿的出现或与佛塔、菩提树等相组合，则代表"初说法"图像。以下分为两类探讨，即 A 类：法轮柱与鹿组合；B 类：佛传故事中的初说法图像。

A 型：法轮柱与鹿组合

康纳冈娜哈里遗址出土的以法轮柱与鹿为组合的雕刻，多出现在佛塔的栏楯处，或者石盖板处。法轮形式相似，装饰图案有所不同，柱底部刻鹿，表示初说法的地点。目前以法轮柱为主题的造像，多数为残损部分，法轮柱与双鹿组合的浮雕为 5 例，以法轮柱的形制可以分为两种：Aa 型：素面柱；Ab 型：

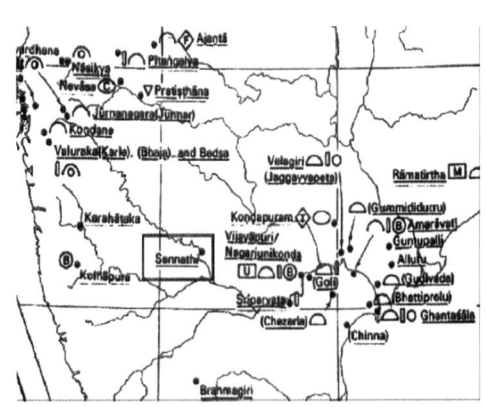

图1　康纳冈娜哈里的地图

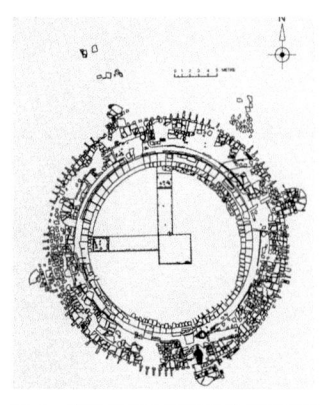

图2　康纳冈娜哈里遗址发掘平面图

装饰性法轮柱。

Aa 型：法轮柱装饰简单，类似阿育王石柱。有三件。主要分布在遗址的西北与东北处。

遗址的西北处出土两件雕刻较为低矮的法轮柱，柱体素面。柱顶处法轮形制较大，中心部分是三圆形高浮雕，最上方凸起的莲瓣纹样。辐条的空隙处均装饰有圆点。轮下刻两头狮子相向而卧于覆瓣莲花平台。圆轮上布满交叉形网状十字花纹。围绕四周垂下六支花鬘，布满纹饰：上半部分为斜纹，中间竖纹，下半部分左右斜纹。圆轮柱底雕刻相对的双鹿。（图3）另外一件底部刻一对礼拜者。（图4）

遗址东北区出土的浮雕右侧，下方可见狮子与立柱，柱底的双鹿相背而卧，柱顶处可见残留圆轮印记。（图5）

Ab 型，装饰复杂的柱体，有多层动物，有两例，分别出土于遗址的西北与西南处。

遗址的西北处出土一件浮雕板，中心雕刻精美法轮柱，保存较完整。（图6）柱顶部的法轮形制较大，中心层层突出。圆轮两侧刻有花纹。圆轮下方左右两侧有垂下花鬘。中间法轮柱可以分为四层，柱体装饰华丽，为多层鼓状样式，布满各种花纹。柱体从下至上依次为对坐卧狮，三个供养人头像，三头大象。法轮正下方的三头大象置于平板上，均头朝右侧。大象下部的垂下花鬘与上部法轮花鬘相似。左侧上部为龙王护佛塔、下方为菩提树。右侧上方为佛塔，下方雕刻药叉女。

康纳冈娜哈里遗址的西南处，出土了另外一件较为完整的法轮柱。（图7）法轮柱装饰华丽精美，圆轮四周垂下花鬘，柱体从底部至法轮处可以分为七层。法轮下方是相背而卧的瘤牛。随后是叠板。第三层装饰为倒覆莲瓣，第四层为

图3　西北处出土的浮雕　　图4　西北处出土的浮雕　　图5　东北处出土的浮雕

图6　西北区出土的佛塔残片　　图7　西南区出土的佛塔残片

图8　北区出土的佛传故事图

图9　初说法图线描图来自中西麻一子文

绳纹，第五层是两头狮子向背，但狮头相对，狮尾弯曲，并相接形成心形，第六层、第七层与第三层相似，鼓状各种纹饰。柱顶处法轮右上侧有损，外轮分为两层，内轮处雕刻六瓣花纹，连续组合。外侧是三宝标，三叉相外。[10] 轮中心高浮雕有三层，中心处雕刻莲瓣纹样。浮雕的左右两侧表现一致，饱满的莲瓣上站立着药叉女，均左手叉腰，右手高举过头，持拂尘。上方雕刻围栏内的佛塔。

此两件复杂型的法轮柱底部两侧均雕刻有鹿。其中，西南处左右两侧分别雕刻有两只，一前一后，稍大的两只对卧面向法轮柱，身上布满花纹。稍小两只鹿呈立姿一只向后回望，一只朝前看。

图10 初说法图后的法轮柱与人物

图11 浮雕板上的初说法图

图12 法轮柱中心的浮雕与人物

图13 佛传故事的浮雕

图14 初说法图

图15 初说法图与法轮柱细节

象征初说法的地点鹿野苑。两侧树下的药叉女、菩提树以及佛塔则可能代表树下诞生、成道以及涅槃。这种象征物组成的四相图是无佛像时代佛教艺术的表现样式,在桑奇、阿马拉瓦蒂佛塔浮雕中较为常见。

B型:佛传故事组合中的初说法

早期佛教美术的特殊之处即佛陀在不同的事件中用不同的符号来代替。但与前期礼拜法轮柱不同的是,佛传故事组合中的初说法图,不再是单独的法轮柱下双鹿,而是出现了空王座。有的空座下还雕刻有佛足印,应该是为了更形象的展示佛陀,也促进佛传故事的完整性。[11]

康纳冈娜哈里遗址出土的浮雕有五例,根据台座与供养人构图,分为两种,
Ba型:台座简单,两侧供养人正面;
Bb型:带扶手台座,二维立体供养人。

Ba型,台座简单,两侧供养人正面。均为浮雕板连续构图,有三件。

遗址的北区出土的一件长形浮雕饰板,正面表现三幅画面,从右起第二幅、第三幅为礼拜菩提树、礼拜法轮柱,侧面是礼拜佛塔。(图8)初说法位于最左侧。中心位置是空台座后面立着法轮柱。台座左右两侧各坐一位正面结跏趺坐的礼拜者,左手叉腰,右手上举执拂尘。法轮两侧各有一飞天,下方各有四位人物。另外一幅构图不同的是,台座后的法轮柱变成菩提树,左侧为六位人物半身像,右侧为两位女性形象。菩提树两侧分别有两位人物,并不见飞天。

右侧第一幅画面风化较多,依稀为五位人物,飞翔在空中。与另一件浮雕对比,可以看出最上方天人表现的是佛发。浮雕上部有铭文。从浦那查博士出版的考古报告来看,此浮雕造像,共有九个场景,分别表现了佛陀的一生。

另外一件浮雕板构图相似,初说法图只是两侧人物有所增加,飞天更为靠上。(图9)但需要注意的是,法轮两侧的人物中,似乎有比丘的造像。(图10、图11)与印度人常见的头饰不同。此件浮雕板的右侧第一幅出现了诞生图,且菩提树左右侧雕刻有大象,应当象征着降魔成道。应该是比第一件稍晚时期的造像。除此之外,在圆轮的正中心轮毂处,雕刻一位人物的正面半身像,依稀可见没有头饰。(图12)对于其身份以及后五位的形象确认,还需进一步考证。

第三例与前述相似,不同之处是台座后方的礼拜者减少,没有飞天。(图13)

以上三例构图相似，台座两侧礼拜者均为正面结跏趺坐样式。台座上方雕刻的圆形物，学者认为是佛发，但从其他浮雕来看，应当是坐垫与靠垫。[12] 此件浮雕板仍属于连续的佛传故事。

Bb 型，带扶手台座，二维立体供养人。有两件。

此两件初说法图构图相似，宝座背后雕刻法轮柱。礼拜者左侧有三位，右侧有两位。与前三例横板上的初说法图不同的是，台座增加了扶手，扶手与靠背后均有两排几何纹样。座处并未见有圆形坐垫，但下方增加佛足印。（图 14）更复杂的表示空座的形象，体现佛陀象征意义。除此之外，在雕刻风格方面，宝座两侧的人物不是结跏趺坐的正面像，而是侧面面向宝座。尤其是双腿之间的处理，与阿玛拉瓦蒂风格较为相似，更具有空间感。第二例的法轮中心轮毂也出现了圆雕，虽有风化，仍可看出为狮子或者其他兽类，与图 10 明显不同。（图 15）这种独特的样式在其他早期佛塔的法轮柱造像中并未表现。在浦那查博士的书中，此两件初说法的浮雕被认为是礼拜金刚宝座。[13]

二、早期石窟寺与桑奇佛塔的法轮柱

早在哈拉帕遗址出土的印章中，常见的图案就有轮子、树等图像。古代硬币、阿育王石柱上等也有大量的法轮图案。对于这种圆轮形图案，是否能代表佛教的法轮，并未有明确的证据。《摩诃婆罗多》中提及"无辋之轮常转不腐朽"[14]。转轮王中的金轮宝也是圆轮的样式，库瓦拉斯米认为轮子与圆环可能象征太阳。[15] 但出现在早期佛教遗迹上的法轮符号，应当与佛教有密切的关系。

巴贾石窟[16]属于石窟题铭的第一期，大约在公元前 150 年至公元前 100 年。[17] 第 12 窟窟内五处石柱上各发现一个标志，分别是三宝标、盾和法轮柱、脸谱结合的三宝标、扇形等。[18] 西印度的贝德萨石窟开凿年代为公元前 1 世纪[19]，第 7 窟塔两边立柱均为普通六边形[20]，窟内第二根、第三根立柱处雕刻有三宝标符号，第四根则为法轮柱。法轮柱的构图简单，形制与巴贾石窟中的相似。[21]（图 16）

除此之外，卡尔拉石窟第 8 窟，从佛塔正右侧的第四根石柱处，柱身中上部雕刻有法轮柱、佛塔与阿育王石柱三个小浮雕。[22]（图 17）法轮柱上的法轮已不见。立柱与右侧阿育王石柱等高，两只鹿在法轮柱的下方，象征鹿野苑。从以上早期西南石窟中法轮柱样式来看，佛塔与阿育王石柱的徽标形制的符号，在公元前 1 世纪的佛教石窟中即已出现。南部阿玛拉瓦蒂佛塔以及中印度桑奇大塔、以及西南印度早期其他的石窟中均有类似组合，具有典型的象征意义。[24] 阿育王石柱显然代表转轮圣王统治世界，法轮柱与双鹿则代表佛陀首次说法，佛塔代表涅槃，象征着佛法与世间法常转。

印度中央邦首府博帕尔（Bhopal）以北 68 公里的桑奇佛塔，建于公元前 2 世纪[25]。法轮柱图案主要集中在大塔东门、北门、二塔[26]栏柱等。形制简洁，装饰较少，柱体上部安置一个圆轮。与康纳冈娜哈里遗址 Aa 型相似的是，圆轮中心刻有圆形高浮雕，且圆轮内部辐条间隔处均装饰有圆点。如桑奇大塔南门正面右侧立柱下第一幅（图 18）与北门正面三道梁立柱处（图 19），中心

图 16　贝德萨石窟第 7 窟

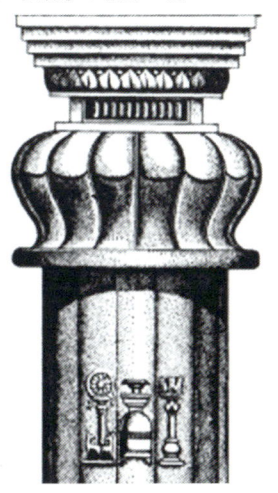

图 17　卡尔拉石窟第 8 窟的法轮符号[23]

图 18　桑奇大塔南门正面右侧立柱下第一幅

图 19　桑奇大塔北门正面三道梁立柱

图20 桑奇二塔栏楯 a　图21 桑奇二塔栏楯 b　图22 桑奇二塔的栏楯 c　图24 桑奇大塔南门正面第一柱　图25 桑奇三塔南门左柱背面

图26 桑奇大塔西门正面第二横栏初说法图

是法轮置于阿育王石柱上，圆轮比柱体和狮子都要高大。法轮柱两侧各有三位双手合十的礼拜者，底部并未见双鹿。

与康纳冈娜哈里遗址 Ab 型的法轮柱，雕刻在狭长石柱上，圆轮有花鬘垂下，柱体较长。如桑奇大塔北门正面横梁处与东门第一、第二横梁处。三头狮子蹲踞在柱头。周围没有出现植物纹样与供养人。值得注意的是，二号塔立柱浮雕 a（图20）。背上驮着法轮的动物也是康纳冈娜哈里遗址出土的初说法图一样，三头大象。但不同的是，桑奇处的三头大象分别朝左、正面、右三个方向。立柱两侧是站立两位礼拜者，柱底下方是植物纹样与两层相对的瘤牛。除此之外，桑奇二号塔栏循还有类似浮雕两例。（图21、图22）

与康纳冈娜哈里遗址佛传故事的初说图 Ba 相似，桑奇大塔的北门、东门（图23）和西门以及三塔的南门正背面图像。构图相似，但桑奇处的法轮顶部飞天手持花鬘，且成 U 型，背后有翅。法轮上方刻伞盖以及花环。下方的台座，更类似于低矮的底座。[27]

值得注意的是，以上桑奇佛塔有关法轮柱或法轮的图像，均未出现鹿。桑奇大塔南门正面第一柱（图24）和三塔南门左柱背面（图25）表现的法轮柱，虽与前述相似，且两处的法轮柱底部已出现鹿，但有六只鹿或鹿群。不仅如此，

图27 阿玛拉瓦蒂大塔基坛立柱 大英博物馆藏　　图28 阿玛拉瓦蒂大塔覆钵饰板残片 大英博物馆藏

图29 阿玛拉瓦蒂装饰横板，大英博物馆藏

桑奇大塔西门正面第二横栏初说法图是较为完整初说法图，巨大的法轮放在方座上，方座的两旁各有一只鹿，鹿头相向，后方刻画鹿群（图26）。

鹿野苑在印度北方邦瓦拉那西（Vārānasī）以北约10公里处，早在阿育王时期，就已经是礼拜者朝圣的四圣地之一。鹿野苑的得名与此地野鹿经常出没的缘故，法显的《佛国记》《大毗婆沙论》等均有记述。此处或许可以推测：为表现初说法图，桑奇佛塔的工匠们雕刻鹿群，表现鹿野苑此地。原因可能是早期佛教造像艺术中，需要严格遵守佛经文字的描述，而伴随着佛教艺术的成熟与程式化，在阿玛拉瓦蒂艺术、犍陀罗、秣菟罗艺术则形成固定的对鹿样式。[28] 从这点看，康纳冈娜哈里遗址中的佛传故事图，也是在法轮柱下方两侧均有大小两只鹿。在阿玛拉瓦蒂佛塔中并未见到。除此之外，康纳冈娜哈里遗址的礼拜者身形较为丰腴，正面礼拜法轮柱的形象较多，可能受到桑奇佛塔的影响。

三、与阿玛拉瓦蒂艺术的关系

阿玛拉瓦蒂遗址距离康纳冈娜哈里遗址较近，从相关的雕刻作品来看，遗址受到阿玛拉瓦蒂艺术的很大影响。有关阿玛拉瓦蒂佛塔[29]的建造年代，大多数学者根据碑铭与钱币，推测为公元前3世纪至公元3世纪[30]，佛塔的结构重造年代为2世纪[31]。

阿玛拉瓦蒂博物馆藏的基坛饰板，与康纳冈娜哈里遗址Ab类的装饰相似，但法轮柱要简洁许多。另外基坛壁柱的两例浮雕，造型复杂，装饰精美[32]。从饰带底部的空宝座背后，延伸垂直向上的细长柱体。上部的圆轮，柱身处雕刻有狮子、药叉、莲瓣等装饰，但两侧雕刻的人物骑马相向。（图27）另外一件两侧是四对人物合十礼拜的场景。

阿玛拉瓦蒂大塔主题确定为初说法情节的图像分别有壁柱、覆钵饰板、柱顶盖石等。从阿玛拉瓦蒂大塔覆钵饰板残片（图28）来看，覆钵饰板分为上下两个场景。下半部分表现礼拜菩提树的场景。上半部分为初说法图，中心是一个空台座，正后方雕刻一个大型的法轮立柱。其他图像相似的还有五例。

除此之外，阿玛拉瓦蒂大塔中有多例以菩提树、法轮柱、佛塔表现成道、说法与涅槃的作品。如大英博物馆藏还藏有一件横板雕刻（图29），与康纳冈娜哈里遗址处初说法图像Ba极为相似，台座后方雕刻法轮柱或菩提树。两侧各刻有一位礼拜者。不同画面之间用两个莲花图案隔开。此件横雕刻板应该属于阿玛拉瓦蒂风格早期。

从阿玛拉瓦蒂大塔的初说法图像来看，与康纳冈娜哈里遗址处初说法图像Ba构图几乎一致。尤其是台座与两侧供养人的刻画方面。首先，台座均带有扶手，背后可见花纹雕刻。台座上有坐垫，下方刻有佛足印。其次，康纳冈娜哈里遗址处Bb类的初说法图中，台座两侧的供养人全部为稍侧面，双腿的弯曲样式力图表现为立体，与台座的靠背接近。第三，在人物构图方面，上部的飞天、台座上方的礼拜者与下方的双手合十的礼拜者均相似。

但从细节来看，阿玛拉瓦蒂与康纳冈娜哈里遗址的不同之处也有很多：首先，阿玛拉瓦蒂后期的佛传故事以竖版为主，从上至下构图。如藏于大英博物馆与阿马拉瓦蒂博物馆两件覆钵饰板，构图相似，从下至上分别为礼拜菩提树、礼拜法轮柱与礼拜佛塔。中间象征初转法轮的图像，台座两侧是站立的礼拜者。（图30）其次，阿玛拉瓦蒂佛塔的法轮柱更大，法轮下方仍刻有对卧的狮子，更为精美。康纳冈娜哈里遗址处初说法图像，法轮与台座的间隔并不大。第三，法轮的礼拜者更立体，并有多处刻画背部面对观众的礼拜者。大英博物馆藏2世纪柱顶盖石（图31），上部供养人面部稍残损，但仍可看到礼拜者围绕中央处的空宝座和法轮，人物众多，虽与康纳冈娜哈里遗址处遗址中的Ba相似，但又更为复杂。尤其是出现了背对观众的礼拜者，加深了图像空间感。

佛教造像中，有关背部礼拜者的图像，早在桑奇与巴尔胡特佛塔中就有雕刻，坐姿与站姿均有。耆那教造像也有表现。因此，应当是早期印度雕塑的常见表现样式，并不是阿玛拉瓦蒂流域造像独创，但在阿玛拉瓦蒂流派的礼拜图中较为常见。这种表现背面的图像艺术，犍陀罗艺术中的涅槃图，以及国内佛教造像也有出现，但并不是主流。

此外，必须提到的一点是，在康纳冈娜哈里遗址处与阿玛拉瓦蒂遗址之间的龙树山遗址（Nagarjunakonda）。此遗址被认为是公元2世纪至3世纪的造像，受到阿玛拉瓦蒂佛塔的影响。[33] 从初说法图来看，龙树山遗址背后的法轮下方出现与台座之间的表现，与康纳冈娜哈里遗址相似。不仅如此，台座两侧的礼拜者的坐姿，并不是阿玛拉瓦蒂斜坐的样式，更接近与正面的结跏趺坐。

四、结语

从早期佛塔造像来看，法轮崇拜的图像并不能完全作为初说法的意义。但在与菩提树、佛塔等组成的象征物，或双鹿出现在台座下方等场景则代表鹿野苑初说法。从康纳冈娜哈里遗址出土的第一类法轮柱与双鹿的组合看，法轮处中心的莲瓣，辐条处的纹饰以及圆轮周围垂下的花鬘，都与桑奇佛塔有所相似。尤其是初说法图中出现的鹿群，与桑奇佛塔的表现形式一致。且这种多对的鹿并未在阿玛拉瓦蒂佛塔处出现。

除此之外，康纳冈娜哈里遗址出现的有关建筑，如围栏里的佛塔样式、精舍构造的表现方式也与桑奇佛塔中有所相似。雕刻风格方面，礼拜者的身形、装饰与桑奇的样式更为接近。相比来看，阿玛拉瓦蒂佛塔法轮更为稠密，周围装饰的花鬘更复杂，礼拜者的身形则更为纤细。

必须承认的是，康纳冈娜哈里遗址出土的B型初说法图，法轮两旁人物均双手合掌做礼拜姿势，带扶手台座的样式，台下的佛足印，以及两侧的礼拜者，都与阿玛拉瓦蒂艺术的造像十分相似。除此之外，如本生图的构图样式、2世纪常见的龙王护佛塔图像、佛足印图案、佛诞生图中摩耶夫人身边，有多位侍者双托手长长的布带样式等，都可以看到两地之间的密切联系。

从地图上看，康纳冈娜哈里遗址离龙树山遗址、阿玛拉瓦蒂遗址均较近。在萨塔瓦哈纳王国时期（Shatavahana，前28—250），阿玛拉瓦蒂艺术流派对卡纳加纳哈里地区的雕塑和建筑形式产生了深刻的影响。主塔西北方向发现了部分可能是佛塔建筑群、钱币等古物上刻有沙塔瓦哈那国王的名字，如萨塔卡尼（Satakarni）、普鲁玛维（Pulumavi）和亚纳斯里（Yajnasri）等。

整体来讲，康纳冈娜哈里遗址中的装饰风格显然属于两个时期，孔雀王朝

图30 阿玛拉瓦蒂遗址出土覆钵饰板

a

b

图31 a.阿玛拉瓦蒂大塔浮雕，大英博物馆藏 b.纳加尔朱康达遗址出土的浮雕

与萨塔瓦哈纳王朝时期[34]，从出土的相关佛像来看，学界将年代设定在公元前1世纪到公元后4世纪之间[35]。以遗址出土的初说法图来看，与阿旃陀早期壁画（洞窟9和10）的风格相似。礼拜者的形象与象征物的表现与桑奇浮雕（前1世纪）更为接近。但后期的佛传故事的表现，与公元2世纪的阿玛拉瓦蒂艺术相似。因此，本文推测康纳冈娜哈里遗址出土的初说法作品年代应该在公元1世纪至2世纪，早于于公元2世

纪阿玛拉瓦蒂的成熟期。康纳冈娜哈里遗址中的装饰风格与二维雕刻手法，可以看作早期阿玛拉瓦蒂雕塑艺术和纳加尔朱康达遗址复杂雕刻的过渡阶段。

作者简介
李雯雯（1987—），女，河南信阳人，美术学博士，现任河南大学历史文化学院讲师，研究方向：佛教美术与美术考古。

基金项目
本文系2018年度河南省哲学社会科学规划项目（编号2018CYS027）阶段性成果。

注释
[1] Sannati是著名的佛教遗址，在1956年发掘，位于北卡纳塔克邦。它以Chandrala Parameshwari印度教神庙距今800多年。共有52个2世纪到3世纪的铭文。Devaraj, D.V. & Talwar, H.T. 1996. *Interim Report on the Excavation at Sannati*, 1993-95, Mysore: Prasaranga: 1-5.
[2] 分别是在1994年至1995年、1996年至1997年和1997年至1998年。1994年至1998年的发掘，出土许多佛塔饰板、横梁、石柱以及四件佛像。2000年至2002年又一次发掘，主要对佛塔的西北部。这次发掘出有超过50条铭文。在主塔西北方向也发现了部分修道院建筑群、钱币等古物。有的石板较为巨大，高约3米，宽1.2米。
[3] 大众部所传的广律《摩诃僧祇律》称为"方牙四出"即是如此。大塔外面有围栏，同其他地区窣堵波一样，围栏布满雕刻。
[4] 首次发现有铭文的阿育王像，Ashokan铭文山上，阿育王捐赠洞穴Ajivikas（Barabar山）被称为Khalatika铭文的所谓Vishvamitra洞穴的铭文康纳冈娜哈里似乎连接的唯一见证今天现存佛陀Khalatika山。
[5] Poonacha, K.P. "Excavations at Mahastupa, Kanaganahalli, Chitpur taluk, Gulbarga district (1997-2000)," *New Delhi: Archaeological Survey of India.* 2007. *Excavations at Kanaganahalli* 2013.
[6] ZIN, Monika: *Narrative Reliefs in Kanaganahalli: Their Importance for Buddhist Studies*, ZIN, Monika: *Kanaganahalli Sātavāhana Art and Buddhism——King Aśoka in Front of the Bodhi Tree: Journal of the International Association of Buddhist Studies*, 41, 2018, 537-568
[7] "Sonya Rhie Quintanilla: Transformations of Identity and the Buddha's Infancy Narratives at Kanaganahalli," *Archives of Asian Art* , 2017, 67 (1): 111-142.
[8] Thakur, "Hema:Art at Sannati-An Early Historic Buddhist Settlement in North Karnataka, India," *Second Conference of the European Association Asian Art and Archaeology*, August 24-27, 2017, University of Zurich, Switzerland.
[9] 中西麻一子：カンガンハリの"初転法輪"図について《真宗文化》第22号，平成24年度2013年3月発行（真宗文化研究所）。中西麻一子：Kanaganahalli大塔における祇園精舎布施の場面について印度學佛教學研究／64巻（2015-2016）1号。中西麻一子：祇園精舎布施場面における神変図：Kanaganahalli大塔を中心に-《佛教大学大学院紀要》．文学研究科篇，2017。
[10] 李雯雯：《早期佛教的三宝标图像研究》，《美术与设计》南京艺术学院学报，2016年第6期。
[11] 有关空座所表示的含义，也有学者认为代表是金刚座，或者菩提伽耶。而空座在佛传故事中的意义并不能代表佛陀本身，其他符号法轮、佛塔也仅仅表现佛教早期的礼拜符号或者古印度美术中最单纯的意义。参见Susan L. Huntington., "Early Buddhist Art and the Theory of Anicomism," *Art Journal*. 49/4（1990）:401-407，但主流研究还是认为空座代表佛陀，也是本文的观点。
[12] 这种坐垫在其他浮雕中也可看到，桑奇以及阿玛拉瓦蒂佛塔中均有出现。应当是当地实用物的写照。
[13] 礼拜金刚座，见*Excavations at Kanaganahalli* 2013，第360页，图版LIV。
[14]《宝沙篇》中牙氏仙人的门徒叫作优波曼纽，歌颂双马童神，其中有部分为优波曼纽因为吃了太阳树的叶子，双目失明，掉入井中。他的师父让他歌颂双马童神，则可恢复视力。参见(印)毗耶娑著，金克木、赵国华、席必庄译：《婆呵婆罗多》，中国社会科学出版社2005年版，第31页。
[15] A. K. Coomaraswamy, *A Elements of Buddhist Iconography*, p. 25.
[16] 巴贾石窟靠近浦那，是早期小乘佛教的重要石窟寺之一，开凿时间大约从公元前2世纪至公元1世纪。有1个塔庙窟和20个僧房窟，大约在公元前150年至公元前100年，参见李崇峰：《佛教考古：从印度到中国》，上海古籍出版社2014版，第59页。
[17] 同上。
[18] 常青、李志坚：《印度佛教塔堂窟概述-兼谈时中国石窟的影响》，《文博》1993年第1期。
[19] 西印度的贝德萨石窟位于马哈拉施特拉邦浦那地区，其开凿年代为公元前1世纪。第7窟为支提窟塔是覆钵丘样式，外围磨光，有两层台基，每层台基的外围雕刻有方形纹饰。
[20] 晁华山在《佛陀之光》中认为贝德萨石窟中与纳西克第十窟形制相似，并根据纳西克石窟的铭文推断在公元120年前后修建，纳西克第十窟铭文。李崇峰将其标为第7窟，参见李崇峰：《佛教考古：从印度到中国》，第61页。2016年1月本人实地考察，确认此支提窟为第8窟。
[21] 维·迪亚（Vidya）根据贝德萨石窟第7窟前室右端小室门窗的题记推断，此塔庙窟雕凿于公元前50年至前40年。Dehejia, Vidya. *Early Buddhist Rock Temples: A Cronology*. Cornell University Press, 1972. p119.
[22] 卡尔拉石窟位于孟买以东160公里，开凿时间从公元前2世纪一直持续到6世纪、7世纪。根据窟内正厅门道上方的施主题记表明，其与纳西克第10窟为同一人，属于2世纪上半叶。
[23] 线描图引自Dietrich Seckel, 2004, 图版42。
[24] Seckel D, Leisinger A. "Before and beyond the image: aniconic symbolism in Buddhist art", *Artibus Asiae*, Supplementum, 2004, pp. 3-107.
[25] Cunningham 1997; Luders 1912; Marshall and Foucher 1983; Mitra 1965; Shaw 1999, 2000。
[26] 第二塔在第一塔的西面，是三座塔中建造时代最早的一座。没有塔门，覆钵丘较小，围栏装饰简单。佛塔绕道外边有一圈围栏，围栏的四方各有四座塔门，四座塔门的高度约为10米。塔门横梁宽约6米，代表着宇宙的四个方向。每座塔门都由两根竖柱和三根横梁组成。
[27] 除此之外，桑奇二塔的栏楯处还有一种礼拜法轮柱图像，即花环的装饰在正

中轮毂处。这种样式在巴尔胡特佛塔处有两例，一处为栏楯上装饰浮雕，另一处的塔门立柱的浮雕处。其中浮雕为上下两个部分，建筑物的上层为伞盖的轮子，轮轴上有着巨大的花环垂下，并有铭文"法轮"。

[28] 李雯雯：《犍陀罗艺术的初说法图像》，《中国美术研究：古代绘画研究》，上海书画出版社2018年版。

[29] 可见Vidya Dehejia, *Discourse in Early Buddhist Art Visual Narratives of India*, 与Knox Robert出版的*Amaravati: Bhddhist Sculpture from the Great Stupa*等。

[30] 阿玛拉瓦蒂艺术的成熟时期约在公元100年后至200年间，这一时期的作品主要以阿玛拉瓦蒂的围栏雕塑为主，也称围栏时期。主要雕刻题材为本生故事和佛传故事。

[31] Barrett, Douglas. *Sculptures From Amaravati in The British Museum*. London, The British Museum, 1954, pp.12-20.

[32] 1882年由沃尔特·艾略特（Walter Elliot）捐赠到大英博物馆。高度128.75厘米，宽度13.3厘米，厚度7.5厘米。

[33] Elizabeth, Rosen. *The Buddhist Art of Nagarjunakonda*. Delhi: Motilal Banarsidass Publishers, 1994, pp. 3-9.

[34] 此处，浦查博士将后一王朝又分为五个阶段。Poonacha, K. P. "Excavations at Mahastupa, Kanaganahalli, Chitpur taluk, Gulbarga district (1997-2000)", New Delhi: *Archaeological Survey of India*. 2007. Excavations at Kanaganahalli 2013.

[35] Zin, Monika, *Narrative Reliefs in Kanganhalli: Their Importance for Buddhist Studies*. 2011, in *Marg* 63. 1, pp. 16-17.

（栏目编辑　朱浒）

传统文化视域下中国唐代彩塑的"外化逸风"
——南禅寺彩塑造像考证

仲丛惠

（山西大学美术学院，太原，030006）

【摘　要】南禅寺彩塑作为中国佛教艺术的代表作，它以严谨大气、精美绝伦的气势彰显了中国传统文化的魅力，同时也受到外来文化的影响。本文通过南禅寺彩塑中"异乡人"的由来、"菩萨站姿"的形态演变、"主佛貌相"的文化沿袭、"整体布局"的艺术语境进行梳理，认为这是唐代宗教文化兼容并包，泽被世界的集中体现，而彩塑用具有中国特色的造型形式呈现，有助于我们了解博大精深的中国传统文化。

【关键词】彩塑　造像形式　外化逸风

唐代是我国封建社会发展的黄金时期，经济雄厚，国势强大，文化艺术百花齐放。自唐太宗以来，唐朝经济与文化都领先于其他国家，交通较为发达，丝绸之路使贸易日益顺畅，中外交流的频繁和深入造就了唐朝的富庶与文明，成为世界各国人民的向往之地。唐朝对外开放的政策，使外来艺术与本土文化相互交融，竞相开放。繁荣的社会能够激发人们的潜力，进而在精神与意识上有足够的底气与魄力进行文化艺术创造。唐代风格宏伟大气与具有爆发力体态的雕塑艺术在继承前代艺术精粹的同时，又受到外来文化的影响，最终形成中外文化交融、饱满有力的中国传统文化形式。唐代是中国彩塑艺术形成的高峰时期，山西南禅寺彩塑就反映了这一盛况，它以概括、含蓄、精练、纯美的特点，塑造了具有中国特色的宗教人物形象。

一、南禅寺彩塑概述

南禅寺地处山西省五台县阳白乡李家庄西北位置，是五台山地区一座规模比较小的寺庙，寺庙周围苍松翠柏，郁郁葱葱，衬托出寺庙的静谧。南禅寺创建年代已无从考证，按照大佛殿内西缝平梁下保存有唐代的墨迹记载，南禅寺重建于唐德宗建中三年（唐德宗李适的年号）（782），距今已有一千两百三十多年的历史。其中墨书题记："因旧名，时大唐建中三年岁次壬戌月居戊申丙寅午日癸未时重修殿、法显等谨志。"此题记确切记载了大佛殿重修的年代。南禅寺坐北朝南，由山门（兼做观音殿）、东西配殿（东为菩萨殿和西为十王殿）和大佛殿组成一个四合院形式的院落，占地面积三千余平方米，整体院落比较小巧（图1）。其中大佛殿为唐代建筑，位于院落的正北面，是我国已知现存最早的木构建筑，也是幸免于"会昌灭法"而留存下来的佛寺，在五台山的寺庙中算是一个奇迹。大佛殿规模虽小，但整体制作精练，手法古朴。

大佛殿是南禅寺中唯一保存彩塑的大殿。殿内17尊彩塑均为唐代中期作品，与大殿同时期建造。根据寺院内四块明清时期的碑刻记载，其中乾隆二十九年的碑额"重修碑记"中写到："自建中以来，越数世而迄于今，约千有余岁，累叶相承，非朝伊夕矣，而法像非故庙貌。栋折也，榱崩也，尊神既无凭依之地。"说明大佛殿和塑像均重建于唐代。碑文后面又写到："于是两村力议修葺，募化资材，仍故迹而整修殿宇，因旧像而补塑金身"，就是说

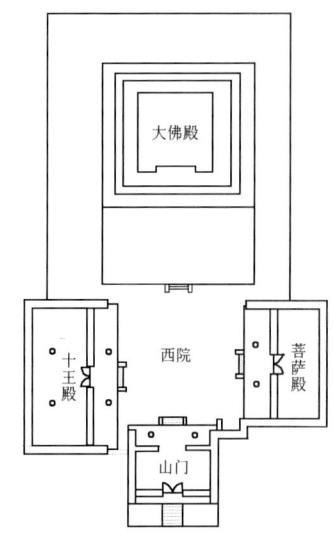

图1　五台山南禅寺院落平面图

图2 南禅寺大佛殿彩塑线图（正面）　　图3 南禅寺大佛殿彩塑线图（侧面）

按照过去的塑像修补，其中的"旧"字应该说的就是唐时期的彩色塑像。依据此碑文足以说明南禅寺大佛殿的彩塑是现存除敦煌外稀有的唐代彩塑珍品，它为我们研究唐代彩塑艺术提供了宝贵资料。大佛殿中17尊彩塑布局在长8.4米、宽6.3米、高0.7米佛坛上，佛坛四周青砖雕刻叠涩花边和莲瓣，束腰壶门内刻着花卉和跑兽（图2，图3）。主像释迦牟尼佛结跏趺坐在束腰须弥座上讲经说法，形象魁梧高大，慈祥生动，左右为骑象普贤与骑狮文殊协助讲法，主佛前左右仰莲台上各蹲跪一尊供养菩萨（1999年冬被盗），主佛偏后两侧为迦叶、一胁侍菩萨与阿难、一胁侍菩萨，牵引狮、象的拂菻（1999年冬被盗）和獠蛮和两位童子随行，佛坛前左右两侧各一天王与一立侍菩萨。整体构成一个尊卑有序、生动活泼、世俗和谐的场面。

二、彩塑中的"异乡人"

南禅寺大佛殿整组彩塑中有两位异域人物造像，分别位于骑狮文殊、骑象普贤之前的拂菻和獠蛮造像。由于845年的"会昌灭法"，致使目前国内现存唐代寺庙及彩塑佛像数量较少，但就国内现存唐代佛像彩塑艺术中对于异域人物的刻画目前山西南禅寺这座群雕最具代表性，其中佛菻像于1999年冬被盗。

山西佛光寺也属于唐代建筑，其中彩塑造像中也有异域人物的刻画，但是这些彩塑都经过后世的塑造与描绘，无论是从造像手法，还是彩绘形式都无法与南禅寺的彩塑相媲美。

佛教在唐代取得了有史以来最高地位。南禅寺彩塑中异域人物的造像说明当时社会的繁荣与自由。首先看"拂菻"的造像，拂菻在唐代是波斯地区一个小国，由于唐太宗有"自古皆贵中华，贱夷、狄，朕独爱之如一"[1]的宽阔胸怀，大唐时期与异姓交往增多，同时与异域国家往来也日趋频繁。从唐初到贞观末，"四夷大小君长争遣使入献见，道路不绝，每元正朝贺，常数百千人"[2]。这些足以说明唐代的繁华与昌盛。《文献通考》卷一四八载："拂菻国东至于阗，西至邈黎，南至大食，北至黑海。"[3]其国男儿色黑多须，鼻大而长，南禅寺拂菻造像虽已盗失，但根据现有资料对比形象较为相符，虽然拂菻造像中没有多须的塑造，但根据考证判断有两种原因：第一，拂菻的胡须应该使用彩绘形式绘制于塑像脸颊表面，因为从出土的唐代彩绘俑（图4）可以看出，对于人物胡须的表现可以平面化。第二，跟狮子的造型有关，南禅寺彩塑中文殊菩萨的坐骑狮子两腮处鬃毛的造型有人性化

图4 唐代彩绘俑的胡须表现

图5 南禅寺彩塑文殊菩萨坐骑狮子两腮处的鬃毛表现

图6 南禅寺彩塑普贤造像斜前方的"獠蛮"人像

图7 唐代昆仑奴俑

的夸张，形似异域人物的胡须（图5）。这样的造型处理手法彰显了南禅寺彩塑生活化与艺术化的特征。这里要突出考证的是拂菻与狮子的关系在彩塑中的呈现。狮子在唐代是作为贡奉品用于皇室贵族观赏或被训练后以作表演，有资料记载从汉时起几乎历代都有狮子被外域进贡，同时进贡的还有训狮人，其中包括拂菻人。这些人作为贡人或者是为了生计移民进入大唐，并凭借特殊才艺依附于当朝达官贵人，即所谓"五年驯养始堪献，六译语言方得通"。唐代绘画作品中就有胡人狮子图像，如唐张萱绘《拂菻图》、周昉绘《拂菻图》和《蛮夷执贡图》都有胡使、狮子等动物造型。[4] 沈从文先生在《狮子艺术图录》《中国古代服饰研究》《狮子在中国艺术上的应用及其发展》中将胡人与狮子组合形象称为"醉拂菻弄狮子"[5]。南禅寺彩塑中拂菻像颈部戴围巾，头戴花瓣状的卷轮帽，脚踩尖头靴的造型与沈从文先生描绘的训狮人拂菻极为相似。所以南禅寺彩塑中拂菻像为训狮人，与狮子的组合描绘了唐代汉人与外域族人

和谐的世俗化情景。

其次再看"獠蛮"造像（图6），具有非洲黑人的特点，所以书籍中对于南禅寺彩塑中普贤造像斜前方的异域人物造像都称为"獠蛮"。但通过我的考证，从彩塑造像形式来看，把他称之为"昆仑奴"更为贴切。昆仑（不是指昆仑山）在我国古代指马来群岛一带，昆仑奴主要指从那里来的仆役，其中大多数是东南亚一带的土著人。《旧唐书·南蛮传》曰："在林邑以南，皆卷发黑身，通号'昆仑'。"它是一个泛称，并不指某一地区或国家，宋代周去非《岭外代答》卷三记载："西南海上有昆仑层期国，连接大海岛……海岛多野人，身如黑漆，卷发，诱以食而擒之，动以千万，卖为蕃奴。"这些人大多数被贩运至唐朝，至中土后，或精习乐舞，供人娱乐，或为奴仆，供主人役使，所以唐时人称其为昆仑奴。对于昆仑奴的外貌与装束，《晋书·扶南传》称："皆丑黑，拳发，裸身，跣行。"[6] 昆仑奴在当时社会地位较低，但由于他们性情温良、踏实耿直，所以备受贵族喜爱，争抢购买。另

外从彩塑造像的服饰来看也贴合昆仑奴的装束习惯。从目前出土的唐代昆仑奴俑可以看出上身赤裸斜披帛带，横幅绕腰或穿着短裤的造型与南禅寺昆仑奴造像极为相仿（图7）。唐代高僧义净《南海寄归内法传》中记载的昆仑人形象"赤脚敢曼"与南禅寺彩塑中昆仑奴造像也非常吻合，"敢曼"是梵语，指下身所穿的贴衣，就是古代称为"犊鼻裈"的短裤，这是昆仑人极为明显的着装特点。昆仑奴在南禅寺佛教场景的存在意义是多元化的。

从两位异域人物在彩塑中的刻画，首先证实了唐代佛教艺术经历了长时间"外因"与"内因"的延承与演变、交流与融合，表现形式的特定性和生活化，最终形成佛教场景中被塑造的人物之一，这种异域人物的描绘在唐代尤为突出；其次通过两位异域人物身份与体量的表现，说明中国封建社会等级制度的森严；最后从唐代文化存在的包容性使佛教造像内容表现出明显的地域世俗性。

三、印度佛教造像"S"形的再现

印度是世界文明古国之一，其艺术成就在世界上独树一帜，同时对亚洲其他国产生过深远影响。尤其是印度佛教在两汉之际传入中国，之后佛教文化对中国佛教艺术影响深刻。印度文化的发展变化不仅受到形式美、自然规律的支配，而且尤其受到印度宗教、哲学思想的制约。印度宗教文化有两大体系——佛教文化和印度教文化，其中佛教文化强调沉思内省，注重平衡静谧，崇尚众生平等，主张忍耐、顺从，并以古典主义的祥和静穆为最高境界。公元前3世纪时被定为国教并开始向外传播：东南传入东南亚，西北传入中亚细亚，公元

前 1 世纪由克什米尔传入中国的于阗，以后在中国不断发展[7]。随之佛教雕塑与绘画也不断传入中国，经过数百年的发展，佛教艺术内容更丰富、表现范围更广大、技巧更熟练，尤其唐代的佛教造像艺术发展到了鼎盛时期。

印度早期王朝孔雀王朝（约前 322—前 185）第 3 代皇帝阿育王（约前 273—前 232 在位）统治时期皈依佛教，佛教文化与艺术在当时发展迅速，并直接影响了后来的巽伽王朝（约前 185—前 73）和安度罗王朝（约前 3 世纪—公元 3 世纪）。这时期佛教艺术造型特点比较突出，以象征性、写实性与装饰性完美结合的建筑、雕塑、绘画艺术层出不穷。其中雕塑造像形式以富有韵律感的"S"形体态被视为最美造型，如阿育王时代桑奇大塔的"树神药叉女"雕像（图 8），就以"S"形造型表现了印度标准女性的人体美，造像体态丰腴圆润，它也被公认为是印度雕刻艺术中最优美的造型之一。笈多王朝（320—600）是继孔雀王朝之后从摩揭陀崛起的又一个大帝国。笈多时代，佛教艺术鼎盛发展，5 世纪笈多观音立像（图 9）（费城博物馆藏）典型的"S"形把造像的视觉美感充分体现，造型优雅，动态灵活。因此在印度"S"形造像形式一直被后世沿袭，这一审美取向也伴随着佛教文化流传到中国，直到唐代"S"形体态的塑像逐渐盛行开来，成为唐代佛教造像刻画人体美的方法与程式。

"S"形造像特点作为侍从表现形式出现在克孜尔石窟的壁画中，如克孜尔第 83 窟中的三屈式女像（图 10），它的构图形式更加符合我国佛教彩塑的布置形式。"S"形作为胁侍菩萨造型在唐代塑像中较为集中。敦煌莫高窟 45 窟中南北两侧的胁侍菩萨均呈现自然弯曲的"S"形。南禅寺彩塑中主佛两侧的

图 8　古印度桑奇大塔树神药叉女雕像

图 9　美国费城博物馆藏　5 世纪笈多观音立像

胁侍菩萨与天王体形都呈现"S"形（图 11，图 12），他们突破了魏晋以来双腿直立、正襟危坐的呆板佛像姿势，呈现出具有唐代人体美的自然韵律。"S"形造型既体现了真实人物的体态身姿，又赋予了塑像生命力和动态体势，情动于衷而形于外，成功的运用了写实手法。这几尊彩塑整体造型生动自然，胁侍菩萨站姿最有特点，迦叶左侧胁侍菩萨肩膀端正，胯向左靠，脚与肩几乎垂直，即优美又不失端庄，使整个塑像充满了活力。南禅寺彩塑整体色彩控制与运用把握得很到位，尤其是在文殊、普贤及胁侍菩萨塑像中的运用，自然而不做作，符合了唐代佛像色彩的描绘。但通过塑像中"S"形的对比，我们也不难发现，南禅寺彩塑中"S"形造像的刻画较之印度造像更加浑厚、质朴、温雅而柔美，胁侍菩萨站立的"S"形比盛唐时期佛教造像的身体扭曲明显的菩萨造像已经大为收敛，更加衬托出了女性的柔美风韵，天王站立的"S"形更加自然流畅，视觉舒适感愈加强烈，透露出中晚唐时期佛教塑像的特点，这与中晚唐时期所崇尚的思想和审美观有很大关系，这一审美思想的再现使唐代在多元文化的交融下艺术风格更加显露。

通过目前的考察与资料参考，"S"

图 10　克孜尔石窟第 83 窟　三屈式女像

形体态的彩塑艺术至唐代之后的佛教塑像中就不再呈现，而印度宗教文化艺术中"S"形造像的雕刻一直延续到朱罗王朝（11 世纪至 12 世纪）。说明唐代中后期佛教艺术在吸收外来文化形式的同时也在不断丰富自己的造型特点，最终形成具有中国民族特色的艺术形式。

四、佛像造型的沿袭

在 6 世纪、7 世纪，印度人通常赤裸着上半身，与印度所处的亚热带气候有直接关系，随着佛教世俗化，这一服

图 11　南禅寺彩塑主佛旁的胁侍菩萨像　　图 12　南禅寺彩塑主佛旁的天王像

饰特点也随之走进佛殿，并随着文化交流传入中国。南禅寺唐代彩塑佛像的佛衣具有典型的时代印记，较之前朝的佛像造型袒露的面积有所增加，胸肌塑造强健，这种塑像造型是受到印度马图拉佛教文化的影响。马图拉属于印度贵霜王朝时期，位于恒河支流，自古是印度经济繁荣中心和贸易往来要地。马图拉佛教文化最大的成就是创建了印度式佛像，马图拉佛像造型为：头上没有卷发，顶上肉髻呈螺旋形，右肩总是袒露，胸部丰满厚实，薄衣贴身。[8] 另外，印度犍陀罗艺术对我国佛教造像影响较为深刻，我们看到中国佛像眼睛的造型都呈现微闭合状，因为印度犍陀罗式佛像特点之一是眼睛的造型雕刻都是半闭合状态，呈现出沉稳静思的神情。犍陀罗佛像造型有立像和坐像两种形式，其中坐像都是结跏趺坐，双脚交叉，足心向上，平放在盘屈的大腿之上。所以自汉代之后我国遗存至今的寺庙佛教塑像多数都以圆雕坐像形式存在，佛像的眼睛造型都呈现微闭合状，结跏趺坐，足心向上，与印度犍陀罗佛像极为相似。

从南禅寺彩塑主佛像的造像观察，彩塑造像基本元素来源于印度马图拉佛像和犍陀罗佛像造型，但整体塑像形式更贴合印度笈多马图拉式佛像造型。印度笈多马图拉式佛像塑造颈部都有鲜明的三道折痕造型，其眼形细长，下眼睑刻画明显，双眼呈现轻合微闭，这种静谧威严、深思冥想的神情，体现了笈多式佛像造型超凡脱俗的理想美。佛像精美匀称的身躯围披着通肩式的袈裟，袈裟都紧贴合着身体，从双肩下垂至腿部，形成一层层自然平行的 U 字形细线衣纹，仿佛被水浸湿了一样。[9] 南禅寺彩塑主佛造像都迎合了印度笈多马图拉式佛像形式，头顶肉髻，双眼现轻合，表情庄严肃穆，颈部呈现明显的三道折痕，袒露着厚实的胸肌，结跏趺坐，足心向上，轻薄袈裟下垂呈 U 字形衣纹，衬托出主佛像身躯的雄浑和强悍，宽肩厚胸的刻画使这尊佛像充满了力量与和

善之美（图 13）。胁侍菩萨和立侍菩萨颈部也有明显的三道折痕，即延续了笈多马图拉式造像的特点，有迎合了唐代审美取向。

笈多王朝时期（320—600），佛教艺术在继承和发展贵霜时代艺术的同时，印度佛教艺术在这一时期出现了"矫饰主义"，即将衣服质地雕刻很薄，并紧贴身体，致体形清晰可见，又名"湿衣法"即出水衣纹。印度雕像《马土腊佛陀立像》就是这种形式的代表。"湿衣法"恰似中国古代人物衣服褶纹画法之一"曹衣出水"的效果。这种雕刻手法随佛教艺术传到中国后，在山西天龙山石窟塑像里有所体现，"湿衣法"在唐代流传开，距离天龙山不远的南禅寺受此影响。南禅寺大佛殿中主佛释迦牟尼袈裟轻薄垂落，胁侍菩萨衣纹更紧贴身体，疏密有序且生动自然，走向呈优美弧线。文殊前方胁侍菩萨的衣纹，从犍陀罗式和笈多式艺术中提炼出来，呈现出绮丽、豪迈的气质。另外，从佛衣纹饰律动感来看，在得到动态变化与写实效果的同时，强调线条简洁与劲健，写实而有韵律。普贤前方的侍立菩萨像（图 14），因重心放在右侧而造成疏密相间，帛带从肩头环绕后斜垂及地，呈现俏拔潇洒身姿以灵动潇洒之感，充满了宁静、内敛、祥和的基调。立侍菩萨像与胁侍菩萨上身裸露部分较多，佛像造型之所以出现这样的塑造形式，与印度佛像造型有直接关系。这些彩塑造像虽然受到外来文化因素的影响，但由于受到中华哲学思想的影响塑造出一种语境，形成层次分明的本土文化特征。

南禅寺彩塑造型形式更加程式化和整体化，表现内容更加丰富。文化艺术是无国界的，恒河文化与黄河文化的巨大碰撞，使佛教文化在中国生根发芽，并对中国思想文化，艺术形式产生了本

质影响，同时意义深远。

五、组合形式的艺术语境

中国古代寺庙佛像的供奉都具有特定时代的组合形式，但一般为一佛二菩萨二弟子以及天王像的组合形式，有的寺庙也会雕刻有供养菩萨造型。隋唐五代时期这种组合形式居多，到了宋元时期虽然沿袭了唐时期的佛像组合形式的形制，但中央佛坛上的佛像数量有所减少，只出现佛祖和菩萨及弟子造像，减少了次要人物的塑造。南禅寺彩塑属于中晚唐时期的典型组合形式，十七尊佛教造像集中塑造在佛坛之上，以主佛为中心，文殊、普贤各塑两边，其他造像井然有序的排列在周围，这种众多塑像的整体组合形式在我国佛教造像中实属罕见，南禅寺丰富完整的造像组合形式为我们探讨唐代彩塑提供了珍贵的资料。唐后期之所以会出现如此宏伟的佛教彩塑造像群有两方面的因素：

第一，内在因素是社会与文化的碰撞；南禅寺建于唐德宗（779—805）时期，当时面对动荡不安的社会局面和严重的财政危机，德宗大力倡导"土贡"和"进奉"，就是封建统治者向百姓索取财物，杜佑在《通典》卷四《食货四》中对土贡有细致的论释："凡任民，任农以耕事，贡九谷；任圃以树事，贡草木；任工以饬材事，贡器物；任商以市事，贡货贿；任牧以畜事，贡鸟兽；任嫔以女事，贡布帛；任衡以山事，贡其物；任虞以泽事，贡其物……天下诸郡，每年常贡。"[10]而"进奉"则更多为金银珠宝等具有经济价值的物品。《资治通鉴》卷二三五："藩镇多以进奉市恩，皆云税外方圆，亦云用度羡余。其实，或割留常赋、或增敛百姓、或刻减俸禄、或贩鬻蔬果，往往私自入，所进

图13　南禅寺彩塑主佛造像

图14　南禅寺彩塑普贤前方的侍立菩萨像

十一、二。"[11]"土贡"的盛行和"进奉"规模的扩大加重了百姓生活负担，此时人们就产生了极强的心理诉求，为了寻求符合大众需求的精神寄托与精神力量的化身，并祈求神灵的庇佑，生活能够安居乐业，南禅寺群组彩塑应该是在这样的历史背景下形成与塑造成型。彩塑中拂菻与昆仑奴就是当时人们生活的写照，他们都被刻画成长途跋涉，辛苦劳累的人物形态。

第二，外在因素是巴洛克艺术的呈现。这种大规模组合式佛像文化经过考证也来自印度的佛教文化。中世纪时期印度出现巴洛克艺术，特征是：装饰美、个性强、多元化，此时的印度文化艺术追求变化、力度、动态的结合，造像形式都呈现组合式，装饰奢华，想象富丽的艺术风格成为主导形式。印度中世纪时期的建筑、雕刻、绘画都诠释着巴洛克艺术的繁琐靡丽。而南禅寺彩塑由于受到当时政治经济的影响，寺庙建筑虽然浑厚质朴，但整体佛教塑像都呈现了装饰精美、特色鲜明、造型优雅、动态灵活的巴洛克艺术风格。文殊与普贤菩萨，以及胁侍菩萨和立侍菩萨戴的手镯，头顶戴的花鬘及发髻，颈间璎珞都雕刻精美，造型丰富。菩萨颈间璎珞的佩戴也是受到印度文化的影响。璎珞本是古代印度佛像颈间的一种装饰，后来随着佛教一起传入我国，唐代时，被爱美求新的女性所模仿和改进，变成了项饰。据《佛所行赞》卷一所记载，释迦牟尼当太子时，就是"璎珞庄严身"。玄奘《大唐西域记》卷二"衣饰"条中记述无论男女，都可"首冠花鬘，身佩璎珞"。根据印度教圣经《梨俱吠陀》的观念，用璎珞装饰具有美化身体，净化身心的意义[12]。佛教传入我国之后因摒弃世上的荣华富贵，所以，佛和罗汉等不佩戴饰物，只有菩萨级的造像才可佩戴。另外，南禅寺彩塑世俗化的表现也源于印度雕刻艺术。阿玛拉瓦蒂雕刻是印度巴洛克动感雕刻艺术的先锋者，如馆藏于加尔各答博物馆的浮雕《脱胎寻梦》就是一幅世俗化浓郁的雕刻艺术，随之世俗人物形象也向神秘的佛像中渗透。从

南禅寺彩塑形象上看，胁侍菩萨健美丰满的造型，迦叶像稳重老诚，阿难像表沉静祥和，佛袜和昆仑奴长途跋涉人物的形态，童子活波可爱；从姿态上看，或站或坐，都随意自然，不做作，与世俗人的举动神似；从表情上看，都自然亲切，平易近人，连力士也变得自然和蔼；从人物动态看，昆仑奴弯腰，大步向前迈步，肩上背个粮袋，身上搭条汗巾，为一个长途跋涉的农民，童子胖圆憨厚，实为乡间胖小子。当我们走进南禅寺大殿，整体彩塑给人可亲可近的视觉感受，南禅寺彩塑把巴洛克艺术风格与佛教符号完美结合概括与诠释了世俗化的全部含义。

六、结语

中国唐代佛教造像在发展进程中从源于印度佛教艺术形式中不断演化，由于受到中国哲学伦理道德思想的影响，最终形成具有中国民族特色的宗教艺术形式。从南禅寺大佛殿整组彩塑造像分析中，得出外来佛教文化艺术对它的影响与作用，发现南禅寺彩塑继承了"唐外"多元因素与"唐内"个性因素相结合的艺术特点。塑像从整体形态到衣纹的疏密刻画，都沿袭了外来宗教符号形式，整体视觉感受单纯化、明确化；塑像饱满肌体与装饰造型立体化的表现方式，都彰显了唐代特色，整体风格统一和谐。彩塑从释迦牟尼到天王像，都采用写实手法，塑像服饰、坐骑、动态、神态都采用不同形态，表现大胆，匠师们以精妙的构思使塑像造型不流于单调重复，增强了彩塑的观赏性。中国传统美学关注"气·韵"的表达，在"天人合一"的思想观念下，南禅寺彩塑整体彰显出在"气·韵"上塑造了一种"场"的氛围。南禅寺彩塑整体塑像贴近生活又高于生活，传统宗教不断调节自身以适应社会世俗化，从佛像排列以及世俗元素的再现，夹杂了诸多社会背景等因素，并以多形态组合形式存在于特定空间中，最终形成大唐才有的盛世神采。

作者简介
仲丛惠（1973—），山西大学美术学院雕塑系讲师，现为韩国弘益大学博士研究生。研究方向：传统雕塑研究。

注释
[1] [宋]司马光，[元]胡三省音注：《资治通鉴》卷一百九十八，中华书局1956年版，第6247页。
[2] 同上，第6253页。
[3] [北宋]陈旸：《乐书》第一百五十八卷，北京图书馆出版社2004年版，第54页。
[4] 杨瑾：《胡人与狮子：图像功能与意义再探讨》，《石河子大学学报（哲学社会科学版）》2016年第1期，第19页。
[5] 同上，第20页。
[6] 李思思、元芳：《北魏"异乡人"洛阳博物馆藏"昆仑俑"》，《文物天地》2017年第8期，第28-29页。
[7] （德）韦伯：《印度的宗教：印度教与佛教》，广西师范大学出版社2010年版，第6页。
[8] 王镛：《印度美术》，中国人民大学出版社，2010年版，第98页。
[9] 李宏：《印度佛教雕塑的风格演变》，《新美术》2000年第6期，第65页。
[10] 邓慧君：《唐德宗统治时期进奉探析》，《青海师专学报》1995年第4期，第27页。
[11] 徐恒：《唐德宗统治时期"进奉"相关问题研究》，陕西师范大学硕士论文2010年，第46页。
[12] 张晓妍：《从魏晋五兵佩到隋唐璎珞：中古时代印度颈饰文化的东渐》，《服饰导刊》2017年第1期，第66页。

（栏目编辑　朱浒）

宋初移民与开封绘事

赵振宇

(天津美术学院艺术与人文学院,天津,300141)

【摘 要】文章以宋初入京移民画家为人物线索,通过对该群体创作活动的考察,复原北宋开封绘画崛起之初,即太祖、太宗两朝之若干画史现象。由此发现宋初京师外来画手几乎是后蜀与南唐宫廷绘画的原班人马,太祖朝虽为开封绘画发展做好了人才的准备,但尚未显现出对蜀地或是江南画手的倚重。当时京师绘事务求实用,且不存在来自统治者的明确的风格导向,多数入京画手尚在蛰伏之中。太宗时虽不再有较大规模移民画家迁入京师,但翰林画院的正式设置却使国初来朝的移民画手得以安身立命,而北宋前期京师绘画的创作走向亦逐渐清晰。在宋太宗眼中,人物绘画依然最具功用,而那一阶段的绘事几乎都与道释人物创作密切相关。正是在京师寺观宫室的壁画绘制中,"蜀人笔法"渐成较艺之标准,且开封画坛终为蜀人所左右。而蜀地画手最终能够取得统治者的信任,正在于无论是其"笔专吴生"的道释人物画法,还是"黄家富贵"的贵族花鸟品位,其绘画精神与内容均为中国古代北方绘画传统之延续。

【关键词】北宋开封 移民画家 宗教绘事 蜀地画手

"北宋统一过程中,即注意收集名画,罗致画工,集中于京师开封。如灭后蜀,名画家黄筌、黄居寀父子,高文进、袁仁厚、夏侯延祐,均随孟昶入汴。再如灭南唐时,周文矩、董羽、董源、徐崇嗣等,亦随李后主至东京。中原地区原有名画家郭忠恕、高益、王道真等连同上述画家,均被安置在翰林画院供职,使开封成了当时全国的绘画中心。"[1] 五代北方及开封本土善画者因战乱离散,且知名者绝少,因而北宋立国之初便尽力网罗天下艺士,"由是,四方执艺之精者皆在籍中"[2]。北宋京师绘事莫不与统治者直接相关,也正是由于其服务的特殊对象及所涉绘事之规模,才使得京师绘画人才独多于四方。晚唐五代的动荡虽使关中及中原失去了以往的创作环境,但随着开封被选为都城,北宋的统一便为北方绘画的再度恢复凝聚了力量,而在开封本土绘画发展的根基之中则不免留有深厚的唐人传统。而且,"太祖和太宗时期,北宋先后平定各割据政权,统一南北,并采取强制性措施,将各国的王室、贵族、百官和部分人民迁到首都开封一带"[3]。在宋初画家的迁徙中,"圣朝祖宗开国,就都于汴,而风俗典礼,四方仰之为师"[4],京师的政治与文化导向作用亦使之成为全国最具绘画创作感召力的地方,而这些从各地流入京师的移民画家不仅促成了开封绘事的崛起,更是左右了其日后的创作走向。

一、移民画家的流入与绘画人才的储备

"太祖平江表,所得图画赐学士院。初有五十余轴,及景德咸平中,只有《雨村牧牛图》三轴,无名氏;《寒芦野雁》三轴,徐熙笔;《五王饮酪图》二轴,周文矩笔,悉令重装背焉。"[5] 开封绘画艺术氛围的营造,得益于宋代宗室的书画雅好,不过宋太祖本人并未有直接涉足绘事的记载,但他在统一的过程中便开始为宫廷收集天下图画与法书名迹,更为重要的就是他为开封网罗了前朝各地的名家能手。宋初的开封本土画家十分稀少,而太祖朝正值北宋外州画家集中流入京师的第一个高峰。表1显示了该时段京师绘画人才地域构成的基本情况,由此可见开封本土与外来画家数量对比十分悬殊。该时期开封本土画家仅两人,其中李穆为士大夫善书画者而非职业画家[6],且不记入画史,仅为后人所辑。这样王霭便是当时唯一以画为名的京师人,而北宋立国之初开封绘画发展则面对着几乎无本土画手可依的局面。然有载:"晋出帝开运四年春正月,契丹伪天皇王耶律德光以兵犯阙,时仁寿及焦著、王霭并为德光掠归。至

我太祖至明大孝皇帝受禅享御，首遣驿使索仁寿等，时狄人方听命本朝，会仁寿及著考终，独放王霭归图。"[7] 王霭实为太祖受禅后由辽国放还[8]，从中可见，太祖立国未稳便首先着眼于对中原本土画家的搜罗，且颇费苦心，只是如王仁寿及焦著等被劫掠的前朝画手已终于辽国，而五代北方纷繁乱离人才流散，以至其画手难觅。

当然，随着太祖对南方各割据政权的相继征服，北宋京师无画人可用的局面便得以根本性的扭转。在该阶段的外来画家除传古、李成、孙梦卿三人外，其他二十四人均可确定为移民性迁徙，而除高益由辽国内迁、牟谷不知何处人外，其余画手皆为后蜀与南唐国破后北归。而画史论及宋初网罗蜀地和江南画家于京师往往举其知名者，但尚未明确到具体数量及人物，针对个别画家是否入京也常在论述中相互抵牾，其焦点正在于徐黄两家。太祖乾德三年（965）四月孟昶被迎至都下[10]，除黄氏父子外，随至阙下的还有夏侯延祐、高文进、赵元长、石恪及袁仁厚，高氏二子无疑也在此时随其父入京，最终只有石恪与袁仁厚还蜀。那么关于黄氏家族中的北迁之人，黄筌和黄居寀二人较无争议，只是黄筌归宋不久即亡。其他三人皆因沈括言，"蜀平，黄筌并子居宝、居寀、居实，弟惟亮，皆隶翰林图画院，擅名一时"[11]。黄筌之子在文献中有三人可查，居宝与居寀二人名望最大，且见于宋人画史，居实与筌弟惟亮则为《图绘宝鉴》所录。其中黄居实与黄惟亮尚可因沈括之说，但画史载黄居宝早亡，且"死于蜀"[12]，则与沈说相左，而由于再无其他史实可依，因此存疑。

开宝九年（976）正月曹彬遣使"以江南国主李煜及其子弟、官署等五十五人来献"[13]。在随李后主归朝的画家之中，

表1 太祖朝开封绘画人才地域构成表[9]

本土画家（2）	王霭、李穆				
外来画家（28）	流入时间	流出地	所在路（国）	流动类型（原因）	备注
黄筌	965	成都府	后蜀	蜀平至阙下	
黄惟亮	965	成都府	后蜀	蜀平至阙下	筌弟
黄居宝	965	成都府	后蜀	蜀平至阙下	存疑
黄居寀	965	成都府	后蜀	蜀平至阙下	筌子
黄居实	965	成都府	后蜀	蜀平至阙下	筌子
夏侯延祐	965	成都府	后蜀	蜀平至阙下	
高文进	965	成都府	后蜀	蜀平至阙下	
高怀节	965	成都府	后蜀	蜀平至阙下	文进子
高怀宝	965	成都府	后蜀	蜀平至阙下	文进子
石恪	965	成都府	后蜀	蜀平至阙下	坚请还蜀
袁仁厚	乾德中	成都府	后蜀	蜀平至阙下	未久还蜀
赵元长	965	成都府	后蜀	蜀平至阙下	
邱庆余	976	江宁府	南唐	随李氏归朝	
巨然	976	江宁府	南唐	随李氏归朝	
蔡润	976	江宁府	南唐	随李氏归朝	
厉昭庆	976	江宁府	南唐	随李氏归朝	
昭庆子	976	江宁府	南唐	随李氏归朝	失其名
董羽	976	江宁府	南唐	随李氏归朝	
解处中	976	江宁府	南唐	随李氏归朝	
徐熙	976	江宁府	南唐	随李氏归朝	存疑
徐崇矩	976	江宁府	南唐	随李氏归朝	熙子
徐崇嗣	976	江宁府	南唐	随李氏归朝	熙子
徐崇勋	976	江宁府	南唐	随李氏归朝	熙子
传古	建隆间	明州	吴越	皇建院画屏	
李成	开宝中	青州	京东东路	赴春官较艺	
孙梦卿	开宝中	郓州	京东西路	画开宝寺壁	
高益	不详	析津府	南京道（辽）	太祖潜归京师	
牟谷	不详	不详	不详	太宗龙潜时事之	

如邱庆余、巨然、蔡润、厉昭庆父子、董羽、解处中等人皆于画史中有据可查，而疑问仅存于徐熙父子。徐熙卒年不详，但多认为其于南唐亡前去世，是由画史中载李煜归命时其已卒于家中。[14] 不过，关于徐熙入朝之事仍来源于沈括的记载，接前所述黄氏父兄入朝，"其后江南平，徐熙至京师，送图画院品其画格"[15]。徐氏画法不被宫廷所接受，导致其后代也不得不改效黄家风格，以在院中求得生存。徐熙诸子中以徐崇嗣成就最大，其与徐崇矩之画作均见于官方著录[16]，而连同徐崇勋在内，三人虽无详细生平可依，但一般认为徐氏兄弟在李煜降宋后皆归北宋画院。而至于徐熙是否入京，从现有史料来讲尚难定论，不过，和黄筌一样，我们可知这两位五代最具代表性花鸟画体制的创制者，在入宋后均未延续其创作生命。因此，如言："筌恶其轧己，言其画粗恶不入格，罢之。"[17] 而即便承认宋初京师画坛的这对突出矛盾的存在，但黄筌与徐熙二人则绝无直接交锋的可能，我们可以认为这是由他们所代表的"黄家富贵，徐熙野逸"[18] 的独特画风在其后辈与继承者之间的对抗。而最终结果则决定了北宋前期宫廷花鸟画的创作取向，以及当时统治者所倚仗之人，只是，这一幕尚

未在太祖时上演。

此时的京师外来画手几乎是后蜀与南唐宫廷绘画的原班人马。而西蜀与南唐绘画的贵族艺术特点本就十分显著，这使得为满足统治者享乐需求，以及有装堂饰壁之用的花鸟画成就极为突出。另外，"蜀自唐二帝西幸，当时随驾以画待诏者，皆奇工。故成都诸郡寺宇所存诸佛、菩萨、罗汉等像之处，虽天下号为古迹多者，尽无如此地所有矣"[19]。由关中及中原入蜀之画家多善道释壁画，加之蜀地统治者对宗教的扶植态度，寺观画壁极为活跃，《益州名画录》所载唐末五代画家五十八人[20]，几乎皆有道释人物画壁之记录。太祖朝为开封绘画发展的起步做好了人才的准备，而其清晰的人才地域来源及绘画传统则在某种程度上预示了整个北宋前期京师绘事的创作基调。但要注意的是，毕竟这些画家入京时间集中在太祖乾德中与开宝末，不仅江南画家尚未在此时充分开展其创作活动，即便是已于乾德中入朝的诸多蜀地画手也没有在太祖一朝留下多少绘画事迹。而宋太祖以及宫廷亦未显现出对蜀地或是江南画手在具体创作中的倾向乃至倚重，当时京师之绘事则皆以实用为导向。

二、绘画的实用导向与移民画手的蛰伏

太祖一朝对全国绘画人才的网罗正是伴随着对原五代各地方政权的征服而完成的。在立国未稳之时，统治者对绘画往往着眼于实用，宋太祖则首先将绘画用于了军事目的。太祖受禅之后，便急于向辽人索要王仁寿、焦著与王霭等前朝画手[21]，这些画家在五代已经闻名，且精于佛道人物，而太祖看重的正是他们对于人物肖像的刻画与写实的能力。

由此王霭便成为了入宋后第一个擅名京师的画手，其还国后不仅得以复职待诏，且逐渐为统治者所信任，很快被委以重任。"艺祖以区区江左，未归疆土，有意于弔伐，命霭微服往钟陵写其谋臣宋齐丘、韩熙载、林仁肇等形状，如上意，受赏加等。"[22] 在王霭授命之时后蜀已平，而在蜀中诸名家入京后，其实朝廷已不乏能画之人可用。虽然王霭独长于写貌，但更为重要的显然是这位开封本土画家早已与宫廷建立了密切的关系，且更为太祖所信赖。于是，他又奉诏于定力院写宣祖与太后御容，及梁祖真像，而包括太祖本人之御像也为其所绘。[23] 与此同时，王霭还于开封广ációnes寺壁，而值得注意的则是其与东平画手孙梦卿的合作。太祖开宝三年（970）"修京师旧封禅寺为开宝寺，前临官街，北镇五丈河，屋数千间，连数坊之地，极于钜丽"[24]，开宝寺为东京右街佛寺首领，其壁画创作活动之盛在京师仅次于相国寺。[25] 而画史称孙梦卿专学吴生，尤长寺壁，名于乡里，并谓之孙脱壁或孙吴生，可见其极尽佛道画壁之能事。[26] 我们可知其大约于太祖末年流入京师，并因与王霭对画开宝寺壁，而成为当时绝少能在京师扬名的北方外来画手。不过，当二人拟同画开宝寺大殿后文殊阁下东西两壁之时，"梦卿以东壁让之，尊霭声迹，识者以为当然"[27]。由此可见，到开宝时王霭早已名满京师，因而初入开封的孙梦卿自然忌于其声望与地位，而纵观太祖一朝，王霭也当是与皇室过从最为密切之画手。

实际上，考虑到北宋立国之初的特殊历史背景，宋太祖自然无法像其后代一样将更多的精力纵情于书画，因而他与宫廷画手之间的交际同样也极为有限。那么，需要思考的便是，在伴随着北宋征伐而入朝的大量外来画手中，南

唐画家自然没有充分的时间在太祖时崭露头角，然而，后蜀诸多名家自乾德中入京，十余年间竟几乎无人有具体绘画事迹可寻。而一方面，"艺祖开朝，昶衔璧入觐，筌与子居寀皆从赴都下，上真命为太子左赞善大夫，仍厚赐之"[28]。宋太祖虽表现出对早有耳闻的蜀地绘画领袖的重视和极高礼遇，但这却并不能代表统治者对于前朝画手的普遍态度。其实除夏侯延祐及石恪之外[29]，文献中均不能表明其他蜀地画手在太祖时曾被授以画院之职，而这并不仅仅是由于当时宫廷尚无正式画院建置，其原因则在于太祖尚未给予这些画手以足够的重视，以至他们基本没有直接供奉御前的机会。赵元长原为后蜀灵台官，太祖念其能画虽未杀之，但却配文思院为匠人[30]，地位十分低下。再至南唐蔡润，"始随李主至阙下，隶八作司彩画匠人"[31]。蜀地与江南画家入京后，其实多遭冷落且绝非特例，而更无一人被委以要职，宋太祖并非如以往画史所述，转而成为这些画家新的庇护者与扶植人。

这样，我们可知太祖朝完成了宋初对全国绘画精英的一次全面网罗，但是以宫廷为中心的京师绘事却尚未完全升温，多数外来画家在此时处于沉寂之中，并未在新朝焕发出原有的创作活力。而这一点似乎连黄居寀也不例外，其入朝后与宋初礼部尚书陶毂有所交往，陶氏善书且多蓄法书名画[32]，其在翰林时曾命居寀品第图画，并由此建立信任。随后，"毂命居寀追写父真，为当时推重"，而刘道醇专记此事，并称见居寀画《西伯猎渭图》及父筌真像皆得其妙，即有意指出黄氏亦精擅人物之摹写，"居寀父子事蜀主三世，凡图帐屏壁，多出其手"[33]，但在当时他却不曾拥有为北宋皇室效力之机。当仅有的开封本土画家王霭备受太祖倚重之时，我们几乎不见

众多蜀地画手的踪影，这不得不说在北宋的统一过程中，太祖始终对被征服国的画手存有戒心，且绝不可能委以重任。而耐人寻味的是，石恪与袁仁厚竟在入京不久后还蜀，其中记石恪，"至阙下，被旨画相国寺壁。授以画院之职，不就，力请还蜀"[34]，有言："恪不乐都下风物，颇有讥诮杂言，或播人口。"[35]我们一方面可以认为这些画手仍留有对蜀地之眷恋，而考虑到石恪无所羁束的个性因素，他之所以得到了统治者的青睐，恐怕也绝非因其"笔墨纵逸，不专规矩""意务新奇"的艺术追求。

总而言之，宋太祖对于绘画的态度是务求实用，而有记录的京师绘事也基本与人物道释相关，那么在具体的创作中，就很难留给画家充分发挥其艺术潜能与展现个性的余地。加之疆土未复，太祖无暇顾及绘事，此时开封绘事并不存在来自统治者的明确导向，而多数入京画手则尚在蛰伏之中。但有一点值得关注，那就是太祖的继任者很早就显现出了对绘画的兴趣，并开始注意吸纳人才。如牟谷即初事赵光义于潜邸之中[36]，而高益来京后实于开封街头货药为生，后被赵光义近戚孙氏收留，而渐有名望，并得觌见于太宗龙飞之时。[37]随后二人便更得器重，并于太宗一朝各尽其能。赵光义本人虽同样未有绘画上的创作，但较之太祖却显现出对画家的更多关注与极大重视，由此，也就为国初来朝的移民画手最终得以安身立命，与以宫廷为中心的开封绘事之真正成型埋下伏笔。

三、始创翰林图画院与外来画手的安置

有载："太宗皇帝，钦明睿哲，富艺多才。时方诸伪归真，四荒重译，万机丰暇，屡购珍奇。太平兴国间，诏天下郡县搜访前哲墨迹图画。"[38]北宋统一战争的基本完成，为宋太宗的书画收藏与绘事活动的开展提供了便利，以宫廷为中心的开封艺术氛围则日渐浓郁。而"时太宗在潜邸，多访求名艺，文进遂往依焉"[39]。赵光义与入京画手的私下交往，早于太祖朝便以开始。而与黄居寀一样，高文进同为西蜀画院名手之后，其一家四代皆以画名，只是文进到汴京后便直接投附于光义。至宋太宗即位，"文进与黄居寀常列左右，赐予优腆"[40]。蜀中画手入朝蛰伏十余年后，不仅得以真正浮出水面，并终成开封画坛领袖，北宋前期画师绘画的创作走向逐渐清晰，而太宗朝京师绘画的发展则正与这些前朝画手息息相关。

随着统一战争基本结束，太宗时不再有大规模的移民性画家群体集中迁入京师。只是太平兴国三年（978）三月，吴越王俶入朝[41]，再至八月，"诏两浙发淮海王俶缌麻以上亲及管内官吏悉归阙，凡舟千四十四艘，所过以兵护送之"[42]。虽然此番两浙人物北归者甚众，但五代时吴越宫廷及民间绘事远不及后蜀与南唐活跃，因而此时并无有名可查的画手随之入京。但钱氏宗室均有较高的文化素养，且多雅好书画，而俶之兄弟叔伯子侄能画者有五人见于画史。不过，"随俶归朝，诸从子皆授官，独昆及弟易愿从科举，太宗嘉之"[43]。经查，钱氏善画者最终确为钱昆与钱易兄弟二人留于朝中供奉，且为太宗所赏识，其他三人则皆出任地方。除此之外，该阶段流入京师的外来画家多为朝廷征召而入职画院，无论其最终或去或留，北宋翰林画院的正式设置不仅使京师逐渐成为了全国画家汇集与创作活动的中心，其自身也成为了影响开封绘事发展，乃至左右全国绘画的风向标。

"翰林图画院，雍熙元年置，在内中苑东门里。"[44]太宗雍熙元年（984）始置隶属于翰林院的翰林图画院，虽然入宋后即有"图画院"之名见诸于如王霭等画家史料中，并涉及若干官职，但其具体隶属及建置等尚不清晰，因而有学者视其为处于蜕变或过渡期的翰林图画院制度之雏形。[45]本文并不涉及对这一制度的再次梳理，但仅从前文所掌握的太祖一朝入京画家的具体活动来看，至少可以确定在北宋翰林图画院正式建立之前，开封尚无以宫廷画院或某一类似创作机构的画家群体所集中展开的绘事活动。一方面，在太祖时授以画院之职的仅王霭有奉旨创作且得迁转之记录，而石恪虽诏写相国寺壁却授画院职不就，夏侯延祐则完全无绘事可查。而其他入京画手均无与画院或为朝廷授意的相关创作，这其实也反映出当时并无实质性的官署来运作与掌握皇家乃至京师之绘事。而这些前朝画家纷纷于太宗时进入画院，但其具体时间仍不明确，或在画史中有抵牾之处，如赵光辅。[46]不过，参以宋初京师绘画人才的具体事迹与创作活动，我们认为这些外来画手，特别是太宗朝流入开封的画家与其入院的时间均应在北宋宫廷有画院之实后，即晚于雍熙元年（984）。

太宗画院之中，除本土画手吕拙，"至道中，召入图画院祇候"[47]，其他外来画家均无明确入院时间可依。不过，以蜀中王道真被召入画院为例，"太宗朝待诏高文进甚有声望，一日，上问：'民间谁如卿者？'文进对曰：'新繁人王道真者，犹出臣上。'遂召入图画院祇候"[48]。与其相似的是江南燕文贵同样由待诏高益荐引而授画院职[49]，从这一程序上来看，当时应已有完备的画院建置。而巧合的是，二人被荐入画院之后，旋即便参与了相国寺画壁，虽

然这两次相国寺绘事活动一前一后，但其时间都不早于雍熙之时。[50] 就此，结合下文我们对太宗朝京师绘事的复原，便可以发现有时间可考的开封绘画创作活动几乎皆在北宋翰林图画院建院之后，其大型绘事一般皆为画院画家领衔，并在统治者的直接授意下进行。即便我们仍无法知晓雍熙之前"图画院"的虚实，但北宋立国的头二十五年间确实没有具体绘事与画家活动的迹象可以佐证图画院具体建制的存在及其运作的展开。而自太宗雍熙始，除了如郭忠恕、王士元等士人画家会由于个别因素而随机的流入京师外，开封逐渐成为全国画手流向的中心地，均有赖于画院的凝结作用，及其所产生的巨大号召力。

而参见表2所反映的太宗朝开封绘画人才状况，从其地域来源上看，因太祖朝画手多数于太宗时尚在，即便加之新流入京师的画家，蜀地与江南画手仍在京师画家群体中占据多数。而由于该阶段北方各地流入京师的画手均未在京师长期居留，加上开封本土画家数量仍无明显增长，因此南方移民画家在数量上仍拥有主导京师绘画发展的绝对优势。那么，从进入到太宗朝图画院的画家来看，仍为蜀地最多而江南次之，北方则凤毛麟角。而进入到画院，实际便意味其有更多机会与统治者建立紧密的关系，也就使之能够在京师画坛中产生更大的影响。从这一点来讲，蜀地画家集中入京的时间最早，加之个别画手在太祖朝即与赵光义有私下交往，而到太宗时仍有蜀中名手被召入画院，因此这一群体在画院中的根基最为深厚。

四、人物画的实用性与宗教绘事的兴起

太宗时京师绘画人才所擅仍以佛道人物与花竹翎毛为最，而这两种绘画类型则皆为蜀人擅长。在宋太宗眼中，依然是人物画最具功用。从太宗即位前后，最早为其所用的三位画手来看，即高文进、牟谷、高益，二高均善道释人物，而牟谷则尤长写貌。其中精于传写的画家往往极为皇家重视，牟谷侍奉赵光义于龙潜之时，太宗即位后他是最早进入画院的前朝画手之一，随后他便迎来了一项重要使命，"端拱中诏随专使往交趾，密令偏写安南王黎桓并臣佐真像"[51]。然牟谷瘴海漂泊十余年，始还京师，但其时太宗早已宾天，后幸得遇之真宗，令其写太宗御容，寻授翰林待诏。我们无法假设，牟谷若于太宗朝即顺利归京，其是否也能达于太祖时王霭一般的画坛地位，但仍可见其为太宗早期所倚重之画手。据查，太宗时最早被授以画院待诏之职的当为高益[52]，其在为孙氏食客时便尝于其酒楼作画，"京师之人，摩肩争玩，至今天下楼阁亭庑为之者，自益始也"[53]。由此，便可想象高益是如何仅凭一本《鬼神搜山图》便使太宗为其画艺所折服。而在待诏图画院后，高益随即便因敕画相国寺廊壁更得时人推重。

北宋时在开封府各处所进行的壁画创作活动以相国寺为最，且又集于太宗一朝，而第一次较大规模的相国寺绘壁便为高益领衔。此事不仅见于画史，且广为后人称道，如沈括记其"有画众工奏乐一堵，最有意"[54]。不过，文献中

表2　太宗朝开封绘画人才地域构成表

前朝画手18人				
本土（1）	李穆			
外来（17）	黄居寀(院)、高文进(院)、高怀节(院)、高怀宝(院)、赵元长(院)		成都府	后蜀（5）
	邱庆余、巨然(僧)、蔡润(院)、厉昭庆(院)、昭庆子、董羽(院)、解处中(院)、徐崇矩、徐崇嗣、徐崇勋		江宁府	南唐（10）
	高益（院）		析津府	辽国（1）
	牟谷（院）		不详	不详（1）
本朝画手19人				
本土（4）	陈士元、吕拙（院/道）、李用及、邢敦			
外来（15）	流入时间	流出地	所在路（国）	流动类型（原因）	备注
郭忠恕	976	河南府	京西北路	太宗召赴阙	后流登州
钱昱	978	杭州	吴越	随傀归朝	后出任地方
钱昆	978	杭州	吴越	随傀归朝	
钱易	978	杭州	吴越	随傀归朝	
钱仁熙	978	杭州	吴越	随傀归朝	后出任地方
钱铧	978	杭州	吴越	随傀归朝	疑出任地方
赵光辅（院）	984后	耀州	永兴军路	入职画院	潜自遁去
王道真（院）	984后	成都府	成都府路	入职画院	
元霭（僧）	不详	蜀地	成都府路	相国寺落发	
勾龙爽（院）	984后	蜀地	成都府路	入职画院	
燕文贵（院）	不详	湖州	两浙路	货画，后入画院	
继肇（僧）	不详	苏州	两浙路	相国寺画屏	
王士元	不详	陈州	京西北路	交友纵艺	摄南阳从事
李雄（院）	984后	潍州	京东东路	入职画院	因忤旨遁去
李象坤	995	不详	不详	画相国寺壁	

并未指明此次绘事的具体时间，但从高益推荐燕文贵入画院之记载称，"臣奉诏写相国寺壁，其间树石，非文贵不能成也。上亦赏其精笔，遂诏入图画院。端拱中，敕画臣面进纨扇，上览文贵者，甚悦"[55]。可以推测此次相国寺绘壁应发生于端拱之前，且在雍熙之中为妥。这是一次奠定高益在京师画坛地位的创作，黄庭坚称高益为大高待诏，"新作相国寺，命文进仿高益久本画四廊佛变相"，高文进是名小高待诏。[56] 只是，高益于此次绘壁后便不再见于京师绘事之中。而至于太宗末，"相国寺高益画壁，经时圮剥，上惜其精笔，将营治之，诏文进曰：'丹青谁如益者？'对曰：'臣虽不及，请以蜡纸摸其笔法，后移于壁，毫发较益无差矣。'"[57] 随后便有了高文进领衔的规模更大的重绘相国寺壁活动。高益于北宋开国即由辽国归朝，至太祖末逐渐有名于京师，在太宗继位后便很快成为皇室最为器重的画手，其在当时画院乃至京师画坛中之地位可见一斑。但惜其创作生涯并未贯穿于太宗一朝，我们可以推知其在太宗前期即已去世，至此，最早得信于太宗的前朝画手便仅剩高文进一人。

道释人物绘画确为那一阶段创作之主题，而围绕其中之名家能手所展开的宫廷及画院内外的广泛联系，使之成为当时开封画坛发展的主线，几乎所有重要绘事都与道释人物创作密切相关。而这一基调的奠定则正与太宗相关，"太宗志奉释老，崇饰宫庙"，而同时于"丽景门内，创上清宫以尊道教，殿塔排空，金碧照耀，皆一时之盛观"[58]。在宋初统治者的导向下，佛道二教大体处于相对稳定的社会环境中，并呈上升态势。北方地区的僧尼以开封为最，其一府人数壁许多路的僧尼数还多，"足以说明开封府是宋代佛教中心的地位"[59]。前

有太祖末钟陵僧巨然归京，居于开宝寺，及画学士院壁[60]，而后则有蜀人元霭来相国寺落发，太宗召其传写[61]，以及吴僧继肇于相国寺资圣阁院所画屏风[62]，在开封成为宗教中心的同时，各地画僧也纷纷流至都下，并逐渐活跃于京师画坛。

以此为背景，寺观壁画创制在北宋一代得以延续，而受统治者直接影响，开封府成为全国寺观壁画创作之中心，也是由其京师的特殊政治地位所决定的。太宗朝活跃于京师的画家有近三分之一参与过寺观宫室的壁画绘制，而其创作内容则以道释人物及鬼神为主。除佛寺中之创制外，开封同样是道教活动中心，因而道观中之画壁也由此时兴盛起来。太宗雍熙元年甲申岁，修东太一宫[63]，后依其制分别于天圣中建西太一宫，熙宁中建中太一宫。[64] 东京太一宫有三处，而于东太一宫进行的壁画创作记录仅次于后来的玉清昭应宫。太祖时配文思院匠人的后蜀赵元长，被太宗召入图画院为艺学，而随后"诏画东太一宫贵神之像，元长实督之"，据查，高文进则"敕同画东太一宫鬼神列位"[65]。

当时京师最大规模的绘事活动还应属重修大相国寺之时的壁画创制。在牟谷离朝及高益去世后，高文进便独得太宗恩宠，而将其地位推至顶峰的关键事件正是此次相国寺绘壁。"至道元年五月，重修大相国寺，广殿庭、门廊、楼阁，凡四百五十五区。"[66] 由此便有太宗命高文进仿高益旧本画行廊变相。这次重绘相国寺壁以高氏为总领，连同其长子高怀节，及先前被其荐入画院的王道真，实以蜀中画家为主力，再加开封本土画手李用及、李象坤。此次是我们可知北宋参与画家最多的一次寺院画壁活动，并终成一时杰作，"今画院学者咸宗，然曾未得其仿佛而"[67]。事后

高怀节、王道真皆以此迁待诏，文进则更为太宗所珍重，"以其能迁待诏，仍赐所居（在相国寺东），年老卧病，上宣医臣往疗之，仍戒曰：'文进之命，实系卿手，功不可缓也。'上为注意如此，后果愈"[68]。《癸辛杂识》载："相国寺佛殿后壁，有咸平四年翰林高待诏画大天王。"[69] 可见此次重修及相关绘事一直持续到真宗初。文进则至大中祥符初尚在，并再度委以重任，"董督群工，计度玉清昭应宫壁"[70]。总而言之，至迟到太宗末，高文进已在京师达于相当显赫之地位，"大率都下佛宫道馆，多文进笔，号为兼备曹吴采墨，是名小高待诏，今为翰林画工之宗"[71]。由此，"蜀人笔法"已成当时较艺之标准，宋初开封画坛终为蜀人所左右。

五、蜀中画手的地位与开封绘事之导向

自太平兴国间朝廷下诏搜访全国名迹，"又敕待诏高文进、黄居寀搜访民间图画"[72]，高文进与黄居寀常侍奉太宗左右。黄氏归朝，"圣朝授翰林待诏、朝请大夫、寺丞、上柱国，赐紫金鱼袋。淳化四年，充成都府一路送衣袄使，时齿六十一"[73]。从太祖乾德中至太宗淳化间，居寀侍宋廷近三十年，而在有宋一代院画家所受殊荣之中也属罕见。不过，有关黄氏之事迹，特别是从《益州名画录》所载的情况来看，居寀父子侍蜀主三世，其创作高峰无疑是在入宋之前。黄居寀于太宗淳化后便不见于画史，而后正为高文进达于其艺术创作巅峰之时。两人同为太宗器重，而综合诸种画史记载，我们可以断定黄居寀在太宗朝所揽画院之事，基本可以"搜访名踪，铨定品目"[74] 八字来概括。只是，"太宗尤加眷遇，仍委之搜访名画。铨定品

目,一时等辈,莫不敛衽。筌、居寀画法,自祖宗以来,图画院为一时之标准,较艺者视黄氏体制为优劣去取"[75]。黄居寀凭此便足以掌控图画院花鸟绘画之风。但放眼整个京师画坛,及画院内外之影响,恐怕当时无人可与高文进相比拟。

以汝南王仁寿之子王士元入京纵艺事为例,孙四皓将士元之画进于天子,并下图画院品第。然而,"时院中高文进与士元有隙,定为下品,识者忿之,止以三十缣为赐,不顾而去"[76]。后世画史皆称士元"笔法精高",但此番挫败,王氏不再显于画坛之中,后有张士逊惜其笔,奏摄南阳从事,士元由此离京。显然,高文进不仅如黄氏有铨定所进宫廷图画优劣之权力,加之其总揽京师绘事工程之多,且均为统治者所重视,因而便拥有了左右朝廷绘事用人之特权。王道真即为文进荐入画院,至真宗时仍佐其计度玉清昭应宫壁,而高氏二子高怀节、高怀宝同入画院,高氏一家四代均以画名,相比之下,太宗时黄氏中便仅有居寀见于画史,居寀兄弟之后辈更不见有继其画艺者。那么,纵观太宗一朝对京师画坛之总体影响,居寀终不及文进之地位应是客观的,但开封绘事创作之风为蜀人所垄断则是不争的事实。

反观京师其他外来画家之境遇则大相径庭。以北人为例,耀州赵光辅"太宗朝为图画院学生。性喜幽旷,无仕进意,潜自遁去"[77]。翰林图画院学生为图画院职位最低者,其不仅待遇低下,且工作辛苦繁冗[78],居于此职自然不能尽显画手之才能。另北海李雄太宗时祗侯画院,遭遇更为凶险,"上一日遍诏籍在院中者,出纨扇,令各进所画。雄曰:'臣之技不精于此。所学者不过鬼神,虽三五十尺,亦不能为之。'

上怒,索剑欲诛之,雄亦无屈意,俄得释去"[79]。太宗时开封画坛中北人寥寥仅此,后皆悻悻而去。但在刘道醇画评中赵光辅所擅人物、蕃马皆列神品,李雄之鬼神亦入神品,甚至排于高益之前,而王士元也以妙品居于高文进、王道真等辈之上。赵光辅离京客许时在开元寺所绘寺壁,及李雄返乡后于龙兴寺作所之鬼神皆为时人所惊叹,其画艺之精妙当为事实。而由上可知,画史对三人品性之描述则更有相似之处,那么,太祖朝有"不专规矩"之石恪还蜀,太宗初有"性无检局"之洛阳郭忠恕入京一年便遭流配[80],显而易见的是,宋初开封并非可为各地画手彰显个性之舞台。而对以黄居寀、高文进等为代表,这种服务于几代蜀主,且备受优遇的绘画世家来说,其深知宫廷画手所属分内之事,而其专供皇室享用之贵族艺术取向又正合统治者的口味。因此,蜀人在融入以宫廷为中心的京师画坛过程之中便显得游刃有余。

北人即遭排斥,而江南画手也未在与蜀人的较艺中占得上风。自开宝末南唐画手集中入京,到太宗时开封的江南画家在数量上并不少于蜀人,但究其没有取得画坛主导之因则不得不再提"徐黄之争"。关于黄氏之风如何得以推崇,已有学者详述其因,于此不再累赘。[81]需要注意的是,郭若虚"论徐黄体异"即显现出对黄氏的倾向,即"大抵江南之艺,骨气多不及蜀人,而潇洒过之也"[82],这也就是说,单从绘画技巧而言,蜀人的制作水平当在江南画手之上。"诸黄画花妙在赋色,用笔极新细""徐熙以墨笔画之,殊草草",但这种"野逸"之风恰又不能迎合宋初统治者之所好,因而才有熙子效诸黄之格,可谓自废武功,"然其气韵皆不及熙远甚"[83]。由是,"筌、居寀画法,

自祖宗以来,图画院为一时之标准,较艺者视黄氏体制为优劣去取",观黄居寀花鸟被《宣和画谱》录入者超过三百件[84],所绘多为工致艳丽、富贵堂皇之作。蜀人不仅先于江南画手入京十余年,并占得了在开封立足之先机,而佛道人物与花竹翎毛皆所擅长,并达于极高的水准。黄氏父子之创作花竹翎毛、道释人物、山林水石、草虫走兽无所不包,相比之下,徐氏则仅擅花鸟一科。那么,与这种长期为皇室所用,且几乎无所不能的专业宫廷画手相比,徐氏子孙自然处于下风。在江南画手失去花鸟画创作的主动权后,便于那一阶段的京师绘事中全面失语,关键在于其绘画技术远不及蜀人全面。

更为要紧的是,江南画家普遍不善道释人物绘画,历数宋初两朝入京之江南画手,仅厉昭庆父子专工佛像[85],但画史中却不见其参与京师绘事之记录,也无其卷轴流传。太宗一朝,整个京师创作几乎全为道释绘画所笼罩,即便是花鸟画也难得发展空间,而连黄居寀都不得不转从品鉴之事,江南画手就更无左右画坛之机。但值得注意的是,"玉堂后北壁两堵,董羽画水;正北一壁,吴僧巨然画山水,皆有远思,一时绝笔也"[86]。太祖建隆间,即有四明僧传古于京师名重一时,皇建院有所画屏风,当时号为绝笔,再到董羽之龙水亦称"近代之绝笔也"[87]。而随李后主入朝的蔡润因善画舟船及江河水势,被太宗由八作司匠人调入画院为待诏,可见江南之人也会因其专擅而得到重用。相对于西蜀山水画坛的寂静,南唐山水在五代时即与北方画派成鼎足之势。但在宋初,统治者特别注重绘画的宗教宣传与粉饰政治的功用,山水画的发展则在画院之外。如"巨然山水擅名江表,归朝尤为当时贵重""惟学士院北壁特为杰作。

前贤诗、记中多称之，烟岚晓境，是其措意者"[88]。能够为当时所接受则确属难得。不过，"阁之上下，悉命僧巨然画烟岚晓境以布之，笔迹野逸，效李成之作，而又自成一家之妙"[89]。巨然能在江南画风受到排斥的大背景下得到时人推崇，多少也有其效仿北人李成画法之因。

六、结语与讨论

"祖宗开国所用将相皆北人，太祖刻石禁中曰：'后世子孙无用南士作相。'"[90]宋初对南人之抵触心理同样影响于京师画坛。蜀地画手最终能够取得统治者的信任，则正在于无论是其"笔专吴生"的道释人物画法，还是"黄家富贵"的贵族花鸟品味，其绘画精神与内容均为北方传统之延续。

所谓开封绘画发展之北方传统，需说明的是，即如宋人认识到的，"若论佛道、人物、士女、牛马，则近不及古；若论山水、林石、花竹、禽鱼，则古不及近"[91]。特别是在壁画艺术发展史上，隋唐正处于峰巅时期，其道释人物绘画更是所达到了后世所难以超越的水平。有言，"宋代鉴藏风盛，士夫作家，多尽力于卷轴画。宫廷寺院间之壁画亦不废，而北宋较盛，然多抄袭唐画旧样，人号吴生而无杰出之伟作。盖壁画至宋，已呈衰退之象矣"[92]。然据笔者研究，北宋寺观壁画创作以京师为中心，在统治者的倡导下，宋初四方画家云集都下，由于唐代遗留下来的文化根基比较雄厚，北宋中原地区道释人物绘画仍保持一定规模和水平，多数画家遵循唐代画风，仍能不坠唐人典型，由此才使寺观壁画创作得以延续。[93]

北宋壁画创作上承隋唐之余续，实为中国古代壁画艺术最后之精彩篇章，而开封继长安与洛阳之后成为这一绘事活动的中心，则正是植根于其背后的北方传统。另外，"以五代之绘画言，实有其特点而开两宋艺苑隆盛之先河"[94]。黄休复称，"盖益益都多名画，富视他郡，谓唐二帝播越，及诸侯坐镇之秋，是时画艺之杰者，游从而来，故其标格模楷，无处不有"[95]，"后历二伪至国初，其渊源未甚远，故称绘事之精者，犹斑斑可见"[96]。迁蜀的画家多来自长安及周围地区，北方画风直接传至蜀地，一时名家辈出，在人物、道释、花鸟等创作均达到极高水平。而高文进、黄居寀作为太宗朝的画院领袖，其画风终成北宋前期画院准则，并左右了京师的创作之风。这种现象从表面上看是蜀地画家主导了开封绘事，实则为隋唐北方绘画传统的再次回归。

宋初两朝即奠定了文治之基调，但具文人气质之画家多无法立足于京师，而作为人文精神之表征的山水画同样难于在天子脚下谋得生存空间。由此观之，宋初开封绘事基本为唐人传统之延续，而郭若虚所言之宋画特征则无法在此时的京师看出端倪。那么，宋初京师所显现的宗教绘事之需，与花鸟创作之导向，则亦如北宋前期政治所尊奉之祖宗家法。而由唐至宋，如果说五代各国移民促进了开封绘画的崛起，蜀地画手则在这一历史性的过渡中扮演了最为关键的角色。

作者简介
赵振宇（1985—），男，天津美术学院艺术与人文学院副教授，文学博士。研究方向：中国艺术史与艺术地理学。

基金项目
本文系教育部人文社会科学研究青年基金项目《北宋京师画家群体研究》（批准号：17YJC760121）阶段性成果。

注释
[1] 姚瀛艇：《宋代文化史》，河南大学出版社1992年版，第441页。
[2] [元]脱脱等：《宋史》卷一百四十二，中华书局1977年版，第3348页。
[3] 吴松弟：《中国移民史》第四卷《辽宋金元时期》，福建人民出版社1997年版，第27页。
[4] [宋]耐得翁：《都城纪胜》序，中国商业出版社1982年版，第79页。
[5] [宋]郭若虚：《图画见闻志》卷六，中国艺术文献丛刊，浙江人民美术出版社2013年版，第165页。
[6] [元]脱脱：《宋史》卷二百六十三，第9105页。
[7] [宋]刘道醇：《五代名画补遗》，于安澜：《画品丛书》，河南大学出版社2014年版，第137页。
[8] [宋]郭若虚：《图画见闻志》卷三，第86页。
[9] 本案相关画家情况制表主要依据宋《圣朝名画评》《图画见闻志》《益州名画录》《宣和画谱》等书的辑录，再佐以元夏文彦《图绘宝鉴》、明代朱谋垔《画史会要》，清代王毓贤《绘事备考》、彭蕴灿《历代画史汇传》、官修《佩文斋书画谱》画家传所载宋代画家进行查补。进一步的甄别还参考了陈高华《宋辽金画家史料》、郭味蕖《宋元明清书画家年表》、朱铸禹的《唐宋画家人名辞典》和《中国历代画家人名词典》以及俞剑华的《中国美术家人名辞典》等相关索引与工具书。下文不再另作说明。
[10] [宋]李焘：《续资治通鉴长编》卷六，中华书局1983年版，第153页。
[11] [宋]沈括：《梦溪笔谈》卷十七，唐宋史料笔记丛刊，中华书局2015年版，第164页。
[12] [宋]刘道醇：《圣朝名画评》卷一，于安澜：《画品丛书》，河南大学出版社2014年版，第169页。
[13] [宋]李焘：《续资治通鉴长编》卷六，第361页。
[14] [宋]刘道醇：《圣朝名画评》卷三，第198页。
[15] [宋]沈括：《梦溪笔谈》卷十七，第164页。
[16] [宋]佚名：《宣和画谱》卷十七，于安澜：《画史丛书》，河南大学出版社2015年版，第722-727页。
[17] [宋]沈括：《梦溪笔谈》卷十七，第164页。
[18] [宋]郭若虚：《图画见闻志》卷一，

[19][宋]文同：《新刻石室先生丹渊集》卷二十二《彭州张氏画记》，《宋集珍本丛刊》（第九册），线装书局2004年版，第226-227页。

[20][宋]黄休复：《益州名画录》，《中国美术论著丛刊》，人民美术出版社1963年版。

[21][宋]刘道醇：《五代名画补遗》，第137页。

[22][宋]刘道醇：《圣朝名画评》卷第一，第161页。

[23][宋]宋敏求：《春明退朝录》卷上，唐宋史料笔记丛刊，中华书局2013年版，第5页。

[24][宋]江少虞：《宋朝事实类苑》卷四十三，上海古籍出版社1981年版，第567页。

[25]赵振宇：《北宋京师寺观宫室画壁考论》，《南京艺术学院学报（美术与设计版）》2017年第2期，第112页。

[26][宋]郭若虚：《图画见闻志》卷三，第88页。

[27][宋]刘道醇：《圣朝名画评》卷一，第162页。

[28]同上，第169页。

[29]经查宋初画家史料，太祖一朝除王霭、夏侯延祐、石恪三人外，文献均不能表明其他画手曾在此时被召入画院，或授予画院之相关职位。仅凭黄居寀归朝"复真命"、"授翰林待诏"（《益州名画录》卷中、《圣朝名画评》卷一、《图画见闻志》卷四），仍不能确定其与图画院相关。因而连同高文进、赵元长，及江南蔡润、厉昭庆、董羽等人在内，皆于太宗时进入图画院，且具体时间应以雍熙元年（984）翰林图画院正是设立后为妥。

[30][宋]刘道醇：《圣朝名画评》卷第一，第174页。

[31][宋]郭若虚：《图画见闻志》卷四，第140页。

[32][元]脱脱等：《宋史》卷二百六十九，第9238页。

[33][宋]刘道醇：《圣朝名画评》卷一，第169页。

[34][宋]佚名：《宣和画谱》卷七，第556页。

[35][宋]郭若虚：《图画见闻志》卷三，第90页。

[36][宋]刘道醇：《圣朝名画评》卷第一，第176页。

[37][宋]郭若虚：《图画见闻志》卷三，第87页。

[38]同上，卷一，第17页。

[39]同上，卷三，第94页。

[40][宋]刘道醇：《圣朝名画评》卷第一，第174页。

[41][宋]李焘：《续资治通鉴长编》卷十九，第425页。

[42]同上，第433页。

[43][宋]曾巩：《隆平集》卷十四，《中国史学基本典籍丛刊》，中华书局2012年版，第394页。

[44][清]徐松辑：《宋会要辑稿》职官三六《翰林院》，上海古籍出版社2014年版，第3950页。

[45]韩刚：《北宋翰林图画院制度渊源考论》，河北教育出版社2007年版，第159页。

[46]《圣朝名画评》卷一记太宗朝为图画院学生，《图画见闻志》卷三则称太祖朝为图画院学生。

[47][宋]刘道醇：《圣朝名画评》卷三，第210页。

[48]同上，卷第一，第176页。

[49]同上，第181页。

[50]太宗朝两次较大规模的相国寺绘壁，第一次约在雍熙中，由高益领衔；第二次重绘则为至道中，由高文进领衔，详见下文京师宗教绘事。

[51][宋]刘道醇：《圣朝名画评》卷第一，第176页。

[52]据《圣朝名画评》卷一与《图画见闻志》卷三，两书均记太宗龙飞之时，近戚孙四皓进高益所画《搜神图》，"上叹赏移刻"，遂待诏图画院。因而，除黄居寀归朝后即授翰林待诏外，高益当是太宗时最早被授以待诏职位的画家，而车谷、高文进初入画院时则皆为祗候。

[53][宋]刘道醇：《圣朝名画评》卷第一，第164页。

[54][宋]沈括：《梦溪笔谈》卷十七，第159页。

[55][宋]刘道醇：《圣朝名画评》卷第一，第181页。

[56][宋]黄庭坚：《山谷题跋》卷之三《书士星画》，《艺文丛刊》，浙江人民美术出版社2016年版，第53页。

[57][宋]刘道醇：《圣朝名画评》卷第一，第174页。

[58][宋]田况：《儒林公议》卷上，《笔记小说大观》，江苏广陵古籍刻印社1983年版，第3页。

[59]程民生：《宋代地域文化》，河南大学出版社1997年版，第259-280页。

[60][宋]刘道醇：《圣朝名画评》卷第一，第189页。

[61]同上，第177页。

[62][宋]郭若虚：《图画见闻志》卷四，第120页。

[63][元]脱脱等：《宋史》卷一百三，第2508页。

[64][宋]宋敏求：《春明退朝录》卷中，唐宋史料笔记丛刊，中华书局1980年版，第30页。

[65][宋]刘道醇：《圣朝名画评》卷第一，第173页。

[66][宋]钱若水：《宋太宗皇帝实录》卷第七十八，中国史学基本典籍丛刊，中华书局2012年版，第698页。

[67][宋]郭若虚：《图画见闻志》卷三，第94页。

[68][宋]刘道醇：《圣朝名画评》卷第一，第174页。

[69][宋]周密：《癸辛杂识》别集上，《唐宋史料笔记丛刊》，中华书局1988年版，第219页。

[70][宋]刘道醇：《圣朝名画评》卷第一，第174页。

[71][宋]黄庭坚：《山谷题跋》卷之三《书士星画》，第53页。

[72][宋]郭若虚：《图画见闻志》卷一，第17页。

[73][宋]黄休复：《益州名画录》卷中，第35页。

[74][宋]郭若虚：《图画见闻志》卷四，第121页。

[75][宋]佚名：《宣和画谱》卷十七，第706页。

[76][宋]刘道醇：《圣朝名画评》卷第一，第167页。

[77]同上，第163页。

[78]韩刚：《北宋翰林图画院制度渊源考论》，第24页。

[79][宋]刘道醇：《圣朝名画评》卷第一，第206页。

[80][元]脱脱等：《宋史》卷四百四十二，第13088页。

[81]令狐彪：《宋代画院研究》第三辑《徐、黄二体之争辨析》，人民美术出版社2011年版，第69-76页。

[82][宋]郭若虚：《图画见闻志》卷一，第31页。

[83][宋]沈括：《梦溪笔谈》卷十七，第164页。

[84][宋]佚名：《宣和画谱》卷十七，第706-713页。

[85][宋]刘道醇：《圣朝名画评》卷第一，第172页。

（下转第109页）

元代画家胡廷晖与故宫博物院藏《春山泛艇图》

史正浩

（河南大学美术学院，河南开封，475001）

【摘　要】 画史文献中记载的元代三位画家吴廷晖、胡廷晖和胡钦亮，其实只存在一位胡廷晖，吴廷晖为胡廷晖的讹传，钦亮为胡廷晖的表字。现藏于故宫博物院，归于胡廷晖名下的无款画作《春山泛艇图》，经过对其原鉴定依据的考察，并结合画作中出现的建筑样式来判断，其完成时间应为南宋，与胡廷晖所处的14世纪时代不符，并非胡廷晖的作品。同时通过对画面细节的考察认为，台北故宫博物院藏《明皇幸蜀图》与《春山泛艇图》并非同一画家所绘。《春山泛艇图》更接近于台北故宫博物院所藏的宋人《瑶池仙会图》。根据《春山泛艇图》中出现人物的着装、相互关系，以及画意等方面来判断，《春山泛艇图》是一幅具有道教色彩的仙山洞府题材山水画，其画名定为《仙山问道图》则更为妥当。

【关键词】 胡廷晖　吴廷晖　胡钦亮　春山泛艇图　明皇幸蜀图

一、胡廷晖与吴廷晖、胡钦亮之辨

在现存的元代界画作品中，有一幅署名吴廷晖的《龙舟夺标图》（图1）[1]，藏于台北故宫博物院。这是一幅纵124.1厘米，横65.6厘米的挂轴，绢本，设色。描绘的是龙舟夺标的场景。画面上部是连绵的山峰，山峰下方是云雾环绕、只露屋顶的宫殿。在宫殿下方水边的树林中，有辂车、仪仗和成群嬉戏的宫娥等。画面的最下方是开阔的水面和水面上夺标的龙舟。

这幅作品无款，旧签上题为吴廷晖，所以将其归入吴廷晖名下。关于作者吴廷晖，台北故宫博物院出版的《故宫藏画大系》中写道："吴廷晖。吴兴人。画青绿山水及花鸟。画极精密。"[2] 此处对于吴廷晖生平的简介，很明显参考了元代夏文彦的《图绘宝鉴》。《图绘宝鉴》中记载："孟玉涧、吴庭晖皆吴兴人，画青绿山水花鸟，虽极精密，然未免工气。同时有姚彦卿亦能画。"[3]

明末朱谋垔的《画史会要》（成书于1631年）承袭了《图绘宝鉴》中关于吴廷晖的记述："孟、吴俱吴兴人，画青绿山水花鸟，虽极精密，然未免工气。同时有姚彦卿亦能画。"[4] 从夏文彦和朱谋垔的记述中我们可以看出，吴廷晖的画风是偏精密细致的，从"未免工气"可以判断他是一位职业画家。

另外，在《画史会要》中的同一卷，还记载了另一位名为胡廷晖的画家，同样是吴兴人。据《画史会要》记载："胡廷晖，吴兴人，写山水。赵文敏家藏小李将军《摘瓜图》，历代宝之，尝倩廷晖全补，晖私记其笔意，归写一幅质公。公大惊赏，乱真，由此名实俱进。"[5] 《画史会要》中这段描写胡廷晖帮赵孟頫补李昭道《摘瓜图》的记载，源自元末明初文人张羽（1333—1385）的《胡廷晖画》诗，全诗是："画师我识吴兴胡，身长八尺苍髯须。目光至老炯不枯，藻绘万象穷锱铢。大儿十岁能操觚，小儿五岁能含朱。得钱但供酒家需，时复纵博为欢娱。魏公家藏摘瓜图，妙笔奚翅千明珠。胡一见之神顿苏，以指画肚潜临摹，落笔便与前人俱。祝融撑空阁道

图1　[元]吴廷晖，《龙舟夺标图》，绢本设色，124.1厘米×65.6厘米，台北故宫博物院藏。

孤，朝云暮雨相萦纡。中天碧瓦仙人庐，下有桃源风景殊。鸡犬似是先秦余，浔阳山客山泽臞。自从丧乱遭穷途，幸逢治世容微躯。尧舜亦有巢由徒，已办小艇长须奴。便欲往从渔父渔，江湖此境何地无。"诗后有张羽自作跋语："赵文敏公家藏小李将军《摘瓜图》，历代宝之者，尝倩廷晖全补。晖私记其笔意，归写一幅质公，公大惊赏，乱真，由此名实俱进。故诗及之。"[6] 张羽字来仪，后以字行，更字附凤。元末明初著名的文学家，与高启、杨基、徐贲并称吴中四杰。本浔阳（今江西九江）人，因避元末战乱居湖州，为安定书院山长，再徙于吴。入明后，洪武四年（1371）以儒士召对京师，应对不称旨，放归。后再征召，授以太常司丞。后坐事流放岭南，未半道召还，因知不能幸免，于南京龙江投水死，卒于洪武十八年（1385）六月。[7] 张羽跋中提到的《摘瓜图》很可能是《明皇幸蜀图》的别称。据北宋末年叶梦得（1077—1148）《避暑录话》记载，《摘瓜图》是《明皇幸蜀图》的另一个隐晦称呼[8]，《宣和画谱》中就著录有李昭道的《摘瓜图》[9]。

根据朱谋垔和张羽的记载可知，胡廷晖善写山水，并为赵孟頫补李昭道的青绿山水，应该是一位职业画家，这也是张羽称其为画师的原因。根据张羽所作诗的内容和语气，再结合张羽的生平可知，张羽在写这首诗时，胡廷晖已经是一个上了年纪的老人。胡廷晖与赵孟頫（1254—1322）的交集，应该发生在赵孟頫的晚年，当时胡廷晖年纪尚轻，后来他经历了"丧乱"的元末农民战争，一直活到了"治世"明初。

此外，《画史会要》中还记载了元代湖州的另一位画家胡钦亮："张文枢，德清人，山水宗巨然。时乌程胡钦亮、徐士元、归安孟玉涧、莫廷旸亦以画名。"[10] 清代康熙年间成书的《佩文斋书画谱》中，更是依据《湖州志》，将胡钦亮单独列出词条："胡钦亮，乌程人，以画名。"[11]

自晚明《画史会要》之后，吴廷晖、胡廷晖、胡钦亮在各种画史、画论著作中错杂出现，莫衷一是。甚至在《中国美术家人名辞典》中，也同时列出了三位画家词条。[12] 那么，画史中这三位画家是什么关系呢？其实他们是一个人。

晚明时期湖州人董斯张（1587—1628）所撰的《吴兴备志》中，收录有元代画家胡廷晖的一条材料："孟玉涧字天泽，胡廷晖字钦亮，皆吴兴人。画青绿山水、花鸟，虽极密，然未免工气。"[13] 此条后有小字"图绘宝鉴"，是作者所列出处。从这条材料我们可以看出，此材料虽引自元代夏文彦《图绘宝鉴》，但与《图绘宝鉴》所记有两点不同。一是《图绘宝鉴》中所记吴廷晖在《吴兴备志》中写的是胡廷晖。二是《吴兴备志》明确列出了胡廷晖的字是钦亮。夏文彦祖籍吴兴，但并未生长于斯。而董斯张与胡廷晖虽然前后相距两百余年，可毕竟同里，对胡廷晖的生平、字号掌握明显比夏文彦要精准。并且，在董斯张所撰的《吴兴艺文补》中，收录了前述张羽为胡廷晖画所题的那首诗。这说明在董斯张的眼里，并没有第二个胡廷晖。

元代夏文彦《图绘宝鉴》中只收录了一个吴廷晖，并且与孟玉涧、姚彦卿用一个词条。而到了朱谋垔的《画史会要》中，除了这一条照录外，又多出了胡廷晖与胡钦亮两条。自此以往，各种画史著作竟相因循。其实，最初的问题就出在夏文彦的《图绘宝鉴》上，可能是因为南方方言中"吴""胡"发音接近，夏文彦未能细究，也可能是因为笔误或刻书时的错误。到了明末，朱谋垔在编撰《画史会要》时，照录了其中的吴廷晖条，但是胡廷晖与胡钦亮在传闻与记述中又是非常重要的画家，朱谋垔也不知道胡钦亮就是胡廷晖，因此就列出了三条。这个画史中的错误，早先陈高华先生在其《元代画家史料》一书中已经注意到了，他指出："《图绘宝鉴》中有一吴兴画家名吴庭晖，应是胡廷晖之误。"[14] 而吴斌先生在给《元画全集》中《春山泛艇图》所做的说明中，认为廷晖是字，其名为胡钦亮。[15] 但从大量的文献记载，尤其是胡廷晖同时期人的记载，并结合古人名、字之间的解释关系来看，廷晖应该是名，钦亮应该是对廷晖的解释，是字。

因此，在元代的画史中只有一个胡廷晖，字钦亮，并不存在吴廷晖这位画家。

二、故宫博物院藏《春山泛艇图》是胡廷晖画的吗？

《春山泛艇图》（图2）[16] 现藏于故宫博物院，原名《青绿山水图》，旧为美国华裔收藏家王季迁先生所藏。此画为绢本青绿山水，纵143厘米，横55.5厘米，无款。1984年，故宫博物院杨新先生在游美期间见到该画，在画幅的右侧破损处发现"廷晖"半印。1998年，王季迁先生将此画捐赠给故宫博物院。此后，杨新先生在《文物》杂志1999年第10期上发表了《胡廷晖作品的发现与〈明皇幸蜀图〉的时代探讨》[17] 一文。文中以《春山泛艇图》上发现的"廷晖"半印为依据，认为其作者是元代画家胡廷晖。杨新先生又指出《春山泛艇图》与台北故宫博物院藏《明皇幸蜀图》风格近似，根据胡廷晖曾经为赵孟頫补《摘瓜图》，并模仿其笔意另画一张的史实，认为台北故宫博

图2 [元]胡廷晖，《春山泛艇图》，绢本设色，143厘米×55.5厘米，故宫博物院藏。

物院所藏的《明皇幸蜀图》应是胡廷晖的摹本，而非之前学界认为的宋摹本或明末拟古赝作[18]。杨新先生的文章发表后，在海内外学界引起了关注与争论。台湾《典藏古美术》杂志2000年第96期全文转载了杨新先生的这篇文章，同期还刊发了郑又嘉《元人画作或宋人摹本——石守谦对杨新看法的几点回应》和薛永年《〈明皇幸蜀图〉与〈春山泛舟图〉断代》两篇文章，对此问题进行了一番探讨。石守谦先生认为《春山泛舟图》(即《春山泛艇图》)上发现的"廷晖"半印，一方面难以确定是胡廷晖的印章，另一方面此印盖于右侧边缘，与一般作者落印于左下角的习惯不符。从绘画水平上来看，《明皇幸蜀图》明显要高于《春山泛舟图》，应为北宋末年摹本。《春山泛舟图》只是一种表面上形式的模仿，功力差得太远。[19]薛永年先生在杨新先生《春山泛艇图》为胡廷晖作品的判断基础上，从画面的空间、技法层面分析，认为《明皇幸蜀图》应为唐画的宋摹本较能令人信服。[20]

虽然石守谦和薛永年先生对杨新先生关于《明皇幸蜀图》时代的新观点给予了否定的意见，但故宫博物院已经将《春山泛艇图》归入胡廷晖的名下，这样也就为《明皇幸蜀图》的时代归属增加了一分不确定性。《明皇幸蜀图》是中国绘画史中非常重要的一张画，是标杆性的作品，因此关于《春山泛艇图》的归属，以及其与《明皇幸蜀图》的关系，就显得尤为重要。那么，《春山泛艇图》是胡廷晖画的吗？《春山泛艇图》与《明皇幸蜀图》是一个人画的吗？我认为有必要对此问题再进一步探讨。

（一）文献中记载的胡廷晖作品款印问题

杨新先生将《春山泛艇图》定为胡廷晖作品的最初也是最有力证据，是画上右边破损处留下的"廷晖"半印。杨新先生在论证过程中谈到这半方印章时写到："胡廷晖是一个画工，而不是书画收藏家。画工的创作，往往不署自己的名款，有的仅只钤盖自己的印章，这是元至明初的习惯。吴升《大观录》著录的胡廷晖《月洞仕女图》，也没有署款，仅押'胡廷晖印'一方。王季迁先生所藏《青绿山水图》也没有签署名款，那么这方'廷晖'残印，不可能是收藏印，而只能是作者印，确定这点是非常必要的。"[21]也就是说，杨新先生认为"廷晖"半印是胡廷晖名印的重要证据是明末清初人吴升《大观录》中著录的胡廷晖作品无款，只盖了名印。那么，胡廷晖的画作中真有不书名款，只盖名印的习惯吗？翻查书画著录中的胡廷晖作品发现，仅与吴升同时代的吴其贞的《书画记》中，胡廷晖作品有款的就有《雪村竹骑图》《青绿山水图》《金碧山水图》。[22]此外，现藏于台北故宫博物院的胡廷晖《蓬莱仙会图》上，落有隶书"胡廷晖制"款。[23]现藏于黄君实先生沃雪斋，归于胡廷晖名下的《秋江渔乐图》，结合时代风格和文献记载来看，可能是最可靠的胡廷晖作品，其上也落有"廷晖"款。[24]并且，吴升《大观录》中所著录的《月洞仕女图》虽然无款，只押有"胡庭晖印"，但吴升在记述中写道："此图高妙已极，似陈居中，恐非庭晖所办耳。"[25]也就是说，吴升自己都怀疑《月洞仕女图》是否为胡廷晖所作，这种存疑的作品怎么能说明胡廷晖使用款印的习惯呢？并且，即使《春山泛艇图》上发现的"廷晖"半印真的是"胡廷晖印"，也不能排除是鉴藏印或后人加盖上去的。

因此，仅从"廷晖"半印就判断《春山泛艇图》是胡廷晖所作，难免让人产生疑问。

（二）《春山泛艇图》中建筑样式超越胡廷晖的时代

《春山泛艇图》如果真的是胡廷晖所作，那根据胡廷晖的生平来看，其应该作于元代中期以后至明初，也就是约14世纪。但是《春山泛艇图》中的建筑样式，带有典型的早期建筑特征，如勾栏寻杖采用绞角造，寻杖与盆唇之间用斗子蜀柱，勾栏上饰有金釭，建筑上使用人字栱，建筑主体部分只用赤、白二色装饰。

勾栏就是我们平常说的栏杆，而寻杖是勾栏最上一层横木，即平常说的扶

图3 《春山泛艇图》中的勾栏

图4 日本法隆寺金堂的勾栏

图5 [元]王振鹏 《龙池竞渡图》中的勾栏

图6 敦煌第9窟中心柱后壁《嵩山神送柱故事》

图7 [南宋]李唐(传)《晋文公复国图》中的勾栏

图8 [南宋]《会昌九老图》中的勾栏

手。从《春山泛艇图》上来看，画中出现的勾栏（图3）均为单勾栏，寻杖为细圆柱形，勾栏转角处寻杖采用绞角造（又称绞井口），即垂直两条寻杖在转角处相交后出头。寻杖下方平行的盆唇和地栿采用合角造，没有出头。只有在桥梁、勾栏起始处，勾栏向内的转角处，寻杖才不出头，相交处施以望柱。这种做法在唐代非常盛行，现存日本法隆寺金堂的勾栏（图4）[26]就采用这种形式。此外，寻杖与盆唇之间，采用了斗子蜀柱的形式，蜀柱断面为四方形，上小下大，四边为内收的凹曲线。寻杖绞角造与斗子蜀柱在元代界画中仍有少量遗存，如王振鹏《龙池竞渡图》（台北故宫博物院藏，图5）[27]、敦煌第9窟中心柱后壁《嵩山神送柱故事》（图6）[28]。元代界画中出现的绞角造勾栏和斗子蜀柱，很可能是依据早期的粉本，或是师徒传承的结果。但即使如此，纵观现存与胡廷晖时代相同的元代界画家如李容瑾、夏永的界画作品，已经不见这种作法的勾栏了。

金钉是古建筑木构件上的装饰物，为金属制品。金钉有三种类型，一种是套在木构件上，二是片状物钉在木构件上，三是直角板带，可能是保护门窗的加固饰件。[29]《春山泛艇图》中出现的金钉（见图3）属于第二种，装饰于斗子蜀柱与寻杖、盆唇、地栿的相交处。勾栏上采用金钉装饰，盛行于唐代，至元代已不采用。传为南宋初年李唐的《晋文公复国图》（美国大都会艺术博物馆藏，图7）[30]、南宋无款《会昌九老图》（故宫博物院藏，图8）[31]中，还能见到栏杆饰金钉的情况。另一幅勾栏上带金钉的画是藏于日本的《唐僧取经图》册，此图因书有"孤云处士"名款，被学者认为有可能是元代王振鹏的作品[32]，但有学者根据画中栏杆的形制，结合现存建筑遗迹与画作，判断其时代为12世纪，即西夏晚期、南宋和金初期。[33]除此之外，在现存其他元代卷轴画中，基本没有见到勾栏饰以金钉的情况出现。

在《春山泛艇图》画面下方三分之一靠右处，有一座三重檐的楼阁建筑，在这座楼阁二层的阑额上，绘有人字栱（图9）。在阁楼旁边和画面左下角的回廊上，也发现了人字栱。人字栱出现在南北朝时期[34]，位于补间位置。北朝时期的人字栱基本上都是直线斜杆，隋代开始出现凹曲线形，栱尾拖长或上翘，装饰性更强。[35]唐代仍有使用，但是唐以后不再出现。[36]《春山泛艇图》中出现的凸瓣状人字栱，带有从隋唐人字栱向宋代出瓣驼峰[37]转化的特征。这种带有凸瓣状的人字栱，在台北故宫博物院所藏的宋人《松岩仙馆图》（图10）[38]中也有出现，并且《松岩仙馆图》与《春山泛艇图》都是模仿了《明皇幸蜀图》的风格创作的。根据李霖灿先生的观点，《松岩仙馆图》的成画时代应该在北宋中期。[39]

此外，如果细致观察《春山泛艇

图》中出现的建筑会发现，这些建筑装饰朴素，建筑梁柱、墙体饰以赤、白两色。从唐代壁画如敦煌壁画、懿德太子墓壁画和现存的唐代建筑实物如佛光寺大殿、南禅寺大殿来看，唐代建筑普遍使用赤、白两色装饰。这种质朴的装饰风格到宋代依然延续，不仅能从辽宋时期的绘画如《深山会棋图》（辽宁省博物馆藏，图11）[40]、《清明上河图》（故宫博物院藏）中见到，在文献中亦有记载。宋哲宗元祐八年正月，宰相吕大防等人向哲宗进讲时提道："前代宫室多尚华侈，本朝宫殿止用赤白，此尚俭之法也。"[41] 可见在北宋时期，这种装饰风格依然流行。但是从目前遗留下来的大量南宋时期的界画中我们会发现，南宋时期的建筑越发精致秀美，这种只以赤白两色装饰的质朴风格就比较少见了。

据前所述，《春山泛艇图》中的建筑具有早期建筑的特征，即使考虑绘画中建筑样式的延续性，也要超越胡廷晖所处的时代。因此，从以上建筑细节和用色的情况来分析，《春山泛艇图》出现的时间应该早于胡廷晖活动的14世纪，将其定为尚存古法的南宋时期则更为合理。

三、《春山泛艇图》与《明皇幸蜀图》非同一人所绘

关于杨新先生《明皇幸蜀图》（图12）[42] 也是胡廷晖摹本的观点，石守谦先生已经从绘画水平上给予了质疑和否定。笔者在考察过程中发现了一条新的线索，可以进一步确定两幅作品并非一人所绘。

通过对《春山泛艇图》和《明皇幸蜀图》画面的细致对比我们会发现，《春山泛艇图》中有四个部分明显模仿《明皇幸蜀图》。它们是《春山泛艇图》中画面上方的主峰，主峰右侧的小山，主峰下方小石峰与双松的组合和画面中心的倒锥状石峰四部分。[43] 这四部分分别

图9 《春山泛艇图》中建筑上的人字栱

图10 [宋]《松岩仙馆图》中的人字栱

图11 [辽]《深山会棋图》中的建筑

仿自《明皇幸蜀图》画面中部的山峰，山峰左侧后方的小山，山峰左下部的小石峰和松树，画面右侧中部的倒锥状石峰。正是在这处倒锥状石峰部分（图13）的模仿中出现的一个错误，暴露了《春山泛艇图》与《明皇幸蜀图》不可能为同一画家所绘的事实。

在《春山泛艇图》画面中心的倒锥状石峰的下方有一处几块山石构成的平台，平台上有几株杂树。在这处石平台的左侧紧挨的位置，有一条斜向左下方的线条，表现的是山坡的轮廓线。这条山坡的轮廓线向左下方延伸，与一条近乎垂直的、表现山石轮廓的线条相交。

图12 （传）唐人《明皇幸蜀图》，绢本设色，55.9厘米×81厘米，台北故宫博物院藏

图13 《春山泛艇图》（左）与《明皇幸蜀图》（右）中的倒锥状石峰

在这两条交线的上方，有一条斜向右下方的线条，与这两条线形成了一个近似三角形的形状。问题就出在这根线条上。从画面上来看，这根线条的出现显得毫无道理。它并不表现山石的轮廓，却将从上面建筑台阶下延伸过来的地平面分割。那么，这条线是怎么来的呢？当我们看了《明皇幸蜀图》的相同部分就会豁然开朗。《明皇幸蜀图》中的同一位置，也有一条这样的线条，表现的是山石的轮廓线，并且与其他两条线也形成了三角形的关系。三根线条所表现的山石轮廓合理地将此处的空间分割成四个层次，同时佐以行进的骑队，将山路的曲折、山谷的幽深表现的淋漓尽致。

我们试想，如果胡廷晖是《明皇幸蜀图》和《春山泛艇图》的共同作者，那他一定清楚这三根线条表现的是什么，以及它们的空间关系。那他怎么会在依据《明皇幸蜀图》创作《春山泛艇图》时，对自己亲手临摹过的作品如此不熟悉，如此生搬硬套地借鉴呢？胡廷晖的画艺可是曾经被赵孟頫所激赏的，他是有相当水准的职业画家，怎么会在创作的中犯这么低级的错误呢？

因此，仅从这一点结合常理来判断，《春山泛艇图》与《明皇幸蜀图》就不会是同一人所绘。

四、《春山泛艇图》画的是什么？

《春山泛艇图》原名《青绿山水图》，是根据画的内容和类型来命名的。那么，《春山泛艇图》到底画的是什么呢？我们能否从画的内容来分析出其题材呢？现在看来是有迹可循的。

《春山泛艇图》中共绘有八个人物，都位于画面的下部。从这些人物的形象与服饰等来看，主要有三类人：一类是头戴翘脚幞头的两个人，分别位于画面

左下方的回廊与船中；一类是随从服务人员，分别是书童与船工；剩下的四个人为一类，他们都有一个共同的特点，那就是身着道服。船中右侧的人物（图14）身着青蓝色道服，头顶所系类似道遥巾，手中执羽扇。手执羽扇似是宋元时期信道之人的喜好，现存传元代陈芝田所绘《吴全节十四像》中，就有元代玄教大宗师吴全节（1269—1346）手持羽扇的画像（图15）[44]。画面左下角边缘处的人物（图16）[45]身着青蓝色道服，头上戴有类似庄子巾或纯阳巾。在这个人物右上方的屋檐与山石之间，有一个沿着廊道上行的人物（图17）[46]，此人身着白色黑边袍服，头上盘有发髻，未戴巾冠。这种着装在《吴全节十四像》中也能看到（图18）[47]。在画面右下方的桥上，有一位策杖白衣人物（图

19），仔细观察其服装，也为白色黑边袍服，盘髻插簪。如此策杖装束，不仅在《吴全节十四像》中能看到（见图18），在台北故宫博物院所藏《松岩仙馆图》（图20）中也有类似人物。

同时还要留意的一个重要情况，与《春山泛艇图》风格最为接近的，其实并非是《明皇幸蜀图》和《松岩仙馆图》，而是现藏于台北故宫博物院的宋人《瑶池仙会图》（图21）[48]。《瑶池仙会图》是台北故宫博物院所藏《珍图荟帙》册页中的一幅，为绢本团扇，直径26厘米，签题为"宋人瑶池仙会"，《石渠宝笈三编》圆明园著录。[49]对比《瑶池仙会图》与《春山泛艇图》中山、石、云、树和树根部草丛的画法，线条的特点来看，两幅画风格确实非常相似，甚至可能是同一位画家所画。画中的总共出现

图14 《春山泛艇图》中着道服人物

图15 [元] 陈芝田（传）《吴全节十四像》之《青城象》

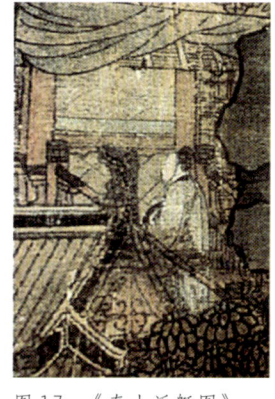

图16 《春山泛艇图》中着道服人物

图17 《春山泛艇图》中着道服人物

图18 [元]陈芝田（传）《吴全节十四像》之《衡岳像》

图19 《春山泛艇图》中着道服人物

图20 《松岩仙馆图》中的策杖人物

图21 [宋]无款,《瑶池仙会图》,绢本设色,直径26厘米,台北故宫博物院藏。

了十一位仙人,有的身着宽衣博带的飘逸仙服,也有的身着类似修道之人的服饰,头戴莲花冠。从画面中人物的着装、聚会的场景,以及画面左上角对于洞府的表现来看,确实是在描绘与道教有关的仙山洞府题材,签题为"瑶池仙会"应该是准确的。而《春山泛艇图》中所表现的山石掩映,云雾环绕的场景,加上前述四位身着道服人物的存在,其画意与《瑶池仙会图》应该类似。

也就是说,《春山泛艇图》是一幅具有道教色彩的仙山洞府题材山水画。结合画中两位头戴翘脚幞头人物与其身边道人的关系,如果给《春山泛艇图》起一个更为贴切的名字,《仙山问道图》应该是不错的选择。

此外,为什么《松岩仙馆图》《瑶池仙会图》和《春山泛艇图》这类模仿《明皇幸蜀图》的宋代画作都具有神仙色彩?这可能与《明皇幸蜀图》所代表的青绿风格本身的特点有关。《明皇幸蜀图》虽不能确定作者,但一般认为代表了唐代李思训一派的青绿风格。唐代张彦远《历代名画记》中,就记载了李思训山水画具有神仙色彩的特点:"其画山水树石,笔格遒劲,湍濑潺湲,云霞缥缈,时睹神仙之事,窅然岩岭之幽。"[50]因此,很可能宋代的这些模仿《明皇幸蜀图》的作品,在模仿其风格的同时,将其特定的题材和画意也继承了下来。

五、结论

画史文献中记载的元代三位画家胡廷晖、吴廷晖与胡钦亮,其实只有一个胡廷晖,字钦亮。现藏于故宫博物院的胡廷晖《春山泛艇图》,根据画中建筑细节的考察,其应该是南宋时期的画作,时代要超越胡廷晖所活动的14世纪。并且,《春山泛艇图》虽然在绘画表现和部分母题上对《明皇幸蜀图》有所借鉴,但应非同一人所绘。画中出现的四位身着道服的人物,显示其画意可能具有道教的色彩。再结合与之同样借鉴《明皇幸蜀图》的另外两张宋人画作《松岩仙馆图》和《瑶池仙会图》的画题、画意作进一步判断,《春山泛艇图》应是一幅具有道教色彩的仙山洞府题材山水画,"仙山问道"应是其画意所指。美术史研究是不断向前发展的,对许多画家、作品的认识也在不断更新,我们站在老一辈学者们的肩上,如果能有些许收获,也算是对前辈们的致敬。

作者简介
史正浩(1983—),男,河南许昌人。南京艺术学院艺术学博士、河南大学美术学院副教授、硕士生导师。研究方向:中国美术史。

注释
[1]台北故宫博物院编:《故宫藏画大系》第四册,台北故宫博物院1993年版,第115页。
[2]同上,第161页。
[3][元]夏文彦:《图绘宝鉴》卷五,元至正刻本,第8页。
[4][明]朱谋垔:《画史会要》卷三,景印文渊阁《四库全书》第816册,(台湾)商务印书馆1986年版,第53页。
[5]同上,第39页。
[6][明]张羽:《静居集》卷三,《四部丛刊三编》景明成化刻本,商务印书馆1936年版,第8页。
[7]张羽的生平据[明]王鏊:《姑苏志》卷五十七,景印文渊阁《四库全书》第493册,(台湾)商务印书馆1986年版,第23页;[清]张廷玉等:《明史》卷二百八十五,中华书局1974年版,第7329页;[明]童冀:《太常司丞张来仪墓铭》,见张羽《静居集》附录,《四部丛刊三编》景明成化刻本,商务印书馆1936年版;[明]吕勉:《静居先生挽诗》,见张羽《静居集》附录,《四部丛刊三编》景明成化刻本,商务印书馆1936年版;[明]张习:《静居集后志》,见张羽《静居集》附录,《四部丛刊三编》景明成化

刻本，商务印书馆1936年版；杨建：《张羽诗歌研究》，广西大学2011年硕士学位论文，第3-8页。

[8] [宋]叶梦得《避暑录话》载："《明皇幸蜀图》，李思训画，藏宗室汝南郡王仲忽家。余尝见其摹本，方广不满二尺，而山川、云物、车辇、人畜、草木、禽鸟无一不具。峰岭重复，径路隐显，渺然有数百里之势，想见为天下名笔。宣和间，内府求画甚急，以其名不佳，独不敢进。明皇作骑马像，前后宦官、宫女、导从略备，道旁瓜圃，宫女有即圃採瓜者，或讳之为《摘瓜图》。"[宋]叶梦得：《避暑录话》卷下，景印文渊阁《四库全书》第863册，（台湾）商务印书馆1986年版，第45页。

[9] 据《宣和画谱》记载："李昭道，思训之子，父子俱以画齐名，官至中书舍人，时人以小李将军称。智思、笔力视思训为未及，然亦翩翩佳公子也，能不堕于裘马弦之习，而戏弄翰墨，为一时妙手，顾不伟欤！武后时，残虐宗支，为宗子者，亦皆慑恐不获安处，故雍王贤作《黄台瓜辞》以自况，冀感其悟。而昭道有《摘瓜图》，著戒不为无补尔。今御府所藏六。"其中之一即为《摘瓜图》。[宋]佚名：《宣和画谱》卷十，景印文渊阁《四库全书》第813册，（台湾）商务印书馆1986年版，第3页。

[10] [明]朱谋垔：《画史会要》(卷四)，景印文渊阁《四库全书》第816册，（台湾）商务印书馆1986年版，第8页。

[11] [清]孙岳颁等：《御定佩文斋书画谱》卷五十四，景印文渊阁《四库全书》第821册，（台湾）商务印书馆1986年版，第14页。

[12] 吴庭晖、胡廷晖、胡钦亮词条分别见俞剑华编：《中国美术家人名辞典》，上海人民美术出版社1981年版，第294、621、627页。

[13] [明]董斯张：《吴兴备志》卷二十五，景印文渊阁《四库全书》第494册，（台湾）商务印书馆1986年版，第20页。

[14] 陈高华：《元代画家史料》，上海人民美术出版社1980年版，第533页。

[15] 浙江大学中国古代书画研究中心编：《元画全集》第一卷第三册，浙江大学出版社2012年版，第291页。

[16] 同上，第162页。

[17] 据杨新先生在文中所记，此文最早成稿于1993年，并在当年日本东京国立博物馆举办的"宋元书画国际讨论会"上宣读。

[18] 认为是宋摹本的代表是台北故宫博物院的李霖灿先生，其论文《宋人〈关山行旅图〉与〈明皇幸蜀图〉》《〈明皇幸蜀图〉后记》《〈明皇幸蜀图〉的新研究》，判断该画为宋人仿唐之作，时代不会早于北宋。见李霖灿：《中国名画研究》，浙江大学出版社2014年版，第13-37页。认为是明末仿古赝作的代表为日本学者古原宏伸，见其论文《唐人〈明皇幸蜀图〉》，录于[日]古原宏伸：《中国画卷の研究》，中央公论美术出版2005年版，第129-134页。随着杨新观点的提出，古原宏伸转而支持杨新的观点，认为此画为元代胡廷晖所作，见1995年3月于上海、湖州举办的"赵孟頫国际学术研讨会"所印制的《赵孟頫国际学术研讨会论文提要集》。关于《明皇幸蜀图》时代的其他各家观点，可以参考林柏亭主编《大观——北宋书画特展》陈韵如为《明皇幸蜀图》所作图版说明，台北故宫博物院2006年版，第147-151页。

[19] 见《典藏古美术》2000年9月第96期，第35-37页。

[20] 薛永年先生在文中写到："至于杨新兄发现的胡廷晖《春山泛舟图》，其山石虽仿自《明皇幸蜀图》，而下部松树已处于赵孟頫影响之下，整个画面情调趋于平和闲雅，构图设色亦不再有《明皇幸蜀图》的气势。就此固然可以推想《明皇幸蜀图》为胡氏忠于原作的摹本，亦未尝不可设想胡氏通过《明皇幸蜀图》而学到了《春山泛舟图》的山石画法，由于时代风格之异，也许后一设想更有说服力……作品中介乎高山大川的崇仰意识和人与自然的亲和意识之间的状态，也显示了把该图看作盛中唐绘画北宋仿本的意见相对较为令人信服。"同上，第39页。

[21] 杨新：《胡廷晖作品的发现与〈明皇幸蜀图〉的时代探讨》，载《文物》1999年第10期，第96页。

[22]《雪村竹骑图》款署："胡廷晖画"，见[清]吴其贞：《书画记》卷二，人民美术出版社2006年版，第157页。《青绿山水图》，吴其贞云："上有题识，忘录之。"见[清]吴其贞：《书画记》卷五，人民美术出版社2006年版，第389页。《金碧山水图》款署："胡廷辉摹古"，见[清]吴其贞：《书画记》卷五，人民美术出版社2006年版，第440页。

[23] 台北故宫博物院编：《故宫书画图录》第4册，台北故宫博物院1990年版，第155、156页。

[24] 黄君实、庞志英编著：《沃雪斋藏古代绘画选集·元代绘画》，中国美术学院出版社2018年版，第88-91页。

[25] [清]吴升：《大观录》卷十八，民国九年（1920年）武进李氏圣译楼本，第58页。

[26]（日）吉田觉胤：《法隆寺金堂壁画》，法隆寺1940年版，第1页。

[27] 台北故宫博物院编：《故宫藏画大系》第四册，第29页。

[28] 萧默：《敦煌建筑研究》，机械工业出版社2003年版，第276页。

[29] 关于金缸的定义，见李剑平编：《中国古建筑名词图解辞典》，山西科学技术出版社2011年版，第280页。

[30] 浙江大学中国古代书画研究中心编：《宋画全集》第六卷第三册，浙江大学出版社2008年版，第88页。

[31] 同上，第一卷第六册，浙江大学出版社2010年版，第196页。

[32] 见李思洋：《〈唐僧取经图册〉时代属性再探及典型建筑复原》，南京大学硕士论文2014年，第4-6页。

[33] 同上，第55、56页。

[34] 潘德华：《斗拱》，东南大学出版社2011年版，第6页；李剑平编：《中国古建筑名词图解辞典》，第28页。

[35] 萧默：《敦煌建筑研究》，第225页。

[36] 李剑平编：《中国古建筑名词图解辞典》，第28页。

[37] 同上，第97页。

[38] 台北故宫博物院编：《故宫藏画大系》第二册，第108页。

[39] 李霖灿：《中国名画研究》，浙江大学出版社2014年版，第67页。

[40] 图片来源：浙江大学中国古代书画研究中心编：《宋画全集》第三卷第二册，浙江大学出版社2009年版，第245页。

[41] [宋]李焘：《续资治通鉴长编》第19册，中华书局2004年版，第11416页。

[42] 台北故宫博物院编：《故宫藏画大系》第一册，第28页。

[43] 关于《春山泛艇图》与《明皇幸蜀图》的关系，还可参考李如珊：《台北故宫本〈明皇幸蜀图〉研究》，台湾大学2007年硕士论文，第57页。

[44] 浙江大学中国古代书画研究中心编：《元画全集》第五卷第二册，第62页。

[45] 傅东光编：《故宫博物院藏品大系·绘画编》第六册，故宫出版社2010年版，第165页。

[46] 同上，第165页。

[47] 浙江大学中国古代书画研究中心编：《元画全集》第五卷第二册，第63页。

[48] 何传馨编：《故宫书画图录》第29册，台北故宫博物院2010年版，第19页。

[49] 同上，第230页。

[50] [唐]张彦远：《历代名画记》卷九，人民美术出版社1963年版，第180页。

（栏目编辑　顾平）

朱玉《揭（劫）钵图》顾潜题跋研究

张毅捷　何洋　朱玉珉

（西南交通大学建筑与设计学院，成都，611756；河北科技大学铁扬艺术研究院，石家庄，050018）

【摘　要】 现存元代著名画家朱玉《揭钵图》两幅——分别被称为浙本和美本，另有一幅《太平风会图》。这三幅图拖尾都有明代文人顾潜题跋。文章通过对朱玉上述三图后顾潜跋语的初步认读和研究，认为浙本《揭钵图》潜跋、美本《揭钵图》潜跋和《太平风会图》潜跋分别出自三人之手，其中至少有两个跋语为伪造。美本《揭钵图》《太平风会图》潜跋为伪造。同时顾潜为《揭钵图》题跋不可能在"正德庚寅"年（1530）。

【关键词】《揭（劫）钵图》　《太平风会图》　顾潜　朱玉（朱君璧）　展桂堂

一、引子

表现《宝积经》中鬼子母救子故事的《揭（劫）钵图》在中国绘画史上是比较重要的佛教题材作品，元代画家朱玉曾临摹宣和秘藏李公麟《劫钵图》。根据《弇州山人四部续稿》的记载，在1590年之前吴中有朱玉摹本《劫钵图》两本[1]，而今日存世亦有两本：一本藏浙江省博物馆，世称"浙本"；一本原为美国私人所藏，后于2012年秋由上海博物馆拍得，世称"美本"。

早在1987年国家文物鉴定委员会谢稚柳、刘九庵、杨仁恺、傅熹年和启功等对浙本就有定论："此本真好，卷后跋真"[2]。据《中国古代书画鉴定实录》，鉴定组对浙本的鉴定意见为资料——既未断其为真迹，亦不目为伪迹，更没有不同意见，或可能是真迹中水平稍差的一类。[3]

而将浙本和美本结合起来进行研究的主要有以下几家。

乐愕玛认为浙本顾潜跋、张寰跋以及文彭跋"内容可靠，书法均系真迹，故而可以肯定此图真迹无疑"；而美本"顾潜至钱穀的五跋……或抄或改或拟造，均系伪迹"。最后乐愕玛比较两个本子的画面指出美本从浙本摹得。[4]

书画鉴定专家黄涌泉对比两个本子认为，美本比浙本好：人物线条更加飘逸，几无断笔，面部结构精准，服饰线条洒脱，而浙本有近半人物线条出现断笔，同时浙本上顾潜和张寰两人的题跋是描出来的。[5]

孙炜在2012年公开的研究文献中，引用了黄涌泉的观点："'浙本'的顾潜、张寰题跋，字是描出来的"，同时指出"可以肯定'美本'是祖本，'浙本'是临摹本"[6]，说明作者认同黄涌泉的观点。

张炳金在《元画全集》中指出美本虽然有"姑苏昆山朱玉君璧父章"和"朱氏君璧"两方朱文印，但断其为朱玉作品仍需更多证据。[7] 赵幼强在《元画全集》中引用了黄涌泉的关于浙本、美本两个版本的观点，但不包括黄涌泉认为"美本比浙本好"以及"浙本上潜跋寰跋是描出来的"这两个观点。[8]

书画鉴定家徐邦达弟子王连起则认为美本摹自浙本，根据是两幅画仅有的不同之处在于画中的一个架子，浙本是竹子的，而作为临本的美本则把架子变成了木头。[9]

由此看来学术界对两个本子的很多问题还存在争议，其中包括对卷后题跋的鉴别：认同浙本题跋为真的有中国古代书画鉴定组和乐愕玛，乐还认为美本五条跋文或抄、或改，均系伪造，并进而对这些跋语作伪的年代和地域进行了推测：1569年至1571年前后的苏州地区。黄涌泉则认为浙本潜跋、寰跋是描出来的，而美本的题跋[10]比浙本好。

上述两种截然不同观点均立足于两幅《揭钵图》卷后的题跋，事实上浙本卷后有五跋：顾潜题跋、张寰题跋、文彭题跋、韩崇题跋和吴大淳题跋；美本卷后有七跋：顾潜题跋、文徵明题跋、张寰题跋、黄姬水题跋、钱穀题跋以及袁克文的两个题跋。两者均有顾潜题跋和张寰题跋。而在美国芝加哥艺术研究所（Art Institute of Chicago）另存一幅朱玉《太平风会图》，其中也有顾潜题跋[11]，并且和上述两个本子的潜跋有极为密切的关系。本文拟从聚焦这三个顾潜题跋入手对相关问题进行深入。

二、三幅作品的顾潜题跋认读及《静观堂集》所载《跋劫钵图》

目前三幅作品的顾潜题跋都有公开的照相，我们对这些照相中的文字进行初步认读如下文。

（一）朱玉《揭钵图》（美本）顾潜题跋及其钤印（图1）

钤印："吴郡"（朱印）

跋文：右劫钵图吾崐朱君璧氏所画世/传佛氏以大愿力摄伏天魔外道/真[12]一琉璃钵中诸魔属百计攻/劫弗获而佛氏趺坐莲台庄严/自如邪之不能胜正皆类是夫/图长仅四尺而境界宏大人/物繁密魔之属盖以百数或/狞恶或虩勇或相睢盱[13]或肆/凭陵[14]佛之属侍卫后先者亦[15]各/数十则皆棣棣[16]于于[17]安闲镇定/各极情态复有云雾雷电/之象蛟龙蛇虺虎貅象犀/之形地有岩险坡陀树有松/栝[18]器物有冠裳介胄旗鼓矛/戟戈殳刀剑弓弩符印车扇/之类亦各肖似且细入毫发曾/不少紊非思致目力夐[19]绝于人/不能与于此少陵谓良工心独/苦[20]信夫君璧初师王朋梅[21]卒/尽其技盖在元季国初去今/百六十年求画品如是者鲜矣今人之/不逮古岂独/文章行业然哉予于是乎/有感图本朱氏家藏流落吴城[22]/者累年好事者重购而归/崐之蕳璧[23]也今属吴君纯甫[24]/纯甫博雅好古其知所宝/矣近/持以过予幸一寓目敬纪其后/而归之 正德庚[25]冬十月之吉顾潜[26]/识/于展桂堂[27] 钤印："桴斋"[28]（白印）、"侍御之章"[29]（朱印）

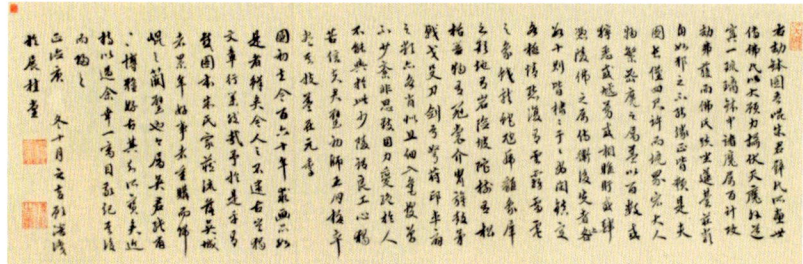

图1　朱玉《揭钵图》（美本）顾潜题跋　资料来源：《2012盈时通讯》，第22页，照相

（二）朱玉《揭钵图》（浙本）顾潜题跋及其钤印（图2）

钤印："吴郡"（朱印）

跋文：右劫[30]钵图吾崐[31]朱君璧氏所画世/传佛氏以大愿力摄伏天魔外/道真一琉璃钵中诸魔属百计/攻弗获而佛氏趺坐莲台/庄严自如邪之不/能胜正皆类/是夫图长仅四尺许而境界宏大/人物繁密魔之属盖以百数或/狞恶或虩勇或相睢盱或肆凭/陵佛之属侍卫后先者亦数十则/皆棣棣于于安闲镇/定各极情态/复有云雾雷电之象蛟龙蛇/虺虎貅象犀之形地有岩险坡陀/树有松栝器物有冠裳介胄旗/鼓矛戟戈殳刀剑弓弩符印车/扇之类亦各肖似且细入/毫发曾/不少紊非思致目力夐[32]绝于/人不/能与于此少陵谓良工心独苦信/夫君璧初师王朋梅卒尽其技/盖在元/季　国初去今百六十年/求画品如/是者鲜矣今人之不逮古/岂独文章行业/然哉予于是乎/有感图本朱氏家藏流落/吴城/者累[33]年好事者重购而归崐之蕳/璧也今属吴君纯甫纯甫博雅好古/其知所宝矣近持以过予幸一寓/目谨[34]记其后而归之。正德庚辰[35]冬十月之吉顾潜识"

钤印："桴斋"（白印）、"侍御之章"（朱印）

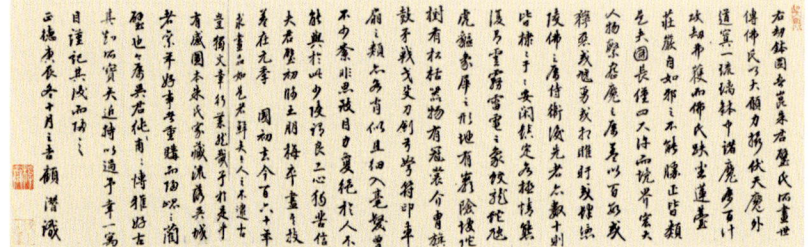

图2　朱玉《揭钵图》（浙本）顾潜题跋　资料来源：《元画全集》第三卷第三册第194-195页照相

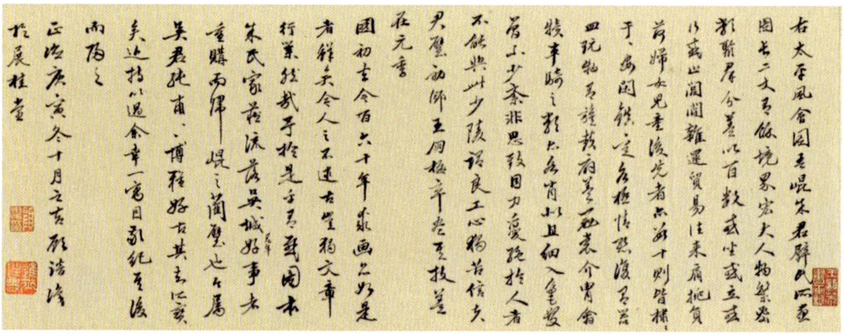

（三）《太平风会图》顾潜题跋及其钤印（图3）

钤印："王颙庵书画记"[36]（白印）

跋文：右太平风会图吾崐朱君璧氏所画/图长二丈有余境界宏大人物繁密/影聚群分盖以百数或坐或立或/行或止闾阎[37]杂还贸易往来肩挑负/荷妇女儿童后先者亦数十则皆棣棣/于于安闲镇定各极情态复有器/皿玩物有旗鼓扇盖冠裳介胄禽[38]/犊车骑之影亦各肖似

图3　《太平风会图》顾潜题跋　资料来源：芝加哥艺术研究所官网

且细入毫发／曾不少紊非思致目力曼³⁹绝于人者／不能与此少陵语良工心独苦信夫／君璧初师王朋梅卒尽其技盖／在元季／国初去今百六十年求画品如是／者鲜矣今人之不逮古岂独文章／行业然哉于是乎有感图本／朱氏家藏流落吴城有年⁴⁰好事者／重购而归崐之蘭璧也今属／吴君纯甫纯甫博雅好古其知所宝／矣近持以过余幸一寓目敬纪⁴¹其后／而归之／正德庚寅⁴²冬十月之吉顾潜识／于展桂堂"

钤印二方："顾潜印"（白印）、"进士柱史"⁴³（白印）

（四）《静观堂集》所载《跋劫钵图》

在顾潜《静观堂集》收有《跋劫钵图》⁴⁴，内中文字与美本、浙本潜跋略有出入。具体的跋文如下：

"右劫钵图吾崑朱君璧氏所画世传佛氏以大愿力摄／伏天魔外道置之琉璃钵中诸魔属百计攻劫弗获而／佛氏趺坐莲台庄严自如邪之不能胜正也如是图长／仅四尺许然境界甚宏人物甚繁魔之属盖以百数或／狞恶或虓勇或相雎盱或肆凭陵佛之属侍卫后先者／亦数十则皆棣棣于安闲镇定各极情态复有云雾／雷电之象蛟龙蛇虺虎貙象犀之形地有巖险坡陀／树有松栝器物有冠裳介冑旗钺矛戟戈殳刀剑弓弩符／印车扇之类亦各肖似且细入毫发曾不少紊非思致／目力夐绝于人不能与此少陵云良工心独苦信夫君／璧初师王朋梅卒尽其技盖在元季 国初时去今百／六十年求画品如是者鲜矣今人之不古逮岂独文章／行业然哉余于是乎有感图本朱氏家藏流落吴城者／紊⁴⁵年好事者重购而得崐之蘭璧也今属吴君秀夫⁴⁶秀／夫博雅好古其知所宝矣近持以过余幸一寓目谨记⁴⁷／其后而归之"

比较美本、浙本和静观堂本潜跋，就文字上来讲三者之间美本和浙本的文字内容更为接近，而静观堂本有可能是题跋之后收入文集之时进行修改润色的结果。其中静观堂本与美本、浙本潜跋有出入的部分如上述引文中有波浪线的部分所示。

三、四种顾潜跋语文字字形的分析

审视美本、浙本、静观堂本《揭钵图》潜跋和《太平风会图》潜跋，四者相似之处非常多，首先在文章结构上四者基本一致——都是"总说、详细介绍

表1 三种潜跋文意相近部分中汉字有别之处列表

序号	汉字	美本	浙本	《风会图》	静观堂本
1	崐/崑	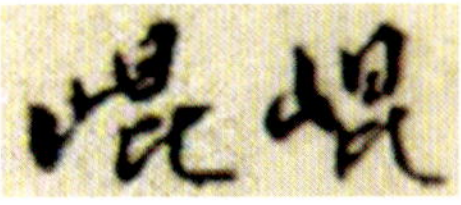 崐	 崑/崐	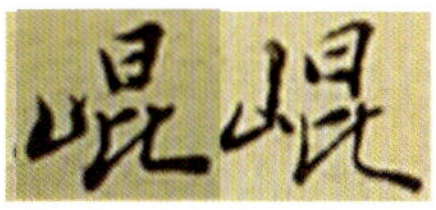 崐	 崑
2	累/紊/有	 累	 紊	 有	 紊
3	过余/过予	 过余	 过予	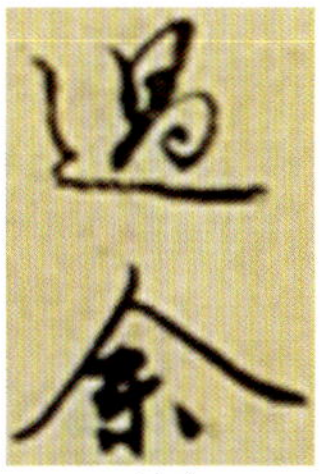 过余	 过余
4	敬纪/谨记	 敬纪	 谨记	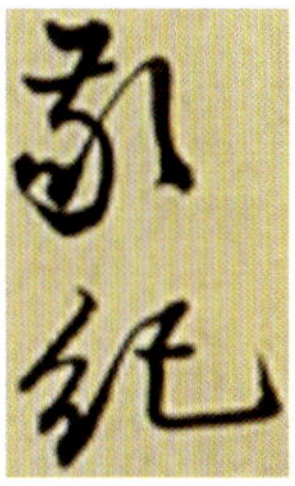 敬纪	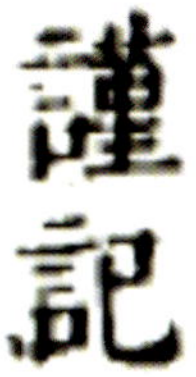 谨记

绘画及该图流变"的文字结构，其中四者文意相同或相近的文字如下：

右……图吾崐朱君璧氏所画……境界宏大人物繁密……盖以百数……数十则皆棣棣于于安闲镇定各极情态……冠裳介胄……亦各肖似且细入毫发曾不少紊非思致目力夐绝于人者不能与于此……此少陵语良工心独苦信夫君璧初师王朋梅卒尽其技盖在元季／国初去今百六十年求画品如是者鲜矣今人之不逮古岂独文章行业然哉予于是乎有感图本朱氏家藏流落吴城累年……年好事者重购而归崐之箘壁也今属吴君纯甫纯甫博雅好古其知所宝矣近持以过余幸一寓目……敬记其后而归之／正德庚……冬十月之吉顾潜识。

对比四个跋语中上述文字形象，值得注意的有两种：文字字形完全不同者和文字字形略微差异者。

（一）文字字形完全不同者

文字字形完全不同的主要有以下几个字：崐(崑)、累(纍/有)、余(予)、敬纪(谨记)。这几个字在四种潜跋中具体的书体如表1所示。

从以上几个字的字形来看，总体上美本和《风会图》潜跋中的这几个字相对一致，同时浙本和静观堂本的也相对一致，两组之间则截然不同。但是有两处例外，其一是"流落吴城累年"中的"累"字，美本、浙本、静观堂本均作"累"字，只是字形不同——浙本和静观堂本均作"纍"，美本是"累"，而《风会图》则干脆换成另外一个汉字"有"，并且"有年"两个字还是作为小字写在"好事者"的"好"字之右（图1），应当是跋语写完之后补笔加上去的。同样是补笔加上去的还有美本"亦各数十则"的"亦"字，该字也是小字书于"各"字右侧（图3）。而通观浙本没有一处加笔。另一处例外则是"近持以过余"中的"余"字，美本、静观堂本和《风会图》均作"余"，浙本作"予"。总之美本和《风会图》潜跋在这几个字的字形上相对浙本和《静观堂集》潜跋中

表2 四种潜跋文意相近部分中汉字字形略微差异的文字列表

序号	汉字	美本	浙本	《风会图》	静观堂本
1	密				无此字
2	数				
3	镇				
4	态				
5	毫				
6	发				
7	夐				

8	与				
9	谓				
10	师				
11	朋				
12	尽				
13	其				
14	求				
15	画				
16	是				
17	德				无此字
18	顾潜				无此字
19	识				无此字

的文字字形更为接近。

（二）文字字形略微差异者

文字字形略微不同的主要有表2中的二十个字。

从这二十个字来看四条跋语中的字形差异总体分为三类：字体结构有些差异、字体之间是端正和潦草之间的差异以及书体之间的细微差异。

字体结构差异主要有"密""数""发""叀"和"画"五个字。浙本"密"字上有宝盖头，而美本和《风会图》本则没有；"数"字三本的差异主要在体现在正体之间，浙本"数"字正体左侧是"婁"，而美本和《风会图》本则为"娄"；浙本"发"字下方左侧有明显的一撇，美本和《风会图》则没有；浙本"叀"字上方是"刀"字头，而美本和《风会图》本则是"爪"字头；浙本"画"字为"畫"，而美本和《风会图》本则是"画"。很明显浙本的这五个字分别与美本、《风会图》本不同，而与《静观堂集》本一致；同时美本和《风会图》本一致。这一点和前文分析的结果一致：美本潜跋与《风会图》潜跋更为接近。

字体之间存在的差异主要体现在正体和草体之间：其中有十一个字浙本呈现正体，而美本和《风会图》本呈现出潦草体，这11个字是"镇""态""毫""与""朋""尽""求""德""顾""潜""识"；还有两个字"师"和"是"浙本呈现草体，美本和《风会图》本呈现正体。

书体之间有细微差异的有"谓"和"其"等字，也是相对来讲美本和《风会图》本比较接近，而与浙本相远。

综合以上可以看出，美本潜跋和《风会图》本潜跋字形上总体比较接近，而浙本潜跋与上述两跋相比更为疏远，同时浙本潜跋字形上与《静观堂集》中所载更为接近。另外从书法风格上来看，美本潜跋和《风会图》潜跋比较放松，同时分别各有一处加笔；与之相对浙本潜跋书体比较严整，全文没有一处加笔——特别是顾潜题名也同样比较端整。因此从字形上来看，本文更倾向于认为美本潜跋和《风会图》潜跋关系更为密切，而浙本潜跋则与上述两跋关系较远。而单纯从书法运笔走势的角度来看，美本潜跋和《风会图》潜跋虽然字形相近，但亦非出自同一人之手。因此就字形和书法的角度来看，三条跋语分别出自三人之手，因此至少有两条跋语为伪造，或者三者均伪。

四、四种顾潜跋语题款的分析

四种顾潜跋语中只有美本、浙本和《风会图》本有具体的题款，其中值得特别关注的主要有两部分内容：题款的时间和地点。

（一）几种潜跋的题款时间

1. 几种潜跋字面上的题款时间

美本潜跋、浙本潜跋和《风会图》本潜跋均题为正德年间，但各不相同。

美本潜跋题款年代为"正德庚　冬十月之吉"，浙本潜跋题款年代为"正德庚辰冬十月之吉"，《风会图》潜跋题款年代为"正德庚寅冬十月之吉"。从朱玉《揭钵图》两个本子顾潜题跋的内容来看，如果当初顾潜确有给两幅画题跋，那么它们应该是同日所书。从题跋中"国初去今百六十年"来推算，应该就是"正德庚寅"。但"正德"并无"庚寅"的年号，若取信美本《揭钵图》潜跋，则可能的年号有两种：正德庚午（1510）、正德庚辰（1520），但这两个年号上距国初的1368年分别是142年和152年，相对来讲《风会图》潜跋中的"正德庚寅"（1530）与潜跋所云"国初去今百六十年"似乎更为吻合。

值得注意的是，从北京盈时公布的拍卖照相来看，"正德庚"三字之后的空白处有明显的涂抹痕迹，像是原来有字而被有意地涂抹掉了。乐愕玛在1997年的文献中曾提到一个故宫博物院提供照片资料的朱玉款白描纸本《揭钵图》。据该文注释45可知，这个朱玉款《揭钵图》的照相资料为故宫博物院书画组提供，当时"原件现藏不详，可能为美国私人藏品，被拿来给故宫看时，故宫拍照留为参考资料，内部有关记录不详"[48]。根据乐愕玛的描述该本后有六人七跋，分别是顾潜正德庚寅跋、文徵明八十一岁跋、张寰嘉靖庚戌之秋跋、黄姬水跋、钱毂隆庆己巳跋、袁克文1914年两跋，结合北京盈时公布的拍卖资料以及《元画全集》中所收录的上海博物馆藏《揭钵图》的相关信息来判断，乐愕玛文中的这个故宫博物院书画组提供的照相资料就是美本《揭钵图》。而据乐文这个美本照相资料上顾潜的题跋有明确的年号"正德庚寅"，与《风会图》顾潜跋语题款年号完全一致，两者题款均指向同一个日期，即"正德（嘉靖）庚寅十月之吉"。这与我们单纯从字形上的分析结论不矛盾："美本潜跋与《风会图》潜跋属于同一系统。"

也就是说三条潜跋字面上的题跋日期共有两种"正德（嘉靖）庚寅十月之吉"（美本、《风会图》本）和"正德庚辰十月之吉"（浙本）。

下面再来讨论一下"正德庚寅"这个年号的问题。

2. 有关正德庚寅的年号

最早认识到"正德庚寅"存在问题的也是乐愕玛，他在《〈揭钵图〉卷研究略述（下）》中指出："按明史纪年，正德朝无庚寅，庚寅年已是嘉靖九年（1530），如此错误估计是抄写者笔误，或者作伪者有意留下的尾巴。"乐愕玛的第一个推测不大可能成立，如果这个错误是抄写者笔误，那么同样的错误怎么可能同时出现在两幅作品的跋语中呢？再者这两幅作品都有加笔，显然题跋者在写完之后曾经检查，若是抄写错误，发现之后还有可能进行加笔修正或者重写，但两幅作品都没有对这个错误进行修正。这说明乐愕玛的第一个推测可能性不大。再来看第二个推测——作伪者有意为之，如果是作伪者有意为之，那么跋语中"国初去今百六十年"这句话也应该是有意为之。这样一来浙本的潜跋也难逃作伪的嫌疑，因为"国初去今百六十年"基本上是与"庚寅年"相应的，而非"庚辰年"。这个问题比较复杂，将在后文深入，下面专门谈谈"正德庚寅"年号的问题。

史籍中"正德庚寅"年号屡屡出现。例如，嘉靖《惠州府志》卷一有："正德庚寅，金事胡恩始建公署于长乐"[49]的文字，这本惠州府志现有1556年刻本和天一阁嘉靖刻本，因此嘉靖年间也有把嘉靖庚寅年写作正德庚寅的现象，具体原因待考。无独有偶，在《中华舒氏统谱》[50]、《明故处士章田李公暨配丁氏、腰张氏合葬志铭》[51]、《柴云锦田黄氏大宗族谱》[52]、《民国灵山县志》[53]、《蔚县志》[54]中都看到了相同的年号。另外杨慎《文公家礼序》文末也有署"正德庚寅岁七月壬寅"[55]者。

综合以上史籍中出现"正德庚寅"年号的信息如表3。

从表3来看史籍中出现"正德庚寅"年号的文献有地方志三种、家谱七种、墓志铭碑刻一种以及序跋一种，其中地方志、族谱以及墓志铭都很有可能立足

表3 含"正德庚寅"年号的史籍列表

文献名		文献年代	文献地区	文献性质
惠州府志		嘉靖三十五年 1556	广东惠州	地方志
中华舒氏统谱	浙江永川元奥公支下琅公支系	2015	浙江永川	家谱
	达元公支下邦彦公支系	2015	江西奉新	
	达先公支下邦佐公支系	2015	江西靖安	
	沼公支下信熙公支系	2015	江西三江	
	南昌渡头、梓溪选公支下显祖公支系	2015	江西梓溪	
	江西以始迁祖为第一世的各地支系	2015	江西龙虎山	
明故处士章田李公暨配丁氏、腰张氏合葬志铭		万历甲午 1594？	福建南安	墓志铭碑刻
柴云锦田黄氏大宗族谱		2008	浙江苍南金乡	家谱
灵山县志		民国三年 1914	广东广州灵山	地方志
蔚县志		乾隆四年 1739	河北蔚县	地方志
文公家礼序		天启崇祯间 1621—1644	四川成都	序跋

于嘉靖九年（1530）之后不久的记录，而杨慎的《文公家礼序》出现在天启崇祯年间的刻本图书，上距嘉靖九年也只有百年时间，这些都说明在嘉靖九年以及之后的明代后期"正德庚寅"在文献中都有出现，因此这个年号不唯美本、《风会图》潜跋所独有。另外从上述文献的地域来看，除《蔚县志》在北方之外，其余十一种文献均出于南方——广东、江西、福建、浙江、四川，顾潜题跋在苏州，也是南方地区，因此从地域上来讲也不是孤立的现象。

至于正德没有庚寅年，为什么在史籍中出现这么多"正德庚寅"的年号，还有待于今后更为仔细的研究。仅从上述例证来看，不能仅仅因为"正德没有庚寅年"来否定美本、《风会图》潜跋的真实性。

3. 跟题款时间相关的跋文

三条有题款时间的潜跋出现了两种题款时间："正德庚寅"（美本、《风会图》本）和"正德庚辰"（浙本），从上面的分析来看，还难以断定哪一个更真？抑或两者均伪？值得注意的是跋文中有与题款时间密切相关的文字："信夫君璧初师王朋梅卒尽其技盖在元季　国初去今百六十年求画品如是者鲜矣。"

浙本和《静观堂集》本潜跋"元季"和"国初"之间只有一个字的空白，"国初……"并没有另起一行；而美本和《风会图》潜跋的"国初……"均另起一行。目前为止学界一般句读为："信夫！君璧初师王朋梅，卒尽其技，盖在元季。国初去今百六十年，求画品如是者鲜矣。"[56] 也就是说目前的共识是在"元季"和"国初"之间进行句读。

事实上三种潜跋的这种空格和提行的文字处理均为抬头做法，与文章句读无涉。明代后期的《昭代王章·名例》中曾提到两种抬头制度：第一抬头和第二抬头，分别相当于清代的双抬和单抬，也就是说提行分别抬高两格和一格书写；其中在第二抬头中枚举的一百四十个词中就有"国家"这个词，也就是说遇到"国家"这个词的时候需要另起一行并抬高一格书写。[57]

再来看几条潜跋的情况，浙本和

《静观堂集》本潜跋的处理方式相当于《唐六典》中所说的"阙字",也就是"空抬"——在需要表达尊敬的词之前空出一格或若干格;而美本和《风会图》本的做法则相当于《唐六典》中的"平出",即清代的"平抬"——需要表达尊敬的词要另起一行但不用抬高。[58] 根据研究,我国在宋代仍唐制只有"阙字"和"平出"的做法,到了元代出现了双抬和三抬的做法,清代甚至出现了四抬,也就是说遇到先皇帝、天、地、宗庙等需要表达尊敬的词汇时,要另起一行并抬高四格的做法,这就是抬头制度。[59] 抬头制度基本来说是针对于官方文书的书写制度,通过科举的行文规范影响到社会上行文、书籍排版等。几条潜跋显然都不属于官方文书,也许因此就不必像官方文书的规定那么严格需要将"国初"一词做单抬处理,而是沿用了唐宋之制——做阙字(空抬)和平出(平抬)处理。

再回到这段话的句读问题,在弄清了"元季"和"国初"之间的空格或者另起一行为抬头制度使然之后,很自然"元季""国初"之间应该不做句读,也就是说原文应该这样标点:"信夫!君璧初师王朋梅,卒尽其技,盖在元季国初,去今百六十年,求画品如是者鲜矣。"

另一方面《静观堂集》潜跋中的文字也支持我们的这一结论。《静观堂集》中所收录的《跋劫钵图》在"国初"之后多了一个"时"字,这样一来相关文字的句读应该是:"信夫!君璧初师王朋梅,卒尽其技,盖在元季国初。时去今百六十年,求画品如是者鲜矣。"而文集不像书画作品容易被伪造,因此《静观堂集》潜跋的存在给我们前述的分析提供了一个非常有力的证据,也就是说潜跋中"元季"与"国初"之间不应进行句读。

再回到潜跋题款时间的问题。这样一来,"元季国初"就成为一个大概的时间,其表明的是朱君璧师从王朋梅"卒尽其技"的时间,而顾潜认为这个时间是元末明初。于是题款年代的问题就出现了新的可能性:题款年代上距朱君璧卒尽其师王朋梅绘画技能的时间点约有160年,而这一时间点顾潜认为约在元末明初,而非明朝立国的1368年。

在《朱征士墓志铭》中有这样的文字:"永嘉王振鹏在仁皇朝以界画称旨,拜官荣显。征士从之游,尽其技,王君亟称许之,至顺庚午中奉中宫教金图藏经佛像⋯⋯"[60] 也就是说朱君璧在王振鹏在世的时候已经做到"尽其技"。王振鹏殁于1328年[61],在其生前朱君璧已"尽其技",他也因此"亟称许之",因此准确地讲朱君璧"卒尽其技"的时间应当在1328年之前。但是这个时间与本文所探讨的题款时间的推算无关,因为顾潜题跋中所说的"卒尽其技"的时间并非指经过严格考证的时间点,而是顾潜所认为的时间点。

《朱征士墓志铭》中有朱君璧卒于至正廿五年的记载,也就是朱君璧殁于1365年。[62] 从顾潜题跋中对朱君璧的介绍来看,顾潜应当曾经读过这篇墓志铭,也就是说他了解朱君璧亡故的确切时间——"至正廿五年十一月十一日";而有关王振鹏的生卒时代的史籍非常少,目前也只是在《温州文化史图说》这一个文献中提及王振鹏他界的年代,也就是说顾潜很有可能在题跋的时候并不确知王振鹏往生的具体年代。因此潜跋中"(朱君璧)卒尽其技"的时间应该是指"至正廿五年"之前,即1365年之前。

如果将这个时间点加上一百六十年,"正德庚午"(1510)或者"正德庚辰"(1520)相对来讲要合理一些,而"正德庚寅"(1530年)则是绝对不可能的《劫钵图》潜跋的题款年代。单从这点来看美本和《风会图》本潜跋的真实性就值得怀疑了。

另外还有一个有力的证据在于,收录《跋劫钵图》的《静观堂集》在卷首有邑人方鹏撰于"嘉靖庚寅(1530)五月朔旦"的序[63],这个时间比美本潜跋题款时间"正德庚寅(1530)十月吉日"早了五个月的时间。这一现象显然不合理:一般请人题序需要先把文集拿给题序人过目,而在题序之后五个月再加入文章的可能性比较小。例如方鹏序里就说:"先生年既六十,尽出其平生之作⋯⋯辑之既成,友人方鹏叙之⋯⋯"[64] 这也说明顾潜给《揭钵图》题跋的时间理应在方鹏写序的嘉靖庚寅五月朔旦之前,也就是说美本潜跋的题款时间"正德庚寅十月吉日"并不合理。

综上,顾潜给朱玉《揭钵图》题跋的时间不会是正德(嘉靖)庚寅年,也就是说不会是1530年,这一方面解决了正德没有庚寅年号的问题,另一方面题跋时间也不与潜跋中相关文字矛盾。由此可以初步断定美本潜跋为伪造,同时《风会图》本潜跋亦不为真。而且美本潜跋和《风会图》潜跋中"正德庚寅"年号也应该是因为伪造者对"盖在元季国初去今百六十年"的错误理解而故意为之。

下面再来看看几种潜跋的题款地点。

(二)美本和《风会图》潜跋的题款地点

有具体题款地点的潜跋只有美本和《风会图》本,其题款地点是"展桂堂"。诚如前文所述,展桂堂为顾潜在私宅宅邸建筑的一栋园林建筑,据《展桂堂记》顾潜之所以命名这栋建筑曰"展桂",

除了表达重新建造这栋建筑使得近旁的几株桂树枝叶舒展之意之外，最根本的原因在于："惟我先祖尝以桂轩自号，诗不云乎？'蔽芾甘棠，勿剪勿伐，召伯所茇。'民之爱君也，犹及其物，矧孙之念祖乎？故展之云者，匪直致意于桂期，以展乎公之泽也。"[65] 桂轩即顾潜祖父顾恂，因此桂轩堂不止"致意于桂期"，更加是希望能够延展顾潜祖父顾恂的恩泽。文中所引《诗经·召南·甘棠》的诗句，也是将人们对召伯的爱戴推及蔽芾的典故引申至顾潜对祖父顾恂的感念之及庭中桂树，更加加深了这栋建筑的深刻寓意。[66] 另外，据《展桂堂记》，展桂堂这栋建筑建于甲戌年，也就是 1514 年[67]，早于正德庚辰年的 1520 年和嘉靖庚寅年的 1530 年，也就是说如果三篇潜跋如果均题于展桂堂，那么题款时间绝对不可能是正德庚午的 1510 年。

乐愕玛曾在《〈揭钵图〉卷研究略述（下）》指出："（美本顾潜跋）在'顾潜识'三个字的后边加了'于展桂堂'一句，与顾潜'静观堂'无关，于此看来由作伪者凭空而造。"[68] 从上文来看展桂堂并非凭空捏造的堂号，而是一栋与顾潜有密切关系的建筑，再来看看静观堂。据《静观堂集原序》："静观堂者，吾昆顾先生孔昭宴息之堂也。先生年既六十，尽出其平生之作于是堂乎，辑之以传，因以名其稿也。"[69] 宴息之堂即指休息、安居之所，而静观堂是顾潜编文集的地方，这不排除顾潜在展桂堂欣赏朱玉画作并题跋的可能性，也就是说不能因为展桂堂非顾潜文集中的静观堂而断定美本和《风会图》潜跋为伪造。

五、三种顾潜跋语钤印的分析

美本潜跋、浙本潜跋和《风会图》潜跋各有三方钤印。其中美本和浙本钤印文字内容一致，都是在跋首钤"吴郡"印，跋尾钤"桴斋"和"侍御之章"印，但仔细对比几方印（表4），可以看出，两个跋语的三方印分别各不相同，说明

《揭钵图》两个本子的潜跋至少有一套印是伪造。

而《风会图》潜跋跋首的"王颢庵书画记"未辨真伪，若为真则是清代收藏家王掞的收藏印，跋尾的"顾潜印"未辨真伪，跋尾"进士柱史"与目前披露的藏书家姚绶的三方藏书印肖似[70]，也略有差异。姚绶卒于 1495 年，《风会图》潜跋题款时间在 1530 年十月吉日，姚绶的藏书章落于其殁后三十五年的款识之后，原因也颇令人费解，或可再次证明《风会图》潜跋为伪造。

六、结语

通过对目前存世的三幅朱玉画作拖尾后的三个顾潜题跋和《静观堂集》中《跋劫钵图》的初步研究，我们认为浙本《揭钵图》潜跋、美本《揭钵图》潜跋和《太平风会图》潜跋分别出自三人之手；三者中至少有两者为伪造；如果顾潜曾经为三图题跋属实，其题款年代不会是正德（嘉靖）庚寅年（1530），

表4 美本潜跋、浙本潜跋和《风会图》潜跋钤印列表

序号	钤印位置	美本	浙本	《风会图》
1	跋首	吴郡	吴郡	王颢庵书画记
2	跋尾	桴斋	桴斋	顾潜印
3	跋尾	侍御之章	侍御之章	进士柱史

因此美本潜跋和《风会图》本潜跋为伪。上述结论是对朱玉三幅作品后顾潜题跋和《静观堂集》所录《跋劫钵图》的初步研究结论，这些结论还有待于今后对存世的顾潜其他书画作品的综合研究。同时有关明嘉靖时期为什么还有沿用正德年号的现象也是值得深入探讨的问题。

致谢：研究进行过程中曾得到书法家陈生甫、中国科学院自然科学史研究所高峰馆员、复旦大学何立民老师、川音成都美术学院王义军副教授的帮助和指导，谨致谢忱。

作者简介

张毅捷（1973—），女，西南交通大学建筑与设计学院历史所，副教授，建筑历史与理论博士。研究方向：亚洲建筑技术史研究、遗产保护。

何洋（1992—），男，西南交通大学建筑与设计学院历史所，硕士研究生，建筑学硕士研究生。研究方向：亚洲建筑技术史。

朱玉珉（1984—），男，河北科技大学铁扬艺术研究院，讲师，美术学硕士。研究方向：中国人物画。

基金项目

本文系国家自然科学基金面上项目"结构技术演进角度的东亚八至十三世纪歇山建筑大木技术流变研究"（51978574）；教育部人文社会科学研究规划基金项目"中原、华北地区唐至宋金歇山建筑技术流变研究"（17YJA770022）；2018年研究生学术素养提升计划（科创竞赛培育）专题项目"晋冀豫唐至宋金歇山建筑遗存关键技术流变研究"（2018KCJS19）的阶段性成果。

注释

[1] [明]王世贞：《弇州续稿》，《景印文渊阁四库全书》第1284册，台湾商务印书馆1986年版，第465页。王世贞（1526—1590），字元美，号凤洲，弇州山人，太仓人。嘉靖二十六年（1547）进士，累官至南京刑部尚书（朱惠国：《元明清诗文》，上海人民出版社2017年版，第81页）。因此《续稿》撰成在1590年之前。

[2] 孙炜：《元朱玉〈揭钵图〉卷考释》，载北京盈时国际拍卖：《2012盈时通讯》，北京盈时国际拍卖2012年版，第20-27页。

[3] 劳继雄：《中国古代书画鉴定实录5》，东方出版中心2011年版，第2492页。关于真迹、伪迹、不同意见以及资料的解释见该书凡例。

[4]（法）乐愕玛：《〈揭钵图〉卷研究略述（下）》，《美术研究》1997年第1期，第85-91页。乐愕玛虽然没有明确指出该文献2图为美本，但从其描述的细节来看，文中2图为美本无疑，也就是黄涌泉所说的"翁万戈旧藏"（《中国古代书画鉴定实录5》第2492页）。

[5] 劳继雄：《中国古代书画鉴定实录5》，第2492页。

[6] 孙炜：《元朱玉〈揭钵图〉卷考释》，第23页。

[7] 浙江大学中国古代书画研究中心编：《元画全集·第2卷·第3册》，浙江大学出版社2012年版，第307页。

[8] 浙江大学中国古代书画研究中心编：《元画全集·第3卷·第3册》，浙江大学出版社2012版，第319-320页。

[9] 王连起见到美本时，认为美本、浙本基本相同，而美本为临本——"只有一个架子，浙博藏的画中架子是竹子的，临本把架子变成木头了，只有这一小小的改变"。曹清：《元代江苏绘画研究》，东南大学出版社2013年版，第134页。

[10] 应该是指两卷共有的顾潜跋和张寰跋。

[11] Zhu Yu（朱玉）：Street Scenes in Times of Peace（太平风会图），https://scrolls.uchicago.edu/view-scroll/188，2018-08-28。

[12] 即"置"。

[13] "睢盱"（huīxū），睁眼仰视的样子。

[14] "凭陵"，亦作"凭凌"，横行猖獗。

[15] "亦"字为小字书于"各"字之右。

[16] "棣棣"（dàidài）语出《诗·邶风·柏舟》："威仪棣棣，不可选也。"意思是雍容闲雅的样子。吴闿，中华书局上海编辑所编：《诗义会通》，中华书局1959年版，第18页。

[17] "于于"语出《庄子·应帝王》："泰氏其卧徐徐，其觉于于。"谓自得的样子。陈鼓应注译：《庄子今注今译》，中华书局1983年版，第211-212页。

[18] "栝"（kuò），即桧。

[19] 即"夐"（xiòng），远的意思。

[20] 杜甫曾有诗曰："已知仙客意相亲，更觉良工心独苦。"（《题李尊师松树障子歌》）。其中"良工心苦"指："优秀艺术家的作品，在创作过程中都费尽心思。"而这种苦只有自知，难为他人言。[清]曹寅等辑：《全唐诗·卷二百一十九》，《景印文渊阁四库全书》第1425册，台湾商务印书馆1986年版，第45页。

[21] 王朋梅，即元代著名界画家王振鹏。王振鹏，字朋梅，浙江温州人。

[22]《旧唐书·地志》："苏州，隋吴郡，隋末陷贼。武德四年，平李子通，置苏州。七年，又陷辅公祐。七年，平公祐，复置苏州都督，督苏、湖、杭、暨四州，治于故吴城。"又云："吴，春秋吴都阖闾邑，汉为吴县，隋平陈，置苏州。取州西姑苏山为名。"案云："故吴城"又云"春秋时吴都"云云者，即今府城者。此处"吴城"恐指"苏州"。[后晋]刘昫等撰：《旧唐书》，中华书局1975年版，第1586页。

[23] 此处用的是"完璧归赵"的典故。

[24] 吴纯甫，名中英，字纯甫，好读书，家富资财，藏书颇丰。少即以文名称乡里，终生不仕，至1531年中举人，卒年五十一。[明]张大复：《昆山人物传》，《续修四库全书》第0541册，上海古籍出版社1996年版，第655-656页。

[25] 正德有"庚"字的年号有二：庚午（1510）和庚辰（1520），明朝立国为1368年，距离这两个年号分别是142年和152年，和题跋中"国初去今百六十年"有矛盾。有关于此将在后文详细讨论。

[26] 顾潜，字孔昭，号桴斋，晚号西岩，昆山人，为明代官员顾鼎臣兄长之子。顾潜生于成化辛卯（1471），卒于嘉靖甲午（1534），享年六十四岁。顾潜为弘治九年（1496）进士，官至直隶提学御史。其人刚正不阿，忤逆刘瑾，瑾党吏部尚书刘宇以"私憾外迁马湖知府"，己巳年（1509）"诏以旧职致仕"，但"沮以格例不复起"。到了嘉靖庚寅年（1530）其子顾梦圭官南京吏部主事，修圜丘，"覃恩封中宪大夫"。[明]张邦奇撰：《靡悔轩集》（卷七《西岩顾公墓志铭》），《续修四库全书》第1337册，上海古籍出版社2002年版，第50-52页。

[27] 展桂堂为顾潜所筑。顾潜第宅之前有溪，东通娄江，溪南为园，广数亩，中有桂树数本。由于这些桂树树根多碎石，柯条触栋檐，因此虽数十年不能旁达畅茂。后来顾潜除石理檐，桂树方舒展繁茂，又新为堂三楹，该堂得名"展桂堂"。魏嘉

瓒编著：《苏州历代园林录》，燕山出版社1992年版，第138页。

[28] 顾潜，号桴斋，因此这枚章有可能是顾潜私印。

[29] 唐代称殿中侍御史、监察御史为侍御。后世因沿袭此称。顾潜曾任直隶提学御史，并且这枚章在"桴斋"章之下，顾潜题款之左，因此推测这枚章也是顾潜的私章。

[30] 字形与美本不同。

[31] 同上。

[32] 同上。

[33] 即"累"字，字形与美本不同。

[34] "谨记"二字与美本的"敬纪"二字不同。

[35] 美本潜跋题款年代为"正德庚"，浙本潜跋题款年代为"正德庚辰"（1520）。

[36] 王颛庵，即王掞（1645—1728），为清朝官员。字藻儒，一作藻如，号颛庵、西田主人，江南太仓（今属江苏）人，明代首辅王锡爵曾孙。上海博物馆编：《中国书画家印鉴款识·上》，文物出版社1987年版，第65-66页。

[37] "闾阎"原指古代里巷内外的门，后泛指平民老百姓。

[38] "禽"即"禽"。

[39] "曼"即"夐"。字形与美本接近，与浙本不同。

[40] "有年"二字在"好"字右侧，且字体较小。

[41] 美本、《风会图》作"敬纪"，浙本作"谨记"。

[42] 正德没有庚寅的年号，最近的庚寅年号是嘉靖九年，1530年。此年顾潜59岁，作为题跋者这样的年纪还比较合理；但这样的年龄没有理由会弄错纪年年号，此处存疑。

[43] "进士柱史"为姚绶藏书印。姚绶（1422—1495），字公绶，号谷庵，嘉兴大云寺人，明代官员、书画家。这方印与《中国书画家印鉴款识》中所收的三款姚绶的"进士柱史"印非常相似，但略有差别。《中国书画家印鉴款识·上》，第697-700页。令人疑惑的是：为什么在姚绶殁后三十五年的题跋之后出现姚绶印鉴，目前还不能解释，暂存疑。

[44] [明] 顾潜：《静观堂集》，《四库全书存目丛书》集部四十八册，齐鲁书社1997版，第595页。

[45] 此处作"絫"，为"累"异体字，与《太平风会图》中更类"有"有异。

[46] 在美本、浙本《揭钵图》潜跋和《太平风会图》潜跋中均作"吴纯甫"，另有《震川先生集》中的《吴纯甫行状》，但是遍查文献未见吴秀夫的记载，此处存疑。[明] 归有光著，周本淳校点：《震川先生集》，上海古籍出版社1981年版，第577-578页。

[47] 此处与浙本潜跋一致，作"记"，与美本、《太平风会图》中更类"纪"有异。

[48] （法）乐愕玛：《〈揭钵图〉卷研究略述（下）》，第90页。

[49] [明] 姚良弼修，[明] 杨载鸣纂：《嘉靖惠州府志》，上海古籍书店1961年版，第22页。

[50] 舒宏龙主编，中华舒氏宗谱统修事会编修：《中华舒氏统谱世系卷》，中华舒氏宗谱统修事会2015年版，第2册55页，第三册第8、231、759页，第四册第115、624页。

[51] 吕荣哲，潘英南编，《南安碑刻》，作家出版社2003年版，第236页。

[52] 黄磐石主编：《紫云锦田黄氏大宗族谱》，紫云锦田黄氏修谱委员会2008年版，第99页。

[53] 广东省地方史志办公室编著：《广东历代方志集成廉州府部10》，岭南美术出版社2007年版，第593页。

[54] [清] 李舜臣等：《蔚县志全》，成文出版社1968年版，第104页。

[55] 王重民撰：《中国善本书提要》，上海古籍出版社1983年版，第22页。王文才，万光治主编：《杨升庵丛书》4，天地出版社2002年版，第104页。[明] 杨慎著；王文才，张锡厚辑：《升庵著述序跋》，云南人民出版社1985年版，第210页。而彭卫民在《朱熹〈家礼〉刊本考》中认为"正德庚寅"中的"正德二字，为后人误添"，见彭卫民：《朱熹〈家礼〉刊本考》，《济南大学学报（社会科学版）》，2017年第4期，第82页。

[56] 具体有乐愕玛对浙本《劫钵图》潜跋的句读分析，详见（法）乐愕玛：《〈揭钵图〉卷研究略述（下）》，第86页；北京盈时2012年秋拍时披露的资料，详见 https://auction.artron.net/paimai-art0016940396/。

[57] [明] 熊鸣岐辑：《昭代王章六卷》，《玄览堂丛书初辑》第十六册，台湾中央图书馆1981年版，第028-033页。黄存勋，刘文杰，雷荣广：《档案文献学》，四川大学出版社1988年版，第287-288页。

[58] [唐] 李林甫等撰，陈仲夫点校：《唐六典》，中华书局1992年版，第113页。刘文杰著：《历史文书用语辞典》明·清·民国部分，四川人民出版社1988年版，第186页。

[59] 吴荣政主编：《中国档案事业发展的社会文化探源》，中国档案出版社2008年版，第32-33页。

[60] [明] 殷奎：《强斋集》，《景印文渊阁四库全书》第1232册，台湾商务印书馆1986年，第429页。

[61] 洪振宁：《温州文化史图说》，浙江摄影出版社2012年版，第81-82页。

[62] [明] 殷奎：《强斋集》第430页。另朱珪《名迹录》中所收《故朱征士墓志铭》亦为同一篇文章，该文由殷奎所撰，并由朱珪所镌，故同时收录于《强斋集》与《名迹录》。[明] 朱珪：《名迹录》，《景印文渊阁四库全书》第0683册，台湾商务印书馆1986年版，第71页。

[63] [明] 顾潜：《静观堂集》，第432-433页。

[64] 同上，第432页。

[65] 同上，第581页。

[66] 事实上展桂堂周围的数株桂树也确为顾潜祖父顾恂手植，《苏州历代园林录》，第138页。

[67] 同注65。

[68] （法）乐愕玛：《〈揭钵图〉卷研究略述（下）》，第87页。

[69] [明] 顾潜：《静观堂集》，第432页。

[70] 《中国书画家印鉴款识》，第697-700页。

（栏目编辑　顾平）

从"颊上三毛"到"瘦形神远"
——论六朝人物画"形神"关系的表现策略与美学影响

杨冬晓

（河北科技大学文法学院，石家庄，050018）

【摘　要】六朝人物画领域孕育出"传神""气韵"等著名美学概念，但在创作实践中却以逼真的摹形与精致的技巧为特征，这与宋代之后"重神轻形"的绘画风格大相径庭。事实上，"传神"与"摹形"并行不悖的现象反映出六朝画家对"形神"关系的特殊认知方式：人的精神与形象是不可分割的整体，而画家应创造既真实又足以展现"神韵"的艺术形象。这种表现策略为古代绘画树立了现实主义与精研技艺的优良传统，不仅为"神韵"找到表达途径，也深化了人们对"形神"关系美学内涵的理解。
【关键词】六朝人物画　形神关系　表现策略

在六朝时代的绘画理论中，顾恺之、谢赫等人针对人物画创作提出的"传神写照""气韵生动"等观点最令人瞩目。陈传席认为，"神韵"的出现，使绘画不再局限于故事情节的讲述和政教思想的宣扬，而是以人物独特的精神风貌与内在本质为表现重点。绘画因此获得独立的审美价值，并带来"中国艺术彻底的觉醒"[1]。"神韵"理论不仅推动了六朝绘画的自觉发展，还对后代"写意"画、"文人画"等流派产生了深远影响，目前学界对其理论内涵与哲学渊源的研究已较为丰富。但"神韵"是抽象的美学概念，人物画却基于形象描摹，是直观的艺术形式。那么"形而上"的"神韵"如何能借助人物画的可见形象得以表达？"形"与"神"又怎样统一于六朝绘画创作的实践？目前对这些问题的探讨还鲜有所闻，本文拟对六朝人物画的艺术实践与表现策略进行研究，集中探讨其中对"形神"关系的深层理解。

一、"除体精微"的悖论：提倡"传神"却更擅"摹形"

著名的"传神"理论，最早来自东晋顾恺之对人物画创作的理论总结：

顾长康画人，或数年不点目精。人问其故，顾曰："四体妍蚩，本无关于妙处，传神写照，正在阿堵中。"[2]

在顾恺之看来，人物画的最高审美追求应是对"神"的传达，相比之下形体描绘则没那么重要。这种理念也在六朝绘画实践中得到呼应：南齐谢赫的《古画品录》记载，当时顶级画家卫协的作品"虽不说备形妙，颇得壮气。陵跨群雄，旷代绝笔"[3]；另一位大画家张墨也是"风范气候，极妙参神。但取精灵，遗其骨法"[4]。由此我们就得出结论：将"神""韵"等内在因素定为绘画表现的主题，而不拘泥于"形"的描摹，应该是六朝"传神"画派的典型风格。

但奇怪的是，当我们以此标准考量"传神"派的提倡者顾恺之时，却发现似乎并非如此。谢赫在评顾恺之作品时说：

除体精微，笔无妄下。但迹不逮意，声过其实。[5]

陈传席翻译说："画人的骨体很精微，下笔很谨慎，不随便"，但"不能达到他预想的效果，此效果当是'传神'"[6]。谢赫认为顾配不上其崇高声誉，只是善于精细地描摹事物形象而已，对其"传神"妙法则只字不提。不少人认为谢赫的评价过于偏颇，那么不妨再看几种对顾恺之作品的正面评价：

（顾恺之）多才艺，尤工丹青，传写形势，莫不妙绝。——《历代名画录》[7]
其笔意如春云浮空，流水行地，皆出自然，传染人物容貌，以浓色微加点缀，不求晕事。——《画鉴》[8]

顾恺之作品有"妙绝"之誉，而这几条评论也说明他在笔法、设色与摹形方面的能力确实非常突出。这在他自己的画论中也可看出端倪：

写自颈以上，宁迟而不隽，不使远而有失……若长短、刚软、深浅、广狭与点睛之节，上下、大小、醲薄，有一毫小失，则神气与之俱变矣。——《画论》[9]

《北风诗》：亦卫（协）手……美丽

之形，尺寸之制，阴阳之数，纤妙之迹，世所并贵。——《魏晋胜流画赞》[10]

不论是记述自己的创作经验，还是评价他人的绘画成就，我们都能看出顾恺之对形体刻画的重视与熟稔。难怪潘天寿称他为"白描"画法的祖师，原来提倡"传神"的顾恺之同时也是精于"摹形"的画家。这种矛盾也不只体现在顾氏身上。谢赫是"气韵生动"之说的发明者，但《续画品》却评价其作品特征说：点刷研精，意在切似，目想毫发，皆无遗失。……直眉曲鬓，与世事新。别体细微，多自赫始。[11]

原来谢赫也是讲道"神韵"却下笔"细微"的摹形高手。事实上尽管受"神韵"风气的熏染，但六朝画家中擅"摹形"者却比比皆是：顾骏之、姚昙度、蘧道愍皆以此闻名。大画家曹不兴，能做到"连五十尺绢画一像，心敏手运，须臾立成。头面、手足、胸臆、肩背，亡遗失尺度"[12]；而焦宝愿"衣文树色，时表新异，点黛施朱，重轻不失，虽未穷秋驾，而见赏春坊"[13]；嵇宝均则"意兼雅俗，赋形鲜明，观者悦情"[14]。

由此可见，从精美的人物形象中获得愉悦体验，这是当时社会的流行风尚，难怪许多画家对其充满热情。但热衷"摹形"的创作实践又如何能与"传神""气韵"的指导思想并行不悖呢？

"神韵"之说产生于六朝，由此引发的有关艺术创作中"形""神"关系的讨论则历史悠久。但唐代之后，因为高度提倡"神韵"因素，不少理论家明确表达了"摹形"低于"传神"的观念。唐人张彦远就认为："若气韵不周，空陈形似，笔力未遒，空善赋彩，谓非妙也。"[15] 而元代汤垕则说："人物于画，最为难工，盖拘于形似位置，则失其神韵气色。"[16] 出于对"神韵"的推崇，无意间造成"形"与"神"的对立，这是古代艺术史上不可否认的现象。宋元之际，绘画创作领域出现了"工笔"与"写意"的区分：前者善于形象描绘并推崇精细的技巧；后者则注重内在神韵与画家主体意识的展现。可见，理论领域中"神"与"形"的对立已经推动了创作实践中的流派区分。但为何在"传神""气韵"理论的发源时代，六朝画家却对形象描摹如此留恋？这究竟是实践相对于理论的滞后，还是"神韵"思想特殊的表现策略呢？这就需要我们深入观察六朝画家的创作实践与理论思考，以洞悉此时"形神"观念的深层内涵。

二、"颊上三毛"的手法：以逼真的形象描摹承载"神韵"

若要真正理解六朝绘画中"摹形"与"传神"的辩证关系，我们不妨从顾恺之一次人物绘画的创作实践入手。《世说新语》载：

顾长康画裴叔则，颊上益三毛。人问其故，顾曰：'裴楷俊朗有识具，正此是其识具。'看画者寻之，定觉益三毛如有神明，殊胜未安时。[17]

顾恺之的确践行了以"神明"为最高标准的审美理想，但在实际操作中，却将笔触聚焦到几根毛发的描绘上，并认为这种精细入微的形象描摹正是体现"神明"的最佳方式。而顾恺之也不止一次地把"逼真"作为评价绘画水平的标尺：在《画论》中他认为《汉本纪》的帝王画相妙在"超豁高雄，览之若面也"[18]；而对《嵇兴》这幅画的赞美也是"如其人"[19]。事实上，逼真的形象再现是许多六朝画家都认可的方式。此时的人物画又称"写真"，《历代名画记》中说："（梁）元帝长子方等，字实相，尤能写真。坐上宾客，随意点染，即成数人。问童儿，皆识之。"[20]《世说新语》中还有这样的故事：

钟兄弟以千万起一宅，始成，甚精丽，未得移住。荀（勖）极善画，乃潜往画钟门堂，作太傅形象，衣冠状貌如平生。二钟入门，便大感恸，宅遂空废。[21]

一幅亡父的肖像能使子女们痛哭流涕，不忍卒观，足以想见其"传神"的程度。而画家别无妙法，只是逼真再现了人物生前的"衣冠状貌"而已。"神韵"的美学意味是那样高深莫测，但对于肖像画来说，能有"如见其人"的效果，自然就达到了形神融合的最高水准。绘画原本就是再现形象的过程，但问题的关键是：为什么逼真的"形"就能与"神韵"挂钩呢？这还要从六朝人物审美的本质说起。

六朝人物画的"神韵"之论，是当时人物品鉴中"重神"思想的体现。李泽厚曾说："人在这里不再如两汉那样以外在的功业、节操、学问，而主要以其内在的思辨态度与精神状态，受到了尊敬和顶礼。"[22]《世说新语》中评嵇康的"土木形骸，不自饰厉"[23]，评裴楷的"有俊容仪，粗头乱服皆好"[24]，都体现了重视内在风采的审美观。但不论是六朝还是整个古代的生命哲学体系里，却从来不曾将人的"神"与"形"完全割裂开。汉代《人物志》说："刚柔贞固之征，着乎形容，见乎声色，发乎情味，各如其象。"[25] 人物品鉴讲究对精神本质的认识，可无形无质的"神"又如何体现呢？这就往往落实到对人物相貌的分析上。《世说新语》载康僧渊云："鼻者面之山；目者面之渊。山不高则不灵，渊不深则不清。"[26] 相貌是精神气质最直接的反映媒介。因此若仔细品味魏晋人物品鉴的按语，会发现"形"与"神"实际上处于不分彼此、紧密融合的状态。比如：

王夷甫容貌整丽，妙于谈玄，下捉

白玉柄塵尾，与手都无分别。"[27]

王右军见杜弘治，叹曰："面如凝脂，眼如点漆，此神仙中人。"[28]

正因为有"形神"和谐统一的审美理想，所以这一时期对风神气质的推崇反而带动了对形貌之美的热烈追求。这在当时的文学作品中也有所表现。曹植《洛神赋》中就写道："肩若削成，腰如约素。延颈秀项，皓质呈露……丹唇外朗，皓齿内鲜，明眸善睐，靥辅承权。"[29]（后被顾恺之表现在《洛神赋图》中，见图2）；左思《娇女诗》中也有描写可爱幼童的细腻笔触："吾家有娇女，皎皎颇白皙。小字为纨素，口齿自清历。鬓发覆广额，双耳似连璧。"[30] 事实上，这种由外貌细节进阶到神情气质的人物塑造方法有深刻的美学依据。审美是一个由感性体验引发哲学顿悟的过程，如果说"神韵"是一种形而上的审美思考，那么对它的理解必须从直觉感受入手。所以回到六朝人物画的创作活动中，我们就理解为什么越是以"神韵"为追求目标，就越不能忽视最初的视觉体验。以逼真的形象再现作为承载"神"和"韵"的基础，对于六朝画家来说，也许就是一种最直接也最有效的选择。

三、"瘦形神远"的效果：以高超的技艺实现形与神的完美融合

如前所述，六朝人物画中的"摹形"与"传神"有着一体两面的关系。但倘若认为只要将事物的外形分毫不差地拓写下来，就一定能达到"气韵生动"的效果，那么绘画岂不成了照相式的复制？事实上，古代画家曾明确反对过毫无创造力的复制行为，张彦远认为："夫用界笔是死画也。守其神，专其一，是真画也。死画满壁，曷如坞塄，真画一

划，见其生气。"[31] 真正意义上形神兼备的作品，绝不止于客观再现，还需要作家主观情感的介入。但就绘画的表现手法而言，怎样才能将"神韵"淋漓尽致地展现出来呢？我们不妨再看一个顾恺之绘画的实例。

六朝时期流传着一个"张天师收徒"的故事，传说张道陵飞升之后，有很多人慕名拜师。在几经试炼之后，最后一重考验是从一棵长在悬崖峭壁的桃树上采摘果实。众人皆畏缩不前，唯独赵升、王良二人无所畏惧地跳下悬崖摘得仙桃，最终通过试炼，随张天师得道成仙。而顾恺之《画云台山记》，则从绘画创作的角度讲述了这个人物众多、情节奇幻的故事：

画天师瘦形而神气远，据涧指桃，回面谓弟子。弟子中有二人临下，到身大怖，流汗失色。作王良穆然坐答问，而（赵）升神爽精诣，俯眄桃树。又别作王、赵趋；一人隐西壁倾岩，余见衣裙，一人全见室中，使轻妙冷然。[32]

在画家笔下，神超物外的仙师、精诚忠勇的信徒以及惊恐疑惑的围观者全都得到淋漓尽致的表现。群像绘画需结合故事情节对众多人物的神情动作进行设计，那么画家应怎样处理这更为复杂的"形神"关系呢？也许理论家谢赫给出了答案：他著名的"气韵"之说，出现在这样的语言环境下：

六法者何？一，气韵生动是也；二，骨法用笔是也；三，应物象形是也；四，随类赋彩是也；五，经营位置是也；六，传移模写是也。[33]

"气韵"是"六法"中最重要的一种，但在谢赫有关绘画法则的整体描述中，还包含了"用笔""赋彩""位置"等诸多因素。在真正的绘画实践中，除了作为指导思想的"神韵"外，画家还要面对大量技术层面的问题，比如在《画

云台山记》中，顾恺之显然是用张天师瘦削的"形体"来烘托其悠远的"神气"。而他也确实是这方面的高手。据记载他曾为一目失明的殷仲堪画像，在画眼时巧用"飞白"之笔法，不仅遮盖了人物眼部的窘态，反而生出"轻云蔽月"的飘逸神情，令人叫绝。他还提出一种画法：《醉客》作人形，骨成而制衣服幔之，亦以助神醉耳。"[34] 通过衣服的描绘就表现出醉酒人的神态，这与顾恺之特殊的勾线法有关，他发明了著名的"高古游丝描"，其线条紧劲连绵而又飘洒自如。以此法勾勒衣褶，则人物不仅体态灵活，甚至还有临风飞举之势。（见图3）可见，在"形"与"神"沟通融合的过程中，绘画技巧发挥了至关重要的作用。而在六朝画家看来，能与"气韵"沟通的还不只是线条，《论画》中提道：

《穰轻车诗》：处置意事既佳，又林木雍容调畅，亦有天趣。[35]

这涉及到如何通过背景来凸显人物气质的手法，《画云台山记》云：

衣服彩色殊鲜微，此正盖山高而人远耳。[36]

这则是色彩的运用，要以模糊的颜色显示人物在山岩间若隐若现的风姿。甚至还有人学习了异域的绘画技巧：南梁画家张僧繇，掌握一种类似西方油画一般以阴影凸显立体效果的画法。其特征是："朱及青绿所造，远望眼晕如凹凸，近视即平，世成异之。"[37] 而这种栩栩如生的造像技术与张氏"画龙点睛"的神奇故事之间恐怕也存在某种因果联系。难怪陈师曾在总结六朝绘画成就时，并不多提"神""气""韵"等因素，反而强调："六朝绘画虽其画风巧致，尚存汉时古拙之余。至于写生之技能，则远胜于前代。"[38] 在一个推崇风神韵度、追求玄远之美的时代，艺术领域却

孕育出工笔技巧的高度发展。这看似一种奇异的现象，但仔细分析后会发现，重视"技巧"的风气在同期的哲学和文化领域里，都可找到原因和呼应因素。

六朝"神韵"审美思想中的一个重要因素，是当时流行的老庄哲学对形而上世界的理解。不论是《老子》所说的"道之为物，惟恍惟惚"³⁹还是《庄子》所说的"天地有大美而不言"⁴⁰。似乎都表明只有将哲学思考与审美视角提升到不可言说的境界，才能有最高水准的顿悟。但我们同时也需意识到，中国古代哲学的主体依然是现实主义倾向，所有的"顿悟"都应找到现实的依托和表达的途径。《管子·白心》中提道：

> 上圣之人，口无虚习也，手无虚指也，物至而命之耳。发于名声，凝于体色，此其可谕者也。不发于名声，不凝于体色，此其不可谕者也。⁴¹

在有实干精神的古人看来，倘若一件事物果真高明到完全无法在现实中体现，那它恐怕也就没有存在的意义。因此老子也说：

> 古之善为道者，微妙玄通，深不可识。夫惟不可识，故强为之容。豫兮若冬涉川，犹兮若畏四邻，俨兮其若客，涣兮若冰之将释。⁴²

只有将不可言说的"道"拟诸形容，才是有意义的思辨过程。六朝玄学出现过"言意之辨"的命题，其核心就是探讨抽象思维与具象表达之间的关系，而王弼指出：

> 夫象者，出意者也。言者，明象也。尽意莫若象，尽象莫若言。言生于象，故可寻言以观象；象生于意，故可寻象以观意。⁴³

在王弼看来，语言和形象均是传达"意"的高效工具。而这种思想随即在文学、艺术领域得到呼应。文论家刘勰说："神道难摹，精言不能追其极，形器易写，壮辞可得喻其真。"⁴⁴充分表达了对语言表意功能的信任。音乐家嵇康则说："音声有自然之和，而无系于人情。克谐之音，成于金石；至和之声，得于管弦也。"⁴⁵认为音乐的形式美直接体现了"道"的"和谐"特征；书法家王羲之也指出："书之气，必达乎道，同混元之理……回仰非近，背接非远；望之惟逸，发之惟静。"⁴⁶认为书法艺术的每一笔画都是"道"之精神的具象体现。这些思想都与画论领域"以一管之笔，拟太虚之体"⁴⁷的雄心壮志有异曲同工之妙。如李泽厚所说，其中的美学意味在于："通过有限的、可穷尽的外在言语形象，传达出、表现出某种无限的、不可穷尽的、常人不可得不能至的'圣人'的内在神情。"⁴⁸如果说六朝"人的自觉"包含着个人思辨力与创造力的自由发展，那么既追求对形而上世界的深度理解，又不断探索表达这种理解的途径，这正是"自觉"精神的体现。艺术表现技巧的不断提升，使"神韵"思想真正进驻到六朝艺术的创作领域里，并提高了人们对"神韵"哲学内涵的理解。

四、"以形写神"的后世影响：现实主义原则与"神韵"思想的巧妙结合

通过上文分析，六朝人物画对"形神"关系的处理方式已逐渐清晰。它既以"神韵"为最高追求，又以形象描摹为表现策略。其基本特征可用顾恺之的一段话来概括，即著名的"以形写神"之说，其原文是：

> 凡生人，亡有手揖眼视而前亡所对者。以形写神而空其实对，荃生之用乖，传神之失矣。空其实对则大失，对而不正则小失，不可不察也。一象之明昧，不若悟对之通神也。⁴⁹

后人对"以形写神"的解读各有千秋，但其中两个要点不可忽视：一是绘画必须来自对客观事物的观察（创作时不可能面前'亡所对者'）；二是"传神"要依赖精准的形象再现（"悟对通神"，但"对而不正则失"）。这很好地概括了我们对六朝绘画"形神"关系特征的解读。而由此我们还能得出这样的结论：六朝人物画对"神韵""形象再现"以及"技艺"等众多关键词的强调，都围绕着一种原始创作动因：即现实主义原则——画家需认真观察客观世界，使用各种技艺将所见事物再现于画纸之上，而"神韵"就寄托在精致逼真的形象描绘中。

《续齐谐记》记载：魏明帝喜爱洛水中的白獭，但极难捕捉。侍中徐景山擅画，画了几幅白獭喜食的鲻鱼挂在岸上，果然引其上钩。明帝问其妙法，答曰："臣亦未尝执笔，然人之所目，可庶几耳。"⁵⁰画家的"目"是何等重要，高超的作品首先来自对现实世界的观察。顾恺之曾说："神仪在心，而手称其目者，玄赏则不待喻。"⁵¹从画家角度来说，"神韵"的表达要依靠"目"——"手"——"心"之间的无缝对接，最终完成从现实事物到审美意象的转换。当时的山水画家宗炳也认为，必须通过"身所盘桓，目所绸缪。以形写形，以色貌色"的实地采风和再现式摹写，才能达到"以形媚道"⁵²的美学效果。最终在姚最那里，这种从客观现实出发的创作原则被总结为"心师造化"⁵³，并启发了明代王履"我师心，心师目，目师华山"的现实主义绘画理论。而事实上，六朝画论中的现实主义倾向还有更深远的影响，即后代绘画流派的区分和表现技巧的更迭。

对"神韵"的推崇发源于六朝，在

后代又经历多次演化。其中一个重要阶段就是宋代"文人画"的出现。此派的典型特征就是认为绘画和诗歌一样，是文人的抒情工具。李公麟就说："吾为画如骚人赋诗，吟咏情性而已。"[54] "文人画"开创了一种新的创作倾向：即全力挖掘对象的内在"神韵"，使之与作者的主观情感彼此呼应，达到"借物抒情"的效果。与之相比，"形象再现"则处于很不重要的地位。倪瓒就曾说："仆之所谓画者，不过逸笔草草，不求形似，聊以自娱而。"[55] 这种创作态度明显体现出"重神轻形"的趋势，而这在当时还一度成为"高雅艺术"的标志。陈传席曾总结唐代之后的文人画风说：

文人士大夫是不愿和工匠平列的。他们既要掌握这门由工匠发展起来的技术，又要和工匠相区别……"跨迈流俗""横逸""逸才""高逸"都是和"舆邑"（俗工）相对立的。[56]

相比起以绘画为专业技能的"工匠"画师，一些文人画家缺乏训练，摹形功力显得逊色，这是客观存在的事实。但有些文人却随即将形象逼真的创作风格视为缺少内涵的"俗物"，将绘画中的"摹形"与"传神"生硬割裂为"俗"与"雅"之分，还将其与社会地位的高低联系起来，这就未免是一种偏见。而这种偏见在宋之后的绘画理论中还十分常见。唐代人物画家吴道子，以"虬须云鬓，数尺飞动，毛根出肉，力健有余"[57] 的摹形技艺达到了形神兼备的巅峰。但苏轼却说："吴生虽妙绝，犹以画工论。摩诘得之于象外，有如仙翮谢笼樊。"[58] "画工"一词，既指称了吴道子高超的造型能力与笔法技艺，却又明显带有贬义，因其比不上作为士大夫的王维"画中有诗"的禅意境界。

从后代美术史的客观评价来看，吴道子与王维各有所长，无分高下，而由此我们也就看出，一些"文人画家"所提倡的"重神轻形"画风的确存在偏颇：它一方面深化了我们对"传神"美学观的理解；但另一方面，若以此为唯一标准，彻底摈弃尊重客观并精研技艺的现实主义创作原则，就可能导致绘画本质特征的丧失和粗制滥造的后果。就像鲁迅所说的：

我们的绘画，从宋以来就盛行'写意'，两点是眼，不知是长是圆；一画是鸟，不知是鹰是燕。竟尚高简，变成空虚。[59]

将"写意"转为"空虚"，使绘画背离"形象"的初衷，这绝非艺术发展的正途。更重要的是，脱离现实的创作能否传达"神韵"呢？"神韵"代表着古代美学向独立、内化和形而上方向的进展，一定程度上确有"不可以巧密得，复不可以岁月到。默契神会，不知然而然也"[60] 的特点。但倘若对它的理解止于不可言说性，那也宣告着对其美学探索的终结。如明代画论家祝允明所说，仅以"九方皋不辨牝牡"为"神韵"的描述方式，那就"不几于废事耶"[61]。而反观南朝陆探微"笔迹劲利，如锥刀焉，秀骨清像，似觉生动，令人懔懔然若对神明"[62] 的创作实践，还有姚最"调墨染翰，志存精谨，轻重微异，则妍鄙革形，丝发不从，则欢惨殊观"[63] 的理论思考，我们会发现：也许这种将"形"与"神"融为一体、不分彼此的表达方式还不够细致和成熟，但这正是"现实主义"原则和"神韵"思想的正确结合方式：一方面，逼真的形象刻画能使"神韵"获得物质依托；而另一方面，精益求精的绘画技艺不断突破"神韵"表达的瓶颈，推动了绘画表现力的深化。"以形写神"的艺术手法既将对"神韵"的思考自然表现于精美的形象创造，又确保绘画艺术不至于完全偏向表现主义与"诗歌化"的歧途。从明清开始，较成熟的理论作品也开始从新思考"形神"的结合方式与"神韵"的表现策略。比如在清代邹一桂的《小山画谱》中就有这样的绘画经验总结：

见一花一萼，谛视而熟察之，以得其所以然，则韵致丰采自然生动，而造物在我矣。譬如画人，耳、目、口、鼻、须、眉一一俱肖，则神气自出，未有形缺而神全者也。[64]

在这里，我们依稀看到了六朝画论中"心师造化""心手相应"和"以形写神"等概念的回归，也看到了这些理论如何转化为一种关注现实、注重摹形、形神合一的现实主义绘画理论，在数百年以后，依然指引着中国古代绘画向着更加完善、更加深刻的方向发展。而六朝画论家在其中有着不容置疑的功绩。

五、结论

综上，我们总结了六朝绘画"形神"关系思考的重要意义与深远影响：在"人的自觉"思潮影响下，六朝艺术家既没有沉溺于哲学思辨而背弃现实，也不因阶级限制而忽视来自劳动阶层的传统绘画技艺，相反探索出通过客观再现和技艺运用来实现"神韵"的表现策略，达到了"形"与"神"的完美融合。这种对"现实主义"的重视不仅影响着六朝人物绘画的发展方向，也推动着古代美学思想的逐步深化。后代出现的"意境""格调"等概念，都体现出将抽象美学理念与具体物象描摹融为一体的特征。其"不可表达"的属性在减轻，而对美学意蕴的思考却更加深广。六朝人物画对"形神"关系表现策略的思考的确是古代美学史上有重要意义的理论探索。

作者简介

杨冬晓（1984—），女，河北科技大学文法学院讲师，博士。研究方向：中国古代美学。

基金项目

本文系教育部人文社会科学研究青年基金"修辞学视域下的六朝文论"体"概念研究"（15YJC751052）、河北省社会科学基金项目"《文心雕龙》与《文选》之文体论对比研究"（HB15WX023）阶段成果。

注释

[1] 陈传席：《中国山水画史》，天津人民美术出版社2001年版，第33页。
[2] [南朝宋]刘义庆著，余嘉锡笺疏：《世说新语笺疏》卷二十一，中华书局2011年版，第722页。
[3] [南齐]谢赫、[陈]姚最撰，王伯敏注译：《古画品录・续画品录》，人民美术出版社1959年版，第8页。
[4] 同上，第8页
[5] 同上，第13页
[6] 陈传席：《中国山水画史》，第169页。
[7] [唐]张彦远：《历代名画记》卷三，中华书局1985年版，第177页。
[8] [元]汤垕著，马采注译：《画鉴》卷一，人民美术出版社1959年版，第3页。
[9] [东晋]顾恺之：《画论》，载沈子丞：《历代论画名著汇编》，文物出版社1982年版，第6页。
[10] 同上，第5页。
[11] [南齐]谢赫、[陈]姚最：《古画品录・续画品录》，第10页。
[12] [唐]张彦远：《历代名画记》卷三，第180页。
[13] [南齐]谢赫、[陈]姚最：《古画品录・续画品录》，第15页。
[14] 同上，第15页。
[15] [唐]张彦远：《历代名画记》卷二，第52页。
[16] [元]汤垕：《画鉴》卷二，第68页。
[17] [南朝宋]刘义庆著，余嘉锡笺疏：《世说新语笺疏》卷二十一，第720页。
[18] [东晋]顾恺之：《画论》，第5页。
[19] 同上，第6页。
[20] [唐]张彦远：《历代名画记》卷四，第233页。
[21] [南朝宋]刘义庆著，余嘉锡笺疏：《世说新语笺疏》卷二十一，第718页。
[22] 李泽厚：《美的历程》，文物出版社1989年版，第92页。
[23] [南朝宋]刘义庆著，余嘉锡笺疏：《世说新语笺疏》卷十四，第609页。
[24] 同上，第612页。
[25] [魏]刘邵著，[西凉]刘昞注，杨新平、张锴生注译：《人物志》卷二，中州古籍出版社2007年版，第38页。
[26] [南朝宋]刘义庆著，余嘉锡笺疏：《世说新语笺疏》卷二十五，第799页。
[27] 同上，第611页。
[28] 同上，第620页。
[29] [魏]曹植著，王巍校注：《曹植集校注》卷四，河北教育出版社2013年版，第211页。
[30] 逯钦立辑校：《先秦汉魏南北朝诗》卷三十三，中华书局1983年版，第735页。
[31] [唐]张彦远：《历代名画记》卷二，第70页。
[32] [东晋]顾恺之：《画云台山记》，第9页。
[33] [南齐]谢赫、[陈]姚最：《古画品录・续画品录》，第2页。
[34] [东晋]顾恺之：《画论》，第5页。
[35] 同上，第6页。
[36] [东晋]顾恺之：《画云台山记》，第9页。
[37] [唐]许嵩撰，张忱石点校：《建康实录》卷十七，中华书局1986年版，第682页。
[38] 陈师曾：《中国绘画史》，浙江美术出版社2013年版，第9页。
[39] 陈鼓应注译：《老子注译及评价》，中华书局1984年版，第148页。
[40] 陈鼓应注译：《庄子今注今译》，中华书局1983年版，第563页。
[41] [唐]房玄龄注，[明]刘绩补注，刘晓艺校点：《管子》卷四，上海古籍出版社2015年版，第280页。
[42] 陈鼓应注译：《老子注译及评价》，第117页。
[43] [魏]王弼著，楼宇烈校释：《王弼集校释》，卷八，中华书局1980年版，第609页。
[44] 范文澜：《文心雕龙注》，人民文学出版社1958年版，第609页。
[45] [魏]嵇康著，戴明扬校注：《嵇康集校注》卷四，人民文学出版社1962年版，第208页。
[46] [宋]陈思编撰：《书苑菁华校注》卷七，上海辞书出版社2013年版，第284页。
[47] [唐]张彦远：《历代名画记》卷七，第713页。
[48] 李泽厚：《美的历程》，第92页。
[49] [东晋]顾恺之：《画论》，第5页。
[50] 王根林等点校：《汉魏六朝小说笔记大观》，上海古籍出版社1999年版，第1005页。
[51] [东晋]顾恺之：《画论》，第5页。
[52] [唐]张彦远：《历代名画记》卷三，第209页。
[53] [南齐]谢赫、[陈]姚最：《古画品录・续画品录》，第9页。
[54] 岳仁译注：《宣和画谱》卷七，湖南美术出版社，2010年版，第157页。
[55] [元]倪瓒：《论画》，载沈子丞：《历代论画名著选编》，文物出版社1982年版，第205页。
[56] 陈传席：《中国山水画史》，第115页。
[57] [唐]张彦远：《历代名画记》卷一，第69页。
[58] [宋]苏轼著，王水照选注：《苏轼选集》，上海古籍出版社2014年版，第14页。
[59] 鲁迅：《鲁迅论文学》，人民文学出版社1959年版，第278页。
[60] [宋]郭若虚：《图画见闻志》卷二，人民美术出版社，2003年版，第14-15页。
[61] [明]祝允明著，薛维源点校：《苏州文献汇编・祝允明集》，上海古籍出版社2016年版，第528页。
[62] [唐]张彦远：《历代名画记》卷三，第204页。
[63] [南齐]谢赫、[陈]姚最：《古画品录・续画品录》，第1页。
[64] [清]邹一桂：《小山画谱》，载沈子丞：《历代论画名著汇编》，文物出版社1982年版，第428页。

（栏目编辑　顾琴）

张彦远画论"自然"范畴的三维透视

孟凡萧

(安徽大学文学院,合肥,230039)

【摘 要】"自然"作为中国古典美学的重要范畴,历来被中国古代画论所推重。中国古代画论中的"自然"美学观念在形成和发展过程中,张彦远的《历代名画记》具有不容忽视的开创之功,但现今学界却对张彦远的"自然"范畴着墨较少。为系统地整理和阐释张彦远的"自然"美学观念,我们将从本体论、创作论和鉴赏论三个维度对其进行分析。从而把握住张彦远的"自然"美学观念,深刻理解张彦远画论的精髓,进而对现今绘画有所针砭和引导。

【关键词】自然 张彦远 创作 鉴赏

"自然"最初是一个哲学概念,其源于老庄。在东晋时期,被顾恺之首次引入画论之后,其概念内涵和外延不断得到扩大,渗透到绘画领域的各个方面。唐代张彦远在继承和总结前人理论的基础之上,将"自然"这一范畴在《历代名画记》中进行了系统的论述与阐释。大体上看,张彦远的"自然"范畴可以从以下三个维度进行阐释:从本体论方面看,绘画创作要"本于立意",努力突破形似和技法的束缚,以表现对象的内在本质;从创作论方面看,绘画创作标榜天才,强调创作过程的"非自觉性";从鉴赏方面看,"自然"是张彦远画论中的最高审美理想,它是道家"自然无为"思想在绘画方面的体现,它表现为整体的浑然天成,毫无人工雕琢之迹。通过以上三个维度的整理和阐释,不仅有助于我们理解"自然"这一中国古典美学范畴的内涵和意义,而且对于现今绘画创作具有针砭和引导作用。

一、"本于立意":具有本体论色彩的"自然"追求

中国古代画论中的"自然"一词,源于老庄,是道家哲学思想的核心。"《老》《庄》两书之所谓'自然',乃竭力形容道创万物之为而不有不宰的情形,等于是'无为',因而万物便等于是'自己如此'之自造。故自然即'自己如此'之意。"[1]由此可见,哲学中的"自然"是宇宙万物运行的根本法则。作为绘画理论家的张彦远,正是利用这一法则来阐释绘画发生和创作的根本之道。"夫画者……发于天然,非由述作。"[2]"凝神遐想,妙悟自然……所谓画之道也。"[3]"自然"也因此被张彦远纳入绘画的本体论之中,他认为绘画创作应以意为本,努力突破形似和技巧的限制,以表现事物内在本质,而不只是描摹事物的外形。"夫象物必在于形似,形似须全其骨气,骨气形似,皆本于立意。"[4]因此,"意"也就自然而然的成为绘画本体的核心,它是"自然"在绘画中的本体呈现。

以"意"为本,这是中国古代哲学和美学一贯的传统。早在先秦时期,先哲就已经将"意"置于表现"意"的形式——言、象等之上。如《周易》中所提到的"圣人立象以尽意"。《庄子》中所提到的"言者所以在意,得意而忘言"[5]等。哲学中这种以意为主的思想势必会影响到美学。在美学中,陆机的《文赋》是第一篇专门论述"意"的美学论文。在《文赋》中,陆机将"意"作为文学创作的核心,并且从文学创作的视角,解答了"意不称物,文不逮意"的问题。稍后的萧统,其在《文选》中直接提出了"老庄之作,管孟之流,盖以立意为宗,不以能文为本"[6]的创作思想。不仅在文论中,中国古代书论也持"以意为主"的观点。如王羲之曾在其《自论书》中说:"须得书意转深,点画之间皆有意,自有言所不尽。"[7]文论和书论中这些以意为主的美学思想势必会影响到画论。第一位将"意"引入画论的美学家是南朝的谢赫,他在《古画品录》中说:"但迹不逮意,声过其实。"[8]这是谢赫对顾恺之的批评之语,他认为顾恺之画作在艺术表现与构思方面存在脱节之处,即绘画作品不能很好的表达画家的内在之"意"。唐代大诗人王维在论画时,也提到了"意"这一范畴。如"凡画山水,意在笔先"[9]。张彦远正是在继承和总结前代理论的基

础之上，对"意"进行阐释：他将"意"作为绘画创作的核心，其他的一切都是为"意"服务的。绘画创作就是利用笔墨将画家内在之意物化的过程，这一过程可被视为"意"的感性显现与外化。而这一过程是完全符合"自然"的根本法则。基于此，我们把"立意"视为张彦远画论崇尚"自然"美学追求的逻辑起点，这也是张彦远画论中具有本体论色彩的"自然"诉求。

张彦远强调"以意为本"，其中最重要的美学意义在于，绘画创作要突破形似和技法的束缚，以表现事物的内在本质。这是针对以笔墨为媒介的绘画而提出的"自然"法则，亦是张彦远画论中具有本体论色彩的"自然"诉求所在。在《历代名画记》中，张彦远主张绘画"形""神""意"的统一，因而特别反对单纯模仿事物外形的技术性工作。"至于传模移写，乃画家末事。"[10]这就将单纯模仿视为画家最为低级的技法。随后，张彦远又从绘画创作的角度阐释了其反对单纯模仿事物外形的观点："夫画物，特忌形貌采章，历历具足，甚谨甚细，而外露巧密，所以不患不了，而患于了，既知其了，亦何必了，此非不了也。若不识其了，是真不了也。"[11]张彦远认为，绘画创作并不是对事物外形的机械复制，他反对单纯描摹事物外形的自然主义作品，并将这种"谨而细者"的作品列为"中品之中"，在张彦远所建构的品评体系中，这是最末等的绘画作品。在上述引文中，"了"是晓解之意。这两句"不了"歌，看似绕口令，但简单明了地概括了绘画创作的核心思想：绘画创作不追求形似，"这并不是否定了形似，而表现了神形相融的真形似"[12]。这里的"形似"指的是事物的外在形貌，而"真形似"则是指事物的内在精神本质。只有传达出事物的内在精神本质，才能描绘出事物的真实面貌。事物的内在精神本质，也即是张彦远所称的"神"或"气韵"。张彦远重视"神"或"气韵"，在本质上是对"意"的重视。由此，张彦远也就将"意"提高到绘画创作的本体论高度。

为进一步阐明自己的主张，张彦远提出了"真画"与"死画"的观点："夫用界笔直尺，界笔，是死画也；守其神，专其一，是真画也……真画一划，见其生气。"[13]这也即是说，运用界笔直尺，描绘出来的作品，因为没有生气，而被称为"死画"。只有像吴道玄那样，守神专一，达到物我融合境界的画家，才能创作出富有生气的"真画"。因此，"真画"与"死画"的本质区别在于是否有"生气"。然而何为"生气"呢？司空图在《二十四诗品·精神》中指出："生气远出，不著死灰，妙造自然。"[14]这里的"生气"指的是一种整体的生命经验，而"追求这种'物我为一'的生命经验的'经验'，就是'意'的意义整体"[15]。它是画家"以宇宙人生的具体为对象，赏玩它的色相、秩序、节奏、和谐，借以窥见自我的最深心灵的反映"[16]，这是画家对于事物内在本质，即自然之道的真实领悟与诗化把握。在老庄看来，这就是以人之"天"合自然之"天"。因此，张彦远主张"本于立意"也即是在强调绘画对自然之道的皈依与外化，"意"也就自然而然被张彦远提高到绘画本体论高度。

二、"非自觉性"：绘画创作上的"自然"表现

在中国第一部绘画史通论《历代名画记》中，张彦远的"自然"美学观念在绘画创作中主要表现为两个方面：一是创作主体才能来源的"自然"，即标榜"天才"，强调"天赋才能"；二是强调绘画创作过程的"非自觉性"。

在绘画创作中，张彦远标榜"天才"，强调"天赋才能"。在《历代名画记·叙画之源流》篇，张彦远开篇即指出绘画创作是"发于天然，非由述作"[17]。这也就开宗明义地指出了，"艺术是天生的，所以从事的人贵乎天才，贵乎创造，贵乎写实，贵乎气韵，而最所不要的乃是谨细"[18]。在张彦远的品评体系中，"谨细"是最低的品第，它是一味模仿的绘画作品。张彦远反对"谨细"，就是反对单纯的模仿，主张画家运用精神进行创造，这是张彦远标榜"天才"的体现，因为"天才是与模仿的精神完全对立的"[19]。

张彦远对于天才的推崇还表现在他对"上品之上"画家的品评中。在《历代名画记》中，顾恺之和吴道玄是张彦远最为推崇的画家，它们当然是"上品之上"的画家。张彦远对顾恺之的品评是"顾生天才杰出"[20]。对吴道玄的品评是"吴道玄者，天付劲豪，幼抱神奥"[21]。从这两句品评中，我们可以得出，顾恺之和吴道玄的绘画才能都是"天"赋予的，"天"通过他们为艺术立法。他们具有"天赋才能"，都是天才画家，也只有天才画家才能创作出具有"自然"品第的绘画作品。张彦远还认为，绘画不是普通的技艺，并不是任何人都能拥有的，它是天才所独有的。这用张彦远的话来说就是："书画之艺，皆需意气而成，亦非懦夫所能作也。"[22]

张彦远标榜"天才"，强调"天赋才能"，那么拥有"天赋才能"的画家是如何创作出具有"自然"品第的作品呢？对此，张彦远在《历代名画记》中给出了明确的答案："夫运思挥毫，自以为画，则愈失于画矣；运思挥毫，意不在于画，故得于画矣。"[23]这就是说

绘画创作不能以意志相操纵，它是一个无意乎相求，不假思索的神妙境界，是一种无意识的，非自觉的创作状态。"在中国古代，诗、乐、舞等各种艺术门类也是相通的。"[24] 从艺术创作思维上说，这是一种自然感兴，主体通过直觉获得事物内在之道的过程。这与唐代画家张璪所说的"外师造化，中得心源"[25] 有相通之处。所谓"外师造化"即是以自然事物为师，它包括形而下和形而上两个方面的内容。形而下的方面是指，画家要对自然事物进行静观默察、精心揣摩，要得自然事物之神；形而上的方面是指，创作者要"以天合天"，化身为造化，打破外在事物与内在心源的对立。所谓"中得心源"，"就是画家们创作前的心理思维方式和心态"[26]，这种思维方式和心态与庄子的"心斋""坐忘"相类似，它是一种主体与客体合一的"体道"境界，其核心概念为"无为"。又因为"'自然无为'是一种无意识的行为。"[27] 所以"中得心源"主要表现为一种"无意"。这是一种"非自觉的"创作状态，它无法用理智进行思考，用语言进行描述。

在《历代名画记·论画体工用拓写》中，张彦远运用简洁的语言，详细描述了主体在绘画创作中的"非自觉性"状态："凝神遐想，妙悟自然，物我两忘，离形去智。身固可使如槁木，心固可使如死灰，不亦臻于妙理哉！所谓画之道也。"[28]

上文中的"凝神"一词，出自《庄子·达生》："用志不分，乃凝于神，其痀偻丈人之谓乎？"[29] 这是说驼背老人在用竹竿粘蝉时，精神专一，不为外物所扰。"'妙悟'既非理性的思考，也非普通的感官感觉，而是对事物本质的直觉。"[30] 其主要特征是"非自觉性"。"妙悟自然"即是以直觉的非理性的方式来认识自然内在本质，亦即认识绘画所要表现的一切对象。"身固可使如槁木，心固可使如死灰"出自《庄子·齐物论》："何居乎？形固可使如槁木，而心固可使如死灰乎？今之隐机者，非昔之隐机者也。"[31] 这是对老庄"坐忘"状态的描绘。老庄的"坐忘"是"绝对无意，是彻底的解脱，超越了客体，也超越了主体，与大道融合为一"[32]。张彦远认为道家"坐忘"的状态，是画家创作的最佳状态。因此，张彦远画论中的"自然"范畴，在创作上主要表现为"无意"。这种"无意"主要是指创作中的无意乎相求，不假思索的神妙境界，它是一种无意识、非功利的创作状态。

天才在创作过程中的这种"无意"是一种"不知其然而然"。在古代，它被许多文人所肯定。比如宋代文学家苏洵，他在《仲兄字文甫说》中提出的"风水相遭自然成文"说，从风吹拂水面的自然现象指出"天下之至文"都是无意乎相求形成的。黄庭坚在《大雅堂记》中称赞杜甫"子美诗妙处，乃在无意为文"。在中国古代美术史上，有许多画家为追求"无意"，想方设法的创造条件。比如吴道玄，他"好酒使气，每欲挥毫，必须酣饮"[33] 吴道玄这是借助酒，使自己达到"无意"的境界。除吴道玄之外，被黄休复视为"逸品"画家的孙位和被朱景玄视为"逸品"画家的张志和、王墨、李零省等都"好酒使气"，他们都是借助酒，排除外界和内心的干扰，使自己达到"无意"的创作状态。创作过程中的"无意"不仅被中国文人所察觉，在西方，它也被注意到。比如，德国古典哲学家康德，他在《判断力批判》中就对天才创作过程中的"无意"现象进行了描绘："天才自己不能描述或科学地指明它是如何创作出自己的作品来的……他自己并不知道这些理念是如何为此而在他这里汇集起来的。"[34] 从此处看，追求创作过程中的"无意"是中西方文论的共识。

但中国古代画论素有"尚意"的传统，张彦远在《历代名画记》中也强调了绘画"以意为主"的观点："意存笔先，画尽意在。"[35] 这似乎与天才在绘画创作过程中所表现出来的"无意"相矛盾。为了解决这一矛盾，我们需要考证"意"字在中国古典美学中的基本意义。从文字学上讲，意有两个义项：一个是"意思"，另一个是"意料"。据韩玉涛先生考证，在中国古典美学中，"意"的基本含义为："心中之所想，而又非言语等媒介所尽能表达的东西。"[36] 这一基本含义在绘画中应解释为，在创作构思过程中尚未被物化的意象，即郑板桥的"胸中之竹"。"尚意"就是画家重视在心中构思意象，因为画家在构思心中意象之时肯定是有意识的，所以，"尚意"有重视理性在创作中的作用之意，这样它也就是重视意识的作用。而在从"胸中之竹"向"手中之竹"的转化过程，亦即运用线条、笔墨等将画家的"胸中之竹"描绘出来的过程却是无意识的。"'落笔倏作变相，手中之竹又不是胸中之竹'则又是无意识的。"[37] 从此可以得出，画家在创作过程中，他精神活动是极其复杂的，其中既包含有无意识等非理性成分，也包含理性成分。对此，我们不能简单的将画家在创作过程中的状态归为"无意"或"有意"，事实上它们二者是相互交织的。也就是说，画家在绘画创作过程中是既"有意"又"无意"，即处在"有意无意之间"，是一种"若有意若无意"状态。

"有意无意之间"也即是德国古典美学家康德所说的"无目的的合目的性"。康德认为美的艺术作品本身是合目的,但是我们在欣赏时却看不出任何人工雕饰的痕迹,尽管他是由天才所创造的,但是它看起来就像是自然创作的一样。综上,我们就可以得出,"自然"在创作过程中表现为"非自觉性",而这种"非自觉性"即表现为"有意无意之间",或"若有意若无意"。用康德的话来说就是"无目的的合目的性"。

三、"朴美":审美鉴赏上的"自然"显现

据现存资料考查,最早将"自然"一词引入画论的是东晋画家顾恺之,他在《论画》中指出:"《小列女》,面如恨,刻削为容仪,不尽生气,又插置丈夫,支体不以自然。"[38]但真正明确标榜"自然",并将其作为古代绘画的最高审美理想和品评标准的美学家是唐代的张彦远。在《历代名画记》中,张彦远运用简洁而又朴素的语言将画品分为"自然""神""妙""精""谨细"五等,并将"自然"一品列为"上品之上",是绘画的最高品位。

然而,何为张彦远"上品之上"的"自然"呢?在中国古典美学中,"自然"是一个复合词,由"自"和"然"两个汉字组成。"自是自己,然是如此,'自然'只是自己如此"[39]之意。它与人为强作相对,指的是未经人为加工雕饰的自然本初状态。因此,在审美鉴赏上,"自然"就与老庄哲学中的"朴素之美"相联系。在古代汉语中,"朴"原始本初的意义为未加工的木材,后引申为一切事物未经改变的本质、本性。在道家哲学中,"朴"是道所化生万物的自然本初状态。"庄子以朴观万物、以朴论人性,进而将朴与美结合起来,以朴作为一种自然本色的美"[40],它是天地大美的本体性存在。"朴素而天下莫能与之争美"[41]。在老庄哲学中,美的本质就是"朴素",它是贯穿中国古典美学的一种审美实践精神。张彦远画论中的"自然"范畴,深受道家哲学的影响,因此,张彦远画论中的"自然"美学观念,在审美鉴赏上主要表现为"朴美"。

在《历代名画记》中,张彦远运用一整段文字对"自然"进行了详细的描绘:"夫阴阳陶蒸,万象错布,玄化无言,神工独运。草木敷荣,不待丹碌之采;云雪飘扬,不待铅粉而白。山不待空青而翠,凤不待五色而䌽。"[42]张彦远运用这段富有文学色彩的铺陈,告诉我们:自然界中的事物之所以美并不是依靠"铅粉""丹采"等这些人为的工巧,而是由"玄化""神工"所赋予的天然之色,它是一种自然本色的美。自然界中的事物是自然而然,"自己如此"的,它们有着人为无法干涉的内在本质规律。因此,人们在创作绘画等艺术作品时就像"道"创作万物一样,没有创造之心,没有创造之迹,一切都是自然而然的。即表现为整体的浑然天成,毫无人工斧凿之迹。由此可以看出,具有"自然"品第的绘画作品,呈现为事物自身自然而然的本初形态,而具有这种自然而然状态的作品,它具有一种原始、本真的美,也即是老庄哲学所倡导的"朴素之美"。

张彦远除了直接阐释"自然"品第的内涵之外,还指出了能创作出具有"自然"品第作品的画家。在《历代名画记》中,张彦远对吴道玄最为推崇,他的画肯定能够达到"自然"品第。因此,我们从张彦远对吴道玄的评价,亦可以进一步了解张彦远"自然"品第的内涵。张彦远认为吴道玄的绘画"神假天造,英灵不穷"[43],这也就是说吴道玄的画就像天神借助他的手绘制的一样,毫无人工斧凿之迹。又说吴道玄绘画是"意存笔先,画尽意在"[44]。这是说在作画之前,意象已经存在于画家的胸中,画完之后,意境就显现在画面上。随后,张彦远又引用了《庄子·养生主》中庖丁解牛的寓言和《庄子·徐无鬼》中郢匠运斤的寓言来说明吴道玄绘画的技艺。这两则寓言中的主人公都拥有高超的技艺,这种技艺"使人与工具达到合一的自然境界,而此时这种技术本身就体现为'道'"[45]。"道"的本性是朴素自然的,美作为道的一种衍化性存在,它具有一种朴素自然之美,这是一种天地之大美。

张彦远的《历代名画记》被称为"画史之祖",对后世影响深远。而他在《历代名画记》中,所建构的"画分五等"的品评体系亦深刻影响了后人对绘画的品评。因此,要想全面而深刻的揭示张彦远"自然"品第的内涵及意义,我们还需要对古代画论的品评体系进行考查。从现在掌握的资料考证,最早对绘画进行分类的是南齐谢赫,他在《古画品录》中将绘画分为五品。唐开元中人张怀瓘在《画品》中将画分为神、妙、能三品,另又加逸品。宋朝黄休复在《益州名画录》中也将绘画分为神、妙、能三品,并将逸品置于神、妙、能三品之上。据徐复观先生考证,张彦远所谓"自然",即是张怀瓘、黄休复等人所谓的"逸品"。"逸即是自然,自然即是逸。所用名词不同,内容却无两样。"[46]因此,对"逸品"内涵和意义进行探析,有助于加深我们对张彦远最高的审美理想"自然"的理解。

然而,"逸品"的具体内容是什么呢?在中国古代画论中,"逸品"的观念是由张怀瓘首先提出来的,他认为:"其格外有不拘常法,又有逸品,以表其优劣也。"[47]张怀瓘对"逸品"的阐释较为简略,但他却指出了"逸品"

的主要特征："不拘常法"。这也就是说达到"逸品"品第的绘画作品，它们不受规矩、法度的束缚，其核心概念为道家的"无为"。此处的"无为"并不是无所作为，而是一种"无为而无不为"。它要求在绘画创作过程中不能破坏事物的自然本性，也即是具有"朴素之美"。由此可以得出，"朴美"体现了自然无为的特性，是一种天地之大美。第一个为"逸品"下比较完整定义的是宋代画论家黄休复，他为"逸品"下的定义为："画之逸格，最难其俦。拙规矩于方圆，鄙精研于彩绘，笔简形具，得之自然，莫可楷模，出于意表，故目之曰逸格尔。"[48] 这两句话言简意赅地界定了"逸品"的含义及特征。其中"拙规矩于方圆"指的是不受规矩、法度的束缚，这并不是不要规矩，而是要超越于规矩之上。"鄙精研于彩绘"指的是以钻研于色彩为鄙，教导我们要把握住色彩的内在本质，"把握了这个五色的本体，就是张彦远所说的'得意'"[49]。因此，黄休复的"逸品"就是"老庄与物为一，自然无为的人生态度在艺术中的体现"[50]。它的艺术特点就是自然清真，清冷空灵，恬淡虚静。

黄休复"逸品"的内涵及特征，还可以从他对"逸品"画家孙位的品评中得到确证。孙位是黄休复最为推重的画家，在《益州名画录》中，他对孙位的品评为："鹰犬之类，皆三五笔而成。弓弦斧柄之属，并掇笔而描，如从绳而正矣……非天纵其能，情高格逸，其孰能与于此邪。"[51] 黄休复认为孙位绘画的才能是上天赋予的，他绘画不受规矩、法度的束缚，掌握了事物的内在之"道"，而体道的终极指向是朴素。因此，他创作出来的绘画作品是主观精神与客观物象的统一，达到了浑然天成的艺术境界。即达到了"逸品"的品第。

综上，"自然"在鉴赏方面的内涵和意义已经十分清晰。张彦远"上品之上"的"自然"品第是道家"自然无为"思想在绘画作品中的体现，它表现为一种整体的浑然天成，毫无人工雕琢之迹的艺术美。"自然"在风格上表现为自然清真，恬淡虚静，清冷空灵。它强调的是绘画中形与神、主观与客观、物形与精神的合一。它是老庄哲学中的天地之大美，即"朴素之美"。人们在鉴赏具有"自然"品第的绘画作品时，就像观赏春花秋月，经历四时更替一样，一切都是自然而然，就像大自然一样真实。因此，张彦远画论中的"自然"范畴，在审美鉴赏方面主要显现出"朴美"的趣尚。

四、结语

张彦远的《历代名画记》是中国美术史上第一部绘画史著作，它在美术史上的地位，就如《史记》之于正史。《历代名画记》作为一部画史和画论合一的专著，它阐发的许多理论观念对后世影响深远。"自然"这一中国古典美学的重要范畴，就是由张彦远首次在画论中进行系统阐释的。张彦远对于"自然"范畴的阐发不仅影响了宋代以后文人画的创作和发展，而且奠定了后代绘画推重"自然"的理论基础。因此，对于《历代名画记》中"自然"美学范畴的整理和研究，其作用不仅在于对中国古典美学理论的整理和阐释，而且对于现今绘画的创作具有针砭和指导作用。现今，由于经济和数字技术的发展，画家不仅缺少虚静恬淡之气，而且在"笔意"关系上更为重视"笔"而忽视"意"。画家的创作更多的是在进行"机械复制"，而不是精神的创造。出现这种现象，当然有着深刻而复杂的因素，但画家所持的美学理念肯定是其中的重要因素之一。我们重新回到中国画论的源头，整理和阐发中国画论中"自然"美学范畴，希望能对扭转现今画坛的风气有一定的帮助。

作者简介

孟凡萧（1987—），男，安徽大学文学院在读博士，研究方向：文艺学、美学基础理论。

基金项目

本文系国家社会科学基金一般项目"中国诗学的缘事理论研究"（15BZW021）、安徽大学大自然文学协同创新中心2019年度重点课题"张彦远画论'自然'范畴的美学阐释"的阶段性成果。

注释：

[1] 徐复观：《中国艺术精神》，广西师范大学出版社2007年版，第165页。
[2] [唐]张彦远撰，朱和平注译：《历代名画记》，中州古籍出版社2016年版，第2页。
[3] 同上，第59页。
[4] 同上，第34页。
[5] 庄子：《庄子·外物》，载方勇译注：《庄子》，中华书局2010年版，第466页。
[6] [梁]萧统编，[唐]李善注：《文选》，上海古籍出版社1986年版，第2页。
[7] [东晋]王羲之：《晋王右军自论书》，载[唐]张彦远编，范祥雍点校：《法书要录》，人民美术出版社2016年版，第5页。
[8] [南齐]谢赫：《古画品录》，载卢辅圣主编：《中国书画全书》第一册，上海书画出版社1993年版，第1页。
[9] [唐]王维：《山水论》，载卢辅圣主编：《中国书画全书》第一册，第177页。
[10] [唐]张彦远撰，朱和平注译：《历代名画记》，第34页。
[11] 同上，第57-58页。
[12] 徐复观：《中国艺术精神》，第202页。
[13] [唐]张彦远撰，朱和平注译：《历代名画记》，第53页。
[14] [唐]司空图：《二十四诗品·精神》，转引自张少康主编：《中国文学理论批评史资料选注》，北京大学出版社2013年版，第184页。
[15] 李涛：《意：中国古典诗学中的核心范畴》，《东方丛刊》2006年第3期，

第154-170页。
[16] 宗白华：《美学散步》，上海人民出版社1981年版，第59页。
[17] [唐]张彦远撰，朱和平注译：《历代名画记》，第2页。
[18] 宗白华：《张彦远及其〈历代名画记〉》，《学术月刊》1994年第1期，第3—11页。
[19] （德）康德著，邓晓芒译，杨祖陶校：《判断力批判》，人民出版社2002年版，第152页。
[20] [唐]张彦远撰，朱和平注译：《历代名画记》，第151页。
[21] 同上，第37页。
[22] 同上，第238页。
[23] 同上，第53页。
[24] 殷学明：《本事迁移理论与艺术再生产研究》，中国社会科学出版社2018年版，第34页。
[25] [唐]张彦远撰，朱和平注译：《历代名画记》，第265页。
[26] 才彦平：《"自然"在中国古代画论中的美学含义》，《艺圃》1993年Z1期，第24-29页。
[27] 蔡锺翔：《美在自然》，百花洲文艺出版社2001年版，第7页。
[28] [唐]张彦远撰，朱和平注译：《历代名画记》，第59页。
[29] 庄子：《庄子·达生》，载方勇译注：《庄子》，第299页。
[30] 范明华：《本于立意——〈历代名画记〉在文人画美学思想史上的地位》，《文艺研究》2009年第4期，第116-123页。
[31] 庄子：《庄子·齐物论》，载方勇译注：《庄子》，第16页。
[32] 蔡钟—翔：《美在自然》，第8页。
[33] [唐]张彦远撰，朱和平注译：《历代名画记》，第237页。
[34] （德）康德著，邓晓芒译，杨祖陶校：《判断力批判》，第151页。
[35] [唐]张彦远撰，朱和平注译：《历代名画记》，第53页。
[36] 韩玉涛：《写意——中国美学之灵魂》，海天出版社1998年版，第518页。
[37] 蔡钟翔：《美在自然》，第120页。
[38] [唐]张彦远撰，朱和平注译：《历代名画记》，第154页。
[39] 胡适：《中国哲学史大纲》，东方出版社1996年版，第46页。
[40] 赵小华：《庄子朴论探析》，《哲学研究》2016年第7期，第48-53页。
[41] 庄子：《庄子·天道》，载方勇译注：《庄子》，第207页。
[42] [唐]张彦远撰，朱和平注译：《历代名画记》，第57页。
[43] 同上，第53页。
[44] 同上。
[45] 蔡彦峰：《"自然"的两种涵义与〈文心雕龙〉的"自然"文学论》，《北京大学学报》2011年第3期，第80-86页。
[46] 徐复观：《中国艺术精神》，第233页。
[47] [清]孙岳颁等撰：《御定佩文斋书画谱》卷十七，景印文渊阁《四库全书》第819册，（台湾）商务印书馆1986年版，第513页。
[48] 同上，第533页。
[49] 叶朗、王鲁湘：《张彦远的再发现（续完）》，《美术》1988年第1期，第67-71页。
[50] 张见、韦海英：《司空图的诗论与张彦远的画论》，《北京大学学报》1991年第3期，第104-111页。
[51] [宋]黄休复撰：《益州名画录》卷上，景印文渊阁《四库全书》第812册，（台湾）商务印书馆1986年版，第481页。

（栏目编辑　张同标）

（上接第78页）

[86] [宋]郭若虚：《图画见闻志》卷六，第165页。
[87] [宋]佚名：《宣和画谱》卷九，第579页。
[88] [宋]苏颂：《苏魏公文集》卷七十二，中华书局1988年版，第1102页。
[89] [宋]洪遵：《翰苑群书》卷九《苏耆次续翰林志》，景印文渊阁《四库全书》史部十二，职官类一，官制之属。
[90] [宋]邵伯温：《邵氏闻见录》卷一，唐宋史料笔记丛刊，中华书局1983年版，第4页。
[91] [宋]郭若虚：《图画见闻志》卷一，第33页。
[92] 郑午昌：《中国画学全史》，江苏文艺出版社2008年版，第164页。
[93] 赵振宇：《北宋京师寺观宫室画壁考论》，《南京艺术学院学报》（美术与设计版）2017年第2期，第64-71页。
[94] 潘天寿：《中国绘画史》，团结出版社2006年版，第95页。
[95] [宋]黄休复：《益州名画录》序，第1页。
[96] [宋]文同：《新刻石室先生丹渊集》卷二十二，第227页。

（栏目编辑　顾平）

骨气与天机：傅山的艺术精神及其当代价值

杨万里

（山西大学文学院，太原，030006）

【摘 要】明末清初的傅山是一位具有民族气节的高古奇士，诸子百家靡不淹贯，诗文书画俱有造诣，于清初儒林最为博雅。其文艺创作与批评理论均透着浓厚的奇趣，尤其是著名的"四宁四毋"说，集中反映着他的审美祈尚。学界对其阐释尚存在一定误解。"四宁"显然不是傅山的终极追求，而是为治愈"四毋"开出的良方，是绚烂至极后向放浪天真的折返。傅山的艺术精神从源头上指向的是一种气骨横绝、支离拙奇的人物品格，而书写性情、自得天机才是其最终的美学旨归，正在"四宁"与"四毋"之间。既要结合明清易代的政治语境，又需将他的诗文书画理论会通观之，庶几得其艺术精神之真谛，彰显其对当下文艺创作与批评的价值意义。

【关键词】傅山 艺术精神 四宁四毋 骨气 天机

傅山（1607—1684）是明末清初知识分子中较有民族气节的一位社会活动家，在晚明时已被目为"山右义士"，成为山西学子的领袖。他又是一位受人敬仰的高古奇士，毕振姬称其"来历奇，行事奇，诗文书画奇"。可见，受晚明尚"奇"风气的影响，傅山的人格、学术与艺术均透出浓厚的奇趣。"好学而无常家"的学问态度造就了他一生学术成就的高度，所谓"古今典籍，诸子百家，靡不淹贯"[1]。张舜徽称："山于学无所不通，书画医术，尤极精能。贯穿四部，旁涉二藏……山于经史之外，复沉潜于百家之书，校勘甚勤，而复多创获……在清初儒林中，最为博雅矣。"[2]可见，他在书画、金石、诗文、医学、史学、哲学诸方面均有高深造诣，而学术的博通性又决定了其文艺思想的复杂与深刻。其文艺美学思想集中反映在著名的"四宁四毋"说中，即"宁拙毋巧，宁丑毋媚，宁支离毋轻滑，宁直率毋安排"[3]。各种书法史及有关傅山的专门论著，无不提及这一理论并加以阐释。

或将"四宁"直接作为傅山的最终美学追求，或认为这只是傅山政治思想在书法领域的暗示性表达，并非其审美宗旨[4]。虽有学者从语法上分析得出，"宁……毋……"句式表达的是一种不得已情况下退而求其次的抉择，但以此否定其历史价值也是不可取的。笔者认为，目前对"四宁四毋"的阐释尚存在某些误解。要知道，傅山的诗文书画理论是贯通一气的，共同诠释出其艺术美学精神，颇有一种"理一分殊"和"月印万川"的意味。因此，既需要结合明清易代的政治语境，又需联系傅山在诗文书画方面的整体艺术观念会通观之，庶几得其艺术精神之真谛。

一、以骨气胜："四宁四毋"的人格指向

"四宁四毋"的艺术追求呈现于傅山对文艺创作各个环节与要素的评价中，首先指向的即作者之为人。正如全祖望论及"四宁四毋"时所言：

"君子以为先生非只言书也。"[5]可见自清人以来即附着了某种政治解读。"巧""媚""轻滑""安排"似乎影射着屈服、自保、圆滑与奴俗；"拙""丑""支离""直率"则蕴含着奇崛、残破、反抗与任真。

中国古代向来有文（字）如其人的批评传统，而将文艺批评与伦理道德衔接一体最具代表性者当属朱熹、真德秀等理学家，他们提出的"诗见得人""书札有关人之德性"等观点，深刻影响后世[6]。身经明清易代而以遗民身份自居的傅山，继承前人重视主体品格的文艺思想，同时又加入自身的独特体验与理解，意图将民族气节与文人风骨贯注于文艺创作之中，以文艺形象与笔墨气势彰显自己的"奇士"风神。在教授子孙书法时，傅山有《作字示儿孙》诗云：

作字先作人，人奇字古。纲常叛周孔，笔墨不可补。诚悬有至论，笔力不专主。一臂加五指，乾卦六爻睹。谁为用九者，心与腕是取。永真溯羲文，不易柳公语。未习鲁公书，先观鲁公诂。

平原气在中，毛颖足吞虏。"[7]

他认为"作人"是"作字"的前提，"人奇"方能"字古"，人以字显，字以人高。这里的"人奇"并非指人刻意狂狷纵放，而是学问渊博醇厚、人格超逸迈往。"字古"也不是简单的模拟前贤笔法形态，而是通过创造性临摹，出之以雄浑刚健、古朴苍劲的笔力。看似人奇字古，实则得之于心正笔正。颜真卿秉性正直，笃实纯厚，绝不阿谀奉承，并于安史之乱中表现出忠正气节。有此正气存养于心，发溢于书法则正而不拘、庄而不隆，自然为人所重。以"笔谏"佳话闻名后世的柳公权，书如其人，骨力遒劲，结体端正，追求瘦硬通神。傅山以颜柳书法作为子孙学习之对象，自有深意寓之。

颜、柳笔力素得"筋骨"之美誉，实则源于其内在的心性修养与浩然正气。在历代书家中，傅山尤其对颜真卿推崇备至，主要原因即在于其笔墨中流溢出一股刚正"骨气"。因此，"以骨气胜"成为傅山文艺批评的重要准则。如在评价山西书法时说："晋中前辈书法，皆以骨气胜，故动近鲁公，然多不传。太原习此技者独吾家，代代不绝，至老夫最劣，以杂临不专故也。"[8]这则材料透出的信息颇为丰富：首先是明确以颜鲁公为最高典范，其最大特点即骨气兀傲。其次，书中带着骨气似乎是山西前辈书法的整体特征，因此傅山之论透出一定的以地域论书思想，正如其对毕振姬"西北之文"的称扬。在《晋中名能书者》中多有类似之论，如："梁乐甫先生字，全不用古法，率性操觚，清真劲瘦。字如其诗，文如其人，品格在倪瓒之上三四倍。非人所知，别一天地也。"[9]晋中以书名家者多以"品格"胜，且能不被古法所缚从而免于流俗，终得"奇"趣。最后，傅山也表达了对自己

早年杂临诸家法帖而于鲁公"骨气"有所削弱的遗憾。当然，傅山也提到自己家族世代追摹鲁公书，所以他从小即树立了崇尚硬拙支离的书美理念。这在他的《索居无笔偶折柳枝作书辄成奇字率意二首》其一中有过明确表达："腕掘临池不会柔，锋枝秃硬独相求。公权骨力生来足，张绪风流老渐收。隶饿严家却萧散，树枯冬月突颠粤。插花舞女当嫌丑，乞米颜公青许留。"[10]诗中着意对截然相反的两种书美范式给予比较，可以见出他对骨力的提倡与对柔媚的贬低。"骨力"是他"生来"具备和渐老渐长的，其书法实践正是对自己崇尚奇拙之美的最佳诠释。

"作字先作人"的观点还体现在傅山对王羲之的评价中。他认为"真行无过《兰亭》，再下则《圣教序》"，表现出对王羲之的推崇，但其前提则是对右军人品道德之敬仰。这集中反映在他为王羲之所作像赞中。青年时期的王羲之即表现出胸襟坦荡、不慕富贵之个性，在郗鉴遣人遍观王家子弟相婿时，他不愿与其余子弟般忸怩作态，"独于东床袒腹食如不闻"。任会稽太守时，又因不满王述贪冒苟进，耻居其下，遂寄情山水间，这足以说明他性情奇崛。赞文最后指出："先未受会稽时，诒书殷浩，请使关蜀巴陇，宣天子德威，不遂所志。既与浩及谢公安论征伐赋役事。亹亹君国，盖有晋忠孝名贤也，而至今乃徒以书法传。"[11]表达了对后世徒以书家视之的不满。

一个艺术家表达自己艺术见解的主要方式即创作与批评，在评价前人创作时所表露出的褒贬扬弃之态度明确彰显出其艺术精神。在激赏颜真卿等人的同时，傅山对赵孟頫、董其昌等所谓的"匪人"表现出鄙薄之意。前文提及，傅山早年遍临诸帖，其中自然不乏时人推重

的赵、董等人。其《作字示儿孙》附记中自述：

贫道二十岁左右，于先世所传晋唐楷书法，无所不临，而不能略肖。偶得赵子昂、香光诗墨迹，爱其圆转流丽，遂临之，不数过而遂欲乱真。此无他，即如人学正人君子，只觉龃龉难近；降而与匪人游，神情不觉其日亲日密，而无尔我者然也。行大薄其为人，痛恶其书浅俗，如徐偃王之无骨。始复宗先人四、五世所学之鲁公，而苦为之。[12]

可见，傅山早年于赵孟頫、董其昌书还是下过一番功夫的，以至于对赵、董书帖的临摹几至乱真的地步。此时傅山的美学理念尚未成熟，于"圆转流丽"颇为喜爱。但甲申之变带给他心态与思想上之巨大冲击，使其书美理想也出现转折。作为赵宋宗裔的赵孟頫出而仕元，当然不符合傅山对民族气节的坚守态度。故傅山终因恶其人之"无骨"而憎其字之"浅俗"，转而苦学颜鲁公。赵书有其可取之处，傅山晚年时做过比较公允的评价，他说："予极不喜赵子昂，薄其人遂恶其书。近细视之，亦未可厚非。熟媚绰约，自是贱态；润秀圆转，尚属正脉，盖自《兰亭》内稍变而至此。与时高下，亦由气运，不独文章然也。"[13]认为赵孟頫书中"润秀圆转"是从王羲之《兰亭序》变化而出，此是其值得肯定之处。但对于被董其昌赞为"五百年中所无"的赵孟頫，傅山总体上是大为不满的。所以他在写《作字示儿孙》一诗时仍用"赵态"，以此来告诫儿孙辈勿再临摹赵书。这倒与同时代的黄道周成了某种共识，黄氏也对世人盲目学习人品不端的赵孟頫感到不满："赵松雪身为宗藩，希禄元廷，特以书画邀价艺林。后生少年进取不高，往往以是脍炙前哲，犹循五鼎以啜残羹，入闾门而悬苴屦也。"[14]傅山鄙弃赵、

董一派书家,也是因为这类书风带有"奴俗气"。在《家训》中他说:"字亦何与人事,政复恐其带奴俗气。若得无奴俗习,乃可与论风期日上耳。不惟字。"[15]由书法而论及人品与世风,傅山自有深意寓之,不可轻易读过。

推重"以骨气胜"的艺术精神,同样反映在傅山的画学思想中。俞剑华在论明末清初画家时说:"奇节异行之士痛祖国之沦亡,哀异族之宰割,而又无力反抗,其牢骚抑郁不平之气发为言语文字,每贾奇祸,遂一寄于画。"[16]傅山正可谓清初遗民画家之代表人物,他笔下的山水花鸟少有客观写实,而多被赋予比德的深刻寓意。如他在《题自画老柏》中说:

老心无所住,丹青荟萧瑟。不知石苛木,不知木拏石。石顽木不材,冷劲两相得。飞泉不营相,凭凌故冲激。礧砢五色减,轮囷一蚪轶。寒光竞澎渤,转更见气力。掷笔荡空胸,怒者不可觅。笑观身外身,消遣又几日。[17]

这幅作品总的风格是荒寒萧瑟、雄奇奔放,令人很容易联想及苏轼的《枯木怪石图》。傅山此诗精准地再现了图景:在崇山峻岭之下,老柏盘曲奇特,顽石与之相互依傍。飞泉从高处湍急落下,激烈碰撞后卷起千堆雪。石、柏无所畏惧之"骨气"跃然纸上,傅山胸中激荡之怒气也借此得以发泄。松柏是傅山画中的重要题材,往往彰显着清高孤傲、坚韧不屈的节操。再如其《东海乔松》一画,图景背后折射的正是他对海上抗清力量的殷切希望。孙运锦《题傅青主为阎古翁画松》诗中有句云:"是人是画两写真,乾坤正气奕有神……中有凌寒不凋之劲节,历劫不坏之金身。"[18]可谓一语道破天机。

傅山对梅兰竹菊四君子也格外青睐。南游的经历令他对竹极为喜好,多

次将其绘于画幅。其《题自画竹与枫仲》诗云:"一心有所甘,是节都不苦。寥寥种竹人,龙孙伏何所。"[19]前两句咏竹之甘守风节,并以之自喻;后两句以"龙孙"象征朱明宗室,借此暗表忠心与对反清复明事业的期待。再如其《题自画兰与枫仲》:"幽德不修容,放意弄水石。香邻无藩篱,喜逃人采摘。"[20]诗画相得益彰,共同诠释了傅山守拙隐居、放情山水的高洁之志。

傅山有《丘壑磊砢图》,山石嶕屼,枫树倒悬,飞湍急下,气势磅礴。画景之孤矫离奇表现出的正是他自身的奇士品格。清人张庚《国朝画征录》谓其:"善画山水,皴擦不多,邱壑磊砢,以骨胜。"[21]秦祖永也指出:"(山)骨格权奇,邱壑磊落,时史描头画角之习,扫除净尽,此画之以骨胜也。闲写竹石,卓然尘表,不落恒蹊。胸中自有浩荡之思,腕下乃发奇逸之趣。"[22]均提到傅山画作"以骨胜"的特点,与其书法与人格交相呼应。

傅山对诗文也极为看重,认为"人无百年不死之人,所留在天地间可以增光岳之气、表五行之灵者,只此文章耳"[23]。那么,重人品与骨气的艺术精神也必然会在其诗文评中加以呈现,而且比之书画显得更为直接。他评价历代著名诗人往往着重彰显其高才与气节,如评陶渊明曰:"其诗不使才而句句皆高才,不见学而无篇非学。"[24]又谓李杜曰:"李太白对皇帝只如对常人,作官只如作秀才,才成得狂者。"[25]"杜诗不可测之才,人振古一老,亦不得但以诗读,其中气化精微,极文士心手之妙。"[26]李白之平视王侯,杜甫之气格高迈,皆非寻常文士可比。在傅山看来,能为世人称颂的文章大家皆由其行高,非因其文胜,文者乃德之显。在《历代名臣像赞·韩文公》中他首先称

颂韩愈之事业德行,并感慨:"可仅目以文章士乎?"又说:"世之人不知文章生于气节。见名雕虫者,多败行,至以为文行为两,不知彼其所谓文,非其文也。"[27]认为有文者必有行,有文而无行者其文不过雕虫小技,未足以谓之为文。从接受角度而言,读者不能仅以诗文读之,而应以诗文见作者之为人,传其气节高行。又如在《序郭九子〈枫林一枝〉》中也说:"余读九子诗,盖伤儒生风节不传而传诗。"[28]这与他自述创作经验也是相通的:"或劝我著述,著述须一副坚贞雄迈心力,始克纵横……尔辈努力,自爱其资,读书尚友,以待笔性老成,见识坚定之时,成吾著述之志不难也。"[29]他所谓的"坚贞雄迈心力"正是文艺骨气之源,其养成需要高洁自爱、博学通达、见识卓绝等。傅山显然具备了这样的条件,其自作诗词"皆慷慨苍凉之调,不作软媚语"[30],与其书画创作之"骨胜"正相呼应。

二、纯任天机:在"四宁"与"四毋"之间

与傅山有过深入交往的顾炎武曾说:"若萧然物外,自得天机,吾不如傅青主。"[31]如果说"四宁四毋"说从源头上指向的是一种气骨横绝、支离拙奇的人格精神,那么发之性情、自得天机则是傅山艺术精神的美学旨归,正在"四宁"与"四毋"之间。

傅山反对媚俗之作还有另一层深意,即提倡迥出常法、桀骜不羁地天机书写。身处明末清初由帖学而碑学的转变时期,傅山的书学思想受到两方面之影响,同时他在这一过程中也起到了重要的推动作用。白谦慎指出:"从很多方面来说,傅山晚年的书法是晚明和清初文化交织的结果,它汇合了两股潮

流——明末狂放的草书以及清初开始萌芽的金石书法。"³² 因此，傅山书学中的自由解放思想，某种程度上说，与晚明时期破除经典、挑战权威的文化思潮以及狂放激进、张扬个性的艺术精神保持了同调。子昂书俗，香光书弱，傅山对此自是不满；但董其昌能够在集诸家之长的基础上，一改赵书之精谨而为率意，颇具转折之意。如他提出"字须熟后生"³³的创作理念，主张破除圆熟造作的"俗态"，而出之以"秀润之气"。其书法虽得帖学优雅流畅之美，柔和腴韵而骨力较轻，但他对"生"与"奇"的鼓吹毕竟引导了张瑞图、黄道周、王铎等人对奇崛跌宕之美的追求，并间接影响及傅山的书学精神。受此种文化氛围之浸润，傅山也反对奴俗气，批判造作与用意，表现出努力跳出前人窠臼、自成一家的创新精神。他在《家训·字训》中说：

写字无奇巧，只有正拙，正极奇生，归于大巧若拙已矣。不信时，但于落笔时先萌一意，我要使此为何如一势，及成字后，与意之结构全乖，亦可以知此中天倪造作不得矣。手熟为能，迺言道破。王铎四十年前字极力造作，四十年后无意合拍遂能大家。³⁴

这段话透出诸多信息：他认为"奇"由"正"生，"拙"由"巧"生。所谓"正"在傅山的书论语境中多指"古法"，如："写字之妙，亦不过一'正'，然'正'不是板，不是死，只是古法……如勒横画，信手画去则一，加心要平则不一矣。难说，此便是'正'耶？"³⁵ 因此，他主张写字不可极力规摹、用意为之，而应出之以"天倪"。所谓古法正在于不费安排，纯任天机，他论汉代隶书曰："汉隶之不可思议处，只是硬拙，初无布置等当之意。凡偏旁、左右、宽窄、疏密，信手行去，一派天机。今所行圣林梁鹄碑，如鏊模中物，绝无风味，不知为谁翻橅者，可厌之甚。"³⁶ 可见，在"四宁四毋"中，所谓"丑""拙""支离"全由"直率"而来，他之所谓"天机"正自如是。一味拘泥后世成法，刻意布置，极力求工，虽精美妍丽，却扭捏造作，无复生气。他认为王铎能成为大家，正是经历了由"极力造作"到"手熟"以至"无意合拍"的过程，最终进入"大巧若拙"之"天倪"境界。

能得"字中之天"是傅山对书法之佳境的另一表达。他说："期于如此而能如此者，工也。不期如此而能如此者，天也。一行有一行之天，一字有一字之天。"³⁷ 作字之前先有规范化之期许，即所谓"意在笔先"，求工而得工，但也仅是"工"的美学效果。实则在傅山看来，至工则无"天"，失之自然也。"工"即意味着人力的参入，追求谨严法度太过则近乎呆板。书法典范的确立即肇自书圣王羲之，后世学书者莫不临摹其帖，奉为圭臬，最终只能是如印印泥，千人一面。宋人早有相关之反思，如姜夔《落水本兰亭序》提出："大抵右军书成而汉魏西晋之法尽废。右军固新奇可喜，而古法之废实自右军始，亦可恨也。"³⁸ 汉隶可谓能得"字中之天"的典型，丑拙支离之中自具鸢飞鱼跃之生机。傅山指出："汉隶之妙，拙朴精神。如见一丑人，初见时村野可笑，再视则古怪不俗，细细丁补，风流转折，不衫不履，似更妩媚。始觉后世楷法标致，摆列而已。故楷书妙者，亦须悟得隶法，方免俗气。"³⁹ 又说："楷书不自家隶八分来，即奴态不足观矣……所谓篆隶八分，不但形相，全在运笔转折活泼处论之。俗字全用人力摆列，而天机自然之妙，竟以安顿失之。按他古篆隶落笔浑不知何布置，若大散乱而终不能代为之整理也。"⁴⁰ 不用布置而纯任天机，如野马奔腾全无羁勒之感；点画收放自如，又若汩汩泉水不择地流出，随物赋形，行于当行，止于当止。如此则笔画活泼跳跃，手舞足蹈，一片天机，一任生命精神之流动。

从语法学去理解"四宁四毋"的话，傅山本意并不在于一味主张"四宁"的层面，实则是强调如不能由"人力"达到"天机"之佳境，则在"四宁"与"四毋"之间应选择前者。那么傅山口中的"拙、丑、支离、直率"则可看作"巧、媚、轻滑、安排"造于极致后的折返，有一种入乎其内而出乎其外，绚烂至极而归于平淡的意味。这就有别于简单的丑拙、支离、直率之美，而是一种更高层次的美学旨趣，中间隔着一层功夫。他在一则笔记中说：

旧见猛参将标告示日子"初六"，奇奥不可言。尝心拟之，如才有字时。又见学童初写仿时，都不成字，中而忽出奇古，令人不可合，亦不可拆，颠倒疏密，不可思议。才知我辈作字，卑陋捏捉，安足语字中之天！此天不可有意遇之，或大醉后，无笔无纸复无字，当或遇之。世传右军见大令拟右军书，看之云："昨真大醉。"此特扫大令兴语耳。然亦须能书人醉后为之。若不能书者，醉后岂能役使钟、王辈到臂指乎？既能书矣，又何必醉？正以未得酒之味时，写字时作一字想，便不能远耳。⁴¹

未受过正规书法训练的猛参将与学童在写字时并不预先设定点画位置与形态，却能在原始的丑拙、不规整之中饶有奇趣。而拘泥法度之中的书家却显得有些奴俗气，比猛参将与学童距"天机"之境更远。但是，猛参将与学童之书虽时出奇趣，却并不即是书之最高境界。因此，傅山为不使读者于此误会其意，又作了进一步申说：欲得字中之天必须"能书人醉后为之"。能书者写字时必有一字之想，即欲其合乎特定审美标准，所谓"嗜欲深者天机浅"，愈是有意愈不能与"天"相遇。醉酒恰好可以使写字时的期许心理模式处于关闭状态，从而摆脱理性的控制，将内心之本真性情呈现出来。不能书者，醉与不醉皆不能进入法度，又何谈超越法度呢？这也就否认了猛参将和学童一类不能书者方能得"字中之天"的判断。

纯任天机的艺术精神在傅山的诗文批评和绘画理论中也有相应表达。就诗歌本质而言，傅山《老僧衣社疏》明确提出"诗则性情之音"[42]的观念。由此又可扩展至广义之文："文者情之动也，情者文之机也。文乃性情之华，情动中而发于外。是故情深而文精，气盛而化神，才挚而气盈，气取盛而才见奇。"[43]认为作文皆贵在性情，而非规模字句、徒饰文辞。他在论诗文创作时同样主张跳出窠臼，发乎性情，贵自得。又自评诗曰："道人之诗，道人之性也，支离率易，不衷于法。"[44]又在《〈杜遇〉余论》中提到："曾有人谓我曰：'君诗不合古法。'我曰：'我亦不曾作诗，亦不知古法。即使知之，亦不用。呜呼！古是个甚？若如此言，杜老是头一个不知法三百篇底。'"[45]杜甫是中国诗歌史上集大成式的人物，在傅山看来，杜诗正是从前人窠臼中解脱出来才有如此成就。相应的，后人学杜，如一味求似，全无性情，则仅得杜骨，难得神髓。于是他接着指出："句有专学老杜者，却未必合；有不学老杜，惬合。此是何故？只是才情气味在字句摹拟之外，而内之所怀外之所遇，直下拈出者便是。"[46]傅眉即偶有惬和老杜处，傅山笔记中记载："览眉道人悼王瑢吾玉五言一章，真窥见杜工部堂奥。然其似处正在不似，此无他，本乎性情识力，前因有种，遂能尔尔。若立意学彼，字拟句议，则瞠乎后。"[47]他认为，傅眉此诗能窥见杜甫堂奥，正在于不去刻意模拟字句，而是本乎性情，学杜而不为杜，以致达到一种不似之似的高妙境地。其自作诗亦是如此，"或古奥佶屈，或浅近自然，要之皆出于正气，阃中肆外，纯以天真性情为主"[48]。

可见，诗人贵在自具面目，这也是傅山拈出"性情"二字的主要用意。基于此种诗美标准，傅山对王维诗青睐有加，他说："《辋川诗》全不事炉锤，纯任天机，淡处、静处、高处、简处、雄浑处，皆有不多之妙。道情真语，人不能似者，以其一诗之心在无诗，而心平气和，不骂人，不自己占地步，不傍刚寻事，不隐刺讥，不急急怨望，不骋辨才，连并造语，却非一意雕琢。在理明义惬，天机适来，不刻不工。"[49]这则诗论正可与其"字中之天"理论联系观之。诗歌创作中的"炉锤"即书法创作中的"人力摆列""布置"；"道情真语"即出之"天倪"；"一诗之心在无诗"即"无笔无纸复无字"的"无想"状态；诗之不"雕琢"即书之不"造作"。仿照"四宁四毋"的书美表达方式，傅山又提出"宁隘，宁涩，毋甘，毋滑""宁花柳，毋瓶钵"[50]的诗美追求。《清史稿》评价傅山："诗文初学韩昌黎，崛强自喜，后信笔抒写，俳调俗语，皆入笔端。"[51]总之，在傅山的创作实践与理论观念中，诗、书最高境界皆是去除"人力""纯任天机"。

傅山论画也主张脱略形似，求物象之性情、神韵与意态，从而在淋漓墨气中画出"天机"。他说："子美谓'十日一山，五日一水'，东坡谓'兔起鹘落，急追所见'，二者于画迟速何迥耶？域中羽毛鳞介，尺泽层峦，嘉卉朽蘖，皆各有性情。以我接彼，性情相浃，恒得诸渺莽惝恍间。中有不得，迅笔含毫，均为藉径，观者自豁然胸次（原文缺）斯技也，进乎道矣。"[52]这段话中谈到了作画的心理机制问题，即首先需洞察万物各自的性情，了然于心之后，在"渺莽惝恍间"达到一种物我浑融为一的状态，在此基础上方能了然于手。可见，物我性情相浃的心理体验是绘画之关键环节。重在画出物象之性情，也是傅山作画实践中的追求。其《画云兰与枫仲谩题》云："老来无赖笔，兰泽太颠狂。带水连云出，漫山驾岭芳。精神全不肖，色取似非长。三盏醮新榨，回头看莽苍。"[53]《云兰图》是傅山为戴廷栻所画，不取形色，唯求精神，兰之幽韵冷香，云之萧散清逸，各得性情，浑茫浩然，一片天机。

诗文书画一气贯通，是傅山表达艺术见解的重要特征。如他论人物画："高手画画，作写意人，无眼鼻，而神情举止生动可爱。写影人从尔庄点刻画，便有几分死人气矣。诗文之妙亦尔。"[54]一味雕琢刻画反而扼杀作品之盎然生机，有种"日凿一窍，七日而混沌死"的意味。傅山画中人物多为简笔白描，但举手投足之间尽传人物性情。诗文之妙亦在雕刻之外，前文已有所论。又如其《题赵凤白山水巨幅》："此老友凤白赵文征画，绝不用绳尺为丹青家蹊径。磊砢峰峦，万丈丹梯也。"又："产于笔底，拔出嶔崎，落势真奇构矣。若以此事法脉求之，凤伯大笑，但高诵坡仙诗'作诗必是诗，定知非佳诗'以谢之。"[55]激赏老友画作别出蹊径，奇思妙构，已然与其提倡"不合古法"的诗论相通，又拈出苏轼诗句论画，更见其诗画一律的艺术思想。

艺术创作要想至天机之境有一必备条件，即适情自娱，要求作者身心虚静后的自然兴会。古代艺术家对"天机"多有论述，如蔡邕论书："书者，散也。

欲书先散怀抱，任情恣性，然后书之。若迫于事，虽中山兔毫不能佳也。"[56] 沈约论诗："天机启则六情自调，六情滞则音韵顿舛。"包恢曾提出著名的"天机自动，天籁自鸣"的诗论。谢榛也说："诗有天机，待时而发，触物而成，虽幽寻苦索，不易得也。"[57] 清人布颜图论画："然情景入妙，必俟天机所到，方能取之。"[58] 可见，天机实是一种偶然的机缘，不可力到。正如朱良志所言："它（天机）的到来，不在于宗教的祈念，而在于深心中的虚静，在于自己挣脱外在重重束缚后的心性自由。"[59] 傅山作书画也非常重视时机的选择，"不肯轻为之"，某次有挚友谆谆求画，他婉拒的理由是："画虽末艺，然必须笔补造化。我每作画，先择其时，非遇良辰，不肯下笔。"后于"天气晴爽，风定月明"之中秋佳夕，痛饮之后方淋漓挥洒[60]，足见其对天人谐和之机的选择。但随着傅山文化声誉的传扬，必然为其带来频繁而必要的交往和应酬，更何况有时他还需要靠鬻卖书画维持生活[61]。因疲于应付那些附庸风雅的"不忠厚"者，傅山晚年应酬书法多由其子眉和侄仁代笔。久而久之，多有求书画者"面逼"傅山，以求所获作品为其真迹。对此，傅山多次表达了厌恶之感以及在此情境下创作的俗不可耐。他曾在笔记中说："文章小技，于道未尊；况兹书写，于道何有？吾家为此者，一连六七代矣，然皆不为人役，至我始苦应接。俗物每逼面书，以为得真。其实对人作者，无一可观。且先有忿懑于中，大违心手造适之妙，真正外人那得知也。"[62] 外役于人，内有愤懑，自然难入天机，只剩一片死寂。他感慨道："凡字画、诗文，皆天机浩气所发。一犯酬措请祝，编派催勒，机气远矣。无机无气，死字、死画、死诗文也。徒苦人耳。"[63] 在评价梁檀书画时也指出："年三十许前后，殚精临模古人山水、人物、花鸟、虫鱼，无所不造微。即不屑细曲，一味大写取意。然亦应人责，得意画极少。字不合格，而孤洁秀峻，径自标一宗，要无俗气象。"[64] 梁檀书画皆能别出一格，超越流俗，然因"应人责"，也就难免堕入"奴俗"恶道。

三、傅山艺术精神的当代意义

研究傅山艺术精神之目的不仅在于追求准确性解读，还原其本来面目；还应该以其艺术理论指导当下的文艺创作与批评，彰显其当代的价值意义。

首先，艺术家需要有高尚人格与淑世精神。傅山是一位具有民族气节的奇崛之士，他的政治选择与社会活动足以彰示出其人格魅力。对奴性与流俗人品的鄙弃，使他对后代士人精神的影响超过了同时期的其他人物。他又将自己的人格精神贯注于文艺创作中，认为"文章生于气节""作字先作人"。对于刘桢、李白、颜真卿等人的人格与文艺，傅山从不吝惜溢美之词。这种对文人独立人格的标榜值得当代文艺家学习。而且，在傅山看来，文人应有对社会的担当意识，其文集中也多是反映现实、关心民瘼的经世致用之作。全祖望在《阳曲傅先生事略》中曾说："先生少长晋中，得其山川雄深之气，思以济世自见，而不屑为空言。"[65] 他曾自称"不喜为诗人，呻吟实由瘼"，又说"文章负荷难"等。当顺治十三年（1656）挚友戴廷栻欲为其刻诗与之相商时，他却以"我非诗人"予以婉拒（戴廷栻《叙晋四人诗》）[66]。可见，傅山并不以一介文士自许，正如他不主张徒以文士身份看待王羲之、杜甫、韩愈等人一样。文以载道的艺术精神是古代的优秀传统，当代文坛也应沿着傅山等人的路子发扬下去。

其次，文学艺术皆应发诸性情，而非一味应酬、无感情的机械书写。诗文书画在描摹物象和记录史实之外，也反映着作者的情感意绪和内心世界。以"天下三大行书"为例，从《兰亭序》可以看到当时文人对修短死生的慨叹；从《祭侄稿》可以看出颜真卿之忠愤沉郁；从《黄州寒食帖》则可以读出苏轼被贬后的悲凉与感伤。除那些不得已的应酬之作外，傅山的诗文书画也都是对其性情与思想的承载。而当代文艺家的书写内容大多与自己并无关联。以书法为例，当下的书法家往往并不书写自己的文学作品，有时甚至不明就里，以致认错、写错字的现象也时有发生。如此也便很难做到韩愈在《送高闲上人序》中写的，张旭那种"天地事物之变，可喜可愕，一寓于书"的创作状态。加之当今文化市场的繁荣，以文学创作和书画作品为谋生手段，出现了大量的职业艺术家，市场运作和消费者的审美趣味更容易左右作者的创作内容和风格，以致使文艺作品沦为应酬和交易的对象，毫无性情与生命力可言。

再者，文艺创作要自标一宗，要有创新精神。傅山提出"四宁四毋"的美学主张，反对拘泥法度的布列安置，反对俗媚与圆熟，体现出对权威的挑战与常法的超越。他的杂体书册与书写时大量异体字的使用，均反映出一定的求新求奇的美学旨趣。其《览息眉诗有作》云："此自吾家诗，不属袭古格。"又如其《哭子诗》之九《哭文章》说："法本法无法，吾家文所来。法家谓之野，不野胡为哉？相神不同形，惟其情与才。"[67] 不规矩法度，追求"野"趣，体现出强烈的自得精神。针对傅山的绘画，戴廷栻曾在《题付道翁乔梓画册》中说："古今图籍无不博览，得其用笔之妙。兴之所到，聊一为之，纯以己意，不类前人。"[68] 尽得前人之妙的傅山，能够自出己意，难能可贵。潘天寿也指出："有清一代之绘画，陷于形式之摹拟，而少有所振展。"傅山等遗民画家却能"各有独特之造诣。"[69] 文如其人，贵在自具面目。当代的一些文艺家，或作诗严守平仄格律，或作书谨遵点画形态，或作画不敢越绳尺一步，总之为法所缚的现象非常突出。傅山艺术精神中提倡的"别一天地""纯任天机"等，正是医治当下呆板模拟现象的最佳良方。

最后，艺术上的创新精神固然可贵，但亦需渊源古法，守住艺术正脉与文化之魂。"四宁四毋"往往被推崇"丑书"的人物奉为圭臬，把傅山看作"丑书"的提倡者。实则傅山并非毫无原则的追求创新，"丑拙""支离"并非其美学旨归，前文已有细论。如在书法上，傅山语境中的创新是以守正为前提的，即首先要"知字所从来"，懂得六书义理。他说："不知篆籀从来而讲字学书法，皆寐也，适发明者一笑。"[70] 又说："楷书不自篆隶八分来，即奴态不足观矣。"[71] "楷书不知篆隶之变，任写到妙境，终是俗格。"[72] 因此，他常运篆书之意于各体书中，虽奇肆纵横，却能点画井然，义理毕现。苏轼的"出新意于法度之中"，吕本中的"变化不测而亦不背于规矩"，皆可与傅山文艺法度观参照观之。当代文化界流行着一股追求丑怪的风气，为着一种陌生化视觉效果，极力张扬所谓的个性，美其名曰"自创新体"，实则道德与文化根柢全无，堕入野狐外道而全然不觉。因此，只有对傅山的"四宁四毋"说及其艺术精神进行深入辨析，纠正之前的偏颇与误解，才能对当下的文艺创作与批评提供正确引导与借鉴。

作者简介
杨万里（1985—），男，山西大学文学院副教授，文学博士。研究方向：中国文艺思想史。

基金项目
本文系山西省社科联2016至2017年度重点课题研究项目"傅山的艺术精神及其当代价值"（SSKLZDKT2016047）的阶段性成果。

注释
[1] [清]傅山：《霜红龛集》，山西人民出版社1985年版，第1177页。
[2] 张舜徽：《清人文集别录》，台湾明文书局股份有限公司1982年版，第5页。
[3] [清]傅山：《作字示儿孙》附记，《霜红龛集》，第92页。
[4] 前者是通行看法，毋庸赘言。后者如宫鸿友：《"四宁四毋"书论非止言书——试论傅山"四宁四毋"论的政治性》，《延边大学学报》2001年第2期；蔡显良：《坚守信念与尴尬实践——论傅山"四宁四毋"书学观与创作的矛盾》，《文艺研究》2008年第3期；蔡显良：《傅山书法的"天机自然"与"四宁四毋"》，《文艺研究》2014年第7期等。
[5] [清]全祖望：《鲒埼亭集》卷二十六，四部丛刊影清刻姚江借树山房本。
[6] 杨万里：《朱熹文艺批评实践对主体人格的彰显》，《广州大学学报》2014年第9期；《翰墨与道德——论真德秀重主体品格的文艺思想》，《韩中言语文化研究》（韩）第四十四辑，第55-72页。
[7] [清]傅山：《霜红龛集》，第90-91页。
[8] [清]傅山：《杂记五》，《霜红龛集》，第1117页。
[9] 同上，第700页。
[10] 同上，第273-274页。
[11] 同上，第741-742页。
[12] 同上，第91页。
[13] [清]傅山：《家训·字训》，《霜红龛集》，第679页。
[14] [明]黄道周《书品论》，刘正成主编：《中国书法全集》第56卷《明代编：黄道周卷》，荣宝斋出版社1994年版，第328-329页。
[15] [清]傅山：《霜红龛集》，第701页。
[16] 俞剑华：《中国绘画史》，上海书画出版社2016年版，第270页。
[17] [清]傅山：《霜红龛集》，第120页。
[18] 同上，第1222页。
[19] 同上，第317页。
[20] 同上。
[21] [清]张庚：《国朝画征录》卷上，清乾隆刻本。
[22] [清]秦祖永：《桐阴论画》上卷，清同治三年刻朱墨套印本。
[23] [清]傅山：《霜红龛集》，第704页。
[24] [清]傅山：《家训》，《霜红龛集》，第702页。
[25] [清]傅山：《杂记一》，《霜红龛集》，第995页。
[26] [清]傅山：《家训·诗训》，《霜红龛集》，第674页。
[27] [清]傅山：《霜红龛集》，第749-750页。
[28] [清]傅山：《霜红龛集》，第460页。
[29] [清]傅山：《训子侄》，《霜红龛集》，第670-671页。
[30] [清]傅山：《霜红龛集》，第1160-1161页。
[31] [清]顾炎武：《亭林诗文集》卷六，四部丛刊影清康熙本。
[32] 白谦慎：《傅山的世界》，生活·读书·新知三联书店2006年版，第322页。
[33] [明]董其昌：《容台集·别集》卷四，崇祯三年董庭刻本。
[34] [清]傅山：《霜红龛集》，第678-679页。
[35] 同上，第677页。
[36] [清]傅山：《杂记三》，《霜红龛集》，第1056页。
[37] 同上，第680页。
[38] [宋]俞松：《兰亭序考》，卢辅圣主编：《中国书画全书》第二册，上海书画出版社1993年版，第623页。
[39] 白谦慎《傅山的世界》旁注："这段文字在一杂书册页中，册页现藏上海博物馆。"白谦慎：《傅山的世界》，第234页。
[40] [清]傅山：《家训·字训》，《霜红龛集》，第694-695页。
[41] [清]傅山：《杂记五》，《霜红龛集》，第1119页。
[42] [清]傅山：《霜红龛集》，第606页。
[43] [清]傅山：《家训·文训》，《霜红龛集》，第673页。
[44] [清]傅山：《与右玄书册》，《霜红龛集》，第531页。
[45] [清]傅山：《霜红龛集》，第819页。
[46] [清]傅山：《杂著五》，《霜红龛集》，第821页。
[47] [清]傅山：《杂记二》，《霜红龛集》，第1033页。
[48] 方闻：《傅青主先生大传·年谱》，

（下转第123页）

张舜徽先生的艺术观及其书法实践

黄彦伟

（河南大学美术学院，河南开封，475001）

【摘　要】张舜徽先生艺术观的特殊之处，在于他"辨章学术"和"考镜源流"史识在其艺术史书写中的综贯，他充分注意到学养、功夫、创造性和风格在艺术批评中的综合运用。作为现代典范学人，张先生尤其强调学问践履的重要性，认为这是艺术创造得以实现的基础，而他对以"刚健"为主导的审美风格之偏好，显然又与他"沉潜刚克"的秉性气质相关联。同时，他对清代乾嘉学人书画的推重，以及他自身的书法实践，又须将之放在清代中期以降碑学兴起的历史脉络中去认识和理解。

【关键词】"辨章"与"考镜"　艺术批评　学人书法　碑学

一、引论

张舜徽先生（1911—1992）学兼四部，在经、史、子、集诸领域内，均有代表性的著述传世。对于其学术地位，著名学者蔡尚思称张舜徽先生为有学问的通人，是建国后在世的极少数几位国学大师。[1] 刘梦溪认为20世纪能称得上国学大师者，章太炎、钱宾四之后，张舜徽先生一人而已。[2] 本文既在讨论张舜徽先生的艺术观念，就不可回避一个问题：张先生的艺术观念能否算得上当行本色？

统观张舜徽先生的著述，笔者以为可从三个方面审视：一个是张先生的学问博通四部，对《佩文斋书画谱》《清朝画识》等书画簿录之书，极为熟稔；对于历代史书中的文苑、艺苑人物和作品，以及艺术史的发展脉络，艺术观念的展衍嬗变等，亦有理性的认知和判断。二是就学林交谊而言，张先生所深交的学人中不乏有一些书画造诣精深之士，如衡阳马宗霍、长沙徐桢立、天水冯国瑞等[3]，他们之间品学谭艺，自然也会受到无形的熏染。三是自少年起，张先生即有书画欣赏的浓厚兴趣。据其自言，"童年时摩挲家中旧藏[4]，取以张之室壁而时换易之"，又有"余力不能买书画，而喜看书画。自京、宁、沪、杭诸大馆尝往参观外，每至一省，辄如省馆借览"，因是"所见渐广""略可辨其门径"[5]。

今观张舜徽先生论艺方面的文字，可证他"评骘高下真伪""辨其门径"之言诚是不诬，同时也可见出他品评的旨趣和方法。那么，作为国学大师的张舜徽先生，其论艺的特质何在，则是本文尝试探讨的问题。

二、"辨章"与"考镜"的艺术史观

张舜徽先生学问可称之为文献史学，"辨章"与"考镜"是他一贯的治学理念。他在《八十自叙》中曾有夫子自道，"至于辨章学术，考镜源流，平生致力于斯，所造亦广。若《广校雠略》《中国文献学》《汉书艺文志通释》《汉书艺文志释例》《四库提要叙讲疏》诸种，固已拥彗前驱，道夫先路"[6]。同样，张先生的艺术史观也始终贯彻着"辨章"与"考镜"的学术自觉，他在文化史的闳通视野下不断审视艺术史，瞻前顾后，左右探源，故常能发现一些为学界所忽视的重要论题。

这其中之一便是对金石学的历史溯源。金石学是乾嘉学派考据学的重要内容之一，清代金石学成就斐然，金石学与书画艺术的结合，促成了清代中后期"碑学"的郁然勃兴。但历来论及金石学的源头，无不将之推本到北宋时期，王国维的观点就颇有代表性，他在《宋代金石学》一文中，就认为："近世学术多发端于宋人，如金石学，亦宋人所创学术之一。宋人治此学，其于搜集、著录、考订、应用各面，无不用力。不百年间，遂成一种之学问。"[7] 对于这一学界广为接受的观点，张先生略有异议，他在《养怡堂答问》中说：

昔人言及金石学，莫不推宗北宋刘敞、欧阳修、赵明诚、吕大临诸家创始之功。其实隋唐以前学者，多留心于实物考证。或据金文以明经义，或据石刻以证史传，或据实物形制以正古代传说之谬，或据铜器刻辞以订古书记载之误。

虽无专书以阐明金石之用，然已道夫先路，俾学者于书本之外，知必有资于以实物校订之也。即以撰述专书而论，《隋书·经籍志》著录梁元帝萧绎所撰《杂碑》二十二卷，《碑文》十五卷；顾烜《钱谱》一卷。虽其书皆佚，不知所言如何，要皆著录金石之书也。此外如梁虞荔有《鼎录》，陶宏景有《古今刀剑录》各一卷。《鼎录》，著录自汉至晋之七十余器；《刀剑录》，著录自夏至梁之七十九器，皆详近而略远。虽所收不免真伪相杂，然此等专书，自是后世金石著作之权舆矣……"[8]

张先生这段话中的内在层次值得注意，他一方面陈述学界对于金石学发端的一般观点，另一方面特意指出隋唐以前的学者已充分注意到金文、石刻在明经、考史和校订古籍方面的功用。他曾举例说，《礼记》中的《祭统》一篇"于论述鼎铭体例后，即引卫孔悝鼎铭一百一十四字以证之，此即取金文以证经之始。司马迁修《史记》时，取秦刻石若泰山、琅邪、之罘、碣石诸碑，收入《秦始皇本纪》，此即开以石文为史材之例。许慎为《说文解字》，乃云：'郡国往往于山川得鼎彝，其铭即前代之古文，其详可得略说。'此即为取金文以说字之祖。"[9] 更从古籍的簿录情况看，在南朝梁元帝时期，已有几部专书撰成，今虽已佚失，但均为著录金石方面的著作应是无疑。由是，张先生认为，"可知金石之学，汉人讲求最先"[10]，这就将王国维先生认为金石学"发端于宋人"的观点，向前推移了千年之久，这不能不说是他的一大发现。而这一重要发现又是建立在他博通的文化视野和扎实的文献考证基础之上。张先生对金石学的历史溯源，虽于书法艺术的本体有一定距离，但书法史家、书法理论家要讲究宋代金石学、清代乾嘉金石考证对于近世碑学的影响，却不可回避、不当忽视张先生这一论点，而尤须将这一重要论点融入到中国古代书法史的叙事脉络中。

其二，张先生的"辨章学术"还体现在他社会史、学术思想史和艺术史的贯通视野。这在张先生对扬州画派的推举中，表现得最为突出。他说："余平生酷嗜扬州八家之画，犹之钦服扬州诸儒之学。谓清代学术、艺术，如无扬州绩学、能画之士以振起之，则终清之世，流于奄陋固蔽、因循守旧而已。将何以拓而广之，以开一代之宗风乎！"[11] 张先生1940年代曾撰《扬州学记》一书，对扬州学者如王懋竑、王念孙和王引之父子、汪中、焦循、阮元等人亟亟表彰之，认为他们治学的长处，在能"创"，在能"通"，尤其重要的是他们精神的自主和思想的自由，呈现出"十七世纪学术思想界弘伟活泼的气象"，体现为"个性的发展和见解的创辟"[12]。声气相感，一地域的学风、艺风具有同一趋向和互通。再看张先生对"扬州八怪"的评价，"世所称'扬州八怪'者，特揭橥其中尤魁杰者言之耳。'怪'者，瑰异之称也。谓其画风异乎庸常，离乎正宗，卓然自成一派也。此派宗风，启自石涛。鄙夷摹古，力主创新"[13]，则张先生所强调的正是扬州画派个体风格的独特性和离经叛道的创造性。但这一创造性又必然建立在承继历史传统的基础之上，故张先生说，扬州画家的"画法，则在继承陈淳、徐渭、八大、石涛诸家水墨写意而加以发展变化，创造出独特风格""其于我国绘画史上有重大之贡献"。更进一步，学术史上的扬州学派和绘画史上的扬州画派，同能明通而主于创造，其成因之关键在于近世扬州的商业经济繁荣和地域文化风气的开放性，这体现了张先生社会经济史的眼光。他说："大抵一地学风画风之勃兴，与其交通四达、风气早开之环境，关系至大。扬州之得天独厚者，在乎与外域文化交流甚早，见闻广阔，胸怀开展，故能摆脱羁绊，独创新风，信非他郡所能及也。"[14] 艺术史、学术思想史和社会经济史的通观并览，就将扬州画派的继承与开新、个性与自由、创造与成因等和盘托出，令人叹服。同时，也可见出张先生早在20世纪40年代，就已经具有历史唯物史观的方法自觉。

三、艺术批评的多维视角

张舜徽先生对书画的品评，多集中于《艺苑丛话·品书画第一》一编中。对于品评的重点，他说，"大抵所记以冷僻者为多，至于赫赫大家，名迹不少，前人所褒美者已夥，无俟余之赘述也。兹就平生所遇，较为稀见之物，依时世先后，次第品评如左。凡墨迹已见于昔贤著录或论及者，今概避而不言，所以远因袭之嫌耳。"[15] 张先生也基本能恪守这一体例。学界当前的研究，也多是因循这一体例的展开。[16] 但笔者在籀绎是编的基础上，结合其他品评文字，认为张先生的艺术批评，在更深层次上体现为学养、功夫、创造性、风格四个维度的综合，同样这也是他晚年撰写的《中华人民通史》中"书画类"人物甄选的重要标准。[17]

四个维度中，功夫和创造性历来是书史写作、书画品鉴的主要标准。张先生当然是强调笔墨功夫的，他说有学林天才，有艺苑天才，但无论为学论艺，均要有"聪明睿智，守之以愚"的精神，如此才能有所继承，博观约取，加之以融会贯通，进而至无所依傍，最到达深造自得的"创造"之境。对于这一点，张先生有《书画之继承与创新》以发明之，又有绘画"道法自然"一文以畅论之。[18] 而研究者对此也多有阐发，姑且置之不论。四个维度中对于学养、风格的强调，实是张先生书画品鉴的特色所在，不妨稍作展开：

先看学养。张先生认为书画家的学养，当根砥于经史，沉潜于义理，体现为艺术家人文修养的综合性。如他既推崇晚清张裕钊的书法，"特立拔起，卓然独步于咸同间""劲洁高雅，自树一帜"，又认为这一成因在于张氏作为清代桐城派散文后劲，其为学能"原本《六经》，沉潜乎许、郑之训诂，程、朱之义理，以究其微奥。故其义粹以精，其词峻以厉""学问功深，故发之于文与书，皆卓然不同于流俗也"。[19] 张先生对于学养的强调，还特别表现在他力黜邓石如的若干评论中。对于邓的书史地位，论者有称："邓石如是清代碑学思潮兴起后第一位全面实践和体现碑学主张的书法家，在确立和完善碑派书法的技法和审美追求方面具有开宗立派的意义。"[20] 但在张先生看来，邓石如非但不能作为有清一代的杰出书家列入《中华人民通史》，且对其学问根砥多有訾议：

校其（按：邓石如）则篆不逮钱十兰，而隶不逮伊墨卿。二家学问博赡，下笔有金石气，由泽于古者深也。完白奋自辟壤，闻见加隘，胸中自少古人数卷书，故下笔之项，有时犹未能免俗耳。[21]

从知精通篆法，实与学问有关。如不讲求字学，鲜能臻乎高雅。若邓石如之于篆学，功力虽深，而学问之修养，固不及并世诸儒远甚。虽欲冠冕群伦，为一代宗，安可得乎！[22]

邓石如（完白山人）之所以非乾嘉学派中的钱坫、伊秉绶两家敌手，在于学问根砥上差了些功夫，且未能精研"许学"，下笔乏了些金石高古气息。更进一步，张先生还对清代碑学理论家包世臣的进行了批评，认为他为学"大抵露才扬己，高自位置，不脱江湖游士习气"，对其在《艺舟双楫》未能秉持论艺公心，对同是安徽的乡贤邓石如推挹过当，门户之见特深，陷于耳目，狭隘夸饰等进行了批评。[23] 学问当根砥于经史，涵咏于义理，因乎内而发乎外，存乎言而见乎行，在践履上自然也体现为风节操守的内在坚定性。职是之故，张先生对于明清鼎革之际的殉节者，以及清初的遗民书画家，表彰尤其不遗余力。如他称赞晚明死节的名臣黄道周，"石斋学行超卓，节义凛然，故其书画为世所珍"。又如论倪元璐，"倪鸿宝与黄石斋同科进士，风节文章，亦绝相似。书画俱工，落墨超逸。行草尤极灵秀神妙，为时所称"。特地表彰明遗民徐枋，"明末遗民，以徐俟斋节行最高"，"学问博瞻"，书画"瘦硬通神，如傲雪老梅，屈折萧疏，生意自足，但观其题画之字可知矣"。[24] 凡此种种，均可见出张先生论艺讲求"书如其人""画如其人"以及敦尚节义的价值取向。

次论风格。对不同风格的偏好，体现出书画品鉴审美价值的趋向性。张先生对于湖湘先正曾国藩的书法，评价道："曾涤生尝欲合刚健婀娜以成体。奉欧阳率更、李北海、黄山谷三家以为刚健之宗，又参以褚河南、董思白婀娜之致。""顾其禀性凝重，笔以随之，故终以刚健胜。"[25] 此虽是评论曾氏的刚健书风，又何尝不是张先生的"夫子自道"？在《艺苑丛话》中，以"刚健"为主体的品评词汇频繁出现，稍作列举，如"纵横奇倔""刚健有力，气势甚雄""瘦劲如屈铁""笔力刚健""笔势苍劲""遒迈冲逸""奇崛独出""苍老雄浑""瘦硬通神""苍劲质朴""雄健刚劲，气敌万夫""淳朴古拙""笔势老苍""纵横跌宕，苍劲简老""刚健有势""端庄雄伟，气势开张，遒劲郁勃""得阳刚之美"等，不一而足。

也正是执着于"刚健"为主体的风格取向，张先生对明末董其昌的书画格调，多有批评。在艺术史上，论者一般将董其昌视为明代书画的杰出代表，"有明一代书画之学，董宗伯实集其大成"[26]，他"关于文人画的观点及中国历史上绘画流派说——山水画分南北宗论，为中国画的发展提供了新的理论基础"。[27] 但张先生的持论却大有不同：

画家矜骨力者，失在麤；求秀媚者，病在弱；此千古沉痼也。明末董其昌，以显宦负书画重名，而其实不足副之，病在一个弱字。观其遗墨，秀媚有余，魄力不足。巨幛大幅，尤无气势。徒以位高名大，艺苑翕然宗之耳。加以一生所作已多，代笔尤广，真伪杂清，鉴别不易。余既不赏重其画迹，亦不欲有所评骘也。[28]

检阅张先生的论艺文集，细心的读者或不难发现他对柔美秀媚一类风格的排斥，如论唐寅气力稍弱；仇英柔润有余，风骨气力不足，以精丽艳逸相高，非画家正轨；刘墉圆润软滑，肉多骨少，名不副实；赵之谦"婉转流丽，气体靡弱，柔媚有余，骨力不足"，等等。[29] 崇阳重刚，黜阴抑柔是张先生论艺风格取向的一个显明特色。

但在另一方面，张先生也并非一味地"刚健"，同时他还有恬淡率真的美学追求，这多见于他论画的文字中，如他评元代王蒙的山水画，"淡墨渲染，树影稀疏，自有简洁高逸苍茫深秀之妙"；明代陈淳的水墨菊花，"极其淡雅，略作点染，斐然成章"；清初梅清的《观瀑图》，"逸趣横生，是以画家贵有书卷气，尤重在有洒脱胸怀也"等等。[30] 但总体而言，这一审美维度与"刚健"的主体导向相比，仅处于从属的地位。

以上是从学养、功夫、创造性和风格四个维度，对张先生书画品藻的分析，但事实上在艺术欣赏的过程中四个角度是交互影响、不可或分的，它们共同构成了张先生艺术审美的内在结构。张先生艺术批评的多维视角，在《中华人民通史》一书中表现得尤为突出。[31] 清代是张先生论述的重点，代表性书画家仅列举5人，书法为伊秉绶、何绍基；绘画为朱耷、石涛、华喦。如他为何绍基撰写的"小传"中有言：

博涉群书，著述甚富，尤精小学，旁及金石碑版文字。书法学颜真卿，上溯周秦两汉古篆籀，下至六朝墓志及北碑，皆心摹手追，遍加临习，得其精华。于《黑女志》用力尤深，有独得之处。故能融合众长，自成一家。笔法遒劲峻拔，别具风格。他一生临池之功，至老不倦。摹汉碑每种至数百通，无论在家在外、舟车旅行途中，日课不废。数十年间，养成了练字的习惯。由于他探源篆隶，泽古功深，神明变化，自辟蹊径，卓然为一代大家。他的《东洲草堂文钞》二十卷中，以金石、书画题跋为最多最精，可从其中窥见他的学养精醇，不徒善书而已。[32]

此段文字将何绍基"精醇"的学养，"至老不倦"的临池之功，"泽古功深，神明变化"的创造性，以及"遒劲峻拔"的风格取向，综合贯通起来，以见出何氏不同于流俗的书艺格调。"俗"与"不俗"正是评价艺术家的精神人格是否有独立性，笔墨风格是否具有创造性的重要尺度。"所谓俗者，非必庸恶陋劣之甚也。同流合污，胸无是非，或逐时好，或傍古人，是之谓俗。直起直落，独往独来，有感则通，见艺则赴，是谓不俗"[33]，这正是张先生艺术批评的多

维视角综合运用。

行文至此，又有一问题当深辨之。张舜徽先生以"刚健"为主体的，以恬淡率真为从属的审美旨趣，已如上所述，但成因缘何呢？在笔者看来，主要在于他的秉性气质。《尚书·洪范》中有"沉潜刚克，高明柔克"的讲法，清代章学诚论学也认为"高明者多独断之学，沉潜者尚考索之功"，则张先生秉性近乎沉潜，又能以"刚德"取胜。纵观其一生治学，勇猛精进，由少至老，未尝有一日闲暇，正如他在《八十自叙》中说："余之一生，自强不息，若驽马之耐劳，如贞松之后凋，黾勉从事，不敢暇逸，即至晚暮，犹惜分阴。"[34] 君子秉刚德之正而又自强不息的精神，在张先生身上得到了完全的体现。但在另一方面，张先生对庄老境界又深有感会，他说，"人生当适性自乐"，要须天机活泼，"胸怀恬澹，不慕荣利。升沉宠辱，委之自然"[35]，而此又复与儒门"游于艺"的精神，以及"寻孔颜乐处"的人生境界彼此感通。张先生性近于"沉潜"的气质以及其儒、道互补的心态结构，构成了他审美旨趣的外在取向。有了"沉潜刚克"的秉性作底色，则张先生对于《周易》中天地的阴阳刚柔，对于清代桐城派姚鼐论文的"阳刚阴柔说"以及此后曾国藩论阳刚阴柔的"古文八诀"[36]，自会具有一种内在选择的倾向性。此外，清代中期以降"碑学"勃兴的时代风气，以及张先生由精研小学到研习篆书的习书经历，亦是不可忽视的一个重要原因。这便转入下一个问题的探讨。

四、声气相感：对学人书画的推重与自我实践

清代朴学兴起后，以钱大昕、阮元等为代表的一批学者，在从事经史、金

石文字考证之余，大多兼善书画篆刻。他们是深会"游于艺"精神的，临池对他们而言，是一种为学日益的精神活动，能够感发意兴，静摄身心，调节情志。因张舜徽先生对书画家学问修养的根本性强调，所以他对学人书法的推重也是自然的。如《乾嘉学者书画》一文中言：

乾嘉朴学极盛时，群趋于经史、金石、文字、礼制之考证。著述甚丰，专家辈出。行有余力，兼致精于书画。长于篆者，若汪中、阮元、孙星衍、洪亮吉；长于隶者，如桂馥、黄易、钱大昕、程瑶田；长于楷书行草者，若姚鼐、何焯、钱伯坰、翁方纲；皆一时之选也。至于绘画之事，则钱大昕、钱坫皆善画梅及其他花卉小品。余居武昌，曾于市肆见有章学诚所画设色藤花一幅，题乾隆时作，盖居毕沅幕府作为，故留存于江汉也。后游扬州，复于友人处见有焦循画迹多幅。从知朴学经师，亦复不废丹青。降至道咸，斯风未替。遵义郑珍，于治经说字之外，深明六法，竟以名画家崛起于西南矣。[37]

张先生对上述学者书画的列举，是在建立在眼见心会的基础上，他从篆、隶、行、草和绘画多方面概括，体现出了审美和书史的双重视野。又如其论晚清著名学者陈澧的书法，认为"余事临池，擅长篆法。由于精熟许书，故下笔谨严有则。自常作小篆外，亦时摹钟鼎文及《天发神谶碑》。楷法则得力于小欧，循循整饬。余得见其真迹甚多，尤所钦服"[38]。对于乾嘉学派之外的学人书法，如明代王阳明，晚清张裕钊、沈曾植、莫友芝、康有为、梁启超、吴大澂、王懿荣等也均能投之以青眼，赞赏有加。

同声相应，同气相求。清代是张先生学术思想史研究的重点，经史小学是他学问的根基所在，所以他对清代乾嘉时期的学人学术，也包括他们的书画艺

术，特别能够心感情通。这种感会大致表现在三个方面：一是与他的治学路径有关；二是与书学实践的相连；三是尤须将之放置在清代碑学兴起的统绪中去审视。

先看第一点，张先生学问由小学植基，他说，“幼时读书家中，先君子亲授经传及文字、训诂诸书”，又说，“余之治学，始慕乾嘉诸儒之所为，潜研于文字、声韵、训诂之学者有年”，则他小学基础大致奠定于 20 岁前后。而他的《广文字蒙求》（1948）、《说文谐声转钮谱》（1941）、《声论集要》（1941）等小学类著述的准备工作也应积累于这一时期，以上诸书的“序言”中均有明确的标示，按章可覆。因是，由深研乾嘉学人的文字、训诂、音韵之学，到对其“作为余事”的金石考证、书画篆刻的全面关注，并进而影响及张先生自身的书学实践，也是自然而然的一个过程。

第二点，关于张先生学书的路径，今可见的材料并不多，他的书迹流传亦不广。2010 年国家图书馆出版《张舜徽壮议轩日记》（1942—1947），让我们有幸看到了张先生早期书迹的一些概貌。如图 1 所示，张先生的楷书端严谨正，行气流动，体势近于赵之谦，因处处中锋行笔，故能不陷于赵氏楷书的欹侧流媚；结体横向取势，宽博处又或从苏轼法书中来，但因缺少文字的内证，故不易确论。但可以肯定的是，他的小楷确实有魏碑影响的痕迹，唯早年笔力稍弱些。图 2 是张先生 1981 年致柳曾符的一封信札，点画坚实，纵向取势，质实朴拙，书如其人而又人书俱老。图 1、图 2 比照，可见出张先生书风的历时性一些变化。

张先生习篆是可以确证的。他在 1946 年 11 月 13 日的日记中写道：“从学校图书馆借来碧梧山庄景印梅溪先生

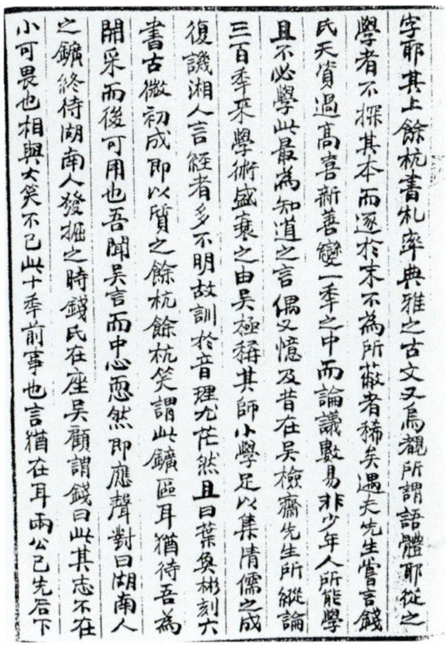
字耶其上餘杭書札率典雅之古文又爲觀所謂語體耶從之
學者不探其本而逐於末不爲所蔽者稀矣遇夫先生嘗言錢
氏天資過高喜新善變一季之中而論議數易非少年人所能學
且不必學此最爲知道之言偶又憶及昔在吳檢齋先生所縱論
三百季來學術盛衰之由吳極稱其師小學足以集清儒之成
復譏湘人言經者多不明故訓於音理尤茫然且曰葉奐彬刻六
書古微初成即以質之餘杭餘杭笑謂此鑛匠耳猶待吾爲
開采而後可用也吾聞吳言而中心恧然即應聲對曰湖南人
之鑛終待湖南人發掘之時錢氏在座吳顧謂錢曰此其志不在
小可畏也相與大笑不已此十季前事也言猶在耳而公已先后下

图 1　张舜徽《壮议轩日记》手稿

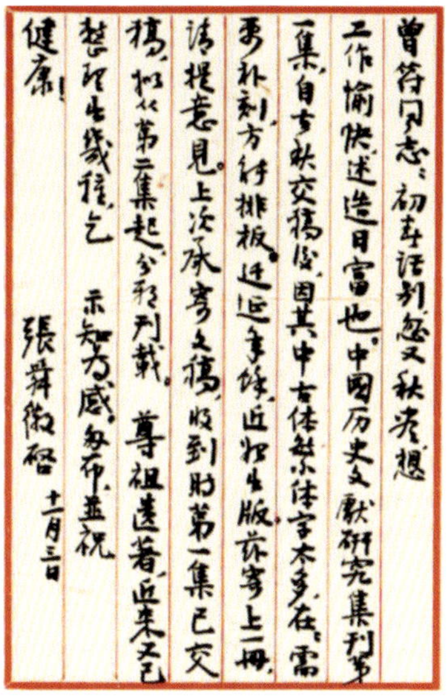
曾符同志：初奉话别，忽又秋尽，想
工作愉快，述造日富也。中国历史文献研究集刊第
一集，自去秋交稿后，因其中古体繁体字太多，在需
另外刻方能排板，迁延至今，近始出版，亦寄上一册，
请提意见。上次承寄文稿，收到时第一集已交
稿，拟从第二集起分期刊载。尊祖遗著，近来又已
整理出几种？乞
示知为感。匆布，並祝
健康！
張舜徽启　十一月三日

图 2　张舜徽致柳曾符手札

（按：钱泳）所临汉魏诸碑五十余种，展玩移时，书兴勃然矣。余少时不解用笔，无临池之功，于汉隶尤未问津，自是平生一大恨事，篆书虽尝竭数年之功，朝夕摹效，近亦旷废八九载矣……”[39]据此推断，张先生在 1930 年至 1935 年，也即约在 20 岁至 25 岁时，曾对篆书的学习下过极大的功夫。至于习篆的路径和次序，他说：“余平生习篆，自取则于秦刻石外，好临习少温《栖先茔记》《三坟记》。以为习小篆必自二李（按：秦代的李斯和唐代的李阳冰）始，服膺而临摹之永久矣……”精熟之后，更要拓而广之，在张先生看来，战国末年的《石鼓文》、东汉《嵩山少室石阙铭》、三国吴的《天发神谶碑》，尤其是三国魏的《三体石经》中的篆体等，也应纳入到师法的统绪中。他晚年又回忆说：“余二十岁时，得魏《三体石经》残石拓本。玩味其笔法，悠然有获。暇则临摹不辍，受益不浅，故至今推重之。”此外，近二百年来出土的铜器铭文，实为小篆的渊源所在，也可作为习篆者的旁参互证。[40]

张先生的篆书作品并不多见，他《说文解字约注》[41]中的小篆摹体，是其篆书作品的代表。图 3 是张先生《郑学丛著》的题签，可见其用笔的质实，结字平正，风格古朴典雅。由于张先生与乾嘉学人在学问结构、学书路径上的近似，所以他对学人书法的推重，也自在情理之中。他对有清一代以篆书称名者，计 21 家的评骘，或品藻其风格，或议论其得失，或辨明其渊源，下字精谨，亦足成一家之言。[42]

第三点，须将张先生对学人书法的推重，放在清代碑学兴起的统绪中去审视。乾嘉学人书法的典型特点，一是取法资源与自己从事经史、文字考证的深度契合，并在风格上易受朴学的影响；二是多不将书画作为自己的名山事业，抱着“作书是学问中第七、八乘事，切勿以此关心”[43]的态度；三从功能观上看，书画是感发意志，静摄身心，调节书斋枯燥的精神益智活动，与诗文一起构成学人之间交往的媒介。但从书法史上看，清代前中期学风的转变，金石考据之学的兴起，却在客观上溢出了传统帖学的师法资源，促成了书史上“碑学”运动的发生，这不得不说是近世文化史上的一种因缘际会。其后，经过阮元、包世臣、康有为等人的大力鼓吹和理论

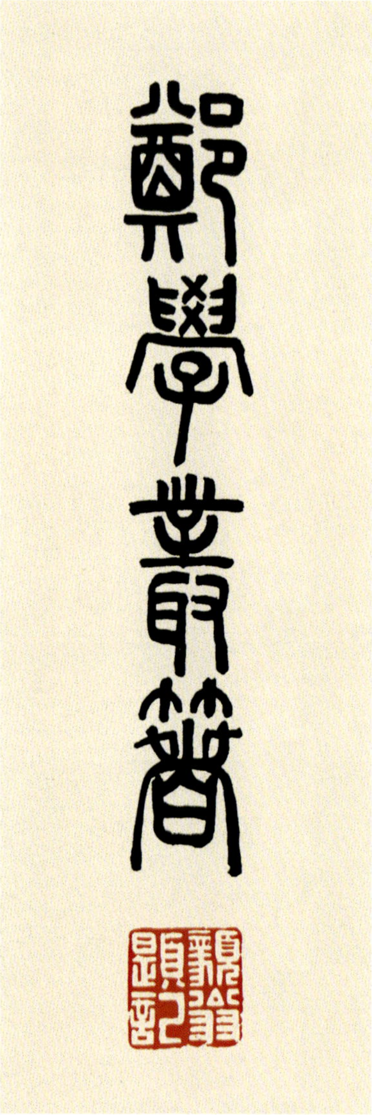

图 3　张舜徽《郑学丛著》题签

的一再阐发，"碑学"运动在晚清蔚然兴起。

"碑学"当然有广义、狭义之分，"狭义的用法仅指晚清以后取法北魏碑版的书法。广义的用法指清初以后取法唐以前二王体系以外的金石文字，以求古朴稚拙意趣的书法。而出于名家之手的唐碑，则不被列入碑学系统的书法资源"[44]。"碑学"在更新书法资源的同时，也丰富了书法艺术的风格类型。如果"帖学"表现出来更多是"优美"的话，那么"碑学"则体现为"壮美"，自此，高古、质朴、刚健、雄强、茂密、豪放、金石味、古拙、真率等美学词汇不断进入到书法的品藻中。

张先生自然也未能超越这一时代风气，更何况"沉潜刚克"的秉性，以经史小学为根基的学问结构，都潜在地决定着他对广义"碑学"的认同和师法。一如他说："余观古今大书家，多从篆隶入手以植根基，而后书体骨力气势，刚劲异常。远者勿论，即以清代书家而言，如伊秉绶、何绍基、莫友芝、吴大澂之伦，皆由篆隶功深，故运笔结字，有金石气。即发为行草，亦复遒丽可观。如习书但从帖学入手，便不能有此力量。"[45] 由此可以看出，张先生对明清以降卑弱萎靡"帖学"的排斥和对"碑派"书风力量感的推服。

1946年8月，张舜徽先生移讲席于兰州大学，是年8月至1947年1月残存的日记中保留了他搜集敦煌遗书、碑拓的一些记载。尤其值得注意的是，1942年青海出土《汉三老掾赵宽碑》（180年立）后，张先生率先认识到此碑的书法和文献的双重价值。他说此碑"隶体端厚雄浑，与熹平石经为近，仅三字剥蚀，余皆完好，篆额六字尤精隽，固汉石之良也"[46]。因为碑文叙事和《汉书》记载的间有异同，为此他还先后与西北师范学院的冯国瑞、湖南大学的杨树达等往复讨论。这些均可以看作张先生在碑学统绪内的一些书法活动。

作者简介
黄彦伟（1981— ），男，河南大学美术学院讲师，中国艺术研究院中国文化研究所博士后。研究方向：近现代学术思想史，艺术文化学。

基金项目
本文为河南省哲学与社会科学规划项目"民国学人书法研究"（2015BYS019）阶段性成果。

注释
[1] 范军：《〈张舜徽集〉：一代国学大师的传世之作》，《中国图书评论》2014年第10期，第32页。
[2] 刘梦溪：《学兼四部的国学大师张舜徽》，载刘梦溪《现代学人的信仰》，商务印书馆2015年版，第236页。
[3] 马宗霍（1897—1976），以治经学史、书学史名世，有《书林藻鉴》一书行世，张舜徽先生早年读之，服其博雅。张先生在任教湖南蓝田国立师范学院时（1942—1944），与之过从甚密，论文品艺，砥砺学行。徐桢立（1890—1952），"虽以书画名于时，顾好聚书，精鉴赏，善为诗词骈散文，旁逮篆刻，无不精能"，张先生早年在长沙时"暇日辄造先生庐，论文品艺，受益不浅"，"每出纸求书画，应之无吝色"。见张舜徽：《旧学辑存》下册，华中师范大学出版社2008年版，第1153、1145页。冯国瑞（1901—1963），天水著名学者，在文学、历史、训诂、考古、书画等诸方面深有造诣，张舜徽先生1946年9月任教兰州大学后，与之过从甚密，对金石书画颇有讨论。见张舜徽：《壮议轩日记·入陇编》，国家图书馆2010年版，第547-746页。
[4] 张舜徽的祖父张闻锦先生，同治十三年甲戌进士，能治事，有政声，为晚清大吏曾国藩、左宗棠、刘坤一等所赏识。家中旧藏晚清翰苑名家书画甚多，书作有曾国藩、左宗棠、黄自元、曾熙、徐树钧、陈昌岊、周寿昌、王仁堪、皮锡瑞等；画作有汤禄名、张世准、王振声、赵于密等。见张舜徽：《旧学辑存》下册，第1131页；张舜徽：《爱晚庐随笔》，华中师范大学出版社2005年版，第434页。
[5] 张舜徽：《爱晚庐随笔》，第386、387页。
[6] 张舜徽：《讱庵学术讲论集》，华中师范大学出版社2008年版，第709页。
[7] 王国维：《静安文集续编》，载《王国维遗书》第五册，上海古籍出版社1983年版，第70页。
[8] 张舜徽：《讱庵学术讲论集》，第656页。
[9] 张舜徽：《爱晚庐随笔》，第328页。
[10] 同上。
[11] 张舜徽：《爱晚庐随笔》，第418页。
[12] 张舜徽：《清代扬州学记顾亭林学记》，华中师范大学出版社2005年版，第7页。
[13] 张舜徽：《讱庵学术讲论集》，第650页。
[14] 同上。
[15] 张舜徽：《爱晚庐随笔》，第387页。
[16] 研究论文计有四篇：张三夕《简论

张舜徽先生的"谈艺录"》（华中师范大学学报，2011.3），程兴丽《论张舜徽的书法鉴赏观》（中国书法，2016.14），许松《张舜徽论书法创作的天赋与后天修为》（中国书法，2016.08），许松、程兴丽《论张舜徽的书法美学思想》（中国书法，2016.18）；张文认为张舜徽先生的书画鉴赏"超越书画簿录的一般视野，特别注重名家作品中之较冷僻者""具有书法史和绘画史的广阔视野"。许、程三文认为张先生的书法美学主张表现为"雄健浑成与潇洒飞动"；在鉴赏方法上体现为"将不同风格的作品进行比较"，在鉴赏态度上"不附众流，具有识断的魄力"，并"富于人文关怀的精神"；在书法创作的天赋与后天修为的关系上，认为其"不仅重视创作者先天禀赋的影响，而且阐述了道德为先、学问润养、博取独化、临而有变、自成一家五个互相关联的后天锤炼要素"。

[17] 张舜徽：《中华人民通史》下册，华中师范大学出版社 2008 年版，第 1135 页。

[18] 张舜徽：《爱晚庐随笔》，第 384-385 页；张舜徽：《讱庵学术讲论集》，第 648-649 页。

[19] 张舜徽：《爱晚庐随笔》，第 424 页；张舜徽：《清代文集别录》，华中师范大学出版社 2004 年版，第 488 页。

[20] 刘恒：《中国书法史·清代卷》，江苏教育出版社 1999 年版，第 175 页。

[21] 张舜徽：《爱晚庐随笔》，第 422、415 页。

[22] 张舜徽：《讱庵学术讲论集》，第 640 页。

[23] 张舜徽：《爱晚庐随笔》，第 422-423 页。

[24] 同上，第 406、402 页。

[25] 同上，第 425 页。

[26] [清] 梁㠇：《画禅室随笔·序》，中国书店 1983 年版，第 1 页。

[27] 黄惇：《中国书法史·元明卷》，江苏教育出版社 2002 年版，第 322 页。

[28] 张舜徽：《讱庵学术讲论集》，第 700 页。

[29] 张舜徽：《爱晚庐随笔》，第 393、413、424 页。

[30] 同上，第 389、395、403 页。

[31]《中华人民通史》是张舜徽晚年寄寓通史理想的历史著作，成于 1987 年。其中对艺术史的叙事，"学艺编"中"音乐、书画"两门，重在艺术史脉络的梳理；"人物编"中"书画"两类，甄选历代杰出书画家计 24 人，分别系以"小传"，其与"学艺编"构成纲举目张的关系。

[32] 张舜徽：《中华人民通史》（下册），第 1378 页。

[33] 张舜徽：《讱庵学术讲论集》，第 647-648 页。

[34] 同上，第 708 页。

[35] 同上。

[36] 关于阳刚阴柔审美风格的讨论，可参看李修福：《曾国藩阳刚阴柔说"古文八诀"蠡探》，台湾兴大中文学报 1998 年第 11 期。

[37] 张舜徽：《爱晚庐随笔》，第 416 页。

[38] 同上，第 420 页。

[39] 张舜徽：《壮议轩日记》，国家图书馆出版社 2010 年版，第 624 页。

[40] 张舜徽：《讱庵学术讲论集》，第 638 页。

[41] 张舜徽：《说文解字约注》，中州书社 1983 年版。

[42] 参看张舜徽：《养怡堂答问》第四十二，载《讱庵学术讲论集》，第 639-640 页。

[43] [明] 黄道周：《黄道周集》，中华书局 2017 年版，第 596 页。

[44] 白谦慎：《傅山的世界——十七世纪中国书法的嬗变》，三联书店 2006 年版，第 2 页。

[45] 张舜徽：《讱庵学术讲论集》，第 690 页。

[46] 同上，第 595 页。

（栏目编辑　张同标）

（上接第 116 页）

台湾中华书局 1970 年版，第 8 页。

[49] [清] 傅山：《家训·诗训》，《霜红龛集》，第 674-675 页。

[50] [清] 傅山：《书札·复雪开士》，《霜红龛集》，第 665 页。

[51] 赵尔巽等撰：《清史稿》（第四十五册）卷五百一，中华书局 1977 年版，第 13856 页。

[52] [清] 傅山：《杂记三》，《霜红龛集》，第 1076-1077 页。

[53] [清] 傅山：《杂著五》，《霜红龛集》，第 228 页。

[54] [清] 傅山：《〈杜遇〉余论》，《霜红龛集》，第 818 页。

[55] [清] 傅山：《杂著五》，《霜红龛集》，第 540 页。

[56]《历代书法论文选》，上海书画出版社 1979 年版，第 5 页。

[57] [明] 谢榛：《四溟诗话》卷二，清海山仙馆丛书本。

[58] 俞剑华：《中国古代画论类编》，人民美术出版社 2004 年版，第 208 页。

[59] 朱良志：《中国艺术的生命精神》，安徽教育出版社 2006 年版，第 267 页。

[60] [清] 许奉恩：《里乘》卷一，清光绪五年常熟抱芳阁刻兰苕馆外史本。

[61] 关于傅山书画创作中的应酬现象，可参白谦慎：《傅山的交往和应酬》，上海书画出版社 2003 年版。

[62] [清] 傅山：《霜红龛集》，第 1133 页。

[63] 刘贯文等编：《傅山全书》第一册，山西人民出版社 1991 年版，第 819 页。

[64] [清] 傅山：《太原三先生传》，《霜红龛集》，第 442 页。

[65] [清] 全祖望：《鲒埼亭集》卷二十六。

[66] 尹协理：《新编傅山年谱》，山西人民出版社 2016 年版，第 129 页。

[67] [清] 傅山：《霜红龛集》，第 383 页。

[68] 尹协理：《新编傅山年谱》，第 137 页。

[69] 潘天寿：《中国绘画史》，上海人民美术出版社 1983 年版，第 228-229 页。

[70] [清] 傅山：《杂记三》，《霜红龛集》，第 1058 页。

[71] [清] 傅山：《家训》，《霜红龛集》，第 694 页。

[72] [清] 傅山：《杂记二》，《霜红龛集》，第 1037 页。

（栏目编辑　顾平）

遗忘与强调：美术史上对李铁夫的书写

冯锦　傅慧敏

（江门职业技术学院，广东江门，529000；上海大学美术学院，上海，200444）

【摘　要】美术史上所书写的中国早期油画家李铁夫的形象在20世纪40年代已大致定型，呈现出"年高德劭""辛亥革命元老""东亚画坛巨擘""最早的油画留学生"等主要特征。这些标签式的特征与目前可见的史料缝隙中所浮现的李铁夫轮廓存在一定差距，其人物形象在社会接受的过程中发生了哪些变化？哪些部分被历史所遗忘？哪些部分得到了强调？历史为什么会做出这样的选择？通过梳理李铁夫的交游圈，分析其年龄与留学经历，追问"东亚第一画家"该类评价的宣传发生情境来说明李铁夫的人物形象建构和社会接受过程，并探讨这种历史书写为什么成为可能。

【关键词】李铁夫　早期油画史　美术留学生　革命画家　东亚画坛巨擘

一、引言

李铁夫出生于清朝末年，原籍广东鹤山，是近现代海外华侨移民中的一员，19世纪末跟随族亲踏入北美大陆，曾接受较为系统的西式美术教育。即使在徐悲鸿那一代美术留学生眼中，他也属于"中国洋画家之老前辈"[1]。李铁夫这个名字在写入美术史时，一般被公认为是晚清最早前往西方系统学习美术的中国留学生，其油画语言与技巧之纯正也被认为达到了同时代具有留学背景的中国艺术家难以比肩的高度。但除此之外，李铁夫的相关研究却显得非常空洞，与其"中国油画第一人"的称谓极不相称。诚如台湾学者吕理尚所言："李铁夫与中国艺术发展的潮流是隔离的。他不像其余留学外洋后回国参与洋画运动，对中国的美术发展有推动之功。他的艺术成就在中国画史上处于一种虚悬的地位，固然他的艺术造诣值得人敬佩，但这都属于他个人的。"[2]

关于李铁夫的历史书写往往仅在中国留学生最早学习西洋画的年代上落笔。历史为什么会做出这样的选择？李铁夫的人物形象在社会接受的过程中，发生了哪些变化？哪些部分被历史遗忘，哪些部分得到强调？"东亚画坛巨擘""中国油画第一人"的人物形象是怎样被建构的？他本人在"李铁夫"这一人物形象的社会接受过程中发挥了怎样的作用？究竟在怎么样的情境中，历史被记录成了我们今天所熟悉的样子？这些转述与重现的理由和方式是什么？

二、美术史上所书写的李铁夫人物形象的主要特征

李铁夫生前并未留下详细简历，其生平主要依赖报章杂志的零散报道和朋友、学生的记载及回忆组织出大致轮廓。而在这些散碎资料中，大量重复性、层叠性的叙述又比比皆是，汇总得出的李铁夫印象逐渐被固定，呈现出以下主要特征：

1. "年高德劭"[3]是有关李铁夫记载中最常见的印象。其生前的新闻报道已时常强调其"老画师（家）"的身份，并在后世各种缅怀追忆材料中不断被叙述。

2. 革命元老。清朝末年，李铁夫即在海外结识了孙中山，并参与纽约同盟会的始创及一系列革命活动，因此"孙中山老友"[4]、"革命老画家（师）"[5]亦是他素来给予世人的印象。

3. 李铁夫一般被认为是晚清最早前往西方系统学习美术的中国留学生。有关李铁夫的出国时间一般定于19世纪末，而其他前往西方国家学习美术的早期留学生如李毅士留英、吴法鼎留法的时间皆不早于20世纪初。

4. 被赋予"东亚之巨擘""东亚第一画家"等称号。这个称谓并无太多实据支撑，却为国人所津津乐道，是李铁夫人物形象中极为独特之处。

李铁夫的人物形象主要特征，于20世纪40年代后期已基本成型，并在1948年10月出版的中国首部美术年鉴所收录的李铁夫条目中得到了充分体现："氏年已八十余，为革命老同志，早年奔走革命，深为国父所推重。留美五十余年，历任纽约美大诸教授，作品

入选美国国际画院廿一次，为东亚画家所未有。"[6]

三、李铁夫的人物形象建构和社会接受过程

李铁夫在北美除了参与革命活动和绘画创作之外，还在纽约华人圈里从事电影拍摄、美术指导等工作[7]，并曾参与组建粤剧剧团[8]。但国内对其所知寥寥，杂志报刊也仅有极为零星的介绍，其美术史上的人物形象基本在20世纪30至40年代被建构定型，并获得社会的普遍接受。这一切是如何发生的呢？

据1932年谈月色所撰《李铁夫师事略》称，去国多年的李铁夫约在1931年秋回到广州。[9]李铁夫与其在纽约共事过的革命同人取得了联系，参与了谢英伯所组织的广州黄花考古院活动。[10]机缘巧合，李铁夫还在街头偶遇美国旧日相识的学友冯钢百[11]，于是又参加了胡根天、冯钢百等人所组织西洋画社团"赤社"活动[12]。甫一回国，通过与在北美时结交的革命同人和美术留学生之间的往来，李铁夫"革命画家"和"早期油画留学生"的形象就得到了初步确认。

（一）李铁夫的"革命画家"形象

李铁夫归国前后所交游的革命同人及画友在文章中撰写的"逸事"，成为李铁夫在画史中形象特质构建的起点，如"热衷革命""卖画筹款""气节高尚""清贫自守"等有关政治信仰和道德操守的叙述比比皆是。甚至一些"吃狗肉""领结领带色彩浓丽"等艺术家的怪癖也成为其形象特质的一部分。大众的目光一般就从接触这些特征开始了解李铁夫这个人物形象。

作为辛亥革命和讨袁护国运动的海外支持者，李铁夫是北美华人华侨参与革命输捐的一个缩影。他所介入的政治运动，在不同程度上影响了他对艺术价值的理解以及对艺术表现形式所做出的选择，还影响了他的交游圈子。而这些交游者又在一定程度上参与了其人物形象的建构，继而影响到他在美术史上的书写与定位。一般记载中叙述演绎的重点往往是与孙中山、黄克强、林森、张继、孙科、柳亚子、徐悲鸿等"名人"的交游。

李铁夫的明确革命生涯起点是1909年底追随孙中山参与中国同盟会纽约分会的创立。其个人资料叙述曾担任纽约同盟会书记一职，参与者之一梁添也回忆"李铁夫为书记"[13]。但分会成立时拍摄的照片标注书记为钟性初。另一位与会者吴朝晋讲述钟性初因黄花岗起义失败而自杀。[14]因此李铁夫可能是在1911年钟性初自杀后接任了书记一职。

这一时期的革命活动重心在于筹款。[15]李铁夫为筹集革命经费，卖画两百余张，是其革命事迹中的常见叙述。而慨捐一万美金，请孙中山吃饭则是更具传奇性的艺术家故事演绎。据亲历者记叙，当时的革命筹款非常困难。为筹款而卖画是存在可能性的，但随着记载层层垒叠，数额与规模都被急剧夸张和神话。

该阶段李铁夫结识的革命同人多为北美华侨，如赵公璧[16]、朱卓文、马小进等都曾在李铁夫展览或润例启示中署名为介绍人。这些支持孙中山海外革命活动的华侨多为洪门成员。美洲华侨互助互济，十之八九皆列籍洪门，孙中山也亲自加入了洪门致公堂并获得其对革命宣传筹饷的帮助。[17]李铁夫既是同盟会员亦为洪门成员，至20世纪40年代仍与洪门会堂有所往来。上海洪门五祖祠的领袖赵昱曾于1946至1948年间延请李铁夫为自己画像，绘制"五祖"神

图1 李铁夫（左二）、冯钢百（左三）、胡根天（左一）摄于广州，20世纪30年代。

图2 己酉年（1909）农历十一月，纽约同盟会成立。成员注有编号，13号为李铁夫。该照片由亲历者之一梁添提供给当时国民党中央执行委员会革命励绩审查委员会。

像等。在洪门的宣传刊物中称李铁夫为"四十年老盟友""致公堂老叔父""东亚画王"等。[18]

讨袁护国运动时期，大批国民党人或流亡或留、游学至美国，在纽约的活动多以哥伦比亚大学的留、游学生为核心。[19] 李铁夫所交游的学界革命同人，如马小进、钟荣光、邓家彦、黄芸苏、黄文山等均曾在哥伦比亚大学留、游学。除为革命筹款外，他们更重视舆论宣传。1912年，纽约同盟会改组为国民党纽约支部，并于中华革命党期间积极创设报刊宣传讨袁护国。李铁夫交游圈中的学界人物如钟荣光、邓家彦、谢英伯、黄芸苏等人，均应是在此段时间以纽约支部机关报《民气报》[20]为活动阵地所结识。该时期的革命经历直接影响李铁夫艺术创作题材的选择，即他现今留存的唯一主题创作作品《二次革命失败蔡锐霆就义时写实》。

李铁夫所参与的革命工作全在海外，以筹款和宣传为主，并无多少"惊天动地"的大事或传奇可以叙述。所结交的粤籍国民党革命元老，在20世纪30年代其归国时大都已淡出政坛，革命经历更多的只作为一种艺术宣传的背景而较少实际收益。但随着时间的推移，李铁夫曾与"国父"孙中山有过直接交往并参与早期同盟会活动的事实，日益使其"革命元老"的身份凸显出来并获得尊重。

李铁夫归国后并不适应广州的政治文化空气，很快前往中西文化交汇的香港居住，每次回大陆的时间反而不长，这也使他的艺术影响力进一步被边缘化。李铁夫在香港以给人画像[21]和教授洋画为生，资料中多有关于他生活穷困的描述，交往比较密切的画友，不少是具有相似留洋背景的华侨画家[22]，所参与的画会活动，如"香港艺术会"也多有海外背景[23]。因李铁夫无妻无子，部分追随其学习并照料生活的晚辈如陈海鹰、周公理、高谪生、温少曼、黎冰鸿、马家宝等所整理、回忆、撰写的有关李铁夫的"故事叙述"非常丰富，也在一定程度上参与了李铁夫的形象构建。

1935年末徐悲鸿在香港结识李铁夫，1937年夏邀请李铁夫、余本、王少陵到广西桂林写生谈艺及商讨广西省政府筹建美术馆之事，但美术馆建设因抗战全面爆发而作罢[24]。徐悲鸿甚为推崇李铁夫早年的油画作品，1943年谈到时称"其早年所画像，实是雄奇"，然而话锋一转，"惜乎二十年来，以吃茶耗其时日，无所表现"[25]。李铁夫是不是甘愿地喝茶度日，无所作为呢？纵观李铁夫归国以来的行踪，其实并不尽然。作为一位早年投身革命的现实主义画家，认定革命与艺术不可须臾离也的李铁夫从未放弃过他的"革命艺术观"[26]。但相比勇于纵横捭阖的实业家，在参与现实不断受挫后的李铁夫，其个人性格特质更倾向于做一个在中国传统道德中受到推崇赞扬的隐者。在友人和后世的记载评价中，李铁夫的个人品德、道德操守从未受到质疑。他选择了游离于主流文艺圈之外的隐居生活，以辘轳长诗显示了良好的传统文学修养及独善其身的思想，开篇第一句就是"器异薰莸岂可投，不如归去且藏修"[27]。

李铁夫归国后在政治上的交游偏向于国民党左派爱国人士，如柳亚子、李济深等。1941年底香港沦陷后李铁夫取道澳门前往广东台山避难，托庇于刘栽甫、陈挺秀、黎畅九等乡贤；1943年冬应李济深之邀前往广西桂林，此后数年一直接受李济深的资助并随其遍走各地。抗日战争胜利后至1947年间，李铁夫得以在重庆、南京、广州、上海等地陆续举办展览。

1948年底再次回到香港[28]的李铁夫结交了更多的左派青年朋友，尤其与"人间画会"经常有联系，并参与具有明显政治倾向的艺术活动，如1949年

图3 李铁夫（左）、王少陵（中）、李秉（右）摄于香港九龙宋王台，20世纪30年代，现藏于广州美术学院美术馆。

图4 李铁夫（右）、王少陵（中）、余本（左）应徐悲鸿邀请到桂林漓江写生，摄于1937年。

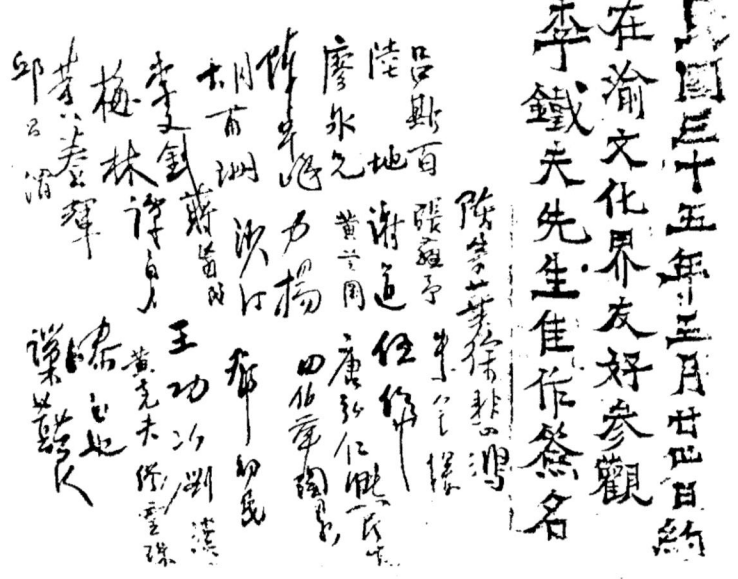

图5　1946年5月24日，李铁夫在重庆举行画展。"民国三十五年五月廿四日约在渝文化界友好参观李铁夫先生佳作签名"为李济深所题，出席并签名的有徐悲鸿、吕斯百、陆地、廖冰兄、力扬、沙汀、邓初民、滕白也、黄养辉、端木蕻良等数十位文化界知名人士。

10月26日全港九美术工作者庆祝中华人民共和国成立暨华南解放大会[29]，11月25日劳军美术展览会[30]，1950年3月人民胜利折实公债购债美展[31]，1950年7月在病中签名号召美术工作者参加反对美帝武装干涉的保卫和平签名运动[32]。一方面，李铁夫本人的思想转而亲近新中国，并愿以自身的"革命画家"形象为之奔走努力。另一方面，在港的左派美术工作者非常尊重李铁夫的革命背景，将其视作进步美术家的一面旗帜。[33]正因为李铁夫本人的革命艺术观以及他具有如此的形象特质，1950年8月，华南文联将他接回广州参与新中国的华南文艺界建设。1952年6月16日李铁夫在广州去世。

（二）混乱的年龄记载与"最早美术留学生"

依托近代广东海外华侨移民运动的背景，李铁夫在时间轴上一般被认为是最早前往西方系统学习美术的留学生。在特定的环境和背景下，年龄与资历也是一种社会资源，影响着世人对艺术家社会地位和价值的判断。因此时间坐标成为李铁夫人物形象建构的重要关注点。但在其生前，各种重要经历的时间节点记载已然带有刻意"模糊"的色彩。

当前有关李铁夫的历史书写中，其"生平重建"问题颇受重视。有多位学者根据不同渠道的信息对其出生时间得出了不同结论。[34]其中陈晓平、武洹宇所查到的1901年加拿大人口普查资料中的"Lee Youk Tein"档案最具可信度[35]，1876年至1877年间出生说最具可能性。而当前通行最广的李铁夫生于1869年的记录，并非其明确凿生年，而是因为政治与艺术活动等多方面需要所进行的一个年龄设定。由1949年11月，同情及拥护新政权的部分香港文艺界人士为李铁夫举行的一次"八秩寿辰"庆祝事件倒推所得出，反映了20世纪40至50年代华南文艺界对李铁夫年龄和辈分所形成的认同共识。20世纪80年代出版李铁夫画集时选取1869年作为其通用生年，也意味着当时文艺界对作为"艺术家"和"革命家"的李铁夫在历史定位上的判断。[36]此外，李铁夫本人自书的年龄题跋是其诸多出生时间观点中最年长的[37]，这意味着"高龄"标签在其人物形象建构过程中得到了他本人的认可。

截止目前，李铁夫在美国的经历仍然"迷雾重重"，各种学习、比赛、参展、师从记录中都存在"有意识的史料"的叠加痕迹。在以西方作为艺术成就参照物和衡量标准的情况下，一些晚近的资料对李铁夫的留学、游学经历和时限的记载也就显得越为夸张，从20世纪30年代的"凡十余年""凡二十余年"到40年代的"四十余年"，40年代末已记载为"五十余年"[38]。李铁夫的求学生涯历时漫长，跨越加拿大和美国，兼有留、游学的性质。一般叙述中所称留学欧美或留学英国，经多位学者考证应理解为留学英国属地加拿大。最被强调的学历主要有位于纽约的"National Academy of Design"（美国国家艺术学院）和"Art Students League of New York"（纽约艺术学生同盟），但现都已极难获得客观材料旁证。[39]目前所披露的史料能与一般叙述中的"美术比赛冠军得奖"相印证的材料只有1913年的报章报道，谓其在纽约参加学校美术比赛获得第一名。[40]

李铁夫自称1905年至1925年追随威廉·切斯（1849—1916）和约翰·萨金特（1856—1925）。从时间点上推测，李铁夫如果确曾入读纽约艺术学校或纽约艺术学生联盟，则有直接受教于切斯的可能。1925年是萨金特去世的年份，在李铁夫履历中难以查证其与萨金特的直接关系，但萨金特曾在1902年为切斯画过肖像，不排除李铁夫由切斯的途径接触到萨金特或私淑其画风。从绘画风格及技法特点对比来看，李铁夫的肖像画和静物画与切斯、萨金特有着比较显著的继承关系，可另文详论。

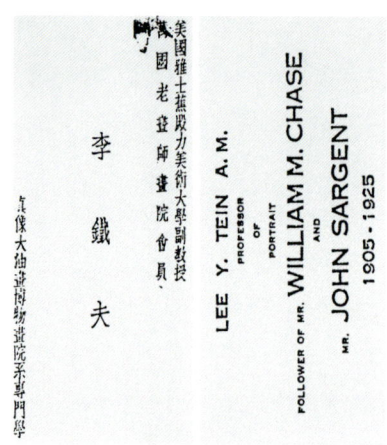

图6 李铁夫自印名片。中文：美国雅士蕉殿力美术大学（纽约艺术学生同盟英文的粤语音译）副教授，万国老登师画院会员，李铁夫，真像大油画博物画院系专门学。英文：Lee Y. Tein A. M. Professor of Portrait, Follower of Mr. William M. Chase and John Sargent, 1905-1925

图7 约翰·萨金特，《威廉·切斯肖像》，1902年，158.8厘米×105.1厘米，布面油画，现藏于美国纽约大都会艺术博物馆

李铁夫的年龄记载虽然存在有意识的模糊痕迹，海外留学经历亦难以厘清。但其作为最早前往西方学习美术的留学生这一纪录却鲜少有人质疑。除却李铁夫过硬的油画水准令业界拜服，非经系统高等教育不可达至外，还因为李铁夫的"早"是与广东华侨海外移民运动的大背景息息相关的。李铁夫所前往的北美，并不像日本、法国那样是中国美术留学生常见的求学地，其美术留学行为

的目的性并不明确。李铁夫的家乡鹤山，包括鹤山周边的四邑[41]和中山等地民众，自鸦片战争以来曾长期大规模面向美洲、澳洲等地移民谋生。19世纪中期至20世纪初，洗衣业逐步发展成为北美华侨的第一产业。[42]因此有关李铁夫至加拿大投奔开洗衣店族亲的传闻和温尼伯市的"Lee Youk Tein"在档案中从事洗衣业的记录是有其相应的经济背景的。在务工投亲的华侨移民洪流中，少数有志于美术的火种在异国他邦被点燃，这些华侨青年们凭借个人天赋、兴趣和机遇，在半工半读中百倍艰辛地完成了学业，成为最早系统接受西方美术高等教育的一批人。李铁夫这个美术留学的最早记录正是19世纪中晚期华侨华人前仆后继向欧美移民的大环境中所产生的偶然和必然。

（三）为何是"东亚画坛巨擘"？

称雄"东亚"这一类评价在李铁夫同时代画家中显得非常独特，如"得孙总理题赠'为东亚之巨擘'，黄克强将军题'横扫亚洲'"[43]；"他不独是我国的出色画家，简直是东方的代表者"[44]；"东亚画王"[45]；"东亚第一画家李铁夫""李铁夫已在英美艺坛上赫赫有名，被誉为'东亚画家第一人'了"[46]。追问这类评价的宣传发生情境有益于理清李铁夫的人物形象建构和社会接受过程，触摸到国人当时在以"西方"这个他者作为衡量标准时，看待自身与日本之间关系的百般纠结的心态。

众多研究者已指出，东亚这一概念既具有空间性、地域性，又具时间性、历史性和意识形态性，它是在西方近现代自身历史演变和对东方殖民化的过程中与"欧洲""西方"概念相对应而出现的。[47]东亚各国都在以西方为主导的秩序内展开自己的近代历史，不得不面

对"西方"这个他者来确定自己的位置。同时东亚这一概念的形成还与"东亚"内部的政治地图与秩序安排的重组并行，包括了"东亚"各国的内部竞争及权力迁移。[48]近现代以前，由于大中华的天下中心主义以及历史上中国在东亚的文化中心地位，构成了国人一种盲目自信的心态。然而从1895年甲午中日战争的惨败开始，中国人在事实面前开始痛苦地被迫倾向于承认：近代以前位于边缘的日本，仿效西方而发展壮大，挑战了中国在该区域的权力与地位。中国不但要与西方进行抗衡和对话，还要与周边原属"朝贡秩序"中的属国平起平坐并与其竞争才能确立自身的位置。

历史与现实交织，使中国的知识阶层在进行有关"东亚"的问题思考上往往急于证明自身的大国地位和文化优势，在面对日本的竞争、挑衅、战争时更易于激起一种偏激的自尊而失去平静。李铁夫有关"东亚画坛巨擘"的称号恰是国人这种复杂的心理困境的一个现实反映。

其一，所有"东亚"国家都不得不借助"西方"这个他者来确立自身定位。李铁夫的业绩之所以被国人誉为"东亚第一"，其逻辑线索在于视西方为参照物，以"历在欧美比赛叠膺巨奖""洵足与欧美大画家并驾齐驱"[49]来进行论证，意指只要在西方社会获得成绩就胜于东亚全部。其二，国人有关"东亚"的目光主要投射在以强有力的邻国和竞争者姿态出现的"日本"身上。如1935年香港钟声慈善社举办李铁夫画展时宣传称："李君为万国画师会会员[50]……东方人得为该会会员者，以李君为第一人。其后再有一日本人得入，至今该会尚未有第三位东方会员。"[51]

原本将自己视为普遍主义的"天下"的中国，在被迫作为"地方性"的角色

参与东亚各国竞争时，国人的心态发生了严重失衡。将李铁夫标榜为"东亚第一画家"，一方面可以看作是这种心理失衡中的自我认同保护；另一方面，在与日本竞争乃至战争的现实困境中，宣传李铁夫"为东亚所未有"亦能安慰国人敏感的自尊心，起到教化振奋的作用。李铁夫的形象具备这样特质，在此承载了一定的历史使命。因此我们的讨论不仅仅落足在美术史对李铁夫人物形象的书写建构上，也要说明这种"书写"为什么成为可能。

四、美术史对李铁夫的关注点

（一）遗忘与强调

任何一种美术史的编撰都无法穷尽现象世界的所有，编撰者不得不进行选择，而任何一种选择都意味着某种观点和解释，代表了一个意义世界的构建。但在一般美术通史的书写过程中，聚光灯只照耀在极少数最具原创性和影响力的"大师"身上，大量旁逸斜出的细节被模糊掉、边缘化，无法呈现当时美术发展状貌的丰富性。在论述框架之外，难以被纳入某个系统的一些艺术家，最终只能成为美术史上的"失踪者"。

这种遗忘并非个案，而由美术通史的书写结构所决定，李铁夫即遭遇类似情境。虽然经过研究者数十年的努力，李铁夫在肖像画、静物画方面的个人成就得到越来越广泛的承认，但由于其在艺术风格归属上难以被纳入对后世有影响力的系统，也缺乏有力的传承人，其个体丰富性则被美术史所遗忘。在历史中寻找他的定位和归属时，得到的往往仅是一些脸谱化的标签。更进一步说，与李铁夫有着类似经历，早年留学北美的华侨华人美术留学生群体，最后几乎都处于"失声"状态。

但李铁夫又不同于一般二三流艺术家被淡忘忽略的状态，他的书写在被遗忘的同时，其"中国油画第一人"的身份却不断被反复强调。对于美术史发展的大势而言，他的个人意义被消解，重点变成了中国留学生最早学习西洋画的年代标签。在这样的标签下，"年高德劭""辛亥革命元老""东亚画坛巨擘""最早的油画留学生"成为最需要被确认的特征。围绕着这些特征，故事的传奇性不断自我生成、发展、夸张，形成神话。在各种逸事、传奇、传记编撰流传的合力下形塑出艺术家的某些特征，通过美术史的书写而被确立，最终建构为李铁夫的美术史形象而被社会广泛接受，形成通论。

（二）形象背后的解释系统

恩斯特·克里斯（Ernst Kris）和奥托·库尔茨（Otto Kurz）在《艺术家的形象：传奇、神话与魔力》中认为："……逸事与充满传奇的历史时代有着紧密的联系，那里是产生艺术家形象的源头。"[52]

李伟铭在研究高剑父、高奇峰兄弟的政治革命经历时指出，类似高剑父那样"自夸"或者"被夸"个人经历中某种选择的意义的例子，在中国历史中并不鲜见[53]。李铁夫的政治和艺术"故事"同样存在是否可靠的问题。李铁夫本人具有极高的道德操守和革命情怀，但这并无法阻止艺术家的故事在"自夸"和"被夸"中传奇性地层层加码，逐渐演绎成"神话"。这种演绎实际上照顾到了讲述者和接受者双方的需要，在当时的历史情境下，李铁夫愿意成为"东亚画王"，接受者也希望中国出现"东亚画王"。

揭示神话与现实的差异，是历史学者的责任，但并非就此止步。克里斯和库尔茨还表示："这些逸事的真实性变得不那么重要。关键是，某则逸事若是出现频率异常高，至少可以说明它代表了艺术家的某种典型形象。"[54]艺术家故事的生成具有其自身的规律性，且某些具有相似结构的"逸事"对应着特殊历史背景下艺术家的某种典型形象。

这引导我们进一步关注艺术家故事背后"典型形象"的生成和接受机制，探讨什么样的历史年代会产生什么样的故事。关注点不仅仅在于尽可能还原李铁夫在史料中所呈现的"真实"形象，也不仅仅在于辨析史料中的"李铁夫"与一般叙述中"李铁夫"形象的差异，更在于说明这套形象生成、建构与接受背后的，致使该意义成为可能的一套理解和阐释的程式系统。

作者简介

冯锦（1981—），女，江门职业技术学院讲师。研究方向：中国近现代美术史。傅慧敏（1981—），女，上海大学美术学院副教授、美术学博士。研究方向：中国美术历史与理论研究。

注释

[1] 徐悲鸿：《中国新艺术运动回顾与前瞻》，《社会教育季刊》1943年第1卷第2期，第32-35页。

[2] 吕理尚：《被遗忘的画家：李铁夫》，原载（台湾）《雄狮美术杂志》1981年第11期，转引自广州美术学院、鹤山县文化局编：《李铁夫诗联书法选集附文献资料及评论文章》1989年印刷本，第123-132页。

[3]《李铁夫八秩大寿，美术界茶会庆祝》，（香港）《大公报》1949年11月20日。

[4] 柳亚子称其为"中山先生老友"。柳无非、柳无垢选辑：《柳亚子诗词选》，人民文学出版社1959年版，第89-90页；郭沫若称其为"孙中山先生的一位老朋友"。《郭沫若全集》（第14卷），人民文学出版社1992年版，第506-511页。

[5]《陈海鹰李铁夫画展今天揭幕》，（桂林）《大公报》，1944年4月7日；《李铁夫画今日预展》，（香港）《大公报》，1947年2月18日。

[6] 王扆昌等编:《中国美术年鉴·1947》影印版,上海社会科学院出版社2008年版,第85页。

[7] 1929年李铁夫在"纽约华侨所组织之华星影片公司"担任"美术主任"。《新银星》(上海)1929年第2卷第14期,第23页。画述:《画怪亦擅长导演》,载《探海灯日报》1936年1月4日。另广州美术学院美术馆藏有李铁夫在纽约联华影片公司工作的摄影照片。

[8] 1925年李铁夫在纽约参与创立"民智白话剧社",进行置景、演出等活动。李铁军:《李铁夫的影剧活动:兼论"生平重建"之话题》,《美术学报》2018年第3期,第70-78页。

[9] 谈月色,《李铁夫师事略》,《艺觳》1932年创刊号,第11-12页。

[10] 艺觳社同人欢迎张蔡二公照片中有李铁夫、冯钢百与蔡守、谈月色、蔡元培、张继、谢英伯等人的合影。《本社同人欢迎张蔡二公摄影》,《艺觳》1932年创刊号,第11页。

[11] 据冯钢百方面资料称,他约于1913年左右结识同在纽约艺术学生同盟就读的李铁夫。冯钢百于1921年9月回国,1931年在广州西濠口徜徉时偶遇归国的学友李铁夫。冯钢百年表,载广东美术馆编:《中国早期油画大家冯钢百》,人民美术出版社2003年版,第124-131页。

[12] 胡根天:《赤社美术研究会的始末》,载《广州文史资料》第17辑,广东人民出版社1979年版,第160-166页。

[13] 梁添口述,陈庆斌笔记:《孙中山先生主持纽约同盟会成立及其活动概况》,载《广东文史资料》第52辑,广东人民出版社1987年版,第1-3页。

[14] 吴朝晋口述,李滋汉笔记:《孙中山三赴纽约》,载《近代史资料》(总64号),中国社会科学出版社1987年版,第1-16页。

[15] 纽约同盟会成立之初的急务就是为1910年庚戌广州新军起义筹款。《复赵公璧函》《致纽约同盟会员函》,载《孙中山全集》(第一卷)中华书局1981年版,第436-437页。吴朝晋口述,李滋汉笔记:《孙中山三赴纽约》,第1-16页。

[16] 即纽约同盟会始创照片上的赵哀涯,最初负责会计(司库)事务,曾与孙中山有多封书信往来。《孙中山全集》(第一卷),中华书局,1981年8月版,第436、440、446页。

[17] 秦宝琦:《海外洪门对辛亥革命的贡献》,《清史研究》2011年第4期,第124-132页。

[18]《致公堂老叔父,革命元勋,东亚画王:李公铁夫传略》,《上海洪声》1946年12月第7、8期,第7页。

[19]《邓家彦先生访问记录》,(台北)中央研究院近代史研究所1990年版,第12-13页。

[20] 1915年1月23日,《民气报》于纽约创刊。由钟荣光起草章程,谢英伯任总编辑,初为周报,1917年又发行英文周刊,由孙科任总理兼翻译。继而由赵经敏、马素任总理,黄芸苏、赵鼎荣等任总编辑。1927年由周报改为日报。该报馆长期与纽约党支部共用或相邻办公。参见吴朝晋口述,李滋汉笔记:《孙中山三赴纽约》,第1-16页。

[21] 从当时报刊的零星报道中能得知李铁夫为孙科生母、刘纪文刘秉纲兄弟、钟独清女士、刘栽甫家人、黎畅九家人、李济深、陈炳权、赵昱、何东等官员学者、名流巨贾画过肖像。

[22] 如留学美国的冯钢百、黄潮宽,留学加拿大的余本、李秉人等,除文字回忆外,他们之间留有相约写生的画作及照片。

[23] 张轮:《香港艺术会》,香港《大众日报》1936年12月26日。

[24]《游桂画人返港》,香港《华字日报》1938年1月20日。

[25] 徐悲鸿:《中国新艺术运动回顾与前瞻》,第32-35页。

[26] 黄大德:《李铁夫的"革命艺术"观:从李铁夫的漫画〈今日时局〉说起》,载《美术学报》,2018年05月,第47-61页。

[27]《李铁夫诗联书法选集附文献资料及评论文章》,第7-10页。

[28]《革命老画家李铁夫抵港,本港书画界筹备欢迎》,(香港)《大公报》1948年12月20日。

[29]《画人今日集会》,(香港)《华侨日报》1949年10月26日。

[30] 王学尧,《买一件美术品,为祖国尽一分力,介绍劳军美术展览会》,(香港)《大公报》1949年11月26日。

[31]《美术家们请快加油,踊跃参加购债美展》,载(香港)《大公报》1950年3月1日。

[32]《八十九岁画家李铁夫在病中签名保卫和平》,载(香港)《大公报》1950年7月17日。

[33] 廖冰兄,《李铁夫八十寿辰献歌〈数白榄〉》,(香港)《大公报》1949年11月24日。

[34] 1869年说,迟轲:《我国油画艺术的先驱:李铁夫》,《美术》1979年03期,第11-13页;1885年说,许以冠:《李铁夫出生日期讨论》,《美术学报》2014年第4期,第71-75页;1863年说,李铁军:《〈李铁夫年谱(表)〉中若干问题的讨论:从李铁夫的身世说起》,《美术学报》2016年第3期,第110-116页。1876—1877年说,陈晓平:《如何重建李铁夫生平?》,《南方都市报》2017年9月19日。

[35] 档案显示1901年3月31日在加拿大温尼伯市,有一个中国人名为"Lee Youk Tein",男性,23岁,已婚,开洗衣店,出生年份为1877年,移民年份为1898年。李铁夫本名李玉田,其回国后所用名片及绘画签名英文即为"Lee Y. Tein"。且有研究指出19世纪末的温尼伯市华侨绝大多数来自鹤山县陈山村的李氏族人,因此该档案可信度甚高。

[36] 冯锦、王畅怀:《李铁夫出生时间各家观点考辨》,《美术学报》2017年第4期,第78-84页。

[37] 李铁夫有6件现藏于广州美术学院美术馆的书法作品钤有"港人美术界劳军一九四九年十一月"印章,其中编号163、164、165号3件署署"八十八老人李铁夫",即1949年时自称88岁。

[38]《李铁夫个人画展》,(香港)《华字日报》1936年5月23日;《征募蚊帐,画家李铁夫周公礼展览作品举行义卖》,(香港)《大公报》1939年9月16日;《陈海鹰李铁夫画展今天揭幕》,(桂林)《大公报》1944年4月7日;《国际驰名老画师李铁夫画下周在沪首次展出》,(上海)《大公报》1947年2月15日。

[39] 有关李铁夫的学习经历,经多位学者数次在北美查询,截至目前尚未能获得诸如注册学生名单、学籍记录、参展记录、教师名单、入选名册等客观材料旁证,这是研究开展的难点之一。20世纪80年代,迟轲先生曾委托加拿大维多利亚大学克罗瑟教授(R. Croizier)查询李铁夫在北美的活动线索,但无明确客观资料旁证。《后记》,载迟轲主编,《李铁夫》,岭南美术出版社1985年版,封底。1983年6月14日,陈海鹰曾访问美国国家艺术学院(National Academy of Design),陈氏自述由该校注册主任克拉仁负责接待,"才知该院早存有香港美术专科学校的资料,看过我作品的幻灯片并且知道我与李铁夫的关系",但并未提及其他有说服力的证据。陈海鹰《来到李铁夫老师的母校:西方美术教育考察之九》,《香港晚报》1983年10月2日。2007年2月,旅美华裔艺术家钟耕略获National Academy of Design档案部Laura Zelasnic女士协助,翻查注册学生名单档案及该校美术馆

展览记录，未查到有关李铁夫的信息。钟氏又获纽约艺术学生同盟（Art Students League of New York）档案部Stephanie Cassidy的协助，翻查该校的教师名单及学生注册记录，也未能有所收获。钟耕略，《时空的错位：从历史角度看李铁夫的艺术》，《画廊》，岭南美术出版社2007年总114期，第129-130页。2017年学者陈晓平、黄大德、伍洹宇、黎丽明、许以冠组成讨论组查证李铁夫生平，以切斯为线索查找其所创办的纽约艺术学院（New York School of Art）学生资料，但该校1926年前的学生档案几已不存。陈晓平：《李铁夫美国生涯仍是"黑洞"》，《南方都市报》2017年10月10日。

[40] "华人油画师李铁夫君在纽埠美术学堂肄业，今年正月七号大考，全堂学生赴考一千八百余人，李君竟冠全军。"香港《华字日报》1913年5月3日。"李君竟冠全军，得列第一名，此为中国人在欧美学堂美术卒业第一名也。"（广州）《民生日报》1913年5月4日。

[41] 即新会、开平、台山、恩平，现与鹤山合称五邑，行政管辖现归属广东省江门市，是早期北美华侨最大的来源地。

[42] 张国雄：《唐人街经济结构中的五邑华侨因素》，《五邑大学学报》2002年第2期，第40-44页。

[43] 《国民政府委员邓家彦等人之介绍书（1925）》，《李铁夫诗联书法选集附文献资料及评论文章》，第74-75页。

[44] 《香港钟声慈善社举办李铁夫画展宣言（1935）》，《李铁夫诗联书法选集附文献资料及评论文章》，第79页。

[45] 《致公堂老叔父，革命元勋，东亚画王：李公铁夫传略》，第7页。

[46] 木龙·霞奇：《东亚第一画家李铁夫》，《人物杂志》1947年总第2年第3期，第6-9页。

[47] 任东波：《区域东亚与知识"东亚"》，《史学集刊》2009年第4期，第103-113页。

[48] 杨念群：《何谓"东亚"？：近代以来中日韩对"亚洲"想象的差异及其后果》，《清华大学学报（哲学社会科学版）》2012年第1期，第39-53页。

[49] 《李铁夫画家事略（1915）》，《李铁夫诗联书法选集附文献资料及评论文章》，第73页。

[50] "万国老画师画院（International Academy of Design. New York. USA）会员"是李铁夫名片所印的中文头衔之一，该机构在某些李铁夫文献中又写作"万国画师会""世界最高画理学会"等。所提及的日本人，应指在1900年至1920年之间，与李铁夫学习经历相近的日本旅美画家国吉康雄（Kuniyoshi Kasuo,1892—1953）。

[51] 《钟声社开名画展览》，（香港）《工商日报》1935年1月18日。

[52] （美）恩斯特·克里斯、（奥）奥托·库尔茨著，孙艺译：《艺术家的形象：传奇、神话与魔力》，译林出版社2018年版，第12页。

[53] 李伟铭：《艺术与政治二位一体的价值模式：二高研究中一个耐人寻味的问题》，载中山大学艺术学研究中心编：《艺术史研究》，中山大学出版社1999年版，第391-443页。

[54] 孙艺译：《艺术家的形象：传奇、神话与魔力》，第6页。

（栏目编辑　胡光华）

20世纪上半叶中国画学文献的辑佚、整理及研究

殷晓蕾

（青岛科技大学艺术学院，山东青岛，266000）

【摘　要】20世纪上半叶对于中国古代画学文献的辑佚、整理及研究曾出现了十余种相关著作，由于时代的发展和其自身的学术局限，它们大都已丧失了知识或工具的"有效性"，但对其的重新揭示和研究却利于还原彼时中国画学研究的真实情境，让后人了解即便是"整理国故"，发扬国粹，也应当是在吸取新学的基础上进行才能更行之有效，因为随着社会性质的剧烈变化，旧有的文化形式和内核都需要被重新整理和塑造，接续能量，才能被再度激活，为世人所用。而这一点，对于今天从事古代画学文献研究犹有启示作用。

【关键词】中国画学文献　20世纪上半叶　辑佚　整理　研究

20世纪上半叶，正值中国现代学术勃发期和黄金时代，而对于中国古代画学文献的辑佚、整理及研究也结出了累累硕果，除了黄宾虹、邓实《美术丛书》、余绍宋《书画书录解题》、于安澜《画论丛刊》等在学界影响深远之作外，还有沈子丞《历代论画名著汇编》、余绍宋《画法要录》、马克明《论画辑要》、周连宽《中国美术书举要》、赵诒琛《艺海一勺》、洪业《清画传辑佚》、朱剑芒《艺林名著丛刊》、商务印书馆《丛书集成初编》等一些美术、书画史论的汇辑也对学界产生了一定影响，下则从其各自的编撰情况及学术贡献等方面分而述之。

一、黄宾虹、邓实与《美术丛书》

《美术丛书》由黄宾虹、邓实选编，上海神州国光社1911年出版。此书也集中体现了编著者对中国传统美术尤其是绘画的思考和贡献，这贡献大抵可概括为以下三点：

首先，它以弘扬和彰显民族传统艺术为名，在普及推广"美术"概念的同时，也肯定了历代绘画典籍的学术意义和价值。

《美术丛书》出版之时，正值国粹主义方兴未艾之际，而邓实作为"国粹派"的代表，编选此书的目的极为明确，他说："今家有至宝不知宝贵而遗于路人，不可惜欤。"[1]特别是耳闻目睹了大量文物外流英法诸国，他更担忧照此情形发展下去，会"古物既尽，学无所师，百工技艺日趋于僿陋，而文化日退，而西方之民得吾所有，日日集会以相研究，则他日吾黄民之长，安知不为他人所有也"[2]！

值得注意的是，邓实、黄宾虹虽为国粹派，但也注意吸取西方新学，这从《美术丛书》的编选和搜罗范围即可看出。"美术"一词，肇始于欧洲，而邓实无疑是使用这一概念较早的学者，并通过编纂这部大部头的《美术丛书》广泛传播和普及了美术概念。

在这套丛书中，选入的除书画论著外，尚有雕刻摹印、文房四宝、金石玉器、锦绣陶瓷、诗词音乐、香料花卉等，涉及绘画、书法、篆刻、雕刻、工艺、建筑、文学、音乐等学科，大有将所有历代艺术论著搜罗殆尽的意味。可见，在邓实、黄宾虹眼里，"美术"具有相当于整个艺术的涵义。"是书为提倡美术起见，丛集古今大美术家之著述，勒成一书，以引起人优尚之思想，盖吾国开化最早，为列邦文艺之祖"[3]。

为此，《美术丛书》广收博采，共收集历代书画、雕刻摹印、瓷铜玉石、文艺及杂记等五类著作计二百八十余种，但这其中，还是以书画类著作为主。因为，"凡书画雕刻之类，久为艺林所宝贵"[4]，而在书画类著作中，又"画尤多，盖画为神州美术之最优者"[5]。

其次，编者广收博采，将历代美术论著汇编成册，为后人研究中国画论提供了系统丰富的文献资料。

丛书凡例大致介绍了书画类论著的编选以及版本的选择情况，首先注意到了每一论著的足本或全本问题；其次，编选时注重选取一些稀见的珍本入编；再次，当传世版本较多时，注意挑选善本，注意版本间的参互校对，尽量使讹

误较少，若遇疑虑之处，则宁缺而不妄改一字，以保持原貌，从而保证了丛书较高的学术水准。

对于丛书的编选，近人余绍宋的评语还是客观公允的，他说："书画之书独多，几占十之七八，其凡例亦言以书画为主也。所收之书至为繁富，其中且有不甚经见之书，诚为言书画者不可不备。"[6]

再次，重视书画典籍对于艺术实践之影响。

《美术丛书》"凡例"中言："是书所刊，悉书画之真筌，读之不仅可资谈助，其有益于鉴别临池者，不少也。"[7]考虑到《丛书》编选是用以滋养翰墨，尽管历代关于美术的著述多不胜收，但《丛书》所刊，"若无关学术之书与乏趣味之作概不暇及"[8]。在收录具体篇目时，编者确立了"关学术"和"趣味之作"两个编选原则，并将切实有助于"艺术实践"者网罗其中。早在《美术丛书》出版之前，由神州国光社编选的《神州国光集》已风靡海内，"国光集悉古人之真迹，是书悉古人之精神，二者并行不可偏废"[9]。《神州国光集》收录的多为古今名画，而《美术丛书》所收论画篇目则体现了中国人的精神意志等，二者相与淬砺，缺一不可。

虽然《美术丛书》出版后受到普通大众和专业者的推重，但也有不少学者提出了一些批评意见。余绍宋认为它"有数端未甚妥洽者"[10]，于安澜则认为，"近人黄宾虹之'美术丛书'，既失驳杂，挂漏亦多；更以不择版本，校勘疏略，学者病之"[11]。余、于二人均从文献角度加以批评，认为丛书或将一些重要著作遗漏；或有割裂原作、别立名目之处；或是版本校勘有欠精严。"但在清末和民国那样的乱世，能编印出这样一部内容丰富的大型古代美术丛书，已是十分不易和难得了。"[12]

尽管丛书中所收绘画论著最多，并且只是对历代绘画理论文献的整理和辑佚，与真正现代学术意义上的画论研究，还相去甚远。然而，考量一部论著的学术价值和意义，必须权衡其产生时代的文化语境、学术场域和现实条件，进而确立相应的学术基准。有鉴于清末民初特定的文化语境，以及美术学科刚刚引入中国，对传统艺术文献的辑佚和整理势在必然，因此，对于《美术丛书》的学术价值和学术影响必须充分肯定。它既推广了"美术"的概念运用，也开了"20世纪系统整理美术文献的先河"，也间接推动了对中国古代画论的整理研究。迄今为止，它依然是20世纪影响最为深广的中国美术论著丛书，其对后世的学术影响必然也会深远而卓著。

二、于安澜：《画论丛刊》

于安澜的《画论丛刊》于1937年6月由中华书局出版，一函六册，收录中国古代至近代画论51篇。

论及《画论丛刊》对于20世纪上半叶画论研究的贡献，可称巨大，因为，它是近代画学研究史上第一部真正意义的画论论著汇编，具有学科奠基的意义。"最近于氏《画论丛刊》一书出，集《山水松石格》以下五十四种，纯为论画之作，皆首尾完全，且有数种不经见之书，画论精华，略备于是。"[13]由于作者喜爱绘画，遂从临习古画至搜集并研习历代论画著作，他对以往画论汇编之流弊深有体会。自明清以来，系统辑录前人绘画理论渐成潮流，但总有杂乱无序，谬误较多等时代局限。即便近人邓实、黄宾虹所编《美术丛书》亦是"既失驳杂，挂漏亦多"[14]。为此，他广收群籍、取精缀英，力求突破传统画论辑录的时代局限，编纂过程中注意科学分类和系统整理，《画论丛刊》"专辑画理画法之作，于叙述源流、品第鉴别之著，皆不录入"[15]。至于丛刊未录入之"叙述源流、品第鉴别之著"，在编纂体例上，《画论丛刊》"大致可分总论及专论两类。总论列前，专论居后"[16]，在两类中，更以作者的年代顺序排列次第，以便读者寻检。

"辑论画之书，难再精选"[17]，而《画论丛刊》在编纂过程中，除广收群籍外，尤为注重取精缀英，"精选善本"。以往同类书籍所收篇目，或是鱼目混珠，或是不够完备，鉴于此，于安澜对于每一入选篇目均"悉心甄别，去伪汰劣，掇英撮华，力求保持原作原貌"[18]。在《画论丛刊》目录中，每一篇目下均注明其版本辑录情况，其中，有些更选自极珍贵的稿本、抄本。它们不仅多为世人不常见之书，更是以往同类书籍未曾收录之作。所以，余绍宋赞其"得此一编，于古今画学理论之源流与其要旨粲备无遗，洵可为后学之津逮矣"[19]；俞建华赞其"画论精华，略备于是"[20]。

与以往同类书籍相比，于安澜在"精选善本"的同时，还凭借其古文字学家的优势，进一步对其"详加校勘"。从《画论丛刊》所附长达数万字的"校勘记"中，可强烈感受到作者校勘之审慎精微，通过不同版本间的相互参校，他匡订讹谬，正其阙失，补苴罅漏，力求真正有益于读者，有益于画学研究。对此，余绍宋曾赞其"足矫王氏（笔者按：指王世贞之《王氏画苑》）之失"[21]。此外，在《画论丛刊》的正文之前，附上各书作者事略，以便查阅。

凡此种种，都进一步确保了《画论丛刊》高质量的学术水准，当此书印行出版后，即在国内美术界产生了很大反响。加之作者将历代画论汇为一编，携带方便，深得读者欢迎。

当然，《画论丛刊》也有美中不足之处。如俞建华即认为此书"惟于真伪考订，尚少注意"[22]。在《画论丛刊》"重校自序"中，于安澜实则间接承认了这一点。另外，尽管作者在版本选择上"抉择矜慎""精选善本"，但由于时代所限，有些版本的选择于今天而言，未为善本。同时，在1937年版的《画论丛刊》中，有一些画论中的重要篇目未能收入，比如东晋宗炳的《画山水序》。

然瑕不掩瑜，迄今为止，它依然是20世纪最有影响的画论著作之一。后来，俞建华编成《中国画论类编》一书，就曾谈到，正是因为曾阅读了余绍宋的《书画书录解题》和于安澜的《画论丛刊》二书后，"予我以极大之启发，乃以两书为基础，广搜博采，编为一书"[23]。

三、余绍宋：《书画书录解题》

1932年6月，国立北平图书馆排印出版了余绍宋撰写的《书画书录解题》一书，此书备受学界世人推重，总的来看，此书对于画论研究的学术价值有以下三点：

第一、《书画书录解题》是我国第一部书画类著作的专科目录，开创了书画典籍文献目录的新学科。它不仅将历代书画典籍一一著录在册，还对其进行了科学系统梳理、学理性的归类，为画论研究奠定科学基础。

据统计，"《书画书录解题》著录各类书画书目及篇目（包括散佚一百六十三种，未见一百八十七种）有一千种"[24]，这不仅大大超过了以往，而且基本包括了历代书画之重要著作，"且稿本抄本世不经见者，皆赖此编以著"[25]。

作者在系统整理历代书画典籍时，又对其进行了科学分类。鉴于以往分类的种种不足，余绍宋选取了按学理分类，将这些书画典籍按性质分为史传、作法、论述、品藻、题赞、著录、杂著、丛辑、伪托、散佚等十类，每类又分子目。并于十类之后，列"未见"一类，以待续补。并在正文前列"总目序略""略说其归类之由"[26]。

由于进行了更科学严谨的学理分类，《书画书录解题》为后学研习中国绘画理论奠定了科学基础。

第二、《书画书录解题》开创了书画类书籍解题之先河，"辨章学术，考镜源流"，每一收录篇章均有点评说明，使得此书具有了很强的导读意义，从而成为便于后学研读书画的必读书目。

对于书中所收篇目，余绍宋不仅一一载明卷数、版本、成书时间、著者等，还叙述其学术源流，简介书之内容，间或做出评价。历代书画典籍，不仅数量多，良莠不齐，其中还多有伪托之作，将其著录在册时，定伪辨讹工作就显得特别重要。在《书画书录解题》一书中，余绍宋不仅对那些疏漏和错误之处，尤为注重考订和辨伪，对于"伪托"和"散佚"二卷，也是考订尤勤。作者治学态度的严谨进一步增强了此书的可信性，"绝无撮拾旧目，颠倒错乱之病"[27]，加之"所为解题，言必己出，博稽而静思，绝不为蹈袭之语"[28]，凡诸一切，均大大增强了此书的可信性和导读性色彩，使得本书成为书画研究者的必备。

第三、《书画书录解题》堪称对中国画论的初步研究，显现了现代绘画理论研究的自觉性色彩。

余绍宋虽曾留学日本，却对中西文化冲突持审慎态度。他认为，艺术要有发展，必须重视书画典籍对于艺术实践之影响，"故欲学画者，纵不能尽读经史有用之书，亦宜尽读古今画论，略窥古人精意"[29]。而在西方强势文化倾压下，"画学衰微于今日而极矣"[30]，若要振兴绘画艺术，必须重视对画学典籍的整理和研究。只有深入研习传统画学，才不会在"世俗凡近之见"面前，"易吾所自得"[31]，从而保有对民族传统艺术的文化自信。

正是带着这种画学研究的自觉性，在《书画书录解题》中，余绍宋在"说明内容之外，辄加评论"[32]，并且这"评议"也是审慎的，他不愿蹈袭前人，每一言均力求自出机杼，加之个人深厚的书画学养，其对绘画理论篇章的点评，精辟深刻而又切中肯綮，堪称对绘画理论的初步研究。如他认为《历代名画记》为"画史之祖，亦为画史中最良之书。后来作者虽多……未见有自出手眼，独具卓裁"[33]；认为黄公望的《写山水诀》"真南宗衣钵矣"[34]。这些精思独辟之见，无不启人深思，裨益后学。

由于体例所限，《书画书录解题》也有缺憾，俞建华认为，"惟其书仅有解题，不附原文，必见原书之人读之始为有用，未见原书之人读之，仍难获益。非其书之不善，盖体例然也"[35]。虽是如此，其后出版的不少书画书录都明显受其影响。

四、沈子丞：《历代论画名著汇编》

1943年，沈子丞编著的《历代论画名著汇编》由上海世界书局出版，由于成书时间略晚，与前人相比，其编选有诸多创新之处，对绘画理论研究也颇具贡献。

第一，《历代论画名著汇编》是20世纪第一本按朝代时序编著的画论著作，有助于读者明画论之源流，进而确立对其运变发展系统科学的认知。

沈子丞从书画实践的角度，重视对

画论的学习。鉴于前人编选体例上的不足，他"不以类分，惟以人别""且一家之说，必采录其全文，不断章而取义"[36]。至于没有专著传世的著名画家，其论画多"一鳞一爪，偶见于题跋中"[37]，还有"网罗佚文，转载他人论述"[38]者，均因"事关画理"[39]，沈子丞均将其尽行收入。经此辑录，沈子丞共收入自东晋顾恺之至清代论画著作七十五种，八十余篇，收录颇富。在具体编纂排比时，"著录各家均以朝代编次，在同时代者，则考其先后以为排比，借以见我国画学源流演进之迹"[40]。这种编选，也使得《历代论画名著汇编》成为20世纪上半叶第一部按朝代时序编选的画论著作，不仅便于读者检索，也很自然地给中国画论理出一条清晰的线索，从而便于读者系统科学的认知传统画论的源流及运变发展。

第二，《历代论画名著汇编》在每一朝代画论篇目前，均附有该朝代之绘画概述，这一画史与画论间的相互参证，在使读者产生阅读画论兴趣的同时，也深化了读者对画论的认知和总体把握。

在《历代论画名著汇编》中，沈子丞共撰写了八篇概述，几乎每一朝代，均有绘画概述之专文。如此编写，"目的在说明当时之社会背景，略识源流演进之所以然，庶进而读其原文，益得怡然涣然之效"[41]。作者首意在激发读者产生阅读画论之兴趣，而从更深处剖析，在画论篇目前，附上绘画概述之文字，更因作者意识到了画史与画论间的相互参证所能给予读者的认知高度。如对于宋代绘画，他说："画至两宋……作品已深与诗文为缘，而成文学化。亦一变前代之情形。"[42]而对于宋代画论，他则说："至若宋人之论画，则以理法为主，以神趣为归，重心灵之描写，故创精一神定之说。"[43]凡此种种心得体会，不一而足。

总之，这样的编写方法，一方面易于激发读者兴趣，同时，也使之在略知绘画绪论基础上，精研画理，进而加深对画论的总体把握和认知。

第三，《历代论画名著汇编》将理法和品评著作一并收入，不仅确立了画论的研究范畴，更显现了作者在整理研究画论文献资料时，对于现代画学学科化建设的自觉性。

在《历代论画名著汇编》"例言"中，沈子丞说："本书所采，以有关画理者为限。"[44]而细察书中所收篇目，既有历代理法著作，还有大量的品评文字，以及众多画家的"论画"篇章。沈子丞对于画史和画论之别有着明确的意识，在他眼里，传统画论应是理论、画法和画鉴之作的综合，而这些，才真正有关"画理"。

在《历代论画名著汇编》中，沈子丞将理论、品鉴和画法著作尽行收录，这不仅反映了作者对于画论研究范畴的整体认识，无形之中推动了中国画论整理研究，更显示出作者对于现代画学学科化建设的自觉性。

五、其他

20世纪20年代至30年代，除了上述《美术丛书》《书画书录解题》《画论丛刊》外，还有余绍宋的《画法要录》等八种美术、书画史论的汇辑也对学界产生了一定影响，下则分而述之。

（一）余绍宋《画法要录》《画法要录》二编

1926年出版的《画法要录》为余绍宋早年画学著作，重在辑录古人论画之法，搜罗历代论画著作一百一十九种。

余绍宋深感近代画学之衰微和整理画学书籍之紧迫，遂将历代论画著作"甄集精粹，区划类次，疏抉而条贯之"[45]，使之"繁而不乱，位而各当"[46]。为此，他没有沿袭古人，而是对其进行了科学分类，书分"前录""总录""分录"和"后录"四类，每一类别下各分数篇，分论具体画法。每篇各为一卷，加上卷首一卷，合为十八卷。

对于这一分类，林志钧持肯定态度："曰前录为研习画诀、画理之先河，无论山水人物翎毛花卉，一切皆不离此；曰总录、分录，前者统论山水画诀，后者分论树石诸法，并及入手先后次第；此三论盖犹画之有通论、各论焉；曰后录则采摭题识及纸绢画具等，虽与画诀、画理无关，而亦一切山水人物翎毛花卉不可离者，故以殿焉。"[47]认为其不仅囊括一切，并且有机统一。

除了科学归类外，对于画论资料的选择，余绍宋同样本着"批判"古人的态度，他认为，古人论画，多存有以下弊端，或"最喜高谈神妙"[48]；或"有极浅显之理，因重词华反成艰涩"[49]；或"恒不喜言规矩"[50]，为此，在编选辑录时，他以"实用""平实讲解"为标准，"今凡持论玄虚，不甚可解者不录；又既称画法，则凡空论文质自然会意等类，仅属修辞者不录；拾前人之绪余，略变更其文义而无所发明者不录"[51]，以求便于初学者，有俾于实用。

鉴于自明清以来，画学书籍中普遍存有征引失序、窜改词句、舛误相沿以致迷其本原等现象，余绍宋"则为厘定爬剔，各还其主"[52]，至于"伪书讹刻，版本同异。亦复一一校勘精审"[53]，故而，林志钧将本书誉为"中国画学开忠实考据之始""为中国画学开系统研究之始"[54]，梁启超则评价曰："古今言艺术方法之书，亦未有其可比，宰平所作序非溢美矣。"[55]

1933年，余绍宋辑成《画法要录》二编，乃继前编而作，其中十卷，每卷各有总录、分录，体例略同前编。二书合一，涉及山水、人物、传神、宫室、畜兽、翎毛、花卉等科，将历代之画诀、画理搜罗至广，从而大大省去读者遍检群书之劳。

由于余绍宋在编选之时，对于原本有所芟汰取舍，也有学者指出其中的弊病，"或原本有系统，而此书将其分散于诸篇，未免东鳞西爪，有支离破碎之感，原作精神因而涣散，难窥其全豹。故此书体例有未妥之处"[56]。

（二）马克明《论画辑要》

1928年，商务印书馆出版了马克明编校的《论画辑要》，为线装本，共收录石涛《画语录》《大涤子题画诗跋》，龚贤《画诀》，笪重光《画筌》，吴历《墨井画跋》、王原祁的《雨窗漫笔》《麓台题画稿》和黄钺《二十四画品》等论画篇目八种。对此，余绍宋曾给予评价："是书所收八种，皆习见之书……至其仅采此八书，不知何所取义，又无校订之文，殊为无谓。若为营利计，不如翻印《四铜鼓斋论画集刻》为愈矣。"[57]

此书所收虽均属"习见之书"，但每一篇目也均为画论中的经典名篇，因此，确也体现出了编者"精选辑要"的编选意识，特别是在辑录的同时，编者还做了标点、校订工作，且体例简明，更便于一般读者阅读，这在一定程度上也起到了画论知识的普及作用。1933年商务印书馆将此书再版重印，印行了"国难后第一版"，1935年5月，又印行了"国难后第二版"，足见其销行甚广。

（三）周连宽《中国美术书举要》

周连宽（1905—1998）是我国著名的图书馆学家、目录学家、版本学家、档案学家和历史地理学家，1929年，他编写了《中国美术书举要》一文，分三次发表于《武昌文华图书科季刊》第1卷2、3期和第2卷2期上，全文共70页，可称得上一部有足够分量的学术专著。

之所以编写这样一部美术方面的专科书目，周连宽完全是秉持学术为天下公器之理念，"有特殊风格之中国美术，匪特为日本人所祖述，且亦为欧美专家所惊叹"[58]，然自"唐宋以后，中国美术，日渐衰微，盖亦后学者荒疏之咎也"[59]，他希望"使数千年来东鳞西爪、支离破碎之中国美术，变成一座有科学系统和人生真理之艺术宫殿"[60]，却痛于国内学术界研究传统美术的沉寂，"然近年来我国人士之从事于研究者，非沉迷于摩挲抚弄，神游千载，以至于玩物丧志之考古梦中；辄昏醉于佛罗伦市之古香，莱茵河畔之春色，而追逐于古典、浪漫、自然、印象主义之流。鲜有能平心静气，在笃钉旧籍中"[61]做系统科学之研究者，正是出于这种学术上的责任感，"鄙人兹不自揆，草成是篇"，希望以"引起吾美术界诸公之奋兴"[62]。

本文所收书目均以现存书目为限，"因其性质之异同，略加分类：一书类，二画类，三书画杂著类，四古器物类，五史传类"[63]，主要涉及书法、绘画、工艺等美术类别，在每类之下，又分出若干小类，如对于绘画，因"中国画书，糅杂异常，诚如《画法要录》云：'一书之中，殆无不涉于两类以上，其中彼此钩贯，难以区分。'然以便于检讨计，今姑为分类"[64]。

对于绘画书目，作者将之又具体分为"论画之属""品题之属""画法之属""谱录之属"和"史传之属"五类，涉及画理、画法、品评、画谱、题跋、著录、画史等，共搜集自东晋至近代画学书目约两百三十种，画论著作，所编书目均标明版本，存疑处则附以简要文字说明。

此书分类简明，堪称民国第一部较为科学系统的美术专科书目，至今仍有非常高的学术价值。

（四）赵诒琛《艺海一勺》

赵诒琛（1869—1941）的《艺海一勺》共辑入历代书法、绘画、篆刻、花谱等十余种小品之作，其中，关于绘画，收录的有7种，有王原祁的"论画十则"、唐岱《画山水诀》、张式《画谭》、金恭《玉尺楼画说》、张鸣珂《寒松阁题跋》、张淦《定川草堂文集小品》和孔继尧《莲乡题画偶存》，与卷帙浩繁《美术丛书》等相比，确属"画海一勺"。但此书所收，"有不见他刊本者多种"[65]，如金恭《玉尺楼画说》、张鸣珂《寒松阁题跋》、张淦《定川草堂文集小品》和孔继尧《莲乡题画偶存》等，《美术丛书》《画论丛刊》等均未收入，而王原祁《论画十则》，《四部总编艺编》即将其遗漏，这无形之中又方便后人差缺补遗，以编选出更完整的画论文献资料。

之所以编选这样的聚珍小书，赵诒琛在该书"弁言"中说："以期览者兴起，同声相应，庶几前贤遗书不致湮没，由一勺而成巨浸，是则余所深望也。"[66]可见，编者意在唤起读者对传统艺术的兴趣，进而更好地保存和传承古典艺术。此书在解放后又得到了重印，1987年3月，上海书店出版了影印本，依据的是本书1933年的石印本。

（五）洪业《清画传辑佚三种》

1934年，当时的北平哈佛燕京学社印行了《清画传辑佚三种》一书，该书由洪业辑校，收录清人著作《读画辑略》《读画随笔》《画人闲评》三种。此三书原见于燕京大学图书馆所藏写本《画人备考》中，作者姓名均以失考。由于此三书未有其他传本，故而，编者洪业将其辑录成册，以待稽考。经洪业考证，《清画传辑佚三种》共著录画人三百七十三位，其中，有些画人的事迹著录较他书详备，更有一百三十一位画人的姓名未见于其他通行各种画传著录中，因此，"颇于顺康雍乾四朝画史掌故有补益"[67]，为研究清代画史、画论提供了珍贵的历史文献资料。将此三种辑录成书时，洪业不仅为之标点，并在讹误之处补缀以校订文字。

在整理文献古籍时，洪业深感"西文重要书籍，皆附有index，甚便检寻书中内容。中国旧籍，素阙此类研究工具"[68]，遂开始编纂中国古代典籍引得，而在《清画传辑佚三种》书后，也专门附有"清画传辑佚三种引得"，以便于读者检索。

（六）朱剑芒《艺林名著丛刊》

1935年，近人朱剑芒编纂的《艺林名著丛刊》由上海世界书局出版发行，"丛刊"辑录了书画类著作七种，除了包世臣《艺舟双楫》、康有为《广艺舟双楫》外，另有董其昌《画禅室随笔》、笪重光《画筌》、龚贤《画诀》和秦祖永《桐荫画诀》《桐阴论画》五种论画之作。

此书在当时反响颇佳，林语堂曾撰文谈及："艺林名著所收《艺舟双楫》、《广艺舟双楫》自是书法正宗，而《画禅室随笔》《桐阴论画》《画筌》《画诀》等亦画论之精华。"[69]但他又认为"余绍宋编之《画法要录》，精而不繁，理而不杂，大可想法列入"[70]，这当为此书编选辑录之遗憾。而谢巍在《中国画学著作考录》中称："此本校雠不精，不宜作重印底本。"[71]

虽然此书的学术影响稍逊，但更适于一般的书画爱好者阅读，故而销行不错，自1935年11月印行出版后，很快于1936年再版，1949年后，北京中国书店于1983年又出版了影印本。

（七）丛书集成初编

1935年至1937年，商务印书馆出版了大型古籍丛书《丛书集成初编》，辑者选择宋代至清代较为重要的丛书100种，共计3110种，3467册，其中，艺术类"收辑自南齐谢赫《古画品录》而迄清代赵彦修《画友诗》，以及画谱、画跋等书，凡九十一种"[72]，此外，在总类、应用科学类、文学类、史地类中，也收有数量不一的画学类或与绘事有关的书籍。其中，尤以"文学类"为大宗。然而，由于这些所收的书籍都没有标明为"画学类"，并不利于读者作阅读参考和研究之用。当然，从辑佚画史、画论资料的角度来看，此书的编纂还是意义重大。再则，民国年间，不少善本秘笈都为某些大藏书家所有，普通读者难以得见，而丛书在编纂时，其选择标准"以实用与罕见为主；前者为适应要需，后者为流传孤本"[73]，加之丛书的定价适中，丛书的发行本是面向中小图书机构，后来反是私人藏书更多，这对于文化艺术的普及和传播，无疑起到了推动作用。

当初，商务印书馆还印有《丛书集成初编目录》，为所收的一百部丛书写了提要，并分类列出所收的子目。但由于抗战爆发，丛书的出版被迫停止，因此，《丛书集成初编目录》所著录的和实际出版的不完全相符。1960年，上海古籍书店将《丛书集成初编目录》修订重印，不仅一一列出各书编号，未出版的书亦一一注出，并附以书名索引。1985年，中华书局用上海商务印书馆本影印，并将原列入计划而未出者补齐，共4000册。

虽然，1935年版《丛书集成初编》在断句、排校上亦有讹误之处，但它与商务的"万有文库""四部丛刊"和中华书局的"四部备要"均被誉为近代出版史上尤其是丛书史上的经典之作。至于，它对于中国画学的贡献，仍需肯定。

综上所述，20世纪上半叶，由于众多学者的奋力耕耘，有关中国画学文献的辑佚著作竟达十数种之多，虽然其中一些著作，由于时代的发展和其自身的学术局限，似乎已经丧失了知识或工具的"有效性"，但今天对其的重新揭示和研究却旨在还原20世纪上半叶中国画学研究的真实情境，让后人了解处于中国现代学术勃发期的历史情境下，即便是"整理国故"，发扬国粹，也应当是在吸取新学的基础上进行才能更行之有效，因为随着社会性质的剧烈变化，旧有的文化形式和内核都需要重新加以整理和塑造，接续能量，才能被再度激活，为世人所用。而这一点，对于我们今天所从事的古代画学文献研究犹有启示作用。

作者简介
殷晓蕾（1972—），女，青岛科技大学艺术学院教授、美术学博士、硕士研究生导师。研究方向：中国美术史论。

注释
[1] 邓实：《美术丛书·序略》，载黄宾虹、邓实：《美术丛书》第1集，上海神州国光社1920年版。
[2] 同上。
[3] 黄宾虹、邓实编：《美术丛书·略例》。
[4] 同上。
[5] 同上。
[6] 余绍宋：《书画书录解题》，北京图书馆出版社2003年版，第517页。

[7] 黄宾虹、邓实编:《美术丛书·略例》。
[8] 同上。
[9] 同上。
[10] 余绍宋:《书画书录解题》,北京图书馆出版社2003年版,第517页。
[11] 于安澜:《画论丛刊·重校自序》,载于安澜:《画论丛刊》上卷,人民美术出版社1989年版,第17页。
[12] 黄宾虹、邓实:《中华美术丛书》之影印说明,北京古籍出版社1998年版。
[13] 俞建华:《中国古代画论类编·卷首语》,人民美术出版社1998年版,第1页。
[14] 同上。
[15] 于安澜:《画论丛刊·例略》,载于安澜:《画论丛刊》上卷,第1页。
[16] 同上。
[17] 郑午昌:《画论丛刊·序》,载于安澜:《画论丛刊》上卷,第13页。
[18] 贾涛:《于安澜《画论丛刊》学术价值管窥》,《美术观察》2003年第8期,第86页。
[19] 余绍宋:《画论丛刊·序》,载于安澜:《画论丛刊》上卷,第6页。
[20] 俞建华:《中国古代画论类编·卷首语》,人民美术出版社1998年版,第1页。
[21] 余绍宋:《画论丛刊·序》,第4页。
[22] 俞建华:《中国古代画论类编·卷首语》,人民美术出版社1998年版,第1页。
[23] 俞建华:《中国古代画论类编·前言》,第1页。
[24] 毛建波:《余绍宋:画学及书画实践研究》,中国美术学院出版社2008年版,第109页。
[25] 同上。
[26] 同上。
[27] 同上,第5页。
[28] 同上,第6页。
[29] 余绍宋:《国画之气韵问题》,载郎绍君、水天中:《二十世纪中国美术文选》(上卷),上海书画出版社1999年版,第467页。
[30] 余绍宋:《画法要录初编·序例》,中国书店1990年版,第5页。
[31] 林志钧:《书画书录解题·序》,载余绍宋:《书画书录解题》,北京图书馆出版社2003年版,第4页。
[32] 余绍宋:《书画书录解题·序例》,第21页。
[33] 余绍宋:《书画书录解题》,第105页。
[34] 同上,第225页。
[35] 俞建华:《中国古代画论类编·卷首语》,人民美术出版社1998年版,第2页。
[36] 沈子丞:《历代论画名著汇编·例言》,世界书局1984年版,第2页。
[37] 同上。
[38] 同上。
[39] 同上。
[40] 同上,第1页。
[41] 沈子丞:《历代论画名著汇编·例言》,世界书局1984年版,第1页。
[42] 沈子丞:《历代论画名著汇编》,第55页。
[43] 同上,第59页。
[44] 沈子丞:《历代论画名著汇编·例言》,第2页。
[45] 林志钧:《画法要录·序》,中国书店1990年版,第1页。
[46] 同上。
[47] 同上,第2页。
[48] 余绍宋:《画法要录·序例》,中国书店1990年版,第3页。
[49] 同上。
[50] 同上。
[51] 同上,第8页。
[52] 林志钧:《画法要录·序》,中国书店1990年版,第2页。
[53] 同上。
[54] 同上。
[55] 梁启超致张元济信,《春晖堂日记》1927年9月30日,转引自毛建波:《余绍宋:画学及书画实践研究》,中国美术学院出版社2008年版,第88页。
[56] 同上。
[57] 余绍宋:《书画书录解题》,第515、516页。
[58] 周连宽:《中国美术书举要》,《武昌文华图书科季刊》第1卷2期,第197页。
[59] 同上。
[60] 同上。
[61] 同上。
[62] 同上。
[63] 同上。
[64] 同上,第198页。
[65] 谢巍:《中国画学著作考录》,上海书画出版社1998年版,第772页。
[66] 赵诒琛:《艺海一勺·弁言》,上海书店1987年版,第1页。
[67] 洪业:《清画传辑佚三种·序》,载周骏富:《清代传记丛刊·艺林类》,台北明文书局1985年版,第239页。
[68] 余逊、容媛:《二十年国内学术界消息:"引得编纂处之工作"》,《燕京学报》1931年第9期,上海书店1983年版,第1925页。
[69] 林语堂:《记翻印古书》,载陈子善:《林语堂书话》,浙江人民出版社1998年版,第223-224页。
[70] 同上,第224页。
[71] 谢巍:《中国画学著作考录》,上海书画出版社1998年版,第772-773页。
[72] 同上,第772页。
[73] 《丛书集成初编目录·凡例》,中华书局1983年版。

(栏目编辑 胡光华)

刘海粟的中国画教育思想探微

陈兵　沚阜

（广西师范大学美术学院，广西桂林，541006；南京艺术学院艺术教育高等研究所，南京，210013）

【摘　要】刘海粟的中国画教育思想来源于他的创作观念与性情，用"无为而治"来概括颇为贴合。作为中国最早的现代意义上的专业艺术院校的掌门人，刘海粟的施政策略可用"自由"与"学术"来统摄，这是激活大学人才培养的最佳生态环境。虽然刘海粟自身并没有明确意识，但对于我们今天重新思考高等艺术教育乃至当代中国画演进均具有积极意义。刘海粟中国画教育思想，在混沌中透出一种智慧，它对中国画教育现代转型不无启迪价值。

【关键词】刘海粟　中国画教育　"无为而治"

自1906年两江师范学堂开设图画手工科、设立中国画教学内容以来，已近百年了。[1] 中国画走进大学课堂成为独立的教学内容是中国文化特征的使然，在中国传统文化的丰富资源中，中国画是含金量较大的一块，只要稍对中国传统有所觉悟的便知，中国画成为中国高等艺术教育的必选科目是情理之中的事。所以，百年艺术教育的历程中，中国画教育基本上稳定地延续着。即便中间有时发生了中断，一旦获得认识之后便又很快被续接起来。

20世纪前半期，文化纷争成为中国社会的热点，各种思潮、思想都有展示自己的舞台，这就有了文化上的多种价值取向。美术教育家们处在这一情景之中，也就有了自己的追求和选择。有科学主义倾向的，他们便多从西方借取有益于自身发展的因素；有人文主义倾向的，便又回视传统，并重新切入当下；更有人文与科学兼取的，他们要么折中中西，要么融合中西。这些不同的文化指向便形成了各自相对独立的中国画教育模式。在百年中国画教育模式序列中，因为教育家本身的地位与影响，使得有些模式具有了较大的社会影响。不管这些影响是正面的还是负面的，它已构成了可资评述的突出案例。我们对中国画教育现代转型的思考，正是基于这些突出案例的述评，从而获得较为一致的、也是更为科学合理的认识。首先，徐悲鸿中国画教育模式是20世纪最具影响力且覆盖面最广的一种模式，因此它最值得我们来关注。其次，便是潘天寿于50年代后创建的一套模式，它是在对徐氏模式反叛中崛起来的一种新模式。这一模式一旦形成，不仅有着自身的影响，同时也对徐悲鸿中国画教育模式产生了一定的渗透力，所以影响也是广泛的，很值得我们去探讨。相对而言，林风眠中国画教育模式就显得较为模糊了，但作为相对较早的国立艺专，而且这一模式下又出了赵无极、朱德群与吴冠中这些国际级"大师"，所以也有进一步研究的余地。特别是林风眠主持杭州艺专时的"中西并系"，其中原由也关涉中国画教育。20世纪上海美专也是中国艺术教育不小的一个阵地，其中国画教育自创办初期一直延续到今天的南京艺术学院，理应成为我们重点关注的对象。但这个学校很特别，我们几乎很难理清他们曾有过怎样的中国画教育模式，其创办人刘海粟也是和徐悲鸿、林风眠相齐名的近现代中国美术教育三大家之一，他是否有明确的中国画教育思想呢？这是一个颇值得探讨的学术命题。

在20世纪中国高等美术教育史上，刘海粟是个极为奇特的人物。他创办了中国最早的美术专门学校——上海美专，当时他年仅17岁，显然他的创举与他家庭经济背景及支持有关，但同时也显示出刘海粟"角色"本身的气魄。他之所以为康有为、蔡元培所器重，并不在他的水平与学识如何高于常人，而更多应仍归功于他不同寻常的胆识与豪气。刘海粟一生都与艺术相连接，但他的作为与成功却较多地显示在艺术创作与活动上，不过他也与上海美专自始至终有着深深的链接，这使他又有了"教育家"的身份。刘海粟的名望因这双重身份而有着广泛的影响。

从人生经历和对待艺术的态度上，刘海粟与徐悲鸿存在颇多可比性。刘海粟，1896年出生，比徐悲鸿小一岁，两人的出生地相距也不过百里，但他们的家境却有着天壤之别。如果说艺术都是他们自幼的兴趣，那么，在以后人生之路的选择与前行中，刘海粟更多得力于家庭的支持。当然，刘海粟的才情与气魄是铸就他日后光辉更直接的因素。刘海粟幼年可能也接触过中国画，但绝不会像书法作为"日课"那样，毕竟新式学堂所学内容仍以"四书五经"为主。14岁时，他只身来到上海，入读周湘创办的"布景画传习所"，这一环境的变迁带来了这位非同寻常的年轻人观念的变化，他不仅眼界大开，而且传统与现代因素的感染同时在刘海粟身上发生着作用。[2] 这时的刘海粟对于绘画的认识还十分肤浅。这一点非常相异于徐悲鸿，徐悲鸿通过自己持续的刻苦努力，年轻时已在中国画领域奋斗了多年，并有了较好的造型与笔墨基础。那么也正因为如此，刘海粟到法国之后，更能对现代艺术予以热情接纳，而不像徐悲鸿执守着古典而不能容忍"现代派"的存在。由此，刘海粟顺着西方现代艺术找到了中国画张扬个性的石涛与八大，恰好这一观念上的倾向也十分贴合刘海粟这位出身于富门子弟的外向型性格。刘海粟中国画观念便锁定在了传统个性艺术的反叛与恣纵一路，西方现代艺术中利于张扬个性的手法也被他"借用"过来，因而落得个"粗枝大叶，深红惨绿"的美名。[3] 重视豪情与个性是刘海粟积极的一面，就是这豪性与气度，让20世纪无数人为之折服！"海粟大师"的影响力至今仍让人感怀。但这豪情更需要画内功夫的支撑，这不仅是造型上要求，更是对语言的提炼。毫无疑问刘海粟在这方面颇为欠缺！但也符合中国的国情，毕竟传统中也有特重豪情的大写意，他们都是一时之英才，刘海粟的中国画观念自然也会有难以计数的受众与追捧者。同是对西方现代艺术的吸纳，

刘海粟与林风眠的中国画观念又存在诸多不同：林风眠偏重于"自行"创造，无论是传统还是西方现代，都要服务于他个人追求的需要，一旦社会为艺术创作提供了更广阔的自由空间时，林风眠的重"创造"探索必然为人们所重视；而刘海粟在回归传统并进行形式的借用时，其所产生的影响更多得力于他的气度与豪情，似稍欠缺艺术本体的魅力，而且一点也不影响其所产生的广泛社会影响。

刘海粟与上海美专以及20世纪中国高等美术教育的关系极其微妙，用"无为而治"来描述他在美术教育上的功绩与行为表现颇为恰当。首先，创办上海美专之初，刘海粟与学兄乌始光、张聿光等人合作，刘海粟的主导地位显然来自他家庭的经济资助，张聿光被首推校长不久便由刘海粟担任校长之职，一直延续下来，这为刘海粟"无为而治"提供了一个极好的空间。其次，在动荡的上海滩创办学校何其难！刘海粟随着年岁的增长，他的社会活动能力也同时获得增长，他聪明地将学校的支撑点锁定在了蔡元培等一批名流身上。蔡元培出任上海美专校董主席为上海美专的进一步发展提供了可能，而这也为刘海粟"无为而治"撑起了保护大伞。第三，刘海粟随留学潮出入法国，这既提高了自己的艺术识见，同时也接受了新生事物，回国后这留学的资本与国外的诸方面积累，使得上海美专同时有了新的气象。而且借助"人体模特儿"事件、"男女同校"的创举以及"外出写生团"的实施，不仅拓展了他在艺术界内外的广泛影响，也使他的"无为而治"结出了丰硕的成果。至此，刘海粟与中国高等美术教育、中国艺术事业紧密地连接在一起。相比较于徐悲鸿、潘天寿、林风眠在艺术教育上的孜孜以求，刘海粟是聪明的、幸运的，这一切均得力于他的"无为而治"。

我们说刘海粟于美术教育是"无为而治"，并不是说他始终与美术教育不相干系。有学者曾将刘海粟美术教育思想归纳为五个方面的内容：一、加强教师队伍的建设，知人善任，不拘一格，培养人才；二、遵循艺术教育的科学规律，课堂教学，首先使用人体模特儿，以为美术教育上不可少的基本功；三、主张在艺术教育中学习生活、学习社会，提供学生旅行写生；四、重视品德修养，重视美术史论教学研究和文艺修养；五、为了更好地服务于社会，适应各种不同的要求，他主张因时制宜，采取多种形式办学，务求把学校办得生龙活虎。[4] 这些表征刘海粟艺术教育思想的内容，较少与具体的教学过程相联系，更多是一种宏观策略。所以，他的艺术教育无法予以量化与具体化，这是他"无为而治"韬略的最大特征。同样的，刘海粟兼具创作家的品格，使得其一生更是为艺术创作与成名成家在奋斗，虽然这奋斗不如徐悲鸿、潘天寿、林风眠那么艰辛，但作为一种独特的价值取向与个性品格，他同样获得了不小的成功。这种基于创作与活动的成功，至少不能完全取代他在教育上的功绩，刘海粟在美术教育上的成功除了"无为而治"之外，也仅存"自我教育"的典范了。就这一"自我教育"而言，刘海粟也是凭借"豪情"，选取西方的后印象派与中国的石涛、八大作为自己参照对象，他手中的画笔总是在"无法"之中构筑艺术"大作"，其"教育"的参照意义无法上升为值得推广的理论内容。

这么说来刘海粟中国画教育至少是无法落在实处而为研究者所探讨，自然更不可能让我们获得类似于徐悲鸿、潘天寿与林风眠那样的模式内容了。不过

刘海粟执掌的上海美专，一直有着连续的中国画教育传统，虽然这里的中国画教学不一定与刘海粟有着直接的关系，但分析其教学情况亦有助于我们对刘海粟中国画教育思想的探微。

这里有一份上海美专25周年志庆的文献材料，较为清晰地呈现了这所不同寻常的美术专门学校中国画教育的情况。上海美专创办不久便开始设立中国画教学，作为专业艺术院校，中国画学科在高校中的设立属于首例。[5]上海美专于1920年便设有专业性质的中国画科，与西洋画科、工艺图案科、雕塑科等并列设置，培养专业人才，延续中国画传统。中国画科前后执教的名师有：黄宾虹、潘天寿、诸闻韵、吴弗之、张大千、贺天健等，均为当时的一流大家。随着学科建制的完善，中国画系开设科目有：1.党义，2.国文，3.国画（山水、人物、花卉不拘），4.中国画理论等，具有清晰的"学科"意识。具体课程编制：第一学年，第一学期专业内容有"画理"2周时，"诗词题跋"2周时，"书法"2周时，"国画实习"18周时；第二学期同上，另加"篆刻"2周时。第二学年，易"画理"为"美术史"，其余不变。第三学年，增加"金石学""美学"各2周时，课程系统完备。另外，在学程纲要中，分别对各课程要求做了细致的描述。如"画理"："本学程讲述：1.谢赫以前的画论，庄子—韩非子—刘安—张衡，王廙—顾恺之—宗炳—王微；2.谢赫的六法论……3.谢赫以后的六法论……4.气韵生动说的分歧与辩护……""中国画"则有："第一学年先授以宋元钩勒入门，次摹写与写生以固其基础，注意于花卉蔬果树石等部分画法。第二学年习花卉蔬果树石之外，兼授翎毛虫鱼山水人物等画。摹写与写生之外更注意创作构图等。第三学年分山水花卉二组自择一组研习，山水组博采宋元及历代大家名作为参考，并研习新时代思想，俾达于创作之新领域。花卉组同。"[6]

这份材料清楚地反映了上海美专中国画教学仍坚持传统内容教学，这不仅体现在技法训练多以传统为主，而且还十分重视古代画论、诗词题跋以及金石书法等科目的教学。受更多细节材料的限制，在这一传统的课程体系下，如何利用班级授课来完成教学计划，很难获得更清晰的结论，这便影响了我们对它价值的判断。但我们可以做两方面的臆测：其一，这一课程与教学内容的有机性以及续接传统的对应性，反应了在20世纪初，刘海粟为首的上海美专，认识到了中国画的当代价值与承续策略；其二，实施的效果不理想、特色不显著，这从上海美专历届毕业的中国画学生所呈现出的水平（多数在社会上默默无闻），侧面折射了这所老牌美术学院教育成果平平。

即便如此，刘海粟与上海美专治校方略仍有值得我们借鉴之处。他们重视名人大于重视名师，名人有诱导引领的作用，而非名师仅单一地在"教学"上用功，这样一来也许失去了学校在教学上的特色，但却提供了极为宽松的艺术氛围，在没有模式下的教与学必然是"兼容并包"，自由生长。这"无为而治"自然也就变成了不是特色的特色，它营造了真正意义上的大学。刘海粟的中国画教育思想，虽然是模糊的，也未见显著的特色，但其所表征的"无为而治"的教育理念，却是今天弥足珍贵的"遗产"。在各种"功利""效果""学科分化"等因素诱导下的学科建设思路中，中国高等教育不仅在远离"无为"中失却对"整体"的观照，而且还因为过于秉持"科学"的观念，使得学科的"人文"意义不断被消解，刘海粟中国画教育"无为而治"的思想颇值得我们深思。

作者简介
陈兵（1963—），男，江西定南人，广西师范大学美术学院院长、教授。研究方向：美术学科教学论与中外美术教育史。
沚阜（1965—），南京艺术学院艺术教育高等研究院研究员。研究方向：艺术教育与艺术史。

注释
[1] 我国最早开设图画课的是"上海中国女学堂"，时为1897年，但并未设置中国画内容。最早设有中国画教学内容的是1903年由张謇创办的"通州师范学堂"，但它是初等师范学堂。而于高等师范学堂开设中国画教学的是1906年的"南京两江优级师范学堂"，当时校监学李瑞清本身擅长书画，在他竭力争取下，开始了中国最早的高等美术教育。参阅顾平：《中国近代学校美术教育考略》，《盐城师范学院学报》1998年第4期。
[2] 关于刘海粟的生平事迹，参阅《刘海粟研究》，江苏美术出版社2003年版。
[3] 陈小蝶：《从美展作品感觉到现代国画画派》，《美展汇刊》1929年4月，第一届全国美术展览会编辑组发行。
[4] 周积寅、丁涛：《刘海粟的美术教育思想》，载《刘海粟研究》，第176—187页。
[5] 纯粹以"专业"设置的学科，之前一直阙如；注释1中提及的中国画教育均服务于"实用"的目的，并非培养中国画学科人才。
[6] 此为油印文献，题为《教育部立案：上海美术专科学校二十五周年纪念一览》，现藏南京艺术学院档案室。

（栏目编辑　朱浒）

学校美术教学评价研究热点和发展趋势研究

郑文 王颖洁

（华东师范大学美术学院，上海，200241；首都师范大学美术学院，北京，100048）

【摘　要】 运用科学计量可视化软件，结合词频分析法和共词分析法，对1978年至2018年间我国学校美术教学研究相关文献进行可视化分析，以知识图谱的方式呈现出改革开放以来我国美术课程教学评价研究的热点主题和前沿领域，并对我国中小学美术教学评价研究的趋势进行前瞻性探索。

【关键词】 美术教育　教学评价　研究热点　可视化分析

一、引言

近年来随着艺术教育教学的不断推进，如何全面提升学校艺术教育素养，有效提高学生美术学习质量已成为学校美术教育的重要任务。

通过梳理国内外相关政策法规可以发现，早在1972年，联合国教科文组织国际教育发展委员会发表《学为生存：教育世界的今天和明天》[1] 就已开始关注到了评价在教育中的作用。在我国，1999年开始的新课程改革首次提出"建立学习结果与学习过程并重的评价机制"；2001年颁布的《全日制义务教育美术课程标准（实验稿）》进一步明确了评价目标的功能："强化评价的诊断、发展功能以及内在激励作用，弱化评价的甄别与选拔功能。" 2011年《义务教育美术课程标准（2011年版）》将"评价建议"改为"评价要点"，这样的改动解决了2001年版课标中"评价建议"不够明确的问题，使美术学习评价更为切实可行。2014年教育部体卫艺司发布文件《教育部关于推进学校艺术教育发展的若干意见》[2]，2015年教育部印发了关于《中小学生艺术素质测评办法》[3]、2015年发布《关于全面加强和改进学校美育工作的意见》[4]，这些相关政策法规在讨论教育发展重要关注点与走向时，都不约而同地提出确立"监测和提升学生艺术学习质量"的任务和目标，保障与提升学生艺术学习质量已成为时代发展的重要需求。

由此可见，从国际艺术教育的发展趋势，及我国基础美术教育的发展趋势和核心任务来看，美术教学评价改革已经势在必行。为了全面了解我国中小学美术教学评价研究的现状和发展趋势，本研究以中国知网（CNKI）学术期刊全文数据库为数据来源，运用科学计量可视化软件，对美术教学评价文献中的高频关键词进行分析，以知识图谱方式呈现1988年以来我国美术教学评价研究的整体概貌，阐述研究的热点主题及未来趋势。

二、美术教学评价文献数据的可视化分析

（一）数据收集和趋势分析

本研究以CNKI数据库文献作为数据来源，以"美术、教学评价"为主题词进行检索，范围为1978年至2018年，于2019年3月29日进行检索，共得到783条结果。为保证数据的有效性，对其中与美术教学评价无关的文献进行筛选、剔重和删除后得到可用文献422条。

通过统计可以看出，1988年至2005年间美术教学评价的研究文献极为有限，尚未受到关注。2006年至2011年间美术教学评价研究的文献由个位数上升到两位数，说明美术教学评价开始受到关注。2012年至2018年，美术教学评价研究文献增加显著，说明已经开始得到重视。从论文发表的整体

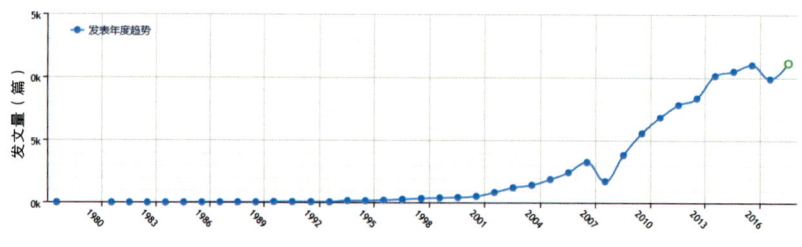

图1　1988年至2018年美术教学评价文献总体趋势分布图

态势上看，2006年和2012年可视为两个转折点，由此，可将美术教学评价研究发展分为三个阶段：

1. 美术教学评价研究意识的萌发阶段（1988—2005）。这一阶段相关期刊文献共23篇，在有效总文献中占比5.45%，主要以教学经验式总结为主。

2. 美术教学评价研究的草创阶段（2006—2011）。相关期刊文献107篇，占比25.36%。这一阶段的研究虽仍以实践教学为主，但已开始融入教学理论，涉及的研究内容开始趋于多元。

3. 美术教学评价研究的发展阶段（2012—2018）。相关期刊文献292篇，占比69.19%。这一阶段的发展与2011年《义务教育美术课程标准》的颁布，以及大数据时代带来视觉文化转型有很大关系，这一阶段的研究方向呈多元化的发展态势，既有对国内外教育教学理论的介绍与借鉴，也开始涌现出基于教学实践的美术评价方法、评价标准，及评价工具的开发等，较之前在广度和深度上都有很大发展。

（二）高频关键词共现知识图谱分析

CiteSpace可视化分析工具是使用Jave语言开发的一款信息可视化软件，运用词频对关键词进行分析统计，从而获得所研究领域的研究热点、研究未来发展趋势及研究最新动态等。

研究热点代表着一个研究领域最新、最具探索潜力的主题。关键词是一篇论文中重点研究的内容，是作者对文章的高度概括和提炼。运用科学计量可视化软件Citespace进行关键词检索，并导出高频关键词科学知识图谱（图2），可以比较清晰的呈现研究的整体概貌和研究热点。

在科学知识图谱中关键词出现的频次用圆圈大小来表示，出现频次高的关键词所表示的圆圈也大；关键词字体越大，中心度越高，则越接近图谱中央位置。根据本研究需要，从Citespace软件中导出美术教学评价文献的关键词、中心性和频次等信息，通过筛选、合并等处理，得出排序前十个关键词的信息（表1）。根据表1和图2中关键词的中心性和出现频次，结合二次检索文献的整体判读，发现评价标准、教学改革、评价方法、有效教学、课堂评价、美术学习、学习态度、评价体系等关键词具有较强的中心性和较高的出现频次，对这些关键词聚类后，可以发现近三十年来美术教学评价前沿研究呈现出强调实践性的特点，与实践教学联系紧密，涉及评价方法和策略，课堂评价和学生的美术学习，评价标准和评价体系建构等主题。

（三）关键词聚类分析

关键词聚类能够非常直观的显示关键词之间的亲疏关系，以此来判断它们间的关联程度，并进一步揭示该领域的研究热点。关键词聚类分析的原理是根据同一篇文献中关键词出现的频率为分析对象（即词篇矩阵），采用聚类的统计学方法，将关联密切的关键词聚集在一起形成类团。[5]本研究将422篇文献中提取出的39个高频关键词通过SPSS软件进行系统聚类，以此来获取高频关键词聚类树状图（图3）。

根据关键词聚类结果可以看出：美术教学评价研究的热点主要集中在四个领域：有效教学与评价方法（领域一）、教学改革和美术核心素养的评价（领域二）、教学评价和学习评价（领域三）、

表1 1988年—2018年美术教学评价研究关键词

序号	关键词	中心性	频次
1	教学过程	0.53	9
2	课堂教学	0.4	27
3	教学质量	0.39	8
4	评价标准	0.33	10
5	教学评价	0.26	68
6	新课程改革	0.21	9
7	评价方法	0.19	10
8	学习态度	0.19	21
9	有效教学	0.18	29
10	教学改革	0.17	4

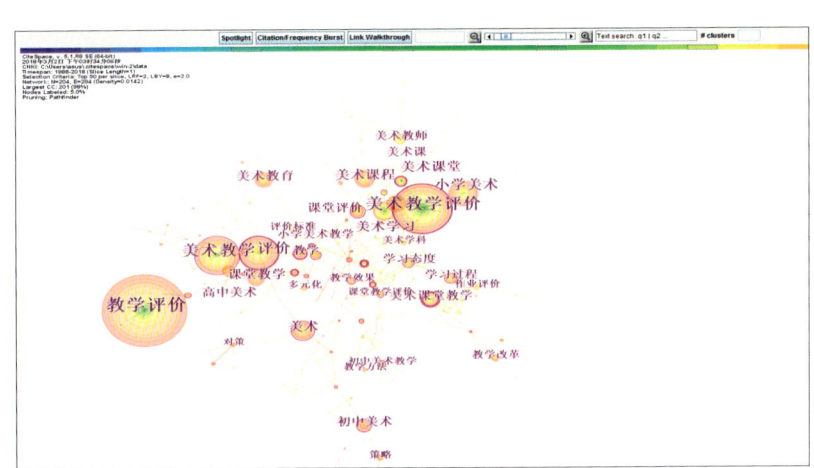

图2 1988年至2018年美术教学评价研究高频关键词科学知识图谱

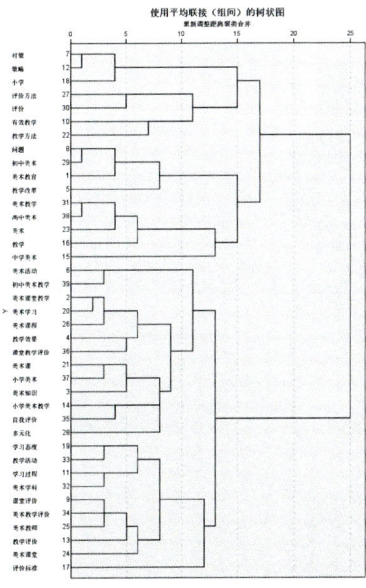

图3 美术教学评价高频关键词聚类树状图

评价标准和评价体系（领域四）。

（四）高频关键词多维尺度分析

多维尺度分析是利用关键词之间的相似性或相异性数据，将其以点的形式分布到空间中的特定位置，直观地展示各关键词之间的关系，不同关键词在空间中距离远近显示了其相似性的高低，高度相似的关键词聚集在一起，形成科学研究的热点。[6] 知识图谱是根据422篇文献中所提取出的39个高频关键词导入SPSS，然后转化为共词相似矩阵，再采用"相异矩阵=1-相似矩阵"的方式生成相异矩阵，并在SPSS中对相异矩阵进行多维尺度分析（ALSCAL），获取Euclidean距离模型散点图，结合聚类分析结果，绘制美术教学评价研究热点的知识图谱。（图4）

多维尺度分析生成的知识图谱是一个二维坐标图，其中横坐标表示某个领域研究的向心度，描述该领域在整个研究领域中的地位，值越大说明该研究领域越重要；纵坐标表示某个领域研究的密度，衡量该研究中内部知识的联系强度，值越大表示该领域研究框架的结构越完整，研究现状越成熟，发展前景越良好。[7]

第一象限呈现研究领域一的七个高频关键词和领域二的二个高频关键词，说明在美术教学评价方法、对策、有效教学等领域处于研究的重要地位。值得关注的是横跨第一象限与第四象限的狭长型区域内呈现的美术教育、教学改革、问题这三个关键词，且"有效教学"位于两个区域的交汇处，同时包含在两个领域内。这说明有效教学、教学改革、问题、美术教学等领域虽然具有研究价值但未形成完整体系，虽是当下研究的热点但同时也是难点所在。第二象限呈现研究领域四的十个高频关键词和领域三的三个高频关键词，说明评价标准、教学评价、美术知识、课堂教学、学习态度等领域的研究有进一步发展的空间，具有潜在发展趋势。这一领域在未来美术教学评价中具有较重要的价值，可以持续和深入地关注。第三象限呈现领域三的十个高频关键词，这说明对课堂教学、教学效果、自我评价、美术课程等领域研究热度不够，处于边缘，研究框架结构不完善，是比较薄弱的部分。

三、学校美术教学评价的研究热点

根据可视化软件分析获得的高频关键词、关键词聚类分析和多维尺度分析的知识图谱，结合文献梳理，可将现阶段我国美术教学评价的研究热点分为四个领域，下面将进一步加以分析。

（一）有效教学与评价方法

随着新一轮课程改革的不断深入以及国内外对于教学评价的不断重视，国内研究者与一线中小学教师对通过教学与评价的协调统一以提升教学效果的研究和实践。正如知识图谱中第一象限所呈现的那般，关于有效教学、评价方法、评价策略等方面的研究越来越多，该领域涉及有效教学、评价方法、对策、策略、小学、评价、教学方法等7个高频关键词，是目前美术教学评价研究热点和重点。目前虽有一定研究成果但并未形成系统的评价体系，总体上还是以一线教师的个案研究，基于经验式总结研究为主体。

但随着研究的不断深入，已开始由教师经验式评价逐步过渡到基于教育教学理论的评价实践研究，对有效教学、评价方法、策略等领域的研究极大的推动了美术教学评价研究，近五年内取得了很大的突破，并在今后一段时间内会持续成为教学评价的研究热点。

有效教学是指教师遵循教学活动的客观规律，以尽可能少的时间、精力和物力投入，取得尽可能好的教学效果。[8] 只要有教学过程就需要考虑有效教学，有效果、有效率、有效益是有效教学的特征。教学评价则是证明有效教学的重要方式。不少研究者从"有效教学"实践入手探讨美术教学的各个学习领域，中小学美术都有所涉及，其中尤以美术鉴赏内容为多，亦涉及到教学评价策略、评价方法、评价指标、评价内容等。

美术教学评价既关注学生对美术知识和技能的掌握情况，也逐渐注重对学生美术学习能力、态度、情感与价值观

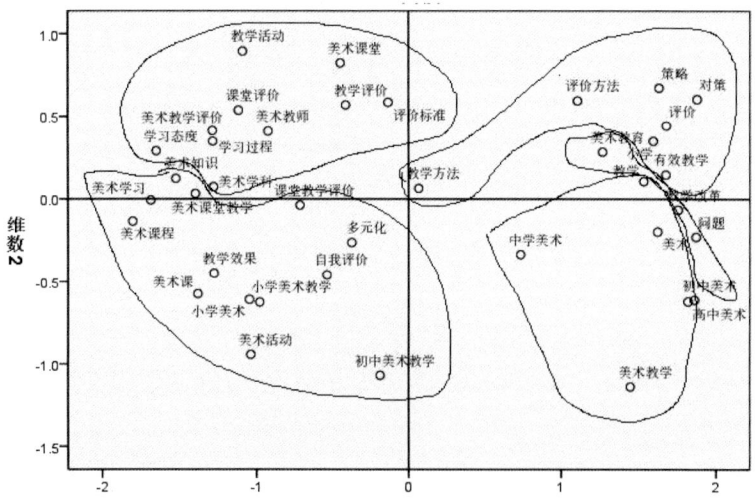

图4 美术教学评价研究热点知识图谱

等方面的评价,强化诊断、发展和激励功能已成为当前美术教学评价重要目的,为此教学评价方法也呈现出多样化的发展态势。主要表现在学习借鉴国外多元智能理论、建构主义学习理论、后现代课程理论、Ellen Weber评价理论等相关教育教学理论基础上拓展出的各种评价方法,采用量化和质性评价方式,尤其重视对质性评价方法的实践研究,使用表现性评价、形成性评价、过程性评价等质性评价方法。采用教育叙事研究法对有关美术学习过程与结果进行描述,使用学习档案袋记录学生个体的美术学习成长历程[9];研究范畴涵盖课堂和课后、博物馆与社区等多种环境下的视觉艺术学习。

(二)教学评价和学习评价

教学评价是依据教学目标对教学过程及结果进行价值判断,并为教学决策服务的活动,是研究教师的教和学生学的价值的过程。课堂教学、美术活动、美术课程都是教学评价的载体,其主导者是教师,对象是学生。该领域涉及美术活动、初中美术教学、美术课堂教学、美术学习、美术课程、教学效果、课堂教学评价、美术课、小学美术、美术知识、小学美术教学、自我评价、多元化等十四个高频关键词,它们集中在知识图谱的第三象限,有三个关键词处于第二象限,这说明它讨论的主题结构比较松散,目前仍处于研究的边缘地带,但已开始引起研究者的关注。

在美术教育教学领域,尤其是教学评价中还存在诸多问题有待解决,比如评价内容主要针对学生的智力、知识、技能的掌握,忽视学生成长所需要的其他方面,重技能轻审美、重结果轻过程的评价观依然存在;"评价不够全面""评价过于简单""评价过于单一";尤其缺乏对学生在美术学习过程中表现出来的创意进行评价的意识及方法[10]等等。对于教学评价中所凸显的问题和弊端,美术教学评价改革已迫在眉睫。自2010年以来,虽然中小学美术教育领域内已开始关注到教学评价改革问题,但有理论和实践深度的研究依然非常少。

美术学习评价是美术教学评价的主要部分之一,是指基于一定的评价标准,采用一定的评价方法对学生美术学习的过程及结果进行评价与判断,评价主体可以是学生、教师、家长、学校、社区等。[11]从2011年版义务教育美术课程标准的颁布开始,研究覆盖中小学美术教学,强调多元化的教学评价方法,重视学生的自我评价。[12]美术学习评价是美术教育评价领域中最重要的组成部分,美术学习评价具有反馈功能,有助于学生准确把握自己的美术学习能力与水平。钱初熹等提出了注重行为目标和表现性目标相结合,倡导美术学习成就评价。张旭东关于小学生美术学习中"创意"评价的研究,是在美国克拉克绘画能力测验工具与成果的启发下,基于主题、技巧、通过不同技巧与过程表达自己的情感这三个维度,来建立评价学生美术创作中"创意"的方法和标准,帮助学生进行优质美术学习,切实提升美术素养[13],等等。

在整个评价中,美术学习评价通过过程性评价和终结性评价结合、以学生作为评价主体的方式,通过评价反馈教学,提升美术教学评价效能。因此,美术学习评价逐渐取代美术教学评价,是当前研究的热点和发展趋势。

(三)教学改革和美术核心素养的评价

在全球化和数字化时代背景下,如何适应21世纪时代发展和社会需求,进一步深化课程改革,转变育人模式,促进学习方式和教学模式的变革已成为基础教育评价研究的重点。

该部分的研究以此为背景,探究基于教学改革的美术教学评价问题。该领域涉及问题、教学改革、初中美术、美术教育、美术教学、高中美术、美术、教学、中学美术等九个高频关键词,主要集中在第四象限是美术教学评价研究中具有研究价值的领域,同时也是目前我国教育界在重点研究的方面,通过新一轮的美术学科课程标准的制定、美术核心素养的提出,教学改革正如火如荼的进行中。

在全面推进素质教育的进程中,研究者逐渐意识到美术教育对提高和完善学生综合素质所具有的独特价值。2014年3月,教育部颁布《关于全面深化课程改革落实立德树人根本任务的意见》,明确提出发展核心素养,以此推进深化课程改革的进程。2016年北京师范大学发布了《面向未来:21世纪核心素养教育的全球经验》WISE研究报告,艺术素养作为基础领域素养得到了充分的重视,而美术核心素养则是艺术素养的重要组成部分。因此,2017年教育部颁布《普通高中美术课程标准(2017年版)》[14],明确提出了美术学科五大核心素养,我国美术教育正式进入核心素养时代。

近两年来,围绕美术核心素养的美术教学评价体系与实践研究开始得到关注。钱初熹等通过研究国内外中小学美术学习评价现状,梳理了世界各国中小学美术学习评价的标准与方法,提出与高品质课程和优质教学相对应的有效美术学习评价的建议[15]。尹少淳提到,核心素养时代的美术教学应重视评价导向,通过这些可检测的指标以评价的方式回馈目标。[16]王大根认为,美术核心素养本位的评价应是一种嵌入整个学习的过程性评价，运用过程性评价随时发现和解决问题过程中出现的偏差和问题，保障美术教学的有效实施。[17] 除了理论研究之外，实践性个案研究也进展较大，涉及小学、初中及高中各个学习时段。

（四）评价标准和评价体系

从国际艺术教育发展趋势来看，已经从重视教学评价转向注重学生视觉艺术学习成就的评估方面。在国内有关评估的评价工具、评价标准、测评指标以及相应的评价体系目前尚未形成完整的结构，在未来美术教学评价中具有重要价值，是潜在的发展趋势，可以持续和深入地加以关注和研究。该领域涉及美术学科、评价标准、学习态度、学习过程、美术教师、课堂评价、教学活动、美术课堂、教学评价、美术教学评价等10个高频关键词，它们全部处于第二象限中。

2014年以来，国家相继发布的有关教育领域相关政策法规中都明确提出"监测和提升学生艺术学习质量"的任务和目标，如今美术不仅被视为创造性表达的载体，也被视为发展观察、传播、解释和理解文化多样性的一门学科，通过标准研制和工具开发可以评价学生的美术学习已达成共识。但如何能够找到评价学生美术学习成效的方法，以提供关于美术教育独特功能与影响力的令人信服的证据，依然是美术教学评价面临的问题和挑战。

近年来，针对美术学科核心素养展开的命题与测评、评价工具的开发、评价标准及评价体系的建构等研究正在逐渐推进中，这将成为美术教学评价研究的重点。2016年教育部基础教育质量监测中心开始自主研发标准化艺术教育监测工具，并在全国范围内采用抽样方式对四年级和八年级的美术教育质量进行监测。目的在于调查基础教育阶段学生的美术学习状况，以便掌握影响学生艺术发展的相关因素，准确报告美术学科基础教育教学质量的现状，为教育决策提供科学依据。[18]

研制学生美术学习评价标准，有利于引领和促进美术教学活动的科学化和规范化。彭俐从初中学生美术学习的过程与结果两方面，在四个学习领域建构初中学生美术学习评价标准的基本框架[19]张曦、曹建林以小学"欣赏·评述"。学习领域的评价为例，提出聚焦核心素养的美术教学评价理念，设计了五维评价工具，形成捕获课堂信息—分类梳理评分—给出质量评价—反馈助推反思四步操作要点。[20] 为了更有效促进教学评价与教学的互动，刘琢提出对现行的美术学科成绩评定体制进行改革，制定具体的考查目标细目表，建立教师随堂观察记录表，改革相应的学生作业本，确定评定标准等。[21]

综上所述，目前学校美术教育评价的研究热点表现出三个特点：第一，基于美术实践教学的评价方法、策略等研究已成为当前研究关注的重点和热点；第二，美术教学评价研究从相关性研究向实证性研究转换；第三，美术教学评价体系处于不断完善过程中，评价标准、评测工具和教学评估研究越来越得到重视，将成为今后研究的热点和重点。

四、学校美术教学评价研究的未来趋势

（一）研究范式的多元化突破

研究范式在美术教学评价中起着关键作用，它不仅可以引发研究者对原有观点的改变，而且可能激发研究者建构一套更完善的，具有整体性、系统性和建构性的体系来解决当前的问题。21世纪是信息爆炸的时期，它引发了教育及其研究的重大变革，跨学科跨领域交叉融合的教育研究范式打开了美术教育发展新视窗，提供了新范式，也进一步拓宽了发展的方向。目前，我国美术教育评价研究领域存在着诸多问题，如过于偏重文献研究、研究方法单一、缺乏理论基础与分析框架等，因此美术教育评价研究视野的拓展与研究范式多元化的突破势在必行。

美术教学评价研究要解决存在的问题，既要关注教学评价本身的复杂性，又要确立新的问题框架，找到新的理论支点，以创新研究范式和评价体系。从研究范畴来看，以往的美术教育研究多聚焦于学科内部的单向研究，未来的美术教学评价研究的发展离不开多种研究范式的交汇融合与理性借鉴。创新观念，从以往重视教学评价转向关注学生学习评估，不断开发出多元化研究工具以提高研究成果的信度和效度，这将是未来研究的趋势。

（二）重视实证化研究

在视觉文化时代背景下，美术活动对于学生的智力发展、综合素质养成的作用毋庸置疑，教育界已广泛认识到美术学习评价多元化的重要性及理论意义。但在教学一线的实践活动中，教师在完成高品质课程及优质教学后则往往缺乏有效的方式进行教学评价。因此，需要建立基于绩效和能力的多元化视觉艺术学习评价体系及模型，以确保学生享有优质的美术教育。一方面，开发切实有效的视觉艺术学习评价工具进行定量分析的实证研究，以评估美术教学与学生认知和创造之间的联系；另一方面，除定量研究外，还需开展基于有效教学为基础的定性研究，从美术教育发展的内部和外部环境探寻发展规律

及路径。

（三）关注新思路、新方法和新工具

不断涌现的新的评价技术和方法为美术教学评价研究提供了新思路和新工具。近年来，云计算、物联网等技术的发展极大推动着学校美术教学评价和学生美术学习活动的转型。运用在线评估工具对学生美术学习进行研究，如采用"双回路"的在线学习方式，通过在线评估工具即时反馈学习者的美术学习进程情况，以便教师能更有效的收集反馈信息，来完善在线课程，为美术教育实证研究提供有效的证据。日本筑波大学教授石崎和宏与王文纯共同开发了致力于发展学生美术鉴赏能力的在线鉴赏学习评估工具。[22]澳大利亚伍伦贡大学（University of Wollongong Australian）伊恩·布朗教授（Ian Brown）及其团队以国家课程标准为依据，开发了在线视觉素养评估工具，其中尤其强调对创造力进行评估。未来将有更多跨界跨领域的评估工具和评价方法介绍到美术教学评价领域，可视化分析和人工智能等新技术也会不断地被应用于评价活动中。研究者应不断保持对当前新技术发展的敏锐性，从而促使美术教学评价研究的不断创新。

结语

我国学校美术教学评价研究已取得了长足发展，美术教学评价从单一走向多元，从粗放式研究向注重量化和质性研究过渡，从相关性研究向实证性研究转化；从历时性角度来看，美术教学评价在理论借鉴和实践教学中反思、成长；从共时性角度看，我国美术教学评价研究在评价指标、体系构成和实践形态等方面开始呈现多元化发展态势。展望未来，学校美术教育评价研究范式的多元化是未来发展的方向，这既体现了美术教学评价的复杂性，也折射出时代发展的价值取向。把握时代脉搏，创新美术教学评价理论，跨越教学评价理论和现实教学评价之间的鸿沟，从发展学生的智慧并使之获得相应的艺术素养角度出发，建构具有中国特色的学校美术教学评价体系任重道远。

作者简介：
郑文（1968—），女，江苏江阴人，华东师范大学美术学院副教授、副院长、硕士生导师。研究方向：中国画教育、山水画理论与创作。
王颖洁（1992—），女，福建龙岩人，首都师范大学美术学院博士研究生。研究方向：美术教育、中国画创作及其教学。

基金项目：
本文系国家社会科学基金教育学一般课题"基于可视化大数据分析的中小学中国画教学评价体系建构研究"（BLA170231）的阶段性成果。

注释
[1] 联合国教科文组织国际教育发展委员会：《学会生存——教育世界的今天和明天》，教育科学出版社1996年版。
[2] 2014年教育部体卫艺司发布文件《教育部关于推进学校艺术教育发展的若干意见》第8条提出："建立中小学学生艺术素质评价制度。依据普通中小学艺术课程标准和中等职业学校公共艺术课程教学大纲，组织力量研制学生艺术素质评价标准、测评指标和操作办法。"
[3] 2015年教育部印发了关于《中小学生艺术素质测评办法》，文件指出："中小学生艺术素质测评，自2015年开始试点实施，进一步完善艺术素质测评指标、内容和相关配套政策。"
[4] 2015年9月，国务院办公厅发布的《关于全面加强和改进学校美育工作的意见》，文件中指出："要在国家基础教育质量监测中，每三年组织一次学校美育质量监测。鼓励各地运用现代化手段对美育质量进行监测。"
[5] 王敏、郭文斌：《我国近十年情绪调节研究热点知识图谱》，《心理研究》2011年第5期，第57-60页。
[6] 李青、周艳：《基于可视化方法的教育信息化评估元研究》，《现代远程教育研究》2017年第1期，第134-138页。
[7] 徐春浪、汪天皎：《我国学生评价研究热点聚类分析及其知识图谱》，《教育理论与实践》2016年第11期，第37-41页。
[8] 程红、张天宝：《论教学的有效性》，《上海教育科研》1999年第5期，第13-14页。
[9] 陈晓蕾：《中小学美术教学中质性学生评价理论与实践的研究》，上海师范大学2005年。
[10] 张旭东：《评价中小学生美术学习中"创意"的研究》，华东师范大学2015年。
[11] 赵晶晶：《中小学生美术学习有效性的评价研究》，华东师范大学2010年。
[12] 钱初熹、徐耘春：《视觉文化背景下的中小学美术学习评价》，《现代基础教育研究》2013年第3期，第72-80页。
[13] 张旭东：《评价中小学生美术学习中"创意"的研究》，华东师范大学2015年。
[14] 中华人民共和国教育部制定：《普通高中美术课程标准》，人民教育出版社2017年版。
[15] 钱初熹、徐耘春：《视觉文化背景下的中小学美术学习评价》，第72-80页。
[16] 尹少淳：《基于核心素养的美术教学》，载尹少淳主编：《美术核心素养大家谈》，湖南美术出版社2018年版，第25-26页。
[17] 王大根：《核心素养背景下美术教学方式的转变》，载尹少淳主编：《美术核心素养大家谈》，湖南美术出版社2018rh版，第53-55页。
[18] 钱初熹：《国外中小学视觉艺术教育评价的新动向及其启示》，《现代基础教育研究》2017年第6期，第197-207版。
[19] 彭俐：《初中学生美术学习评价标准的依据、原则与框架》，《江苏教育研究》2018年第5期，第43-46页。
[20] 张曦、曹建林：《小学美术"欣赏·评述"课评价工具开发与运用探析》，《上海教育科研》2016年第8期，第70-72页。
[21] 刘琢：《小学美术课堂教学评价思考》，《现代教育科学》2014年第6期，第143-144页。
[22] 钱初熹：《艺术教育研究的新视野与新范式》，《美育学刊》2018年第4期，第7-12页。

（栏目编辑　张晶）

《髹饰录》与中华工匠精神核心理论体系

潘天波

（陕西师范大学人文社会科学高等研究院，西安，710119）

【摘　要】《髹饰录》是中国明代漆工知识文本，其知识叙事已然隐含中华工匠精神。中华工匠精神是传统工匠在长期手作劳动中形成的共同理念、行为规范与价值标准。在道家思想、心性论与身体美学等层面，《髹饰录》俨然折射出了中华工匠精神的核心理论体系。该体系是由"宇宙精神"主体（共同信念）、"圣创精神、善合精神"两大层次（行为规范）、"求精—求美精神、朴素—致用精神、诚信—敬业精神、传道—严谨精神"的四大核心指向（价值标准）构成。

【关键词】《髹饰录》　工匠精神　理论体系　行为范式

一、引言

近年来，厚植工匠文化和弘扬"工匠精神"，显然被提升至国家文化发展的显赫高度，这主要来自三大方面的社会动力：一是"中国制造"及其外贸出口遇到了发展瓶颈，尤其是在品质、品牌与品类（即"三品"）上亟待提升，进而扩增其在国际贸易市场的占有份额；二是"中国速度"及其经济发展大大超过了文化发展速度，尤其是高速发展的经济建设所追求的高效生产的机械化、集成化、市场化与商品化，已然取代传统的工匠生产，但这种"短平快"的经济模式急需工匠精神的"长细慢"价值观的滋养；三是中国政府的高度重视及学者的热关注，也使得"工匠精神"在短时间内成为传统文化中的"热点"。在上述的社会动因指引下，工匠精神的内涵及其社会化发展路径的研究已然成为学界最为关切的研究题域。

那么，如何在中华传统历史文化视界里辨明"中华工匠精神"的具体价值指向呢？抑或说，"中华工匠精神"的人文内涵到底是什么？对此问题的回答，关系到"中国制造"与"中国速度"以及中国政府对工匠精神社会化路径的选择。尽管在人文社科学界有部分学者谈及工匠精神，但学界对"中华工匠精神"所做的理论内涵探讨及其从中获取的完整内容指向性理解是极其有限的。因此，在当代社会语境中，"中华工匠精神"仍是学界崭新的研究领域与亟待研究的理论空间。

在以下的讨论中，拟将借用明代隆庆年间安徽新安平沙人黄成所著《髹饰录》为切入口，并以中华传统哲学中的道家思想、心性论与身体美学为研究视镜，窥探《髹饰录》所隐藏的中华工匠精神的核心理论体系，以期阐明中华工匠精神的共同信念、行为规范与价值标准等核心理论内涵，以此或能增益于当代社会对中华工匠精神的社会化传承与价值迁移。

二、《髹饰录》与它的隐喻叙事

（一）黄成与《髹饰录》

《髹饰录》系明代隆庆年间（1567—1572）安徽新安平沙（今安徽黄山市歙县）人黄成（号大成，字平沙，人）所著的一部髹漆工艺文本，也是中华工匠文化中唯一一部髹漆体系著作。黄成精通中华传统髹漆，他所造的漆器能与明代官府果园厂漆器相媲美。

《髹饰录》的体例结构分为乾、坤两集，其知识分布具有宇宙学结构形态分布特征。全书共十八章，凡正文两百二十条。[1]《乾集》侧重介绍制器方法、生产原料、髹漆工具及漆事禁忌等内容，《坤集》主要阐释漆器的分类以及漆器品种形态等。《髹饰录》首次为中国古代漆器的定名、分类与技法以及漆工的操守信念、行为规范与价值标准提供了极为可靠的理论范式。尽管《髹饰录》的问世率先开启中华传统漆工知识独立叙事的新纪元，但由于其叙事语言与结构体例极其简约与隐晦，以至于较少读者能跨进这部"天书"，或很难走出它的隐喻叙事，也无法一睹其漆工知识之芳容，更难觅见文本中的中华工匠精神。

（二）《髹饰录》的隐喻叙事

在工艺界，由于《髹饰录》的隐喻叙事，以至于部分学者认为该部作品艰涩隐晦或佶屈聱牙，似乎有"守之"而不愿为后人"传习"之嫌。令人惊讶的是，在《髹饰录·楷法第二》中，作者却认为"独巧不传"乃是漆工之病也。换言之，黄成对工匠手艺的传承是持积极态度的，并非如东周《考工记》中所载传统工匠知识以"守之述之"为传承方式。借此可以认为，《髹饰录》对于传统工匠文化的传承是开放的、积极的。那么，为什么又会出现如此隐晦、隐喻的《髹饰录》呢？这必然有其特定的社会学原因。大致说来，或盖有以下几点：首先，明代的"文字狱"或是《髹饰录》隐喻叙事的罪魁；其次，据顾炎武（1613—1682）《天下郡国利病书》[2]载，明代以降文艺活动的大众化、商业化趋势日趋明显。特别是晚明商人与知识分子的活动界限日趋模糊，文艺的"雅""俗"边界已消失，《髹饰录》的叙事体例与语言风格或是力挽文艺之雅的一种努力；最后，隐喻的《髹饰录》可能与工匠黄成的髹漆风格、叙事习惯及其语言风格相关，当然这种风格与中晚明复古风也或存在一定关联。可见，《髹饰录》作为一部隐喻的漆学文本的横空问世，它的背后隐喻了一部全域式的社会文化及其制度体系。

就中华工匠精神而言，它必然是中华工匠文化的一部分。《髹饰录》本就是一部经典的具有体系性的中华工匠文化文本，那么，《髹饰录》也必然隐喻了一种具有体系性的中华工匠精神核心理论系统。

三、《髹饰录》的哲学思想与隐喻的中华工匠精神

在内涵指向上，中华工匠精神是中华工匠的至高信念、行为规范与价值标准。这些内涵指向在《髹饰录》中主要隐喻在道家思想、心性论与身体美学等哲学层面，以下分述之。

（一）《髹饰录》之道家思想与中华工匠精神

在道家层面，《髹饰录》提倡道家的"简朴致用"思想。据《明史·儒林传》载："原夫明初诸儒，皆朱子门人之支流余裔。"[3]以朱学复旧制、正纲纪的明初社会，程朱理学的国统地位日渐形成，但随着明太祖的"诏复唐制"思想的逐渐深入以及国力强盛，尤其是明代文人宗汉崇唐、复古臻雅的思想开始活跃。因此，在制器层面，汉唐"错彩镂金"的繁缛之风开始风行。在明代，有较多文献记载或援引明代精于装饰的漆器制造，如马愈《马氏日抄》（明刻本）董其昌《骨董十三说》（民国刻本）刘侗、于奕《帝京景物略》（明崇祯刻本）曹昭《格古要论》（明刻本），张岱《夜航船》（清嘉庆刻本），沈德符《万历野获编》（明抄本），高濂《遵生八笺·燕闲清赏笺》（明万历刻本），宋应星《天工开物》（明刻本），李日华《六研斋笔记》（明崇祯刻本），文震亨《长物志》（明刻本），刘应钶《嘉兴府志》（明万历刻本），方以智《物理小识》（清刻本），等等。它们记录了明廷"靡然向奢"的消费风尚以及繁缛装饰之盛况。因此，《髹饰录》或是明代社会奢靡主义的风向标。

面对明代中晚期的制器奢靡之风，黄成主张工匠髹漆行为规范要"二戒"，即《楷法第二》载：一戒"淫巧荡心"；二戒"行滥夺目"。"二戒"即反对漆器髹饰的淫巧与夺目，主张简约。这与老子主张"朴散则为器"以及庄子主张"不求文以待形"之制器思想一脉相承。黄成不仅在思想理念上反对淫巧与夺目，还在具体行为操作上提出解决这一问题的具体办法。《楷法第二》指出："巧法造化，质则人身，文象阴阳。"[4]这就是说，黄成并非一味反对技巧，而是要做到天地造化之"巧法"，也并非排斥夺目，而要做到质则人身与文象阴阳。换言之，黄成在道家立场上作了灵活地传承与发展，创造性地提出了中华工匠的行为规范，即工匠制器不能淫巧荡心与行滥夺目，而要做到巧法造化、质则人身与文象阴阳。这种理念显然是道家哲学思想在髹漆中的深度继承与创新发展。

很明显，黄成在道家理论体系下规约了工匠的基本行为规范。抑或说，《髹饰录》在行为规范上隐喻了中华工匠精神的内容指向，这种内容之隐喻彰显出《髹饰录》之髹器"物体系"向漆工"思体系"迈进的道家式的"去奢"而"朴散"之工匠精神。

（二）《髹饰录》的心性论与中华工匠精神

所谓"心性论"，即关于"圣人之心"的学术，它是中华儒道思想之枢机。《孟子》曰："形色，天性也。"在大兴理学的明代社会背景下，"心"与"性"（"情"）已然泾渭分明。因此，明代市民之"人欲"与理学之"天理"间的区隔和斗争也日趋激烈。

那么，这种"人欲"与"天理"之间的矛盾与斗争是如何形成的呢？尽管明代理学盛行，但明代城市格局被商业化和新经济打破之后，市民阶层的审美思想日益膨胀，新市民阶层与统治阶级或贵族都希望获得奢华漆器的消费。因此，明代漆器的奢华之风高涨，它不但满足了新兴市民的日常美学消费，也满足了统治阶层奢靡器物需求。于是，在心性层面，《髹饰录》提倡物为人用，器不荡心，反对"心""性"分离，呼

唤心性相融。《髹饰录》所言"淫巧荡心，行滥夺目"[5]就是主张心性合一的思想理念。抑或说，黄成主张心性与形目之同一。

黄成所主张的"心性不二"与孟子的心性论有相通之处。在孟子看来，"有诸内必形诸外"。孟子的"心性不二"或"天人贯通"之心性哲学贯通了天地人的联系，将宇宙视为一个整体。实际上，《髹饰录》的隐喻叙事体例就是采用自然宇宙的整体运行模式，贯通天地人，凭借日月星辰、春夏秋冬、山河湖海等自然伦序比附漆工知识，以期达到"心性不二"。显然，《髹饰录》既继承程朱理学格物致知的宇宙理论，又割除了程朱理学"存天理，灭人欲"的滞瘤。

（三）《髹饰录》的身体美学与中华工匠精神

在程朱理学社会背景下，黄成在《髹饰录》中独树一帜地提出了"身体美学"思想。在《楷法第二》中曰："巧法造化；质则人身。"[6]所谓"质则人身。"即指漆工髹漆的行为规范要取法人神之骨肉皮筋之象。这实际上反映了明代身体美学的觉醒，并在髹漆工艺中的具体介入而得到发挥，这与"存天理，灭人欲"的朱程理学显然是相对抗性的。

作为"物体系"的身体美学向度，《髹饰录》明显透视出中华工匠精神的价值标准，即器物是为人服务的。那么，它的制器思维必然取法于人身，即质则人身。因此，《髹饰录》给工匠制器提出了非"荡心"与非"夺目"的行为规范，实质就是为髹漆工匠在身体美学层面（身之心、身之目）提出具体操作要求与价值标准。当然，透过《髹饰录》的隐喻叙事，也能看出明代时期的身体美学具有明显的反社会化动向，尤其针对程朱理学的反身体美学思潮。

在身体美学的视野下，《髹饰录》从理论系统上已然隐喻性的规定了工匠的"工则"与"工法"的行为规范，也确立了工匠的"工戒""工失""工病""工过"等具体的价值标准，这些简约的有益于身体的美学思想中呈现出中华工匠精神的核心行为规范。

四、隐喻的《髹饰录》：中华工匠精神核心理论体系范式

所谓"工匠精神"，主要是指工匠在长期劳动活动中形成的共同信念、行为规范与价值标准。《髹饰录》所体现的中华工匠精神核心理论体系，即是由工匠在长期实践过程中形成的信念观、行为观与价值观构成。

《髹饰录》所彰显的中华工匠精神核心理论体系（图1）可以简要概括为：信念观："一大主体"（宇宙精神）、行为观："两大层次"（圣创精神、善合精神）、价值观："四大核心指向"（求精—求美精神、朴素—致用精神、诚信—敬业精神、传道—严谨精神）。"一大主体""两大层次""四大核心指向"之间的逻辑关系是："主体"是灵魂，"层次"是主体的"两仪"，"核心指向"是"层次"的具体标准。

"一大主体"信念观，即"宇宙精神"，这是《髹饰录》贯穿始终的主体精神，也是工匠在长期实践活动中形成的共同信念。因此，"宇宙精神"或为"宇宙信念"，这是工匠乃至人类最为崇高的共同信念。人类的一切时间、空间与物质均来自宇宙，那么，工匠造物的主体信念也自然源自于宇宙。通观《髹饰录》可以发现，作品中的时间叙事、空间叙事与物质叙事均为宇宙叙事，即用宇宙的春夏秋冬、东南西北与日月星辰来比附漆工髹器知识。换言之，黄成将工匠的共同信念提升至宇宙精神高度。宇宙精神是中华工匠精神的精髓与灵魂，也是人类造物行为的最高信念与理想形态。

"两大层次"行为观，即"圣创精神、善合精神"，这是《髹饰录》的宇宙精神主体的两大类别层次或两仪（天地或阴阳）层次——"圣创精神"（天地之造化）、"善合精神"（阴阳之相倚），这两仪层次也是工匠在长期实践过程中形成的关键行为规范。在《髹饰录》中，最具有代表性与概括化的行为是圣创与善合。圣创行为，即创造行为，这是天地造化之制器的中介环节，也是工匠行为的本质特征；善合行为是圣创行为的最高规约，即在阴阳相倚中实现制器与

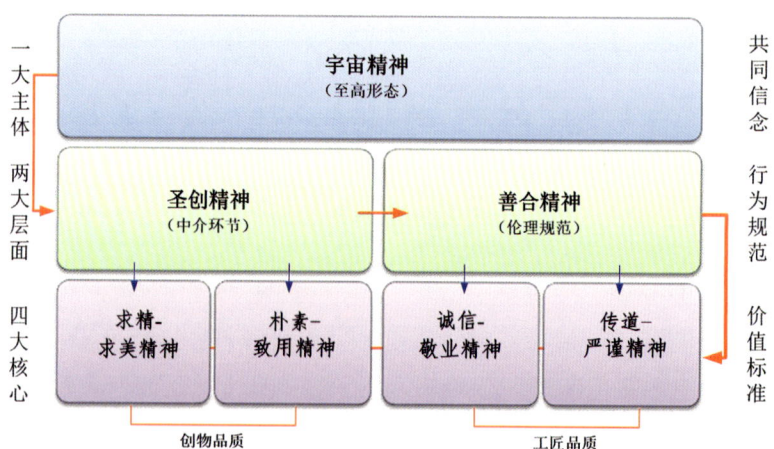

图1 《髹饰录》的中华工匠精神核心理论体系

宇宙的和谐、与自然的和谐、与人的和谐、与社会的和谐。抑或说，天地造化是宇宙精神与善合精神之间的中介行为，善合行为是工匠行为的最高规约。

"四大核心指向"价值观，即"求精—求美精神、朴素—致用精神、诚信—敬业精神、传道—严谨精神"，这四大指向是中华工匠在长期劳动过程中形成的核心价值标准。相对而言，圣创精神（创物品质）指向求精—求美精神与朴素—致用精神；善合精神（行为品质）指向诚信—敬业精神与传道—严谨精神。当然，中华工匠精神的价值指向还有其他内容，《髹饰录》所隐喻的中华工匠精神的价值观内容是最为核心的四大指向。其中，求精—求美精神是指向创物的品质标准；朴素—致用精神是指向创物的功能标准；诚信—敬业精神与传道—严谨精神均是指向工匠自身的道德品质标准。

（一）中华工匠精神主体

中华工匠精神的主体是宇宙精神。宇宙精神是中华工匠精神的至高形态，也是中华工匠的共同信念；同时，宇宙精神还是中华工匠精神的理性基础。"宇宙精神"是《髹饰录》中所彰显的中华工匠精神的主体与灵魂。黄成将中华髹漆融入天地万物之中，将漆工知识纳入宇宙体系书写。在《髹饰录》的结构章节与内容安排及其叙事体例上，均能显示出作者的宇宙性理念与思想，处处凸显出工匠精神的至高形态——宇宙精神。这应当说，黄成是世界上第一个将工匠文化提升至宇宙身份的艺术家与思想家。

对于髹漆工匠黄成而言，"宇宙便是吾心，吾心即是宇宙"（陆九渊）。他的髹漆世界，即是一个漆艺宇宙。因此，在结构安排上，《髹饰录》分为乾、坤两集，寓意全书本身就是一个小宇宙。在叙事体例上，《髹饰录》在"利用第一"篇主要谈及髹漆的工具和原料，所描述的方式采用了宇宙学理念，建构了工匠的工具论和原料论。《髹饰录》知识叙事模式采用自然宇宙的运行模式，凭借日月星辰、春夏秋冬、山河湖海等自然时空伦序比附漆艺知识。譬如以"日辉"比附"金"、以"月照"比拟"银"、以"电掣"比拟"锉刀"、以"露清"比附"桐油"等。这些隐喻的比附思想是作者宇宙精神及其对工匠宇宙精神的书写。

具体地说，《髹饰录》在"利用第一"篇的工具论和原料论，大量使用宇宙学结构元素，并在这些宇宙元素中创构了漆艺宇宙。这些元素如天运（旋床）、日晖（金）、月照（银）、宿光（蒂）、星缠（活架）、津横（荫室中之栈）、风吹（揩光石并楷炭）、雷同（砖石）、电掣（锉）、云彩（色料）、虹见（五格搌笔砚）、霞锦（钿螺、老蚌、车螯、玉珧之类）、雨灌（髹刷）、露清（罂子桐油）、霜挫（削刀并卷凿）、雪下（筒罗）、霞布（蘸子）、雹堕（引起料）、雾笼（粉笔并粉盏）、时行（挑子）、春媚（漆画笔）、夏养（雕刀）、秋气（寻笔并茧球）、冬藏（湿漆桶并湿漆瓮）、暑海（荫室）、寒来（柕）、昼动（洗盆并盼）、夜静（窨）、地载（几）、土厚（灰）、柱括（布并断絮、麻筋）、山生（捎盘并髹几）、水积（湿漆）、海大（曝漆盘并煎漆锅）、潮期（曝漆挑子）、河出（模凿并斜头刀、剡刀）、洛现（笔砚并揸笔砚）、泉涌（滤车并礕）、冰合（胶）。由此可见，黄成所采用的漆艺知识术语均为宇宙中的时间（如春气秋冬、暑寒昼夜）、空间（如山水海、河洛泉、）与物质（如风雷电云、雨露霜雪）之要素。总之，《髹饰录》的知识叙事显露出这样的暗示：漆艺之美是宇宙之美的化身，工匠精神是宇宙精神的分延。

（二）中华工匠精神两仪

中华工匠精神两仪体现在圣创精神与善合精神，它们是中华工匠在实践过程中一直秉承与发展的主要行为规范。

第一，圣创精神是天地之造化精神，即创新精神。中华工匠精神就是创新精神，这是中华工匠精神的本质特征。

在本源上，工匠创物是天地之造化行为，"天地之造化"或为一种造物思维。"观物取象"或"法天象地"是中华古代工匠创物的根本思维方法。这种"取象"或"法象"思维方法论决定了中华古代工匠文化早熟及其精神境界的超脱，进而形成了中华工匠特有的圣创精神。

在创新层面，《髹饰录》提出工匠的圣者或神者之造化思想。《髹饰录·乾集》曰："凡工人之作为器物，犹天地之造化。所以有圣者有神者，皆以功以法，故良工利其器。"[7]作者黄成在此将工匠造物或界定为"天地之造化"行为，确立作为工匠职业的"圣者"或"神者"在整个造物系统中的重要作用，具体表现为"功"与"法"两个维度的行为价值。

工匠的圣创精神是一种极具活力的创新思想。《髹饰录》开篇所言及工匠造物犹如造化，即《考工记》所载"圣创"。《考工记》曰："知得创物，巧者述之守之，世谓之工。"这句话道出了"工"的形成或有三个阶段：知得创物（圣人）；巧者述之守之（巧匠）；工（百工）。换言之，"工"的不挑之祖或为"圣人"。那么，工匠的行为即为"圣创"。可见，此处的工匠精神当是圣创精神。《考工记》曰："百工之事，皆圣人之作也。"[8]在哲学层面，"圣人"，即指有限世界中的无限存在。换言之，工匠能创造无限存在，即"智得创物"。在造物源层面，所谓"圣创"，即创新设计思想。可见，《髹饰录》所隐喻的圣创精神是对《考工记》所载工匠创物思维的一种继承与发展。

第二，善合精神：阴阳之相倚。善合精神，是一种处理各种关系的伦理精神，中华工匠精神就是伦理精神，这是中华工匠的最高行为规范。

阴阳是宇宙中相反相倚事物的一种抽象。在哲学层面，《髹饰录·乾集》指出："四时行、五行全而物生焉。四善合、五采备而工巧成焉。"[9]在黄成看来，工匠造利器如四时，所用美材如五行，这关键的行为规范在于"善合"与"采备"。实际上，"采备"之伦理也需"善合"之精神。《楷法第二》曰："巧法造化；质则人身；文象阴阳。"[10]这里的髹漆"三法"之"法"，或为法天、法人与法自然，即天地人"三法合一"的髹漆理念。对于工匠精神而言，髹漆"三法"集中体现工匠的"善合精神"。

简言之，宇宙精神是中华工匠精神的主体与灵魂；中华工匠的圣创精神抑或为中华工匠的创新精神，是工匠行为规范的基石，也是中华工匠宇宙精神与善合精神之间的中介环节；善合精神或为中华工匠行为的最高伦理规范，是协调天地人的伦理精神，这也是中华工匠精神的行为规范的核心所在。

（三）工匠精神的四大核心指向

工匠精神的四大核心指向为求精—求美精神、朴素—致用精神、诚信—敬业精神、传道—严谨精神。在创物品质层面，求精—求美精神是创物的品质需要，也是工匠对创物品质的价值标准。《髹饰录》对工匠之"过"的隐喻叙事，

其实就是反映出作者对中华工匠精神在技术品质上的要求，即求精求美。抑或说，求精—求美精神就是中华工匠精神的价值规范。在具体技术层面，《楷法第二》载工匠髹漆"六十四过"曰："鲍漆之六过（冰解、泪痕、皱皴、连珠、颣点、刷痕）色漆之二过（灰脆、暗黑）；油彩之二过（柔粘、带黄）；贴金之二过（癍斑、粉黄）；罩漆之二过（点晕、浓淡）；刷迹之二过（节缩、模糊）；蓓蕾之二过（不齐、溃疣）；楷磨之五过（露垸、抓痕、毛孔、不明、霉黩）；磨显之三过（磋迹、蔽隐、渐灭）；描写之四过（断续、淫侵、忽脱、粉枯）；识文之二过（狭阔、高低）；隐起之二过（齐平、相反）；洒金之二过（偏累、刺起）；缀甸之二过（麤细、厚薄）；款刻之三过（浅深；绦缕；齟齬）；鎗划之二过（见锋、结节）；剔犀之二过（缺脱、丝绞）；雕漆之四过（骨瘦、玷缺、锋痕、角棱）；裹之二过（错缝、浮脱）；单漆之二过（燥暴、多颣）；糙漆之三过（滑软、无肉、刷痕）；丸漆之二过（松脆、高低）；布漆之二过（邪、浮起）；捎当之二过（盬恶、瘦陷）；补缀之二过（愈毁、不当）"[11]《髹饰录》所载"六十四过"，即表现工匠在技术品质层面的精益求精的精神。另外，在创物功能（品质）层面，朴素—致用精神是创物的功能需要，也是工匠对创物被使用的价值标准。《髹饰录》给工匠造物提出了非"荡心"与非"夺目"的标准。《楷法第二》载工匠髹漆"二戒"曰："淫巧荡心；行滥夺目。"[12]在制器形式装饰上，工匠得戒除"淫巧荡心""行滥夺目"之滥饰。换言之，黄成主张创物要朴素与致用，这种朴素—致用精神就是中华工匠精神的求善求用精神。

在工匠品质（品德）层面，诚信—

敬业的精神是工匠的行为伦理需要，也是创物对工匠提出的职业价值标准。《楷法第二》载髹漆之"四失"，即在行为伦理上，工匠不可有"制度不中（不鬻市）""工过不改（是谓过）""器成不省（不忠乎）""倦怠不力（不可雕）"[13]之失范。黄成反对"四失"，即体现出工匠的诚信-敬业的精神，中华工匠精神就是求真求诚精神。另外，传道—严谨精神是工匠的知识传承需要，也是创物对工匠提出的品质价值标准。《楷法第二》载工匠髹漆"三病"曰："独巧不传，巧趣不贯，文彩不适。"[14]《髹饰录》认为"独巧不传"为工匠之病，一改传统"述之守之"的工匠文化传承理念。在心理以及行为技巧上，工匠谨防"独巧不传""巧趣不贯""文采不适"之病理。"三病"思想反映黄成对工匠的知识传承立场，即主张中华工匠的传道—严谨精神，它或是一种发展进步的精神。

简言之，《髹饰录》在创物品质（圣创）与工匠品质（善合）两个维度提出了求精—求美精神、朴素—致用精神、诚信—敬业精神、传道—严谨精神等四大核心指向内容，它几乎囊括了中华工匠精神的核心价值标准，这四大精神也是中华工匠的最高行为准则与价值追求。

五、初步结论及研究意义

在阐释中发现，尽管《髹饰录》的知识叙事与结构体例极其隐晦，但它在道家思想、心性论与身体美学等层面还是折射出中华工匠精神的共同信念、行为规范与价值标准等系统化理论体系。该体系以"宇宙精神"为信念主体，以"圣创精神、善合精神"为行为两仪，以"求精—求美精神、朴素—致用精神、

诚信—敬业精神、传道—严谨精神"为核心价值指向。可以认为，一部隐喻的《髹饰录》彰显出中华工匠精神的核心理论体系。

以《髹饰录》为切口，在道家、心性及其美学立场下，辨明中华工匠精神的核心理论内涵，它至少具有以下理论价值与现实意义：

一是明晰了中华工匠精神的至高形态——宇宙精神，这必将为阐明中华工匠精神提供理论高度。只有立足于中华工匠精神的最高理论形态，才能准确把握中华工匠精神在社会化传承路径中的空间广度与内容深度。

二是理解了中华工匠精神的两大行为规范，即处于宇宙精神统属下的圣创精神与善合精神。前者是宇宙精神与善合精神的中介环节，因为，无论是宇宙精神，还是善合精神都需要圣创精神或创造精神去完成。同时，圣创精神又是善合精神的基础。善合精神是中华工匠精神的最高行为规范，它几乎囊括了中华工匠行为规范的一切（如天地之合、阴阳之合、上下之合、多少之合、虚实之合等）。实际上，善合精神是一种辩证的伦理精神。

三是在价值准则上，厘清中华工匠精神的具体内涵指向，即包括求精—求美精神、朴素—致用精神、诚信—敬业精神、传道—严谨精神。辨明中华工匠精神的价值准则有利于中华工匠精神在"中国制造"以及"中国速度"中的社会化吸收与传承路径的选择。

作者简介
潘天波（1969—），男，安徽无为人，博士，陕西师范大学人文社会科学高等研究院研究员。研究方向：艺术史、美学、工匠文化等。

基金项目
本文系国家社科基金重点项目"中华工匠制度体系及其影响研究"（18AZD024）阶段性研究成果。

参考文献
[1] [明]黄成著，[明]杨明注，王世襄编：《髹饰录》，中国人民大学出版社2004年版。
[2] [清]顾炎武：《四部丛刊三编·史部·天下郡国利病书》（第8册），上海书店出版社1935年版。
[3] [清]张廷玉等：《明史》，岳麓书社1996年版，第4091页。
[4] 王世襄：《髹饰录解说》，文物出版社1983年版，第50-51页。
[5] 同上，第51页。
[6] 同上，第50-51页。
[7] 同上，第25页。
[8] 陈戍国点校：《周礼·仪礼·礼记》，岳麓书社2006年版，第97页。
[9] 王世襄：《髹饰录解说》，第25页。
[10] 同上，第50-51页。
[11] 同上，第52-66页。
[12] 同上，第51页。
[13] 同上，第51-52页。
[14] 同上，第52页。

（栏目编辑　张晶）

方薰与"山静居图皆金阁造"笺纸

王宇

(安徽工程大学艺术学院,安徽芜湖,241000)

【摘　要】乾嘉时期被誉为山水四大家之一的方薰,亦长于描绘花卉、翎毛和蔬果。在嘉兴桐乡金德舆馆中就食期间,方薰不但从金氏家中得见项元汴旧藏,更得宋元秘法,从此画艺大增,遂与浙中巨擘奚铁生齐名。在清代翁方纲、张云璈等名人用笺中,尝见一枚"山静居图皆金阁造"的制笺款记,经考证,这种笺纸是方薰与金德舆合作制成。长期以来,对方薰的绘画艺术成就以及他的《山静居画论》研究甚著,而对方薰参与的制笺活动研究颇微。研究"山静居图皆金阁造"制笺,不仅能够发掘出笺纸所承载的方薰绘画艺术,以及笺纸在流通过程中,作为书画艺术载体所发挥的社会影响力。

【关键词】方薰　金德舆　山静居　皆金阁　笺纸

笺纸,是一种小而精美的纸张,是集染色、绘画、雕版、印刷于一体的艺术作品。从王羲之紫纸、桓玄五色纸、萧诚五色斑纹纸和段成式云蓝纸等文献记载可知,雕版印刷术发明以前,潢纸主要以染色为主。唐代薛涛在前人染纸的基础上,别出心裁地制作出十色花笺。宋元时期,谢师厚、陆子良等人又将此技艺发扬光大。今人所能看到的笺纸,多为明清时期所制,明末造笺的两部集大成之作:《萝轩变古笺谱》和《十竹斋笺谱》,首见饾版和拱花的技巧,一改往日笺纸的拙朴,继而变得古雅、细丽和鲜华。这一风格的笺纸到了乾隆时期,忽然走向多元化的发展方向,不再刻意追求繁复的饾版套印等技巧,造笺所青睐的题材,开始与画学、书学、金石考据等学问密切相关。

"山静居"是清乾隆年间山水画家方薰的斋名,他与嘉兴桐乡的刻书家、鉴藏家金德舆,实际上是画家与经纪人的合作关系。在寓居金德舆馆中,方薰渡过了艺术生涯中最为重要的二十余年,在此期间,他不但创作了大量书画、篆刻作品和书画理论著述,还为金德舆绘制了《太平欢乐图》册和《皆金阁折枝花鸟》图版。经考证,"皆金阁"是金氏的制笺堂号,而"山静居图皆金阁造"是方薰与金德舆共同合作制笺的款记,这些印有方薰画稿的笺纸,是方薰传世画作以外,其绘画艺术成就的重要组成部分。为了刻印出更加引人瞩目的笺纸,制笺主人往往与画家费尽心力,而笺纸通过市场流通,在文人士大夫之间传递,无疑会带动画家的社会知名度。同时,这些刻印精美的笺纸,亦兼具画谱的功能。

一、画家的"桐华馆"之谊

方薰,字兰士,一字嬾儒,号兰坻、兰如、兰生、长青、樗庵,别署御儿乡农。生于清乾隆元年(1736),卒于嘉庆四年(1799)。方薰先世由安徽歙县迁至浙江石门(今桐乡县崇福镇),他十五岁便跟随父亲方梅游历三吴两浙,与贤士、大夫游,亦以画见重于。[1]方薰的父亲方梅善画"兰竹杂卉,论者谓得赵子固笔意"[2]。方薰不仅秉承父业,更于庭训之外广为历练。方梅过世三年后,方薰入赘梅里王氏。[3]方薰先寓程氏,后寓金氏,再寓濮氏。最后,方薰于金德舆馆中,开始了自己长达二十余年的另一种绘画生涯。方薰与奚铁生、戴熙、汤贻芬合称乾嘉时期的山水四大家。现存作品有上海博物馆藏《摹宋人设色花卉图卷》、嘉兴桐乡博物馆藏《寒秋雨后图》、故宫博物院藏《映花书屋图》等,另有《山静居诗稿》《山静居词稿》《山静居画论》等文存。

金德舆,字少权,一字鹤年,号云庄,又号鄂岩。生于清乾隆十五年(1750),卒于嘉庆五年(1800),浙江桐乡人。他是著名藏书家金檀之孙,金檀的藏书处为文瑞楼,刻书署翼燕堂,所藏图籍后归黄丕烈士礼居、张金吾爱日精庐、瞿氏铁琴铜剑楼等持有。金德舆家学深厚,他"幼聪慧,七岁能诗,稍长嗜读书,考求金石图册,收藏名人翰墨……乾隆庚子南巡,献《太平欢乐图》册、宋版《礼记》等书,蒙赏缎匹"[4]。由于金德舆能诗文、工书画、精鉴藏、善

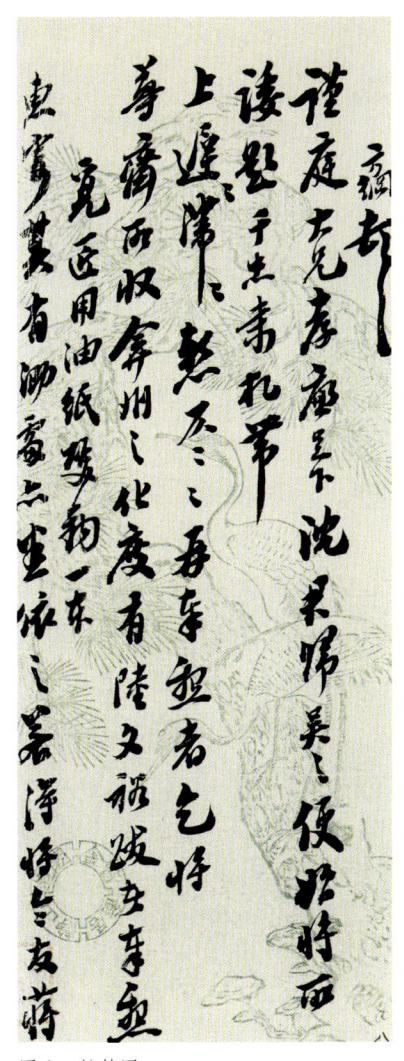

图1 松鹤图

刻书，又富有项元汴旧藏，所居桐华馆中，常与人吟诗作画，著有《桐华馆诗抄》。金德舆曾官至刑部奉天司主事，后乞归。金德舆在嘉兴一带的社会关系极为复杂，除本家以外，金德舆的舅舅是朱方蔼，并与朱鸿猷为姑表兄弟，而朱鸿猷的外祖父高岱是高士奇之孙。金德舆与吴中毛榕坪同为程心栽之婿，与入赘金家的姐夫武进赵味辛亦兼好友，还与清代藏书家、校勘学家鲍廷博为至交。方薰在金德舆馆中，遍摹金氏所藏书画，其艺术造诣日益增进，而金德舆则利用他在嘉兴一带的社会关系，为方薰展开职业画家的良好局面。

关于方薰与金德舆的境遇，可参见俞蛟在《读画闲评》中的《方兰如、奚铁生合传》：

方薰，字兰如，家携李之石门，因自号"御儿乡农"。貌朴野如山僧，性高逸，狷介自守。工诗古文，善书，尤长于画。凡人物山水、花鸟草虫，靡不臻妙。桐乡金云庄西曹，有墨林之好，收藏极富，闻兰如名，致简招之，出古贤名迹以示，真赝优劣，品藻无讹。因属为摹仿，以试鉴赏家目力，脱手无不乱真。西曹心折，而兰如六法，亦从此益进矣。有巨商馈金数十镒，求作《秘戏图》，毅然却之曰："诲淫坏心术，莫此为甚。余虽贫，不为也。"尝与武进赵味辛中翰，暨云庄诸公，游吴兴道场山，谒太白山人孙太初祠墓，乘兴作图题咏而返。复同游惠山，有《前后载泉》等图，为近日艺林佳话。皆金阁"折枝花鸟图板"，亦其手笔也。同时有仁和奚铁生者，名冈，以逸笔作山水，出入于倪、黄、董、巨，而运以己意，名噪遐迩。酷嗜酒，醉则放颠，白眼对座上客，双瞳无俦辈久矣。知不足斋主人鲍渌饮，自石门携兰如画矜示铁生。铁生谓"此君丰于诣力，而啬于天分"，因作空灵简远之笔，邮寄兰如，顾渌饮曰："此云林生老境，非彼梦想所能到。"兰如见之，笑曰："此子天姿果高，惜少学力耳。然无因至前，足窥其隐。"乃作雄浑沉厚之幅答之，以寓勖之意。两人既互为轩轾，而时人亦莫能定伯仲。余谓方、奚二君，皆脱尽时下肤习蹊径，而元气淋漓高旷，铁生似为少逊欤。[5]

这则传记虽名为方、奚合传，实际上也记载了方薰与金德舆的知遇之情，以及方薰与金德舆、赵味辛、鲍廷博、奚铁生之间的交友关系。方薰起初替金家太夫人抄写佛经和描绘佛像，当时，方薰的生活并不富裕，仍四处以润笔为生，而金德舆尚年少。待金德舆年稍长，善书画，亦有嘉兴项元汴旧藏，方薰得益于金氏的收藏，是日精心研习，不但为金德舆绘制《太平欢乐图》册进献乾隆，更制有《皆金阁折枝花鸟》图版。桐华馆"擅图书花木之胜"，是为金家的刻书堂号；而"皆金阁"与其笺纸中的"山静居图皆金阁造"相一致，应为金氏的制笺款记。

金德舆的桐华馆为当时嘉兴文人聚集的艺术沙龙，"所居桐华馆擅图书花木之胜，与蒋君元龙、方君薰等留连文酒"[6]，文人们常常在此饮酒作诗、校勘书籍、鉴赏书画，过往友人也常在此盘桓数日，结合同道。当年，往来者除蒋元龙、赵味辛、鲍廷博之外，还有程瘦樵、吴骞、朱方蔼、洪亮吉等人。方薰三十岁入赘梅里王氏，就在桐华馆旁边赁屋而居，直到乾隆六十年（1795），阮元视学浙江，方薰才从金家被召至杭州，此时方薰已近六十岁。依傍桐华馆的生活使得方薰衣食无忧，而桐华馆之谊则给予方薰艺术成就极大助益。《士礼居藏书题跋记》："《离骚集传》宋本，孙延跋云：'桐乡金氏所藏，卷端画兰一帧，方樗庵笔。樗庵舍于金氏桐华馆，主宾相契，脱略形迹。缀此数笔，其殆同心之臭欤。'"[7]方薰与金德舆主宾相契、志同道合，创造了一段艺林佳话。

除桐华馆之外，金德舆家中另有储藏书画、珍玩的华及堂，而方薰常于华及堂内进行临摹、创作。钱仪吉在《跋方兰坻墨笋卷》中说："方处士时馆金比部鄂岩华及堂，今四十年矣。处士真笔日鲜，即华及之图书彝鼎，亦皆烟云四散。"[8]方薰除擅长书画、篆刻以外，亦爱金石，与桐华馆艺术沙龙不同的是，华及堂内插架满屋、鼎彝列置，此处更像是方薰的画室，他的大部分绘画作品和著作应在华及堂内完成。嘉庆初年，方薰和金德舆先后离世，华及堂与桐华馆内的珍藏四处云散,而皆金阁造笺亦不复存在。

二、"山静居图皆金阁造"笺纸

笺纸的款记,或者是私家造笺所留的室名、堂号,常见于笺纸的一角,或是与笺纸中的图案相互嵌合在一起,用来标明笺纸的版权归属。明嘉靖以前,笺纸的刻印拙朴,少有款记。从明代钱榖、黄姬水等人的用笺款记"庚泉山房""濲山书屋"来看,明代中期造笺的商业运作尚不明显。继明末清初,到了乾嘉这一时期,不但制笺行业的竞争日益激烈,并且文人士大夫私家制笺也开始兴起。为了刻印出更具市场潜力的笺纸,制笺主人往往与画家保持固定合作的关系。但是,除部分具有版权意识的制笺主人在笺纸中留下款记以外,大部分笺纸则不见款记,亦鲜有画手或者刻工的名款。

"山静居图皆金阁造"轮形款记,是客馆画家联名制笺主人共同所有,这在明清制笺史的笺纸款记中是绝无仅有的一例,凡是此种款记的笺纸,必为方薰山静居所绘,金德舆皆金阁砑印。此款记为轮形方齿,环列镌刻出"山静居图皆金阁造"八个字,以轮形排字方式设计的意义在于,又可将此款记称作"皆金阁造山静居图",两者排名不分先后。由于笺纸是先图稿后刻印的关系,因此将此款记统称为"山静居图皆金阁造"。前文所述,"山静居"是清代画家方薰的斋名,由于方薰半生的时间都就食于金德舆馆中,而方薰又在此绘制《皆金阁折枝花鸟》,因此推断此种款记的笺纸与方薰、金德舆二人的权属关系。

"山静居图皆金阁造"笺纸,为乾隆时期嘉兴地区制笺行业的代表,流传于世的笺纸仅为数枚,较为罕见。现藏于上海图书馆的皆金阁笺纸为翁方纲、张云璈等人手札用笺,在笺纸的一角,能见"山静居图皆金阁造"轮形款记。在这些笺纸中,以《松鹤图》(图1)和《鹿蹻图》(图2)两枚笺纸最为精彩。翁方纲致陆恭手札用笺,笺纸以松、鹤为表现题材,碧色染笺,单色印制,两只仙鹤立于松枝之上,其中一只引颈高瞻,另一只俯首低看,后者视角正对于笺纸的款记。方薰擅绘山水,晚年好画梅松竹石,酒后画松云:"离披见高情,荒率骇俗目。"答奚铁生论书画云:"不拘难易须雅驯,去法裁情得画旨。"读此数语可以见其画格矣。[9]此笺纸高雅旷古,可见方薰笺纸画稿不输画作的水平。

另一枚张云璈所用笺纸为鹿蹻图案,单色印制,铜黄色笺纸。龙蹻、虎蹻、鹿蹻为道教三蹻之术,"夫鹿矫者,常也,能功奉道之士,日行千里。遇鹿者,能采灵芝,自知其方位远近,鹿到有灵芝处地上,其鹿自经三遭,其芝草自不能走之,而依法采食其灵芝,自得长生不死"。[10]鹿蹻,传说能够周行天下、日行千里、往来如飞。这枚笺纸表现的《鹿蹻图》,人物背负仙草、驭鹿缓行,神情泰然所思,衣带随风飘荡,道骨仙风之气使笺纸愈发具有光彩。方薰的人物画作流传较少,而以描绘杭州市井人物的《太平欢乐图》册,原本已不存,从后世流传的复刻本或石印本《太平欢乐图》册比较来看,《鹿蹻图》笺纸中的人物表现得更为上乘。

袁绍良收藏的两枚金德舆致吴骞的信笺,并没有这枚轮形款记,笺纸图案与上海图书馆所藏的皆金阁笺纸风格相一致,此笺纸高28.5厘米,宽8厘米,疑为皆金阁早期所制。另外两枚金德舆致夫子大人的信笺,为五行红栏的形式,笺纸的左下角,仅有"桐华馆"的款识,此笺纸也应在"山静居图皆金阁造"制笺之前。皆金阁的制笺史依具用笺情况可以进行大致判断,最早在清乾隆己酉年(1765),嘉兴皆金阁的笺纸已为成亲王永瑆所用。[11]乾隆己酉年,为乾隆三十年,此时方薰年约二十九岁,距他父亲的离世已经三年,在方薰入赘梅里王家时间之前后。方薰三十岁始在桐华馆旁赁屋而居,七年后方妻过世,方薰至桐华馆中,到乾隆六十年(1795)即将六十岁之际,被阮元招至杭州,如此计算约计二十年[12]。如此看来,皆金阁在与山静居合作制笺之前,金家已有制造书画用笺的作坊,并远销京师,为帝王家所用,而小幅信札用笺的制造,"桐华馆"笺纸疑为"山静居图皆金阁造"

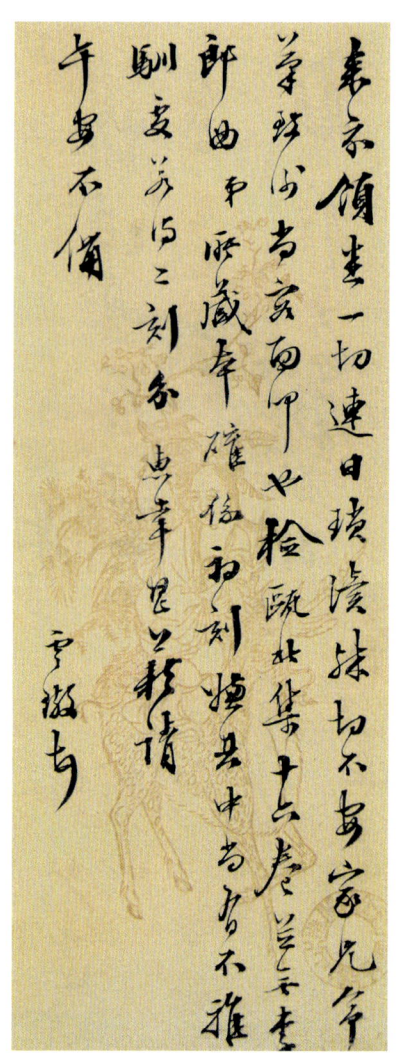

图2 鹿蹻图

笺纸之始源，或者是同出的另一品种。

"山静居图皆金阁造"笺纸，今人所能见到的已然不多，但当时却有山水、人物、花鸟、翎毛等众多题材，当时以方薰画稿制造的笺纸，又为绘画爱好者临习的粉本。据嘉庆时人黄凯钧描述："郡城皆金阁各种笺纸、印版，山水、人物、花鸟、翎毛，亦出方君之手，习绘事者咸珍为粉本。"[13] 除了印制小幅的笺纸，潘吉星在《中国造纸史》中还记载了皆金阁制造书画所用的大幅纸张："北京故宫博物院藏乾隆年间制砑花彩色粉蜡笺，非常有趣。每纸高31.6厘米、长128厘米至131厘米，较厚重，细帘条纹，染成土黄色，并施粉、蜡，纸面上砑有复杂的人物故事图案，其中包括萧翼赚《兰亭》《赤壁赋》、卢仝烹茶和葛巾漉酒等故事图案。纸左下角压出'山静居图皆金阁造'印记。"[14] 品种如此众多的皆金阁佳纸，必定风靡一时，引领行业之冠首。

方薰不但擅长书画，并且喜好在作品上题诗，这与乾隆时期的文风相契合。诗句与画稿一起镌刻于版，逐渐开启了乾嘉时期"诗画笺"的发展。"（方薰）其山水、花卉，论者皆得宋、元人秘法。昆山王椒畦尤称其写生，运笔赋色不落小家，断推恽瓯香后一人。余按：兰士写生，有极荒率者，笔趣直追元人。晚年又好作梅、竹、松、石，题画亦多隽句。"[15] 到了嘉庆时期，苏州、杭州、嘉兴一带笺坊林立，苏杭嘉"诗画笺"，首推虚白斋为首："杭之虚白斋、古雪斋；嘉兴之挥云阁、宜书宜画；吴门之四美斋、歌薰阁、云蓝阁、邗上之小题襟馆所造各种诗笺，俨然名绘，使人玩爱不忍下笔。"[16] 刻印精美的笺纸，几乎等同于观赏绘画那样把玩。"山静居图皆金阁造"笺纸将画家的作品作为题材引入笺纸的制造，其后继者络绎不绝。

在田家英小莽苍苍斋收藏的名人翰墨中，有一封周春致吴骞的信笺，信中嘱明"东门宣公桥槐下金利生堂人参铺，即皆金阁笺纸店"[17]。宣公桥，位于嘉兴的东门，为纪念唐代宰相陆贽而建，现已无存。金利生堂人参铺，应是金氏所经营，此商铺不但贩售北方人参，同时还兼售皆金阁笺纸。由于"皆金阁笺纸"与"山静居图皆金阁造"款记的笺纸，在时间、地域、堂号三个方面相契合，因此，或可为"山静居图皆金阁造"笺纸的研究增添一例有价值的材料。

除了在自家经营的商铺中销售笺纸，皆金阁还在文人、学子汇集的科场展开销路。学子们吟诗作赋，呈递名刺，最好制作精良、寓意深刻的笺纸。翁方纲就曾经因为得不到好的纸张而滞笔，又以得到皆金阁小块笺而异常欣喜。他曾记录："尼山书院募修之文，弟于岁初在省城已敬撰就，其时因大册纸粗，未能写入，直至出巡，于考棚内觅得皆金阁小笺块，始为敬作寸内小楷，寄回省城，裱入大册。"[18] 流传下来的翁方纲手札中，有皆金阁款记的松鹤图样笺纸，想必就是翁氏于考棚内所得。

皆金阁笺纸驰名于大江南北，不免引起旁人的仿造。徽州歙县岩寺吴菘，曾制《笺卉》一卷。"菘字绮园，歙县人。黄山僧雪花尝以黄山所产诸卉绘为图，宋荦为题句。菘因各为作笺，凡三十五条。"[19]《壹斋集》则说他："摹僧雪庄所画黄山奇卉图，仿嘉兴皆金阁样，锓木研笺。"[20] 雪庄，《提要》作雪花，康熙时黄山僧人，能诗善画，曾描绘黄山图百帧，亦画黄山中异卉一百二十种，均题诗绘色。歙县人吴菘依据僧人雪庄的奇卉图，按照皆金阁造笺的样式进行摹仿，并以此盈利。这不仅说明当时皆金阁笺纸非常畅销，并且引领了一代制笺风尚，将绘画作为笺纸的题材进行传播，突破了明末清初以来主要以象征含义的图案作为笺纸装饰的传统。制笺售卖，是画家除去鬻画之外，又一笔较为丰厚的收入。一些尚未成名的画家，也会借助于笺纸这种媒介，将画作通过笺纸向公众传播。金德舆利用笺纸这种载体，一方面极力宣传方薰的绘画作品，另一方面也获得了不菲的回报，金德舆扮演了一个极为成功的经纪人角色。

三、制笺主人金德舆的画家经纪人角色

在方薰的艺术生涯中，金德舆是一位非常关键的人物。金德舆年少聪慧，能书善画，又能鉴藏，他家赀富饶，设馆招揽名士，往来友朋皆不俗。方薰初到桐乡，金德舆充当方薰的赞助人，他不仅为方薰提供了优越的生活与创作环境，又出示家中所藏书画，嘱其摹仿，这对方薰画艺的增长起了不可估量的推动作用。在方薰成名以后，金德舆又担任画家的经纪人之职，一方面金德舆动用自己的社会关系，为方薰提高艺术知名度；另一方面，金德舆又参与方薰作品粉本的创作，并掌管着方薰画作的预定和售卖。方薰曾寓于程家、濮家，而与金德舆却合作长达二十余年，这与金德舆擅于经营不无相关。

王昶在《蒲褐山房诗话》中云：

> 云庄能诗善画，累世所藏法书名迹及宋刻书，甚富。南巡时，择善本以进，有文绮之赐。又藏岳鄂王铜爵，一时能诗者，作歌以咏之。入赀为刑部主事，不久乞病归。所居桐华馆，擅图书花木之胜，与蒋君元龙、方君薰等流连文酒。四方名士过桐乡者，必造请，盘桓而后去，扫门投辖，初无倦意。予七十生辰，云庄以泥金书佛说五福德经贶予，与汪云壑所书妙法莲华经并为佳玩。[21]

历史上的制笺名家，如唐代的薛涛，不但能周旋于文人权贵之间，亦能染纸题诗，其薛涛笺一纸千金；明末金陵十竹斋的胡正言，既是刻书家，又善于制笺、辑谱；康熙时期的戏剧家李渔，在金陵承恩寺前授售芥子园名笺，这些都是才情兼具、经营有方的人物。金德舆既经仕途，又通商货；精于鉴赏，又富于收藏，他刻书、造笺，并与鲍廷博、蒋元龙一众人等相交好，所居桐华馆，更是品诗、论画之声不绝于耳。王昶七十岁生辰，金德舆亲自书写佛经相赠，可见两人情谊的真挚。金德舆招揽方薰入馆，不吝所藏，使方薰尽得宋元山水、花卉之秘法，方薰亦心服于金德舆，"……兰坻画必请于鄂岩，而后可盖。兰坻少依金氏，惟鄂岩之命是听也。此卷必鄂岩为之先容，故用工极细，设色最精，全用宋法鲜美异常"[22]。方薰不仅听命于金德舆与人作画，一些作品则直接来自于金德舆的命题。阮元的《定香亭笔谈》评价："石门方兰坻薰，山水花卉得宋元人之秘法。同时钱塘奚铁生冈，亦以山水花卉擅绝武林。斯时浙东西，求一鼎足者不可得。"[23]方薰能够成为一代名家，金德舆功不可没。如方薰不馆于金德舆家中，仍旧浪迹乡里，鬻画为生，恐与宋元秘法无缘。

方薰渐有名气，对慕名前来求画的人仅稍加应酬，倘若能够自给，便不肯轻易予人，故坊间作品极少，市值愈高。他自称："然中年功益进，渐有慕而购之者，亦稍稍应酬，藉以自给。然从不计值，曰，此雅事奈何以市道行之耶。人得其片纸尺幅，珍之若拱璧。"[24] 待方薰艺名高涨，金德舆面对众多的求画者，则代为谢绝，虽有千金仍不为所动。蒋宝龄在《墨林今话》中道："维时海内画家屈指可数，而如兰士兼善众长者尤罕，故其名日益重，屡有以千金聘者，鄂岩辄为谢绝。"[25] 金德舆以鉴藏家的眼光，审视着方薰的作品，他一概婉拒市面上的投机买家，却为方薰谋划出另外的发展之路。

吴门程心栽是一代收藏大家，他与金德舆是翁婿关系，程心栽收藏书画往往不惜重金，此家是名人书画的流向所在。《虚斋名画录》载："方兰坻赋色花卉卷，为吴门程心栽永培画。心栽雄于赀，每出重值，购法书名画，亦前辈之好事者。予友桐乡金鄂岩德舆、吴中毛榕坪用吉，皆程氏婿。"[26] 金德舆授意方薰为程心栽作画，经程心栽之手收藏，必定抬高方薰的身份和地位，金德舆此举也有囤积居奇的意图。另外，金德舆和方薰共同的好友知不足斋主人鲍廷博，曾携方薰画作，矜示浙中画家巨擘奚铁生。由金德舆、鲍廷博从中牵线，从此方奚二人常作画互答，交契非浅，方薰遂与奚铁生齐名，世人后将方薰与奚铁生并称"浙西两高士"[27]。可见，方薰并非困于金德舆家中，而是能够通过友人的引荐，积极地向外界开展艺术交流活动，并逐渐扩大其艺术影响力。

方薰终生未仕，却在将近六十岁时，拖病到杭州依附阮元，从方薰临行的诗词中可知他此行颇有顾虑，但在其画家的生涯中，这无疑又是一段不平凡的际遇。阮元在《定香亭笔谈》中载："丁巳（1797）秋七月，校士之暇，适吴谷人侍读，在杭，因招同人为西湖月夜之游。时上弦初过，月轮渐满，凉露暧空，明河案户。同人皆有诗纪事。余嘱方兰士写《湖心夜月图》，侍读作文纪之。"[28] 方薰在杭州为阮元作画，并与之同游。当日夜游，除阮元、方薰和吴锡麒以外，还有秦瀛、陈延庆、程振甲三人。虽然，杭州之行由于方薰的健康原因仅持续了一年有余，但对于晚年的方薰而言，其意义在于最终得到了以阮元为首的文人士大夫集团的认可。

方薰与金德舆的合作关系，到了清代后期，发展成为职业画家与笺扇庄共同依存、共谋发展的经营方式。北京的琉璃厂、上海的豫园等地，出现了大量的南纸店和笺扇庄。这些以经营文房用具为主的店铺，实际上也兼顾书画寄售、装裱和钱庄业务，他们能够招待多位艺术家落脚和开展艺术活动，晚清行会性质的美术团体借由此生。当时，凌瑚、恽寿平、赵之琛、吴熙载、任熊、戴熙、平叔、周峻等画家都与之保持着密切的合作关系。方薰与金德舆的合作，并非偶然于一时，它是近代美术市场私人经营、管理模式的先例。

四、结语

笺纸，作为书画作品的一种特殊载体，它既可以用来书写，又可作为案头赏玩。明清时期，日常书写普遍使用经过装饰的各色彩笺，在幅不满尺的笺面上，却包含着极为丰富的题材。它既能表达寓意美满，又能体现学识涵养，最能抒发诗情画意，在遍寻画作不得的情况下，能够得到用画家的画稿来印制的笺纸，也算是难能可贵。清乾隆年间嘉兴的画家方薰，以山水、花鸟、蔬果、翎毛等见长，在寓居桐乡金德舆馆中从事绘画艺术活动期间，正是利用这种市场需求，与金德舆合作，将画稿通过笺纸这个渠道向公众进行传播，这样既可以扩大社会知名度，又赢得了市场利益。从事笺纸创作，是方薰艺术活动重要的一个组成部分，他参与设计的笺纸，也可以视作其艺术作品来进行研究。方薰与金德舆的合作关系，是今天画家和经纪人或者是画廊运营模式的先驱。

作者简介

王宇（1979—），女，河南永城人，安徽工程大学艺术学院讲师，南京艺术学院人文学院中国艺术文献研究方向博士，研究方向：中国艺术文献研究、视觉传达设计。

注释

[1] 严辰：《华中地方——浙江省桐乡县志》（二），载于《中国方志丛书》（77）卷十五，（台北）成文出版社1970年版，第597页。
[2] 蒋宝龄撰，程青岳批注：《墨林今话》，卷一，上海古籍出版社2015年版，第19页。
[3] 方薰《山静居遗稿》中自述：薰年三十，赘梅里王氏室人，为西畴先生女，梅墅主人女孙。
[4]《光绪桐乡县志》卷十五，《文苑》。
[5] 俞蛟：《梦厂杂著》卷七，《读画闲评·方兰如、奚铁生合传》，上海古籍出版社1988年版，第127-128页。
[6] 王昶：《湖海诗传》卷三十八，载于王云五主编：《万有文库》，商务印书馆发行1936年版，第1125页。
[7] 叶昌炽：《藏书纪事诗·附补正》，上海古籍出版社1989年版，第550页。
[8] 同上。
[9] 俞剑华：《中国画论类编》，中国古典艺术出版社1957年版，243页。
[10]《道藏》中有《太上登真三蹻灵应经》，该经中"蹻"皆作"矫"。
[11]《成亲王临绛帖卷》中题道："春雪连日，寒不出户，笔墨积润，适得嘉兴皆金阁新制笺，漫临绛帖数段，虽不写山阴乡侯帖，甚盼时晴也。己酉二月廿七日皇十一子戏识。"见方濬颐：《梦园书画录》卷十六，清光绪刻本。
[12] 张兴镛《山静居遗稿题辞》云："忆到前尘百感生，桐华馆里廿年情。"注云："樗庵向客桐乡金鄂岩比部桐华馆中，余得时相过从。"知方薰居桐华馆前后长达二十年。见于傅璇琮总主编：《中国古代诗文名著提要》诗文评卷，河北教育出版社2009年版，第446页。
[13] 黄凯钧：《遣睡杂言》卷五，《升平欢乐》，嘉庆刻本，第315页。
[14] 潘吉星：《中国造纸史》，上海人民出版社2009年版，第400页。
[15] 蒋宝龄撰，程青岳批注：《墨林今话》，第82页。
[16]《画林新咏》卷三，十页，上海图书馆藏清光绪抄本。
[17] 陈烈主编：《小莽苍苍斋藏清代学者书札》上，人民文学出版社2014年版，第156页。此书将信笺内的"皆金阁"释文为"此日金阁"，误。
[18] 翁方纲：《复初斋文集》稿本（影印本）第11册，（台北）文海出版社1974年版，第2960页。
[19] 纪昀：《四库全书总目提要》卷一百十六，子部二十六《谱录类存目》。
[20] 黄钺：《壹斋集》卷十，《歙岩寺某氏摹僧雪庄所画黄山奇卉图仿嘉兴皆金阁样木硎笺孟嘉寄赠二函赋谢》，清咸丰九年（1859）刻本。
[21] 王昶：《蒲褐山房诗话》，见于钱钟联主编：《清诗纪事》11乾隆朝卷，江苏古籍出版社1989年版，第7672页。
[22] 庞元济：《虚斋名画录》卷六，《方兰坻花卉卷》，清宣统元年（1909）乌程庞氏刻本。
[23] 阮元：《定香亭笔谈》卷一，中华书局1985年版，第40页。
[24] 方薰：《山静居遗稿》，载于《清代诗文集汇编》（389），卷二，上海古籍出版社2010年版，第441页。
[25] 蒋宝龄撰，程青岳批注：《墨林今话》，第81页。
[26] 庞元济：《虚斋名画录》卷六，《方兰坻花卉卷》，清宣统元年（1909）乌程庞氏刻本。
[27] 蒋宝龄撰，程青岳批注：《墨林今话》卷五，第81页。
[28] 阮元：《定香亭笔谈》卷三，第111页。

（栏目编辑　张晶）

中国古典园林形态结构的意象化审美

陈光龙

（南京晓庄学院美术学院，南京，211171）

> 【摘　要】通过对中国古典园林形态结构的审美解读，揭示东方哲学精神与文化态度所带来的意象化造型在园林"山水"中得到的审美呈现。试图从园林的筑山理水的形态结构分析来阐释园林形态结构的意象化审美特征。
>
> 【关键词】古典园林　形态结构　意象化

中国古典园林可以说是古代造园者完成的一件立体装置艺术品，它不但满足了人的物质与精神需要，还蕴含着古典的诗情画意的气息，是精神与自然相融合的一处理想之地，可以说园林中的"一花一鸟，一树一石，一山一水，都负载着无限的深意，无边的深情"[1]。中国古典园林一般是指北方皇家园林与江南私家园林为代表的一种山水园林艺术形式，是造园者的心灵律动和审美情调外在物化的艺术形态结构。其作为一个立体多元呈现的艺术品，从审美观到意境的营造都是以追求自然精神、超凡脱俗的境界为审美目的，在各个历史环境下都浸润着浓厚的东方审美精神，黑格尔曾说："每种艺术作品都属于它的时代和它的民族，各有特殊的环境，依存于特定的历史和它的观念和目的。"[2]园林可以说是造园者个体生命的人生体验、审美观念与自然意识，集我国传统文化为一体，我们可以从中窥测到渗透在造园者文化血液中的独特心灵和人生态度。在园林创作过程中，对山、石、水、植物等的空间组织和景象营造并不意味着创作的完成，而是以景象、空间为载体，经过"去象取意"的意象化处理后赋予其审美情趣、人生理想，使造园者在居住或游赏过程中，感悟到园林所蕴藏的生命体验和人生哲理，唯有此，园林作品才是真正意义上的创作完成。如方士庶在《天慵庵随笔》中说："山川草木，造化自然，此实境也。因心造境，以手运心，此虚境也。虚而为实，是在笔墨有无间。"[3]我们从园林的筑山引水、取石搭桥中可感受其饱含的传统文化和审美精神，体现着造园者受到的儒、释、道思想潜移默化的影响。

园林的造景通过"小中见大""壶中天地"以及"须弥芥子"等常见的艺术手法来达到"虽由人作，宛自天开"的创作目的。它是建筑景观的综合表现形式，从园林的立意构思、移花栽木到筑山理水甚至题名点景等方面都展现出造园者独特的山水意识，虽然自然界的高山流水、繁花郁木、云卷云舒等都是园林艺术的描摹对象，但中国古典园林绝非是简单地模仿自然景观的形态结构，而是力图表现一个精练概括的心中自然，从"静观"到"动观"、从整体到局部的形态结构都是意象化的审美提炼。自然中的客观景象通过意象化的审美"在历史的发展过程中，主体心灵与对象的对应关系逐步形成了一种相对固定的传统，并且不断丰富了主体通过想象力所进行的拟人化的思维方式"[4]。在纷繁多变的自然万象中感悟生命的本来面目，以审美的态度来表现点、线、面和空间交织的形态结构才能获得无穷的意趣，这也是造园者从自然山水中获得的精神慰藉，如书圣王羲之在《兰亭集序》中所说："仰观宇宙之大，俯察品类之盛，所以游目骋怀，足以极视听之娱，信可乐也。"

古典园林形态结构的审美表现一般是从自然形态到视觉形态，最后升华为艺术形态。这个过程中造园者的意象化审美起到了关键的作用，使物质文化和精神文化得到了双重的展现，也获得了陶醉与欣喜。自然宇宙观与审美观促使了园林的形态结构注重写意性的表现手法，诗情画意占据了创作者的主导思维，通过对自然风景中的山、水、植被以及人工建筑的亭台楼阁等进行空间组合，将建筑与自然融合到一起，于有限中寄予无限，于无限中又回到有限，如唐代王维的描述："行到水穷处，坐看云起时。"古典园林是封建时期文人"独善其身"的精神归属，在园林中静观自然，感受天地的玄妙和自然万物的气息，在与自然长期而复杂的交往中形成了东方独特的山水审美方式与态度，这也是造园者向自然索取的精神财富和赖以生存的理想归宿。法国十九世纪文艺理论家丹纳称："有一种'精神的'气候，就是风俗习惯与时代精神，和自然界的气候起着同样的作用。"[5] 在园林的审美观照过程中，东方哲学精神与文化态度带来的意象化造型与审美在园林的"山水"中得到完整的呈现。意象性审美思维是我国传统的艺术思维方式和东方艺术特质，它直接影响到我国各种艺术形式的创作与欣赏。古人崇尚的"人化自然"的哲学思想使其形成了我国特有的山水文化精神。

一、园林"筑山"的结构意象化

清人沈元禄在《猗园记》中云："奠一园之体势者，莫如堂；据一园之形胜者，莫如山。"可见"山"的形态在园林中的重要作用。扬州的个园在山石叠砌中充分体现了这一特征，（图1）在这里造园者通过各种形态的山石堆叠完成与树木流水等的呼应，运用因高就低、随时赋形等审美原则，以及障景、对景、夹景、框景、背景等意象化结构布局来实现园林空间的审美分割。各种假山碎石的意象化表现无疑给园林增加了自然野趣，使园林在有限的空间里再现自然的山水景观。明代计成在《园冶》中指出："只有做到'胸中有丘壑'，叠山拨石才能达到'作假成真'，使假山不再是假山，而是具有真山的气韵和形态，这也成为园林'筑山'的美学品评标准。研究园林美学，对于我们把握中国古典美学体系，具有不可忽视的意义。"[6] 我国传统的艺术思维具有意象性的特征，把具体的形象形态进行抽象意义上的审美概括，这种艺术思维特质直接影响到传统艺术的创作态度，在园林意境的"筑山"手法上也是如此。造园者不仅要求精心营造的"假山假水"的视觉真实性，在筑山理水的过程中还要注重其精神的表达，通过主与从、疏与密、虚与实、藏与露、看与被看等艺术手法和观看方式的转换来达到意象性特征的审美呈现。我国古典园林是以自然山水为对象进行审美观照的，它是精神文化与物质文化的双重价值体现。在园林艺术中，"筑山"是造景的重要元素之一，在园中累土挪石来构形，园中的"山"只追求形态与神韵，是一种写意性的叠山，远离客观的自然主义审美。在唐宋以后，伴随着山水田园的诗文和传统山水画的发展，对筑山的造型更为写意，"山"中的小桥与湖石都被造园者用来沉思和冥想。"山"的意象原材料土和石都是取之自然，造园者的艺术想象力和创造力依照意象审美的内在要求产生了多元的造型形式，这种造型的情趣得之于自然，更得之于存真的内心。"凉亭、水榭、小桥、回廊、扶栏、景梯以及楼阁、小院等等，娟娟芳容，玲珑小巧，或玉立于小丘之巅；或濒水而筑；或假濮卧波；或逶迤如带，依势而曲；或盘旋而上，凌空飞动；或隐显于藤萝掩映之际；或凝伫在幽篁深处，意境深邃，情趣横溢。"[7]

二、园林"理水"的形态意象化

古典园林中的"水"可以说是其灵魂，有着"无园不水""园可无山，但不可无水"的说法，笪重光在《画筌》中有"意中有水，方许作山"的警句，充分肯定了水于构景的重要地位。[8] 对水的重视蕴含着对生活的哲理和想象，在造园者眼中，水具有"一勺则江湖万里"的象征意义。水的视觉形态有线状、面状和点状，如河流主要是线状特征，湖泊呈现出面状形态，而涌泉则是点状

图1 个园

图2 拙政园

的视觉特征，园林中湖面及小溪流水、泉水等则是对点、线、面的形态审美综合表现，给人赏心悦目的视觉享受。"理水"的形态是摹写自然的，如北京颐和园的昆明湖、避暑山庄的如意湖等，这是对自然的山水形态的提练与概括，是对自然山水形态摹写的意象化审美结果，是对自然摹写的情感升华。老子曰："上善若水，水利万物而不争。"在古典园林中，"水"作为审美载体是造园者把它看作是人的精神与品格的象征。古典园林中水的结构大多是与建筑相邻，水似乎都是从建筑下方流出，运用含蓄谦和的艺术象征手法来表达造园者的审美意识，对水的内在意蕴表现可以调动观赏者的情绪，带来审美意识的演绎，使园林的审美得到了可持续性。情生于水又超出水所激发的感受之外，给观赏者以遐想，追求境外之情，正是园林"理水"的意象化审美思维。

园林之水的形态，美在曲折蜿蜒，意味深长。"曲水流觞"恰当地表达了园林理水的审美特点，水的形态好似书法中的行书和草书的布局，妙不可言，为古代文人雅士所钟情。正所谓自然之美尽在水中，自然色彩中水为无色透明，却可映射出形形色色的万物，无色容万色。庄子认为静则明、明则虚、虚则无、无则无为而无不为。水的无色无形正是庄子所说的"虚"，我们从水无形的物理性特征中可以演绎出多种形态（图2），园林中水景周边的景致诸如树木、山石、建筑无不被水映在其中，水的形态发生了变化，水中影像延伸了观者的视线，园林视觉空间得到了极大的拓展。《庄子》曰："静则明，明则虚，虚则无，无则无为而无不为。"水的无形无色正体现了美学境界中的"虚"境，在水的无形中体现了有形的这种虚拟的视觉形态深沉而含蓄，使水产生了丰富的人文特征和审美价值，水作为意象的审美对象成为了可能，园林的虚实相生的意象化美学意境在水的参与下得到了完美的呈现。

三、结语

我国古典园林与西方传统园林的形态结构迥然不同，它是以自由、曲直而富于变化为特点，有意无意地对山水花木的常规形态结构进行打破和颠倒，充分体现了我国民族的意象化审美理念和对自然美的深刻理解。宗白华先生曾说建筑形体的抽象结构、音乐的节律与和谐、舞蹈的线纹姿势，乃最能表现吾人深心的情调与律动。园林利用借物言志的手法，遵循连贯性、逻辑性和秩序性原则，通过对山、水、建筑、花木等元素的叠山理水创造出独有的意象化的形态结构，组成一幅立体的山水艺术画卷。中国古典园林的形态结构从最初的"人工中见自然"的形式美开始追求空间层次，以独立的山、水形态来表现主题，力求达到"一丘藏曲折，缓步百踌攀"的形态美学效果，并且这种松动流变、要素相对独立的形态结构造园手法在历代的造园实践中逐步获得了文化认同。所呈现的亭、台、楼、阁等构成元素组成的空间结构在视觉游移或视角转换的维度中进行了审美衍伸，不但拓宽了园林的审美时间和审美空间，而且在视觉表象和文化内涵上都获得了极大的丰富。

作者简介
陈光龙（1976—），男，南京晓庄学院美术学院副教授、副院长，艺术学博士。研究方向：美术学。

基金项目
本文系江苏省高校哲学社科基金项目《中国古典园林审美精神融入当代意象油画创作的研究》（2017SJB0443）阶段性成果。

注释：
[1] 宗白华：《天光云影》，北京大学出版社2005年版，第102页。
[2]（德）黑格尔著，朱光潜译：《美学》第一卷，商务印书馆1979年版，第79页。
[3] 宗白华：《美学散步》，上海人民出版社1997年版，第69页。
[4] 朱志荣：《中国审美理论》，北京大学出版社2005年版，第174页。
[5] [法国] 丹纳著，傅雷译：《艺术哲学》，安徽教育出版社1998年版，第79页。
[6] 叶朗：《中国美学史》，上海人民出版社1985年版，第441页。
[7] 王振复：《建筑美学笔记》，百花文艺出版社2005年版，第111页。
[8] 金学智：《中国园林美学》，中国建筑工业出版社2000年版，第168-169页。

（栏目编辑　张晶）

审美人类学视野下永州纸马的文化内涵解读

郑适　刘世军

（湖南科技学院美术与艺术设计学院，湖南永州，425199；广西师范大学设计学院，广西桂林541006）

【摘　要】 永州地处湖南西南部，深受巫楚文化的影响，其纸马艺术风格细腻，线条刻画稚拙可爱，人物塑造简约率真，喜用情节式构图，极具巫楚之风。从审美人类学的角度深度考察，永州纸马是瑶民们图腾崇拜、自然崇拜观的神性表达。同时，纸马作为一种可见的物质图像形式，它是民间礼仪文化传承的重要媒介。通过纸马，瑶民们完成着重大的宗教仪式，表达着对"神犬"图腾、对祖先、对诸神的敬畏与虔诚的崇拜之情；通过纸马，人们"看"见了瑶人的历史，祈盼着未来。总之，瑶族艺人们在其有限的构图空间和象征性的图像中，凝结了朴素的精神追求以及独特的审美情趣。

【关键词】 永州纸马　审美人类学　文化内涵

　　审美人类学是浅近兴起的一门学科，由西方学者首先提出。美学与人类学是人文学科两大本不相关的学科，美学是以抽象思维方式研究更高一层的意识形态，而人类学则是以田野考察、实证方式研究人类社会的起源、政治经济、婚姻传统、组织关系等。将美学与人类学自觉进行整合研究是十分浅近的，比如弗雷泽的《金枝》，格罗塞的《艺术的起源》等通过对原始艺术的考察来追溯人类社会的起源，为艺术学与人类学的学科交叉研究提供了契机。此后范·丹姆在其《语境中的美——通往美学的人类学路径》一书融合文艺美学与文化人类学的相关知识，建设性地倡导出一条文艺美学走向人类学、人类学走向美学的新的学科路径。近年来，在我国学者王杰先生的呼吁下，审美人类学（或曰艺术人类学）成为了新的交叉学科。他说："审美人类学是古往今来中外美学界和人类学界自觉或不自觉的共同学术追求，发展到一定阶段之后应运而生的逻辑结果，它既是美学自身发展需要不断超越、不断摆脱困境的自我调节的历史必然性的反映，也是人类学发展到20世纪中后期需要向更高层次转化的趋势。"[1] 鉴于此，本文将综合艺术美学、文化人类学及民俗学的研究方法，以纸马艺术为研究对象，对其审美特征及文化内涵进行解读，探究纸马在当地民间生活和族群关系中的功能。

　　纸马又叫"神马""甲马""纸火"或"神码"等，是我国祭礼民俗中的一种文化用品。如果从材料上考察，它是一种民间版画，一般用小型木版雕刻后印刷而成，曾流行大江南北，现只在少量地方存续。[2] 如果从起源上来考察，纸马的制作与供奉很早，宋·孟元老《东京梦华录注》卷七有："清明节，士庶阗塞诸门，纸马铺皆于当街用纸衮叠成楼阁之状。"[3] 又有"印卖《尊胜目连经》"的记载。这里的《尊胜目连经》就是中国传统的鬼节用于焚化，超度亡人的一种纸马。宋室南迁之后，吴自牧的《梦梁录》中，更详细地记述了南宋杭州岁暮"纸马铺印钟馗、财马、回头马等，馈于主顾"[4] 的市井生活情景。从这些文献来看，纸马在人民大众日常的生产生活中的应用至少在两宋时期就已极为普遍。如今在我国仍有许多地区保持着刻印、焚化纸马的习惯。纸马在这里用作了通往神秘世界的媒介，其目的是用于请神、送神和求神，以祈求家族平安、村寨安宁。

　　中国是一个幅员辽阔、文化传承永远、少数民族众多的国度，自然环境与人文环境的双重动力，使得各地区人民生产生活以及风俗习惯也有巨大的差异，反映在纸马上也是各具特色、风格多样。同时，民间纸马在历史发展中历经不同的文化变迁，形成了不同的区域性特征，当然它们之间也呈现出相互融合的流变痕迹。就目前来看，我国依然保留纸马应用传统的地方主要集中在以下几个区域：在华北主要以北京、天津杨柳青、河北内丘为主的分布区域；华东主要以山东杨家埠、江苏无锡为主的分布区域；华南主要以湖南滩头、永州为主的分布区域；西南主要以云南大理、保山、腾冲为主的分布区域。本文以永州纸马为例，同时以河北内丘纸马为参照，进行比较研究，考察其审美意蕴及文化内涵。

一、永州纸马的文化生态

"文化生态学"这个概念是上世纪中期,美国著名文化人类学家斯图尔德提出来的,其目的是为了解决那些文化形貌和模式起源等具有典型地方特色的学术问题。文化生态学主张把文化放到整个环境中去考察它的形成、发展以及变化的过程。这里的环境不仅指地理环境和自然环境,还包括社会环境和人文环境。文化生态学强调文化在适应环境过程形成其独特性。随着环境的变化,文化将由旧形态向新形态转变,文化通过适应环境而产生多样性。文化受自然环境和社会风俗的影响,同时又受社会文化如宗教信仰、价值观念和风俗习惯的影响,是多重力量影响的产物。物质的自然生态与人文生态共同构建了文化的母体,文化在这里产生,又在这里发展、变化甚至可能灭亡。文化生态是文化赖以生存的土壤。文化在特定的时空中相互影响、相互制约,在动态中求平衡。[5]纸马,则是在特定文化生态中孕育发展出来。不同的地域文化,孕育出来的纸马艺术也将特色迥异。

永州古称零陵,从地理志来考察,早在《史记·五帝本纪》就有记载:"舜南巡狩,崩于苍梧之野,葬于江南九嶷,是为零陵。"由此可见,零陵从上古时期就已建立,并一直沿用至今。中唐时期,著名文人元结在现永州市的道州两任刺史,至今境内还留存由元结撰、颜真卿书写的《大唐中兴颂》碑刻遗迹;唐宋八大家之一的柳宗元谪居永州十年,写下了脍炙人口的《永州八记》和《捕蛇者说》等传世名作;另有流传在零陵的人称"张颠素狂"的书法家怀素,更以他独领风骚的狂草《自叙帖》闻名于世。这些文化遗迹足可以见证其在文化上的繁荣以及汉文化在该区域的主导地位。此外,战国时期永州地属楚国,而楚人历来笃信鬼神、崇尚巫术,所以永州民间风俗上又深受楚文化的影响,当地至今还保留着较为古老的巫傩文化传统和民间习俗。人们在日常生活中,如:建房上梁、修路架桥、红白喜事,甚至庄稼遭受灾害时,都会请"师公"[6]、印纸马,通过做法事祭祀,以求消灾降福。

发现纸马的地方是在永州江永县、江华县,这里曾是瑶族聚居地。根据宫哲兵等学者考证,江永县的千家峒一带是瑶族的祖源地,瑶族十二姓长期盘居于此地,过着世外桃源般的生活,直至元代,才被官兵赶出。因此千百年来,瑶族人将千家峒认定为瑶人的古都,全世界瑶胞也将其视为寻根访祖的圣地。众所周知,传说中瑶族的祖先叫盘瓠,瑶族同胞每到农历十月十六日就会举行盛大的"跳盘王"(一种祭祀盘王的仪式)活动。除信仰盘瓠外,居住在梅山地区的瑶族则信仰"梅山神"。

自然环境的恶劣,人文环境复杂,使得瑶族巫神文化较发达,产生的禁忌也较多。比如:瑶人禁止吃狗肉,是因为传说中瑶族的祖宗"盘瓠"是一只神犬;另外不能用脚踏撑架火炉,不能坐门槛和妇女烧火的凳子等等。[7]这些内容无一不显现出该区域少数民族文化的独特魅力。

由此可见,永州虽然地缘相对偏僻,但历史传承久远,人文底蕴深厚,文化特色鲜明。特别是区域性多民族交流融合所呈现出的汉瑶文化交织,兼具了汉文化与少数民族文化的双重属性,具有一定的多元特征和兼容性内涵,这些文化因素都为永州纸马这一民间艺术的发生、发展提供了丰厚的土壤。永州纸马的生长得益于这种独特地域文化背景,其中透溢出古老楚文化的神采,也反映着瑶族文化的神奇瑰丽。此二者在生活实践中的有效融合,则必然促催生出永州纸马艺术的独特魅力和丰富内涵,进而使之成为湖湘民间艺术百花苑中不可或缺的一部分。

二、永州纸马的艺术形态及美学特征

(一)线条刻画的稚拙感

纸马是版画艺术的一支奇葩,它是民间艺人用最简单的刀具,在木板上根据特定的内容刻画出来的。如图1,这是笔者从江永民间搜集到的一块纸马原版。从画面中可以看到民间艺人雕刻技法,这是用减地平雕的手法,在打磨光滑的木材上,用阴线刻画版面后,图像轮廓线以外部分减地,使图像部份凸起。其所刻线条粗犷、流畅、自然、随意。线条以曲线为主,直线为辅,有一种刀味纸感美,却又仿佛带着孩童般的稚拙感。

如果将永州纸马与河北内丘神码进行比较,你会发现两者完全是两种不同的风格:内丘神码纯粹以直线进行刻画,图像具有强烈的符号性(图2);永州纸马以曲线为主,造型可爱,人物轮廓及主体形象均以曲线构成,胡须及一些简要装饰处则以直线刻画,在古朴中更显出一种韵律之美、稚拙之气。稚拙美是自然赋予的一种美学特质,稚指稚气,拙的本义是笨拙,笨拙中透出稚气,这就是一种天然的美。它是被我国传统哲学家所崇拜的一种大巧若愚、浑然天成的美学境界。民间制版艺术家没有经过正规学院的训练,其创作完全是发自天性的一种情感抒写,是生命本能的情感渲泄。他们用刚劲有力的线条,笨拙中

图1 永州纸马原版

透出可爱的造型塑造形象，体现出了一种民间美术所特有的稚拙之美。

老子曾说："坚强者，死之徒；柔弱者，生之徒。"永州纸马的线条以曲线为主，看似柔软，但是细细体会，却总能感受到某种活力，充满了原始的生命精神。这份真切，这种稚拙的美感，则是来自于民间制版艺人的真情表达。

（二）人物塑造上的简约率真

永州纸马版画是在窄小局促的木版上以人物形象和动作作为主要展示对象，人物形象如同特写，面部表情亲切可爱具有一种古朴率真的美。其图像造型虽简单，但人物姿态的活泼，神情的可爱，有一种特别的亲和力。民间艺人们大胆运用夸张的手法，原始稚拙的造型，表达着他们对巫神的敬畏和崇拜。其造型简单，但不失形象韵味，线条井然有序，具有原始造型审美趣味。人物形象则于简洁之中见出风采，于意会之中见出率真。

如果与河北内丘神码进行对比，永州纸马中的众多神像都造型简洁纯朴，可爱有余，威严不足。也有的看来怪异奇特，纯粹由线条符号交织组合而成。大部分永州纸马看起来更像是儿童画，原始稚拙。如图3《娘娘马》，画面中的"娘娘"面部造型简单，五官以粗线条勾勒，嘴巴微张，衣服由复杂的线条装饰出一些纹理，略显华丽，如果不是头顶的华盖和背后总角的丫鬟，一点都看不出这是一个神圣的"娘娘"。其跨下的纸马造型也很奇特，很有毕加索立体主义的造型趣味。但毕加索的绘画创造完全是一种人为地创意变形，刻画痕迹明显，沃林格说："真正的艺术在任何时候都满足了一种深层的心理需要，而不是满足了那种纯粹的模仿本能，即对仿造自然原型的游戏式的愉悦。"⁸ 永州纸马艺人的造型观念却是源自他们大脑深处的潜意识，是对其内心物象的纯真表达。这就更使得永州纸马充满了童稚气，显得纯真质朴，使我们感受到一种渺远的生命气息。

（三）"情节式"图式特征

"图式"一词，在现代心理学中被解释为人脑中已有的知识经验的网络。当学者们将"图式"引入到艺术世界，其含义就产生了相应的转变，它指的是绘画作品中的物象、线条、色彩、情感等元素有机整合在一起，具备了一定的审美形式和符号意味，就被称为艺术图式。艺术中的图式是一种创意观念与审美追求的综合反映，涉及到画面中各种形式的关系整合。⁹ 本文只是简单地把纸马图像中的图式设定为构图方式或图

图2 内丘纸马《火神》

图3 娘娘马

像的样式与模式。

从整体上来看，永州纸马具有"情节式"图式特征。所谓"情节式"和"偶像式"图式，是著名华裔美术理论家巫鸿针对于中国古代美术提出的两种图像样式的概念性总结，他早期在研究汉画像石中西王母像的时候论及了"情节式"和"偶像式"两种图式特色。其中他以《朝元仙仗图》为典型案例分析"情节式"图式的特征，他说："在《朝元仙仗图》

中，众仙列布于一堂，所画为南极、天华天帝二君带领十一位仙官、八位神将、六十六名侍女前去拜谒元始天尊的场面。这幅图的重要之处在于，我们从图中可以看到一种唐宋宗教绘画的典型形式，这种形式被称作'情节式'构图。"[10] 他认为，在"情节式"图式下中的人物图像"通常是非对称的，主要的人物总是被描绘成全侧面或四分之三侧面，而且总是处于行动状态中……一幅图中的人物都是互相关联的，他们的姿势具有动势，并且表现了彼此之间的呼应关系。"[11]

"情节式"模式在中国古代美术的创作实践中应用极为普遍，几乎成了中国古代绘画表现的主流方式。以此为据，我们不难发现，永州纸马中的"禳灾散祸天尊""龙车""凤辇""水府神马"（图4）、"三界""水草园神"等大部分纸马都采用了这一模式。例如：永州纸马"水府神马"，整个画面紧紧围绕着"水府神"展开，他骑着神马，手执令旗疾驰而来。其人物面部大都为四分之三侧面，表情随行动各有不同。构图分上中下三队：天上的一众神仙正注视着"水府神"，中间水府神驾着纸马腾云驾雾急速前行，前面则是一人间官员手执笏板恭迎他。场面较大，人物繁多，却也安排极为妥当，布局疏密有序互不干扰。这里"情节式"构图把纸马"水府神马"描绘成一幅活脱脱的民间风俗画。

"情节式"构图方式与"偶像式"构图方式存在着视觉上的明显差异，从本质上看"情节式""偶像式"的表现方式都是衍生于叙事模式之中，"情节式"对应着叙事模式与过程中的某个片段；"偶像式"相对应的往往是对叙事模式中某个人物形象的特写。从纸马艺术的视觉形态来看，无论是"情节式"还是"偶像式"构图方式，其宗旨都是为了更好更有效地表达图像主题，进而凸显出神祇超凡的属性以及某种神性观念。"偶像式"适宜表现图像人物的崇高感与威严性。内丘纸马大多属于偶像式（图2），其神马图像神圣而严厉，使人瞬间就能产生一种崇敬感。相对于"偶像式"而言，"情节式"构图仿佛在向民众叙说着故事，表述情节，其画面饱满，充满着戏剧性与趣味性，更受少数民族人民的喜爱。因此，永州纸马基本上采取"情节式"构图。一个画面，天上、地下、人间，人、神、物聚于一体，营造出一种充实感，一种或喜庆快乐、或庄重严肃的气氛。

三、永州纸马的人类学意味解读

（一）礼仪文化的传承中介

"夫礼者，所以章疑别微，以为民坊者也。故贵贱有等，衣服有别，朝廷有位，则民有所让。""民之所由生，礼为大。非礼无以节事天地之神也。非礼无以辨君臣上下长幼之位也；非礼无以别男女父子兄弟之亲，昏姻疏数之交也。"是故中国人非常注重礼仪文化的传承与表达，而祭礼在其中扮演着十分重要的角色。祭祀看似一种迷信活动，但人们正是利用某种心理来达到涵化人们的心灵。"凡治人之道，莫急于礼，礼有五经，莫重于祭。"[12] 纸马则是祭祀中主要的道具之一，它承载着重要的礼仪功能。

少数民族，尤其是居住在远离文明的深山地区的瑶族及其他一些民族，思想的闭塞，教化的缺失，使得其社会规范很难得到有效保障。这时，民间信仰、民俗祀神就成了教化村民、稳固村寨秩序的有效中介。村寨神灵多是佛道诸神的神圣化身、儒家伦理道德、礼仪文化的维护者和教化者。他们都被村民们赋予了特定职司，比如土神、关帝爷，他们正气凛然，设置于村中极其重要的地方，刻画在纸马中，时时警醒着村寨居民扬恶从善。再如永州纸马图像中的十殿阎罗、判官（图1）等，其造型怪异，怒目而视，足以使人心生畏惧与崇敬。村寨居民的行为举止，在这些神灵的注视和威慑下，基本实现了自律。有些纸马上的神灵还是村寨精神的一种符号表征，其神圣感与正义感是无法撼动的，它既是村寨的保护神，又规范着村民的行为。人们既寄希望于这些神灵的护佑，又畏惧于其对恶的无声处罚，从而达到维护村寨稳定、民族和谐的功能。尤其是当一些祀神活动变成一种极其隆重的仪式时，更能激发村寨居民对这些神灵的敬畏。

"因神以聚民，因聚而观礼"的集体祭神仪式则可强化村民关系、规范村寨社会秩序。通过祀神达到人和，这是少数民族地区重视祀神活动的一大原因。纸马，则在祀神活动中以可见的物质图像，让民众产生畏惧与崇拜。人们通过纸马，"看"到了祖先的模样，"见证"了诸神的威仪，从而约束其行为，规范其礼仪。"慎终追远"才能使"民德归厚"，祭祀仪式在其中起着整合群体行为、修其礼仪的重要作用。

据笔者调查，永州纸马基本上是用于祀神活动的用品。"梅山"图，是瑶

图4 水府神马

族猎人出猎用于祈祷与焚化的；"鲁班"是瑶族人民制造干栏式房屋时，用于选址、奠基、上梁时的祭物；"龙车凤辇""盘古七祖"（图5）则是瑶族群众在举行盛大的盘王节时师公所持的重要道具，"龙车凤辇"是用于"请神"，"盘古七祖"则用于"祭祖"。万物本乎天，归乎祖。纸马是瑶族举行重大仪式活动中的主要媒介。他们在纸马的"见证"下虔诚地表达着自己对祖先、对宗教、对诸神的崇拜与畏惧。虽然今天科技发达了，瑶族的一些祭祀的宗教色彩被抽离了，比如盘王节，本来是瑶族非常隆重严肃的一种还愿祭礼，但到了今天，其仪式的举行更像是传承道统，是一种礼仪文化的接续传承。

（二）图腾崇拜的神性反映

图腾崇拜是一种最原始的宗教形式。"图腾"一词来源于印第安语"totem"，意思为"它的亲属""它的标记"。在现存的大多数少数民族创世神话中，均不约而同地指认本氏族人都源于某种特定的物种，大多数情况下，被认为与某种动物具有亲缘关系，于是，图腾信仰便与祖先崇拜发生了关系。图腾崇拜对于了解一个民族的起源、文化发展、风俗习惯有着重要的启示意义，因为它常常和一个民族的族群历史渊源有着十分密切的关系。在纸马中，就有很多用于图腾崇拜仪式时的图像，其中永州纸马中的"盘古七祖"（图5）最为典型，下面就以此图为例进行探析。

迄今发现的永州纸马中有多帧刻画着《盘古七祖》图像特别引人注目。其图中心画一狗头形状的人，披着斑斓衣服，腰挎一两头大中间小的棒槌状物品，旁边还端坐一犬，其两旁则左右各刻画两人手持棒槌状物什迎风而舞，其上则用文字印着"盘古""七祖"四字。首先要明确的是永州纸马的"盘古七祖"并非汉文化典籍中的"盘古"。据三国吴徐整《三五历记》载："天地混沌如鸡子，盘古生其中，万八千岁，天地开辟，阳清为天，阴浊为地，盘古其中……"又《五运历年纪》云："首生盘古，垂死化身，气成风云，声为雷霆，左眼为日，右眼为月，四肢五体，为四极五岳，血液为江河，筋脉为地理，肌肉为田土，发髭为星辰，皮毛为草木，齿骨为金石，精髓为珠玉，汗流为雨泽，身之诸虫，因风所感，化为黎氓。盘古之君，龙首蛇身，嘘为风雨，吹为雷电，开目为昼，闭目为夜。死后骨节为山林，体为江海，血为淮渎，毛发为草木。"[13]从典籍中看，盘古为人类的始祖，是所谓创世神，似是早期伏羲、女娲的化身。其功绩则是以自己的身躯化育了天地、宇宙万物，无论是日月星辰、雾雨雷电，还是金石草木、白天黑夜等，都源自于盘古的躯体。其形"龙首蛇身"，对比其纸马图像，则是"狗首人身"。很显然与经典文化中的"盘古"是完全对不上号的。

从"语——图"互文的角度来考证，此纸马中的"盘古"当是指瑶族的祖先神"盘瓠"。我国早期的文献均言之凿凿地说瑶人是为"盘瓠"之后，如《水经注》卷三十七曰："今武陵郡即盘瓠之种落也。"《南史》卷七十九载："荆雍州蛮，盘瓠之后也。"关于瑶之始祖，东晋史学家干宝的《搜神记》对此记载最为详尽。[14]

"盘瓠"传说具有十分传奇的神话色彩，但却被官方典籍相继采纳，以此承认它的真实性，比如《后汉书》，唐《南史》等都有相似记载。从相关文献中看，"盘瓠"为一神"犬"，因帮助天子斩获"犬戎"吴将军之首而得以娶小公主为妻，并生下六男六女。瑶族自己的史诗如《盘王大歌》和《评皇券牒》亦有此载，而更为详细。比如公主与神犬的婚后生活，其内容大致如下：三公主与"盘瓠"婚后夫妻俩十分恩爱，王后非常疑惑公主为何和一只犬生活得如此幸福，女儿便不得不告诉其中的奥秘，原来每到晚上龙犬就变成了一个美男子，其身上的皮则变成一件五彩斑斓的高贵衣袍。王后听了很惊喜，说：如果白天也能变成美男子，那就更美满了？……三公主遂将母后的意思告诉了"盘瓠"，"盘瓠"想了想，对三公主说："你把我放在蒸笼里蒸七天七夜，便可脱去身上斑毛，变成人。"一开始，公主严格依据"盘瓠"的吩咐，非常紧张地将丈夫放进了蒸笼。但是六天六夜之后，三公主害怕"盘瓠"被蒸熟，迫不及待地

图5 盘古七祖

打开了蒸笼,龙犬身上的毛已褪去,只是由于少蒸了一天,头部和腿部未能蒸透,还保留着狗的形状,于是只得把头和脚包扎起来。传说正由于此,今天的瑶族人一直保留着包头巾与扎绑腿的习惯。后来,天子将"盘瓠"与公主分封到传说中的会稽山七宝洞(地名无考),以开山种田打猎为生,悉心养育其生下的六男六女。一天"盘瓠"上山打猎,不幸被山羊角顶下山崖。等其儿子们找到他时,盘瓠已死亡,他们一怒之下把山羊猎杀了,将其皮剥下来晒干,制成羊皮鼓。祭祀时敲起长鼓跳起舞,这就是今天瑶族最著名的舞蹈"长鼓舞"。

对比神话故事,再来分析其纸马图像(图5),则可知放置在盘王脚下,以及旁边跳舞的人腰间所挎的棒槌形物就是用山羊皮制作的"长鼓"。类似的"盘瓠"神话传说在畲族中也同样存在,因此瑶族和畲族均将"犬"作为图腾去崇拜。在上面的纸马中,"盘瓠"形象刻画为一犬头人身,正襟危坐画中央,旁边还伴一犬,接受族人的敬奉与娱悦,两边四人则刻画成手舞足蹈样,跳起了长鼓舞。画面庄重中带着喜庆,这正是图腾崇拜中融敬神与娱神观念为一体的反映。

其实在瑶族人的日常生活中也常常表现出"犬"图腾崇拜的行为,如刘锡藩《岭表纪蛮》载:"(瑶人)每值正朔,家人负狗环行炉灶之匝,然后举家男女,向狗膜拜。是日就餐,必扣槽蹲地而食,以为尽礼。"形象地表达了瑶人对犬的顶礼膜拜的情景。逢年过节,瑶人就席的第一勺要敬狗,以之为吉祥。瑶族还有大型的"还盘王愿"活动,这是一种以祭祀"盘瓠"为目的的集体歌舞活动,整个活动要设祭坛,摆主神位,烧纸马,请祖先,并挑选年轻貌美的青年男女,协助师公道公唱《盘王歌》,跳长鼓舞。其目的既是为了娱悦他们的图腾"犬",也是为了祭奠祖先,以祈求其保佑氏族人丁兴旺,血脉绵延。

每个族群都有自己特定的图腾,人们通过各种仪式活动来表达他们对图腾的崇拜之情,正如弗雷泽所说:"族群与图腾是一种互惠互利关系,人们以各种方式表达他们对图腾的敬意,图腾则以某种神圣的力量护佑着其子民。"纸马,则在这些活动中起着中介作用,它能在某种情境中唤醒族群的记忆。在某种意义上说,纸马是在用"图像"记忆族群文化。

(三)自然崇拜的真实表达

自然崇拜(nature worship)是指把某种自然物和自然力视作具有生命、意志和伟大能力的对象而加以崇拜。这是一种最原始的宗教形式,它以人格化的或神圣化的自然物和自然力等为崇拜对象。崇拜对象包括天、地、日、月、星、山、石、海、湖、河、水、火、风、雨、雷、雪、云、彩虹等天体万物及自然变迁现象。原始人认为这些自然现象有某种超自然的生命力、意志力和特殊的灵性,能对人的生存及命运产生强烈的终极影响。因此原始人通过某种仪式,对之敬拜和祈祷,希望借此来获得这些自然力的保护。自然崇拜与人的生存环境有着密切联系,人类原始部落群体因其生活环境不同而具有不同的自然崇拜对象及活动形式。

这种自然崇拜观在纸马艺术中也能得窥见其一斑,如河北内丘纸马中多见土神、火神、风神、仓神、场神等。河北地处中原地带,农耕十分发达,人们对土地、对丰收的渴望十分强烈,因此表现纸马艺术中,则是土神、火神(图2)、风神、仓神等形象的大量出现。因为他们认为,只有对这些诸神表达出敬意,才能保证生产正常进行,农业才能大丰收,他们的生活就会平安、富裕起来。但是正所谓近山者拜山神、靠水者敬水府神,这种自然崇拜的地域差异性也会在纸马中展现出来。永州地区属丘陵山区,境内山势险恶,连绵不绝,潇水、湘江穿境而过。瑶族先民则多聚居于险山恶水之边,因此他们对山、江河具有一种与生俱来的畏惧与崇敬,表现在纸马中则多见梅山神、水府神马等。

梅山神,是湖南梅山地区瑶人敬奉的诸神中最神圣的一种,它是一种纯粹民间神,在正统文化典籍中是无考的,只流传于瑶人之间。《蓝山图志·瑶俗轶闻志》:"男子好猎,畜犬为探,猎户皆具小党,奉坛神。"这一坛神即是梅山神,是梅山人"打铳放吊"的大神。梅山神的原型各地说法不一,但有一点是相同的,即他主要是打猎之神——张五郎。关于张五郎的来历,有很多传说,比较权威的一种说法是:很久以前,梅山地区有户张姓人家,安家于深山之中,家族世代以狩猎为生,生有五子。从小,家人就将五兄弟送上梅山学习功法,习练打猎及巫蛊之术,后来师从太上老君,练就一番奇门异术。梅山有个地方,进山的猎人经常有去无回,后来族人发现一只老虎就是凶手。于是,张家五兄弟决心杀死它。但是老虎行踪隐秘,兄弟们进山使出了各自看家本领,有挖陷阱的,有布阵的,有熬制毒箭的,还有牵着猎狗进山赶虎。当老虎终于逼出来时,兄弟们纷纷亮出各自的武器法宝,却还是没法治服它。这时张五郎不顾个人安危,挥着开山斧冲上去,与老虎对峙。经过一番激烈搏斗后,五郎被逼近悬崖峭壁边上,老虎顺势腾空扑向他,五郎见势不妙,立马往旁边闪开,不想被地上的藤蔓缠住,与老虎一起掉落悬崖。

图 6 梅山图

不过非常幸运的是，崖壁上的葡萄藤网住了五郎，而老虎却摔下了深渊。[15]从此，梅山的瑶族人就尊张五郎为猎神。永州纸马《梅山图》（图6）表现的正是张家五兄弟猎虎的情景，图中有的在挖陷阱，有的在射箭，有的放出了猎狗，有的在布阵，其中最右上角那个手持一把开山刀的就是张五郎。据瑶族老猎人说，猎手们上山打猎时会随身带着"梅山"纸马和张五郎的木雕像，到了打猎的地方，先找一处平整开阔的地方，焚烧纸马，开坛做法，再去布置陷阱，捕获猎物后再将其带回。

梅山神崇拜是丘陵地区狩猎生活的一种文化表征，《宋史·梅山峒蛮传》记载："梅山峒蛮，旧不与中国通，其地区东接潭，南接邵，其西则辰，其北则鼎，而梅山居其中。"梅山地处湖湘的腹地，那里山势险要，土地贫瘠，树高林密，教化不通，苗瑶杂居其间，狩猎是其生活的重要组成部分。正是在这样一种地理环境中，瑶族人民在长期与森林、与野兽的斗争中，便形成和发展了一种独特的自然崇拜观——梅山神崇拜。这种文化纯朴中带着神秘，默默地流传千年。表现在纸马图像上，其造型朴拙中带着亲切。因为，张五郎既是他们的猎神，也是他们生活之神，需要一种敬畏中的亲和力。

四、结语

永州纸马地处湖南西南部，深受巫楚文化的影响，纸马艺术的造型往往源于民间神秘的传说故事，风格细腻，线条流畅，曲中有直，人物表现趋于简洁，抽象中透出童趣，极具南楚特色。而内丘纸马在造型上采用民间传统的意象造型的手法，特色极其鲜明，形象夸张而又质朴，介乎抽象与具象之间，尤其线条运用粗犷、轻松随意，符号性较强。两地纸马艺术都根植于民间生活，流传乡间，和当地的自然环境与人文环境息息相关。民间艺人们在其有限的构图空间和象征性的图像中，凝结了朴素的精神追求以及独特的审美情趣。

无论是永州纸马的精工细刻，还是内丘纸马的粗犷简洁，它们都是建立在人们"万物有灵"的信仰基础上，寄喻着人们对美好生活的向往和祈盼。从文化人类学的角度深度考察，纸马艺术是人们图腾崇拜、自然崇拜观的神性表达。同时，纸马作为一种可见的物质图像形式，它是民间礼仪文化传承的重要媒介。通过纸马，人们完成着重大的宗教仪式；通过纸马，人们表达着对图腾、对祖先、对诸神的敬畏与虔诚的崇拜之情；通过纸马，人们"看"见了历史，祈盼着未来。总之，纸马是民间版画艺术中的一朵奇葩，其背后的文化意味值得学者们深入挖掘。

作者简介

郑适（1984—），男，湖南永州人，现任湖南科技学院美术与艺术设计学院副教授。研究方向：版画艺术。

刘世军（1973—），男，江西永丰县人，现任广西师范大学设计学院教授，美术学博士。研究方向：美术史论。

基金项目

本文系2016年湖南省哲学社科基金青年项目"永州纸马与河北内丘纸马之审美人类学比较研究"（编号：16YBQ032）与广西教育厅学位与研究生教育改革课题"艺术设计类硕士研究生科研创新能力培养模式研究"（编号：JGY2017022）阶段性成果。

注释

[1] 王杰、覃德清、海力波：《审美人类学的学理基础与实践精神》，《文学评论》2002年第4期，第8页。
[2] 王树村：《民间纸马》，中国轻工业出版社2009年版，第8页。
[3] [宋] 孟元老撰，邓之诚注：《东京梦华录注》，中华书局出版社1982年版，第178页。
[4] [宋] 吴自牧撰，社国、符均校注：《梦梁录》，西安出版社2004年版，第50页。
[5] 胡铁强、陈敬胜：《族群记忆与文化认同——瑶族史诗〈盘王大歌〉的文化学解读》，湘潭大学出版社2012年版，第155页。
[6] "师公"是瑶族居住区"盘王节"及"还盘王愿"等一些大型祀神活动中主持者的俗称，并非人们观念中的巫师，故而需要说明，以避免文字会意的误解。
[7] 张泽槐著：《永州史话》，漓江出版社1997年版，第348页。
[8] （德）W. 沃林格著，王才勇译：《抽象与移情》，辽宁人民出版社1987年版，第13页。
[9] 王隆：《浅析图式在绘画中的构建》，首都师范大学硕士学位论文2014年，第1页。
[10] （美）巫鸿著：《武梁祠：中国古代画像艺术的思想性》，三联书店2006年版，第149页。
[11] 同上，第150页。
[12] 杨华：《楚国礼仪制度研究》，湖北教育出版社2017年版，第152页。
[13] 李昉：《太平御览》卷七十八，上海古籍出版社2008年版。
[14] [晋] 干宝：《搜神记》卷十四，中华书局2002年版，第168页。
[15] 邱卫红：《梅山神张五郎木雕像》，《艺术中国》2012年第3期，第97页。

（栏目编辑 朱浒）

危机之下重建"批评"
——以关键词"批评"（criticism）译介与接受为视角的历史叙事

曾小凤

（中央美术学院国家主题性美术创作研究中心，北京，100102）

> 【摘 要】历史地看，当下学界不断反思与叩问的批评的危机，很大程度上是由深层规定着人们的思想和行动的"翻译"所引起的主体危机的投射。在以关键词"批评"（criticism）的译介与接受为视角的历史叙事中，"批评"的传统语义及其作为新学语的现代新义之间的语用纠葛，内嵌在"五四"一代知识分子对于西方文艺批评理论的接受与实践中，其中包含了对什么是"真的文艺批评"的理解与想象。这种以西方文艺理论为范型、为工具推动开展的批评事业，是一项至今尚未完成的工程。
>
> 【关键词】批评 五四 译介 接受 危机

较之西方20世纪以来风起云涌、名家迭出的"批评的世纪"[1]景观，20世纪中国语境中的"批评"很难析分出一条以批评家、批评理论或批评流派为主线的历史脉络。这种艰难，最突出地体现在中国知识界对于"什么是批评"这样的本体问题的反复叩问中。从20世纪80年代末期开始，国内美术界对西方近世的文艺批评理论展开大规模的译介工程，从罗杰·弗莱、格林伯格到时下流行的朗西埃的批评作为一种"批评的典范"[2]被译介进入中国当代批评的话语体系，引起的有关批评本体问题的反思与重估至今尚未完全落下帷幕。[3]有意思的是，大量西方批评文论的译介和引入，不但未能从根本上解决什么是批评的本体问题，反倒是促使"批评"陷入了新的"危机"。有学者把近年来国内学界讨论最热的"批评的危机""批评的失语"现象，类比于哈尔·福斯特界定美国十余年前发生的批评危机状况，即一种模糊和消解了批评家身份与话语权的"后批评状况"[4]。如果仅是从批评的独立性遭遇资本、自媒体、网络时代的多元话语的挑战来看，中西艺术批评的危机确实可以找到很多相似点，比如人人都可以成为"批评家"。但，这只是表面现象。

因为，从根本上来说，我们今天所接受和理解的"批评"是以翻译作为其出发点的。发生在1840年的鸦片战争所引起的中国人有关知识、观念、思想和信仰的强烈震荡，已是一个不争的事实。面对此"三千年未有之大变局"（李鸿章语），无论是激进还是保守，晚清和五四两代学人借助西书译业睁眼看世界的方式，却是大同小异。随着与西方文化的接触日益深入，中国旧有名词和概念既不敷用，出现了王国维在《论新学语之输入》中所说的"近世之言语，至翻译西籍时而又苦其不足"[5]的困局，由此，自造新名词及输入近代日本学者创译的汉字新词，诚属势不可免。晚清民初大量承载着西方语用价值观念的新名词进入中国人的知识世界，即是与大规模的翻译事业紧紧勾连在一起。这些新名词不仅仅是作为一般的"概念工具"[6]来帮助认识和理解西方世界，而且还不折不扣地影响着中国各个阶层人们的思维方式和基本价值观念。"批评"，就是这样一个负荷着巨大的集体记忆，经历了从原产地（中国）、中介地（日本）到受容地（中国）的漫长思想旅行的现代新学语。

一、现代"批评"的语义生成

1934年，罗根泽在他出版的《中国文学批评史》中，就"批评"一词作了如下历史考证：

> 中文的"批评"一词，既不概括，又不雅驯，所以应当改名"评论"。批，《说文》作捭，"反手击也"。《左传·庄公十二年》："宋万遇仇牧于门，批而杀之。"《庄子·养生主》篇："批大郤，导大窾。"都是批击之意。到唐代便引申为批示批答。《新唐书》卷一六九《李藩传》："迁给事中，制有不便，就敕尾批却之。"徐师曾《文体明辨》云："至

唐始有批答之名，以为天子手批而答之也。其后学士入院，试制诏批答共三篇，则求代言之人，而词华渐繁矣。"到宋代的场屋陋习，便有所谓批注。《古文关键》载佚名旧跋云："余家旧藏《古文关键》一册，乃前贤所集古今文字之可为人法者，东莱先生批注详明。"张云章《古文关键序》云："观其标抹评释，亦偶以是教学者，乃举一反三之意。且后卷论策为多，又取便于科举。"可见《古文关键》的批注评释是为的"取便于科举"，而科举场屋的批注评释，也由此可以窥其涯略。后来的科场墨卷，都有眉批总评，也可以证明眉批总评的批评，源于场屋。这种批评就文抉别，当然只是文学裁判，不能兼括批评理论及文学理论，所以不概括；其来源是场屋陋习，所以不雅驯。"[7]

基于这些语义考证，罗根泽提出用"评论"一词取代"批评"。显然，在民国时期，当"批评"作为一个迥然区别于传统既有之"批评"词义的统摄性学术范畴时，必然面临着需要从内涵和外延上对它作出重新界定的问题。在内涵上，论者无法完全罔顾汉语语境中既有的"批评"概念的意义范畴，如罗根泽所说要"以'评'字提示文学裁判"[8]；在外延上，又必须冲决传统"批评"词义的束缚，因为"这种批评就文抉别，当然只是文学裁判，不能兼括批评理论及文学理论，所以不概括；其来源是场屋陋习，所以不雅驯"[9]。由此，罗根泽将视野转到了中国古代"论"的学术传统上，"西洋所谓Criticism，中国古代名之曰'论'"，要"以'论'字括示批评理论及文学理论"[10]。这是他认为应该用"评论"一词取代中文"批评"的根本原因。综观罗根泽这种立足传统"批评"概念又暗中置换其词义内涵和外延的做法，其实是一种巧妙的变通。

它有效地将传统的"诗文评""画论"等等文体形式纳入到了现代文艺批评史的研究领域中，为"批评"这一舶来的学术范畴找到了建基于本土历史的深厚传统，也为其存在的合法性及其研究预留了更为广阔的学术空间。

这里，"批评"（criticism）一词的复杂性在于，它不像"摩登"（modern）、"科学"（science）等词一样是近代中西文化交流过程中的音译词和外来词，而是一个中国古代文论中就有的词。关于"批评"一词的性质，刘正埮和高名凯编的《汉语外来词词典》是将"批评"划作日语来源的"外来词"[11]。其后，沈国威和刘禾相继对这一结论作出纠正：先是日本学者沈国威注意到"日语借词"的词源问题，他发现除通常情况下由近代日本人在翻译西书时创制的汉语词外，还有很大部分的译词是直接借用自中国明清之际的汉译西书，认为"所谓日语借词是在这个基础上衍生出来的"，而"批评"一词就在他所列举的日语借词行列。[12] 接着是刘禾在这个基础上，更明确地将"批评"一词收录于"回归的书写形式外来词"中，表明这是一个"源自古汉语的日本'汉字'词语"。[13]

联系到罗根泽用以反观中文语境"场屋陋习"的"批评"，其实是一个经近代日本学者"借形变义"[14]的新学语，它对应的是西方文化语境中的"criticism"一词。1881年，日本学者井上哲次郎据英国哲学家弗列冥（Fleming）的《哲学字典》编译的《哲学字汇》出版，他是用汉语词"批评"来翻译"criticism"[15]一词。这一借形变义的翻译，是我们探讨五四学人围绕"批评"展开的学术话语的基本前提。原因是：第一，以罗根泽为代表的五四学人从一开始就自觉接受了"批评"这

个汉语外来词的新义，在他眼中，这个词的传统涵义与西方"兼括批评理论及文学理论"的"criticism"很难兼容；第二，汉语词"批评"在五四时期的复活和大幅使用，很大程度上得力于日本学者"借形变义"的翻译。换言之，日本学者的翻译决定了五四学人对"批评"一词现代语义的理解和运用维度。第三，也是最重要的一点，与新学语"批评"一同舶来的是这个词所承载的一整套西方文艺批评观念和术语体系[16]，它们决定了五四知识分子围绕"批评"展开的话语内容和思维方式。下面主要从三个方面简述井上哲次郎的翻译：

首先，井上哲次郎翻译的"criticism"是一个哲学术语，这从根本上决定了汉语译词"批评"一开始就是作为特定的学术范畴出现的。事实上，"criticism"一词在西方成为一个专门化的哲学术语自身就有非常复杂的演变历史[17]，而且这个词有着非常广泛的应用范围，以至于韦勒克在作"criticism"一词的历史语义学研究时，特地把它限制在"文学批评"的范畴内予以讨论。[18] 这一点，对于我们理解井上哲次郎的翻译语境尤为重要。也即，尽管"criticism"在西方的文化语境中具有宽泛的语义范畴，但井上哲次郎据以编译的《哲学字典》已经明确将这个词标作一个哲学术语，由此他在翻译时并不面临语义上的辨析。这先期决定了汉语译词"批评"在义项上的单一化、精确化。

其次，井上哲次郎编译的《哲学字汇》，是日本明治时期用以规范人文学科术语的专门用语集，这确保了以汉语词"批评"对译"criticism"的权威性和通用性。在井上哲次郎之前，日本哲学家西周曾在《百学连环》（1870）中以"鉴裁术""论辩学"两个新造汉语译词来翻译"criticism"[19]。如果将西周

的这两个译词和当时在日本影响甚大的罗存德的《英华字典》中的汉语译词——"批评者,评订者,考订之艺,褒贬"[20]联系起来,就会发现1870至1880这十年间,"criticism"的汉语译词在近代日本学界是极为纷杂无序的。直到1880年以后日本出现了一批规范各学科术语的专门用语集,才解决了上述词义纷杂的问题,井上哲次郎所编的《哲学字汇》就是其中之一本。[21]经他厘定的学科术语大多被日本人文学领域采纳,"批评"就是其中之一。

最后一点,就是井上哲次郎用以翻译"criticism"的汉语词"批评"并非自己创制,而是从罗存德等十九世纪在华传教士编纂的英华字典中借用过来的。这亦是沈国威和刘禾等学者将"批评"一词划作"日语借词"的渊源所在。井上哲次郎所在的明治时代,正值近代日本从以"汉学"和"兰学"为中心的旧学术体系向西方新学术体系全面转型的时期。这一时期的知识分子借着19世纪在华传教士编纂的英华辞典和汉译新书,在短时间内掌握了英语的知识,完成了从"兰学"到"英学"的转换。[22]其中,尤以罗存德编纂的《英华字典》(1866—1869)对明治时代的日本学界译介西学影响最大,且井上哲次郎本人就是该辞典日译版本的编者。[23]在《英华字典》中,罗存德先用英文解释"criticism"一词的意思为"以恰当方式评判文学和美术作品优劣的一门艺术",然后用"批评者,评订者,考订之艺,褒贬"[24]四个汉语词作翻译。

从罗存德对中文"者"[25]字的理解和运用来看,义项"批评者"中的"者"字,在此是作为提示的语气助词,起着突出"批评"一词的作用。换言之,在罗存德看来,汉语词"批评者"相当于"批评"一词。之所以要加一个"者"字以示区别,很有可能是罗存德对汉语词"批评"太过熟悉,以至于他竟用这个词翻译了近十一个英文词。[26]从这里可以看出,以罗存德为代表的19世纪在华传教士,虽是用汉语词"批评"翻译"criticism"的先行者,但还处在译词尚未统一的混杂阶段。直到井上哲次郎编译《哲学字汇》,译词"批评"之现代义才得以真正确立与规范使用。

二、"搬过来"的文艺批评理论

作为西方文学、艺术领域中的专业术语,"批评"一词在从原产地(中国)、中介地(日本)到受容地(中国)的漫长周游中,经历了类似萨义德所说的"理论及思想旅行"的几个阶段,最终复构成了一个广、狭义内涵并存的现代"批评"概念结构。其中,井上哲次郎用汉语词"批评"来翻译西文criticism,将它的概念内涵廓定在哲学术语的使用规范中,是"批评"一词获得新的语义的关键环节。这一"借形变义"的翻译过程,同时也是明治时代日本学者规范各学科术语以大规模译介西方人文学的实践过程。被中国五四一代学人奉为经典的一批文艺理论著作,如高山林次郎的《近世美学》、黑田鹏信的《艺术概论》、本间久雄的《新文学概论》、厨川白村的《苦闷的象征》等,便是近代日本学者广泛学习西方文艺理论的研究成果。

重要的是,这批著作同时成为五四时期中国知识分子观照整个西方文艺理论传统和最新动态的窗口,像19世纪中后期至20世纪初期西方诸多理论批评家,如王尔德、温彻斯特、阿诺德、佩特、亨德生(Hunt)以及托尔斯泰等等(这些人在本间久雄所著的《文学概论》中都有介绍)[27],他们的批评理论及学说一下子涌入中国知识分子的视野,成为五四一代学人建构中国现代文艺理论的重要思想资源。这种由翻译新学说所引起的思想震荡与并发的学术危机感,或许在茅盾1920年代初全盘否定中国固有的文艺批评传统,将"批评"完全看作域外新学说,主张把"西洋的学说搬过来"[28]的急切心态中可见一斑。

"搬过来",几乎成为西方文艺批评理论在二三十年代被译介进入中国学界的真实写照,同时也成为当时学人对待西方学说所心照不宣的共识。其中,在中国现代文艺批评理论之发生过程中不可绕开的一部便是温切斯特(C.T. Winchester)的《文学批评原理》。该著作为美国大学教育中的一部文学理论教材,在五四后以新文学为主潮的文艺理论及批评的现代建构中产生了深远的影响。从1920年田汉的首次摘译、1921年郑振铎以《文齐斯德〈文学批评原理〉》为题连载介绍到1923年"学衡派"学人梅光迪率先完成该著的版行[29],温切斯特所定义的"文学"的四大基本要素——情感(emotion)、想象(imagination)、思想(thought)和形式(form),几乎成了新文学各阵营学人所共享的一种理论话语。对于温切斯特而言,"情感"是他解释"文学"为何既是"不朽之盛事",又是作家"个性之表现"这一矛盾的关键所在[30],这在思路上显然是沿着浪漫主义从艺术家的主体情感到作品这条线来下定义、谈见解的。

值得玩味的是,尽管五四落潮后的新文学阵营在"为人生"还是"为艺术"的启蒙立场上迅速出现分化,并结成"文学研究会"和"创造社"两大对立的文学社团,但他们在温切斯特的文学情感论上却是保持着内在的同一性。这在成仿吾的"表现说"批评理论[31],以及文学研究会之创始人郑振铎的早期文艺观中可见出。考虑到成仿吾作为独尊浪漫主义思潮的创造社成员，他的批评理论从浪漫派所注重的情感因素出发，自然是无可厚非。但一贯被视作现实主义文艺思潮之风向标的文学研究会，其成员郑振铎也强调"以情感为中介实现文学社会功利性价值"[32]，则暗示出"情感论"在五四前后的文艺界获得了何等透明的知识权威。它作为一种理论话语的建构性，一方面体现在有关"中国文学批评史"的书写及学科建构中，如陈钟凡1927年编撰的首部《中国文学批评史》便是以温切斯特的文学四要素说为理论工具[33]，对中国古代文论进行现代性的阐释与整合；另一方面就是"从温切斯特/哈德森到本间久雄再到田汉"[34]这一条文学理论之西学东渐的旅行路线，其中田汉1927年编著的《文学概论》作为中国现代文学理论在草创时期的重要尝试，尽管直接摹写自本间久雄的《新文学概论》，但后者却也是编译、改写自温切斯特的《文学批评原理》和哈德森德《文学研究入门》两部西方著作，因此还是紧扣在了文学情感论的理论范畴上。在这里，以温切斯特和本间久雄为代表的文学情感论发生了一个深刻而隐秘的变化：它从一个他者，通过"中国文学批评史"和"文学概论"的书写，转化成了我们自身的理论主体。更确切地说，正是在这一"搬过来"的文艺批评理论中，中国和西方发生了悄然的易位：西方的文艺理论成为了我们的主体，而中国的传统文论反倒成了他者，成为了需要被这个理论主体所阐释的对象。

正是这场发生在20世纪二三十年代的文艺理论译介工程，对中国传统批评话语体系产生了强烈的冲击，并为其现代转化提供了一个上佳契机。纵观当时的批评文本，批评者自觉采用西方文艺批评理论的概念、术语来批评作品，诸如文学情感论中的"想象""天才""情感""个性"等主体性批评理论被中国文艺界大幅接受和运用，一种从个人的、心理的、主观的角度剖析文艺现象的批评范式正在萌生。然而，"搬过来"也意味着一种不加鉴别、难以消化的学术研究状况，这离从根本上建构中国现代文艺批评的独立形态还有很远。

三、什么是"真的文艺批评"？

其中，很重要的一点，就是五四学人所争论的什么是"真的文艺批评"？周作人认为"真的文艺批评应该是一篇文艺作品"，这话是对那些"以为批评这一个字就是吹求"或"以为批评是下法律的判断"[35]的批评家说的。成仿吾则视这类"求疵"和"捧场"的批评为"文艺批评的异端"[36]，提出"文艺批评的本体，是一种批评的精神之文艺的活动"[37]。在鲁迅看来，如果"批评家若不就事论事"，他们所发的言论"是商量教训而不是批评"[38]。这实际上是通过给"文艺批评"的本质下定义而将那些似是而非的"批评"划到圈子之外，这对五四时期那些以玩票态度从事批评的人，尤其是像郭沫若指出的"每每藏在一个匿名之下，谈几句笼统活脱的俏皮话来骂人"[39]的批评家来说，无疑是一计当头棒喝。

但当论者普遍将问题的症结归结于批评家从事批评的"态度"上，并重新制订文艺批评的态度如"同情"[40]等时，就已经使问题陷入到了一种主观的盲从状态中。因为各种文艺批评的态度之间只能以一种短暂的、非理性的方式相连接，它们之间缺乏共同存在和融涵的方法论基础，由此不可能真正建立起一套切实可行的文艺批评的实践体系。此外，当论者所处的文艺气候发生彻底改变时，这些批评的"态度"自然会因不合时流而遭到质疑和抛弃，甚至论者自身都会进行思想的自我批判。以上是五四知识分子从"态度"出发反思"文艺批评"的本质所无法解决的问题。

"文艺批评"作为"批评"这一学术范畴中的属概念，它的对象是文学（诗歌、小说、戏剧等）和美术（绘画、雕刻、建筑等），下含诸如"文学批评""美术批评"等一系列的种概念。这一以"批评"为核心范畴的知识系统，最晚到1928年孙俍工编纂《文艺辞典》时就已经是一般常识。[41]就"文艺"概念而言，该词条的完整释义是"普通用作总称文学美术的名词。比艺术意义稍狭，比文学意义较广。但有的时候单指文学（即纯文学），有的时候又用作艺术全体底意义。"[42]而"文艺批评"，即"对于文学艺术的作品及作家的批评，是以明白作家和作品底品质和论其价值底高下为目的的。"[43]需注意的是，孙俍工用来释义"文艺"的三个术语——文学、美术、艺术，它们在清末民初尚且是中西新旧程度不一地混杂交错在一起，及至五四新文化运动开展"文学革命"和"美术革命"之后，这些概念在语义和用法层面才真正趋于稳定和统一。

在"五四"的文化语境中，"美术"乃仅就绘画、雕塑、建筑等空间艺术而言，而"艺术"作为时间艺术和空间艺术的总称，它在广义上是一个涵括"文学"和"美术"等学科概念在内的更普泛的学术范畴。[44]这就是说，当五四时期的知识分子使用"文艺"一词时，不单是为了避免与当时通行的"文学""美术"和"艺术"相混称，更主要的是这个概念涵括了一切与"美"相关的概念范畴（包括但不限于"美术"和"文学"），具有与"艺术"这一学术范畴等量齐观的价值意义。在这一点上，五四时期的"文艺批评"也就相当于"艺术批评"，它的辐面要比"文学批评"和"美术批评"等指涉具体艺术类型的批评宽泛地多。1922年，吕澂和唐隽就"艺术批评与创作"问题展开通信讨论，内容发表在上海美专的校刊《美术》杂志上。吕澂当时是上海美专的教务长和校刊《美术》的主编。唐隽是上海美专西洋画科毕业生，1923年留法前曾在《美术》杂志上发表了大量文章。[45] 总体来看，两人就"艺术批评与创作"的关系达成了一定的共识：艺术批评和创作之间固然不可作"绝对的划分"，这是因为批评家根据艺术家（作家）的创作写就的批评文章本身就是一种"创作"。换言之，"批评"与"创作"是以辩证统一的关系存在于批评的本体中，二者不可割裂，也不能偏废。这种关系，用吕澂自己的话来说，即"真正的批评便是一种美术的创作"[46]。

吕澂这话是相对于已获得社会独立地位的艺术家（作家）及其创作来说的，但这个观点的悖论或矛盾在于：在表述"艺术批评"的独立性的同时，事实上已经割裂了批评家与艺术家（作家）、批评与创作相互之间的关系，而这种关系才是批评本体赖以存在的前提和基础。正所谓"皮之不存，毛将焉附"，超越了批评对象的"批评"，从根本上来说无疑是取消了批评存在的价值意义。但五四时期的论者所极力申辩的恰是"批评"可以离开批评的对象——艺术家（作家）及其创作——而独立存在，如周作人所说"讲到底批评原来也是创作之一"，"而且写得好时也可以成为一篇美文"[47]。周作人提倡的"美文"与吕澂的观点具有内在同一性，都是要表白出批评家及其创作的独立性。换句话说，就是要表白"艺术批评"或"文艺批评"的独立性。

从社会的历史的角度，处在"五四"这样一个要求个性解放和自我表现的历史时代中，论者强调批评家及其创作具有同艺术家（作家）一样的独特价值是一件极为自然的事，这对于推动批评家开展批评事业实有肯定的一面；但同样不可否认的是，这种"独立性"却是通过给批评家制订诸多条条框框的准则来加以保证的，其中最重要的一条就是规约批评家的"态度"问题，这些硬性标准无疑限制和妨碍了批评家创作个性的自由发抒。再看吕澂和唐隽的通信讨论，我们不难发现这种埋藏在思想深处的"悖论"：一面说着"'批评家'必定站在'作家'和'民众'的中间才有意义"，一面又断然否定批评家和作家、民众之间的关系，说批评家"是非为艺术而批评，是为他自己的创作表现而批评，也许说是为自己的人格表现而批评"[48]，这种逻辑上的混乱显然是将批评家的事业推向了两难的境地。就此而言，五四时期的论者极力宣称批评家及其创作的独立性，从根本上说是以"创作"之名确立和巩固"艺术批评"的独立性和学术性，这亦是其论说策略所在。

四、是"批评"的危机，还是"主体"的危机？

以上，笔者粗略描述了作为一种新学说的"批评"在现代中国发生的基本情形。其中，无论是"批评"一词的现代语义生成，还是中国知识界对西方这一文艺批评传统的广泛接受，都离不开"翻译"的中介环节。这就必然涉及到主方语言与客方语言之间的"跨语际实践"问题，也即刘禾强调的"翻译"这一行为所产生的新的词语、意义、话语以及表述模式具有从深层规定着人们的思想和行为的功能。[49] 在这一语际关系中，很容易出现的一种状况是：我们不得不依赖由西方的批评理论和话语所建构的叙述框架来重建自己的历史，无论是中国古代品评体批评的现代阐释，还是建构一种西化的批评新传统，都是如此。

正是在重建历史的努力中，"危机"一次又一次的浮现。除了当下正在进行的这场"批评失语"的大讨论外，还有五四时期在"思想启蒙"逻辑下展开的有关什么是"真的文艺批评"的讨论。尽管这些论题各有侧重，思路和走向也不尽相同，但都是置身于世界性的西化浪潮中的中国知识分子的主体危机在批评领域的投射。试着设想下面一幕情景：

在某一学术会议上，大家就"criticism"的翻译问题展开讨论。A学者颇不满地表示现在所用"批评"一词翻译criticism，真是"既不概括，又不雅驯"，因为中文"批评"一词的来源是"场屋陋习"，而且只是"文学裁判""不能兼括批评理论及文学理论"；按照西方"criticism"的意思，应该译成"评论"，这在从东汉王充的《论衡》开始就有非常显豁的"论"的传统。[50] B学者听了，毫不客气地回应道："中国一向没有正式的什么文艺批评论；有的几部古书如《诗品》《文心雕龙》之类，其实不是文学批评论，只是诗赋、词赞……等等文体的主观的定义罢了。所以我们现在讲文学批评，无非是把西洋的学说搬过来，向民众宣传。"[51]

以上这幕对话中的两位学者有关"批评"的截然相反的态度，并非纯粹虚构，前者可以在以罗根泽为代表的文学批评史家的著述中找到例证，后者则是五四时期以茅盾为代表的一批反传统论者的鲜明姿态。尽管我们今天自然会选择站在 A 学者这边，肯定中国固有的文艺批评传统；但不可否认的一点是，B 学者这样一种未经证伪的假说，却是五四一代学人大力译介和传播西洋新思想、新学术的重要出发点，其结果是一方面要对中国传统文艺理论进行所谓的现代阐释或现代转化，如汪亚尘的《宗炳画论评判》（1925）、刘海粟的《中国绘画上的六法论》（1931）等都属于这一类；另一方面是亟待以西方文艺理论为范型、为工具建构起一种西化的批评新传统，这成为一项至今尚未完成的工程。

当"西方"不是外在而是内化成我们的批评新传统时，我们不但不可能冲决中西之间那种不平等的权力/知识关系，而且还很可能加重我们对自身传统的深刻怀疑。这种"不幸"，正如汤因比所论转型时代知识分子"在"而"不属于"两个文明的"天生不幸"[52]那样，构成了我们在文化心理上持续不断地探询传统与现代、中国与西方的原动力，同时也是主体危机的根源。

作者简介
曾小凤（1988—），女，中央美术学院助理研究员、艺术学博士。研究方向：20世纪中国美术研究。

注释
[1] "批评的世纪"语出沈语冰：《20世纪艺术批评》，中国美术学院出版社2003年版，第1页。
[2] 沈语冰、张晓剑主编的《20世纪西方艺术批评文选》是以"批评的典范"来涵括20世纪西方各个时期代表性的批评文章。
[3] 在2018年5月13日由殷双喜教授总策划的"自西徂东：20世纪中西艺术批评的视野与方法"研讨会上，"当代：艺术批评的失语与困境"仍然是与会论者所热烈讨论的问题。曾小凤整理：《"20世纪中西艺术批评的视野与方法"大家谈》，《美术研究》2018年第5期，第61-62页。

[4] 王志亮：《危机之下重建批评——评〈20世纪西方艺术批评文选〉的雄心与实践》，《美术研究》2018年第3期，第106页。
[5] 王国维：《论新学语之输入》，载《王国维散文》，上海科学技术文献出版社2013年版，第39页。
[6] 借用台湾学者王汎森先生的用语，王汎森：《"思想资源"与"概念工具"：戊戌前后的几种日本因素》，载王汎森：《中国近代思想与学术的系谱》，河北教育出版社2001年版，第149-164页。
[7] 罗根泽《中国文学批评史》（北平人文书店1934年版）相当于一个纲要，共分"绪言""周秦的文学批评"、"两汉的文学批评""魏晋六朝的文学批评"四编，作者并未对"批评"一词作出词义考疏，等到1947年版《周秦两汉文学批评史》才单列"文学批评界说"一节。此段引文，见罗根泽：《周秦两汉文学批评史中国文学批评史第1分册》，商务印书馆1947年版，第8页。
[8] 同上，第10页。
[9] 同上，第8页。
[10] 同上，第10页。
[11] 刘正埮、高名凯编：《汉语外来词词典》，上海辞书出版社1984年版，第272页。
[12] （日）沈国威：《现代汉语中的日语借词之研究——序说》，《日语学习与研究》1988年第5期，第18页。
[13] 刘禾：《附录D回归的书写形式外来词：源自古汉语的日本"汉字"词语》，载（美）刘禾：《跨语际实践：文学，民族文化与被译介的现代性》，宋伟杰译，生活·读书·新知三联书店2002年版，第410页。
[14] "借形变义"是近代日本采借中源汉字词的作法之一，即借用汉字词的词形，抛弃原有词义，注入新的甚至相反的含义。与之并列的还有"保留原义""引申新义"两种作法。冯天瑜：《新语探源：中西日文化互动与近代汉字术语生成》，中华书局2004年版，第366页。
[15] （日）井上哲次郎：《哲学字汇》，东京大学三学部印行1881年版，第21页。
[16] 以戴叔清所编《文学术语辞典》为例，这部辞典专门收录和解说一般文学理论术语，包括"因习的批评""主观的批评""印象批评""快乐的批评""近代的批评""美的批评""客观的批评""科学的批评""伦理的批评""裁断的批评""鉴赏批评""归纳的批评"等，这些构成了

20世纪三四十年代"文学批评"这一学科范畴中最常用的术语体系。戴叔清编：《文学术语辞典》，上海文艺书局1931年版，第1-8页。
[17] 据雷蒙·威廉斯的研究，"criticism"（批评）一词在17世纪初期形成，是从16世纪中叶的"critic"（批评家）与"critical"（批评的）两个词衍生而来的。这个词早期通用的涵义是"挑剔"（fault-finding），还与"博学或知识能力"（learned or informed ability）有关。从17世纪中叶起，这个词发生的重要衍变是和"品位"（taste）、"教养"（cultivation）等暗含评论标准的词联系起来，成为西方文学评论领域中的专业术语。（英）雷蒙·威廉斯：《关键词：文化与社会的词汇》，刘建基译，生活·读书·新知三联书店2005年版，第97-100页。
[18] （美）韦勒克：《文学批评：名词与概念》，《批评的概念》，中国美术学院出版社2015年版，第19页。
[19] 西周是近代日本最重要的译词创制者，他创制学术译词的一种方法是在两个字的汉译词后面接上"学""术""法"等字，从而形成三字汉语译词。"鉴裁术"和"论弈学"就是这样的新造学术译词。（日）手岛邦夫：《资料Ⅱ西周的使用した訳语と新造语一览》，《日本明治初期英语日译研究：启蒙思想家西周的汉字新造词》，中央编译出版社2013年版，第193页。
[20] （英）罗存德：《英华字典》1866年—1969年版，第531页。
[21] 冯天瑜：《新语探源：中西日文化互动与近代汉字术语生成》，中华书局2004年版，第350-351页。
[22] （日）沈国威：《近代中日词汇交流研究：汉字新词的创制、容受与共享》，中华书局2010年版，第99页、105页。
[23] （日）沈国威主编：《近代英华华英辞典解题》，大阪关西大学出版部2011年版。
[24] （英）罗存德：《英华字典》（1866—1869）"criticism"词条，第531页。
[25] 罗存德在《英华字典》第四卷序言中就"者"字的用法给出了详细的说明，他举出汉语古典中的句子，如"中者天下之正道""庸者天下之定理""命者人所禀受"等，来示例这些带"者"字的词（"中者""庸者""命者"等）应被视为抽象名词。可见，他用来翻译"criticism"的"批评者"也是借鉴了这种汉语古典的构

词类型。

[26] 在罗存德《华英字典》中，用汉语词"批评"翻译的英文词分别有：Animadvert、Animadversion、Comment、Criticise、Commenting、Critically、Critique、Decide、Revise、Reviewing、Revising，这还不包括三个字的复合译词（如"批评的""批评过"等）。

[27]（日）本间久雄：《文学概论》，台湾开明书店1976年版，目录。

[28] 郎损（茅盾）：《"文学批评"管见一》，载《茅盾全集18 中国文论1集 1919—1925年》，黄山书社2014年版，第254页。

[29] 马睿：《作为文化选择与立场表达的西学中译：温彻斯特〈文学评论之原理〉中译本解析》，《中山大学学报（社会科学版）》2013年第1期，第49-57页。马睿此文主要就1923年梅光迪校对出版的《文学评论之原理》中译本而言。但，鉴于郑振铎的译文在前，梅光迪的出版在后，故本文就温著的译名取前者所译的《文学批评原理》而非后者的《文学评论之原理》。

[30]（英）温彻斯特，景昌极、钱坤新译：《文学评论之原理》，商务印书馆1923年版，第18-22页。

[31] 温儒敏：《成仿吾的文学批评》，《文学评论》1992年第2期，第142-150页。

[32] 杨晓帆：《重识郑振铎早期文学观中的情感论：对文齐斯德〈文学批评原理〉的译介与误读》，《河北学刊》2010年第5期，第106页。

[33] 刘绍瑾：《中国文学批评史学科建构中的中西比较意识》，《古今对话中的中国古典文艺美学》，暨南大学出版社2012年版，第116-118页。

[34] 张旭春：《文学理论的西学东渐：本间久雄〈文学概论〉的西学渊源考》，《中国比较文学》2009年第4期，第24页。

[35] 周作人：《文艺批评杂话》，载《周作人文选1898—1929》，广州出版社1995年版，第271页。

[36] 成仿吾：《批评与同情》，载《成仿吾文集》，山东大学出版社1985年版，第114页。

[37] 成仿吾：《批评与批评家》，同上，第177页。

[38] 鲁迅：《对于批评家的希望》，载《鲁迅全集编年版第2卷 1920—1924》，人民文学出版社2014年版，第306页。

[39] 郭沫若：《论国内的评坛及我对于创作上的态度》，载《郭沫若全集第10卷》，人民文学出版社1990年版，第224页。

[40] 以成仿吾的《批评与同情》为例，文中的"同情"源于19世纪法国哲学家和艺术理论家居友（J.M.Guyau）的《社会学艺术论》，既指一种文艺批评的态度，同时还意味着一种批评方法。在具体论述过程中，成仿吾扩展了居友原有的"同情"涵义，将之解释为批评家对于作品的真诚态度，以及对于作者创作的感同深受与尊重的姿态。温儒敏：《中国现代文学批评史》，北京大学出版社2005年版，第42页。

[41] 该辞典号称收录"文艺上的重要名辞约三千"，内容包括"文学（诗、剧、小说）、绘画、雕刻、建筑、工艺美术、装饰、音乐、作品梗概、人名等"，可以说是民国二十年代关于"文艺"知识构成最集中的体现。《例言》，孙俍工编：《文艺辞典》，民智书局1928年版，第1页。

[42] 见"文艺"词条，同上，第53页。

[43] 见"文艺批评"词条，同上，第55页。

[44] 1918年《学艺》杂志上刊载的天虹一友的《艺术浅说》，可代表五四时期知识界关于"艺术"概念的一般理解。天虹一友：《艺术浅说》，《学艺》1918年第1卷第3期，第34页。

[45] 唐隽（1896—1954），四川人，1921年毕业于上海美专西洋画科，1923年起赴法留学，获得美学博士学位。1937年后任云南昆明大学、国立艺术专科学校图案系教授。上海美专校刊《美术》杂志从1918年创刊至1922年停刊，共出版8期。唐隽的文章主要集中在《美术》1920第2卷1号至1922年第3卷2号，有署名的文章计30余篇。——笔者

[46] 唐隽，吕澂：《关于"艺术批评与创作"问题讨论底几封信》，《美术》1922年第2期，第154页。

[47] 周作人：《文艺批评杂话》，载《周作人文选1898—1929》，广州出版社1995年版，第275页。

[48] 唐隽，吕澂：《关于"艺术批评与创作"问题讨论底几封信》，《美术》1922年第2期，第155、160页。

[49]（美）刘禾：《跨语际实践：文学，民族文化与被译介的现代性》，第36页。

[50] 罗根泽：《周秦两汉文学批评史 中国文学批评史第1分册》，第8页。

[51] 郎损（茅盾）《"文学批评"管见一》，《茅盾全集18 中国文论1集 1919—1925年》，第254页。

[52]（英）汤因比：《历史研究》，曹未风等译，上海人民出版社1986年版，第192-193页。

（栏目编辑　胡光华）